ANGOLA: Zwischen regionaler Hegemonie und nationalem Selbstmord

Die Suche nach einer Lösung

von

Lukonde Luansi

Tectum Verlag
Marburg 2001

Die Deutsche Bibliothek - CIP-Einheitsaufnahme

Luansi, Lukonde:
Angola: Zwischen regionaler Hegemonie und nationalem Selbstmord.
Die Suche nach einer Lösung.
/ von Lukonde Luansi
- Marburg : Tectum Verlag, 2001
Zugl: Aachen, Univ. Diss. 2001
ISBN 978-3-8288-8255-3

Tectum Verlag
Marburg 2001

TEIL IV: DIE HERRSCHAFT DER MPLA-PT
DIE I. REPUBLIK (1975 - 1992)

6	Die MPLA-Regierung	164
6.1	Die Ära von Agostinho Neto (1975 – 1979)	164
6.1.1	Die Ära von Eduardo Dos Santos bis 1992	171
6.2	Die Wirtschafts- und Sozialpolitik der MPLA	175
6.2.1	Die Verstaatlichung der Wirtschaft	179
6.2.2	Die Wirtschaftsreformen und die Reprivatisierung	184

TEIL V: DIE TRANSITIONSPHASE (1990 – 1992)

7	Der Transitionsprozess in Angola	189
7.1	Begriffsbestimmungen	190
7.1.1	Akteure	192
7.1.2	Transition, Transitionsphasen- und Typen	192
7.1.3	Demokratisierung, Demokratie und Konsolidierung	194
7.2	Die doppelte Transition	198
7.2.1	Die Friedensursachenforschung	198
7.2.2	Die akteurorientierte Transitionsforschung	202
8	Die Supermächte als externe Akteure	204
8.1	Die US-Politik unter Reagan	204
8.2	Die neue sowjetische Politik unter Gorbatschow	209
8.3	Die angolanischen Akteure und ihre Strategie	214
8.3.1	Die Haltung der MPLA gegenüber der UNITA	217
8.3.2	Die UNITA und ihre Forderungen	221
8.4	Demokratisierungs- und Friedensprozess	228
8.4.1	Friedensverhandlungen und Liberalisierung	229

TEIL VI: DIE GESCHEITERTE TRANSITION

TEIL VII: ZUSAMMENFASSUNG UND AUSBLICK

0 Vorwort

Als ich im Sommer 1996 meine Dissertation in Angriff nahm, war ich noch zuversichtlich, dass Angola das Lachen in Kürze wieder zurück erlangen würde. Nun muss ich wie alle meine Landsleute erschreckt fest stellen, dass die Utopie meiner Generation verloschen ist. Mit der Wiederaufnahme des Krieges im Jahr 1999 begeht Angola nationalen Selbstmord, und die Welt bleibt gleichgültig. Dass ich trotz meiner persönlichen Betroffenheit diese Dissertation vorlegen darf, habe ich vielen zu verdanken, die mir in verschiedenster Weise geholfen haben. Mein erster Dank gilt meinem Doktorvater, Herrn PD Dr. phil. Manfred Schmitz, der meine Arbeit mit Anregungen und Kritik begleitet hat und für mich auch persönliche Worte der Ermutigung finden konnte. Ich danke auch Herrn Prof. Dr. phil. Winfried Böttcher für die Bereitschaft, die Dissertation mitzubetreuen. Ich möchte auch an dieser Stelle die Mithilfe meines langjährigen Dozenten, Herrn Dr. phil. Jürgen Jansen, honorieren, weil er die vorliegende Arbeit sprachlich korrigiert hat. Er hat mich wissenschaftlich und menschlich bereichert. Danken möchte ich weiter den Damen und Herren von der Hochschulbibliothek der RWTH Aachen, der Bibliothèque Royale in Brüssel, den Universitätsbibliotheken in Leiden und Lüttich, der Bibliothek der Friedrich-Naumann-Stiftung in Königswinter und Gummersbach, die mir alle bei der Suche von Dokumentation wertvolle Hilfe geleistet haben. Mit der Friedrich-Naumann-Stiftung fühle ich mich verbunden, da sie trotz finanzieller Einschränkungen diese Dissertation mit Mitteln des Auswärtigen Amtes teilweise gefördert hat. Zuletzt möchte ich den liebsten und zuverlässigsten Freunden in unsicheren Stunden, meiner

8

Ehepartnerin Christine und meinen Kindern für die Zuneigung und die moralische Unterstützung, danken. Allen hier nicht namentlich erwähnten Freunden möchte ich meine Anerkennung aussprechen. Sie alle sind, im Gegensatz zu den in meiner Dissertation behandelten menschenverachtenden und böswilligen angolanischen „Kriegskasten", ein Meer der Brüderlichkeit und Freundschaft.

Aachen, im Dezember 2000
Lukonde Luansi

1 Einleitung

Die Angola-Frage, die als Untersuchungsfeld der vorliegenden Abhandlung ist, gehört seit den 60er Jahren des 20. Jahrhunderts zu den politischen Ereignissen in Afrika südlich der Sahara, welche periodisch große Aufmerksamkeit in der Weltöffentlichkeit erregen, um danach als „vergessene Kriege"[1] sowohl aus den Printmedien als auch von den Bildschirmen zu verschwinden. Die Gründe hierfür sind verschiedenartig. Der Stellenwert dieser Arbeit liegt wohl darin, die bis heute bestehende Forschungslücke zu schließen. Bei der Analyse des angolanischen Konflikts werden nicht mehr alleine die exogenen Faktoren berücksichtigt, sondern es werden die endogenen Ursachen des Konflikts besonders hervorgehoben. Ein wichtiger Beitrag dieser Arbeit stellt auch die Untersuchungen über den gescheiterten Transitionsprozess dar.

Die Arbeit gliedert sich in sechs Teile:

Der erste Abschnitt unter dem Titel „die Volksgruppen und ihre Siedlungsgebiete" verschafft einen allgemeinen geographischen und sozio-kulturellen Überblick des Landes. Da der Staat Angola, so wie er von außen gesehen wird oder wie er in den Hoffnungen der politischen Akteure besteht, also „eine Nation und ein Volk", niemals existiert hat und infolgedessen noch zu schaffen ist, werden die Völker des heutigen Angolas mit ihren unterschiedlichen sozio-linguistischen Aspekte bzw. mit ihren gemeinsamen vorkolonialen Herrschaftsstrukturen untersucht.

Die Geschichte der portugiesischen Kolonialherrschaft in Afrika bzw. in Angola ist Gegenstand des zweiten Teils, wobei ein kurzer Vergleich in den wesentlichen Elementen der Kolonialpolitik

---

[1] Vgl. Hofmeier, Rolf/ Matthies, Volker: Vergessene Kriege in Afrika, Göttingen 1992

Belgiens und Frankreichs hergestellt wird. Besonders behandelt wird die Kolonialpolitik unter Salazar, weil unter dieser Regierung („O Estado Novo") die Maßnahmen des portugiesischen Ultrakolonialismus eingeführt wurden. Welche Rolle wurde dem kolonialen Angola in der Wirtschaftspolitik der Metropole zugewiesen? Wie funktionierte die Kollusion zwischen den drei Sektoren der kolonialen Dreieinigkeit (Staat – Kapital – Kirche)? Wie reagierten die Unterworfenen? Die Antworten hierauf stellten sich aufgrund der folgenden Untersuchung heraus. Die Reaktion der Unterworfenen auf die koloniale Situation leitet die Entstehung des „angolanischen" Nationalismus Anfang der 50er und 60er Jahre ein.

Die Entstehung der drei wichtigsten Befreiungsbewegungen (MPLA, UPA/FNLA, UNITA) und ihre Einbindung in die Ost-West-Konfrontation, bis hinein in die völkerrechtliche Unabhängigkeit, werden ebenso erläutert. Zur Thematisierung des angolanischen Nationalismus wird das Konzept der „Angolanidade" herangezogen. Die Umwälzungen in Portugal und das daraus resultierende Scheitern der Übergangsregierung werden im Zusammenhang mit der Ost-West-Konfrontation erarbeitet. Das Scheitern des Unabhängigkeitsabkommens (Alvor-Abkommen von 1975) bedeutete auch den Anfang des blutigen verheerenden Bürgerkrieges, der bis heute noch andauert.

Der dritte Teil, dem völkerrechtlich unabhängigen Angola gewidmet, behandelt den Bürgerkrieg oder den „zweiten Befreiungskrieg" (nach angolanischer politischer Phraseologie) in Bezug auf den Ost-West-Konflikt, wobei die Rolle der beiden Supermächte – USA und Sowjetunion – unter Einbeziehung ihrer jeweiligen Verbündeten (Südafrika, Zaire und Kuba) Gegenstand der Analyse ist.

Die beiden afrikanischen Staaten werden bezüglich des angolanischen Konflikts herangezogen, weil sie einerseits als Bollwerk gegen die vermeintliche kommunistische Gefahr von außen betrachtet, gepriesen und sogar unterstützt wurden, und weil sie andererseits aus eigenen sicherheitspolitischen und wirtschaftlichen Überlegungen direkt oder indirekt in diesem Konflikt verwickelt waren. Der vierte Abschnitt befasst sich mit der Innenpolitik der Ersten Republik unter der MPLA-PT bis 1992. Die Stellung der MPLA-PT im politischen System Angolas wird im Vergleich zu den übrigen Einheitsparteien Schwarzafrikas verfassungsrechtlich untersucht. Es wird auch auf die Wirtschafts- und Sozialpolitik der MPLA-Regierung unter Hervorhebung der ersten Reformansätze eingegangen.

Im fünften Teil dieser Abhandlung geht es darum, den nach dem Wegfall der Ost-West-Konfrontation eingeleiteten Demokratisie- rungsprozess zu untersuchen. In diesem Sinne kann von einer „doppelten Transition" gesprochen werden, da der Friedensprozess und die Demokratisierung als Konfliktregelung zeitlich parallel und verbunden verliefen. Das Ziel dieses Abschnitts, welcher sich auf zwei weitgehend unabhängig voneinander arbeitende Forschungs- zweige der Politikwissenschaft, Friedensforschung und Transitions- forschung stützt, ist es, einerseits die unterschiedlichen Positionen der beiden entscheidenden Akteure und die in langwierigen Verhandlungen gefundene Kompromisse zu erläutern. Andererseits müssen die internen und externen eng miteinander verflochtenen Ursachen des Wandels klargestellt werden, und schließlich werden Antworten darauf zu finden, warum der Transitionsprozess in Angola nach fast zehn Jahren internationaler Intervention der UNO nun gescheitert ist. Die von beiden Konfliktparteien MPLA und UNITA unter internationalem Druck eingegangenen Verpflichtungen, nämlich das Friedensabkommen von Bicesse von 1991 und das Lusaka-Protokoll von 1994, werden vergleichend kritisch analysiert. Die Folgen des gescheiterten Demokratisierungs- und Friedens- prozesses in Angola sind verheerend. Mit dieser Problematik befasst sich der letzte Teil. Mit der Wiederaufnahme des Bürgerkrieges, der nicht nur unzählige Opfer fordert, sondern auch das Land völlig zerstört, treten nun ethno-nationalistische Bestrebungen hervor, die im Zusammenhang mit dem Konflikt in der Region der Großen Seen die Gefahr einer Staatsimplosion bergen. Um diese Bestrebungen zu verdeutlichen, werden zwei separatistische Organisationen, die FLEC in der Enklave Cabinda und die MAKO, auf Entstehung, Grundsätze usw. untersucht. Schließlich werden anhand der Ergebnisse und der jüngsten Ereignisse in Angola einige Szenarien über die Zukunft des Landes erarbeitet, wobei die im dritten Szenario vorgelegten Überlegungen als Anregungen zum Frieden verstanden werden sollen.

TEIL I

ANGOLA : DIE VOLKSGRUPPEN UND IHRE SIEDLUNGSGEBIETE

2 Angola: Land, Natur und Menschen

Das ausgedehnte Territorium, das heute Angola[1] genannt wird, ist wie alle schwarzafrikanischen Länder ein infolge der Berliner Konferenz (1884-1885) entstandenes koloniales Staatsgebilde. Die willkürlich gezogenen Linien ohne Berücksichtigung der seinerzeit existierenden sozialen, linguistischen und ethnischen Gegebenheiten, erstrecken sich auf eine Länge von etwa 4.850 km. Die Grenzen sind im Norden der Kongo (Brazzaville), im Norden und Osten die Demokratische Republik Kongo, im Osten Sambia und im Süden Namibia. Mit einer Fläche von 1.246.760 km² und einem Küstenland von 1.650 km (Südatlantik) ist Angola viermal so groß wie die Bundesrepublik Deutschland, etwa zweimal so groß wie Frankreich und etwa ein Drittel so groß wie die gesamte Flächen aller 15 EU-Staaten zusammen.[2] Das Land umfasst so 4,1% der gesamten Ausdehnung Afrikas, und die Bevölkerung wird auf 12 Millionen (ca. 1,5% der Gesamtbevölkerung Afrikas) geschätzt.[3]

Das Staatsgebiet von Angola, das sich zwischen dem 4° und 18° südlicher Breite sowie dem 12° und 24° östlicher Länge erstreckt,

---

[1] Die Benennung des Landes leitet sich aus dem königlichen Namen Ngola und deren Familie ab, die das Ndongo-Reich (heutiges Gebiet der Volksgruppe der Mbundu) zu Beginn des 17. Jahrhunderts regierte. Die Portugiesen setzten ein A davor, um die Aussprache zu erleichtern, da das N wie das M vor einem Konsonanten in den meisten Bantusprachen nasaliert wird.

[2] Für eine ausführliche geographische Darstellung des Landes wird u.a. auf folgende Veröffentlichungen hingewiesen: de Andrade, Mário/ Ollivier, Marc: La guerre en Angola, Paris 1971; Borchert, Günther: Südost- Angola, Hamburg 1963; Gabriel, E.F./ Florin, M./Conze, P.: Afrika Transparent, Baden-Baden 1990, S. 38-39; Gersdorff, Ralf von: Angola, Bonn 1960; Kuder, Manfred: Angola - eine geographische, soziale und wirtschaftliche Landeskunde, Darmstadt 1971; Statistisches Bundesamt, Länderbericht Angola, Wiesbaden 1991 und 1993.

[3] Die angegebene Bevölkerungszahl beruht auf Schätzungen der letzten Volkszählung von 1988. Eine ordnungsgemäße Durchführung der Volkszählung wird durch die anhaltende Bürgerkriegssituation verhindert. Hinzu kommt eine nur sehr schwer schätzbare Zahl von Kriegsopfern bzw. Opfern kriegsbedingter Situationen.

lässt sich wirtschaftsräumlich[1] in vier voneinander abweichende geographische Einheiten mit sehr großen Gegensätzen untergliedern: trockenes und halbtrockenes Küstenland, Randschwellengebiet, zentrales Hochland und die gesamte Osthälfte. Vergleicht man die Wirtschaftsstrukturen und die Bevölkerungsdichte, so lässt sich ein Ost-West-Gefälle feststellen. Alle Ressourcen an Bodenschätzen (außer Diamanten), fruchtbaren Böden und Infrastrukturen liegen im Westteil des Landes. Während in der westlichen Provinz von Kwanza-Sul eine Bevölkerungsdichte von 11,7 Einwohner/km² vorliegt, liegt diese im östlichen Teil, wie z.B. in der Provinz Moxico, bei 1,4 Einwohner/km². Klimatisch betrachtet gehört Angola zu den wechselfeuchten Tropen, wobei im nördlichen und zentralen Hochlandbereich 1000 bis 1.200 mm Jahresniederschlag fallen; im südlichen Hochland dagegen sinken die Niederschläge auf 500 mm und weniger pro Jahr ab. Die unterschiedlichen Jahresniederschläge spiegeln sich in der Vegetation Angolas wider. Während im Nordwesten und in Cabinda die Vegetation vom tropischen Regenwald über Feucht- und Trockensavannen reicht, ist im Süden und Südosten Trockenwald bis zur wüstenhaften Vegetation charakteristisch. Wirtschaftlich wird Angola aufgrund seines Reichtums an Bodenschätzen und seiner großen Energiereserven durch Erdöl sowie zahlreicher Wasserkraftwerke trotz der Zerstörung infolge des Bürgerkrieges[2]

---

[1] Vgl. Kuder, Manfred/ W. J. G. Möhlig: Angola - Naturraum, Wirtschaft, Bevölkerung, Köln 1994, S. 34.
[2] Aufgrund des seit 1975 herrschenden Bürgerkrieges veränderten die Städte durch den starken Zuzug aus den weiteren ländlichen Regionen des Landes ihre Physiognomie. Die Neuankömmlinge in den Städten besetzen ohne Planung freie Fläche am Stadtrand und errichten provisorische Hütten. Dadurch ergeben sich Schwierigkeiten für eine echte Stadtplanung sowie für die Versorgung, Hygiene und soziale Betreuung. Zu dieser Problematik vgl. Kasack, Sebastian : Perspektiven für partizipatives Squatter-Upgrading in Luanda/ Angola; Diplom-Hauptprüfung im Fach Geographie an der Universität Bonn, 1992.

als eines der potentiell reichsten Länder Afrikas betrachtet.[1] Sozio-
linguistisch betrachtet ist Angola eine multikulturelle und
heterogene Gesellschaft, in der unterschiedliche Volksgruppen
leben. Die von Mildner-Spindler vorgenommene Klassifizierung der
Bevölkerung nach ihrem relativen historischen Alter im Territorium
Angolas unterscheidet fünf voneinander abgegrenzte Gruppen[2]: die
Restgruppen einer khoisaniden (bzw. negriden) khoisansprachigen
Bevölkerung Süd-Angolas; die älteren Gruppen im Küstenhinterland;
die sogenannte ältere Bantubevölkerung des inneren Angola; die
sogenannten jüngeren Bantu des westlichen Hochlandes; sowie die
Cokwe und von ihnen assimilierte Gemeinschaften in Nordost- und
Ost-Angola. Kuder[3] hingegen klassifiziert die Bevölkerung Angolas
auf der Grundlage von Milheiros und Redinha nach ethnisch
linguistischer Kriterien und nach sozio-kultureller Gesichtspunkten.
Nach ethnisch linguistischer Kriterien gibt es zwei große Gruppen:
die der Bantu und die der „Nichtbantu". Soziokulturell unterscheidet
Kuder ebenfalls fünf Gruppen: die Jäger und Sammler, die Gruppe
der Hirtenbauern, die der Fischer, die der Feldbauern und
schließlich eine sehr unterschiedlich zusammengesetzte Gruppe
von Zuwanderern aus den verschiedenen Gebieten des Landes, die
sogenannte Gruppe der „Vorstädter". Die Auffassung von Kuder,
wonach die Mitglieder der letzten Gruppe, die Vorstädter[4],
„destribalizados" seien, weil sie sich aus dem festgefügten
Stammesleben gelöst haben sollen, ist hier zu relativieren.

---

[1] Vgl. Kuder, Manfred/ Möhlig, Wilhelm J.C.: Angola, Köln 1994, S. 36. Diese
Auffassung vertreten ebenso   Hermann Pössinger und Ashoff Guido in ihrer 1989
veröffentlichten Studie: „Überlegungen zur entwicklungspolitischen Zusammenarbeit
mit Angola", Deutsches Institut für Entwicklungspolitik, Berlin 1989.
[2] Vgl. Mildner-Spindler, Roma: Grundzüge der ethnischen Entwicklung im Territorium
Angolas, Dissertation, Leipzig 1987, S. 18.
[3] Vgl. Kuder, Manfred: Angola, Darmstadt 1971, S. 36-39.
[4] Vgl. Kuder, Manfred: idem, S. 39.

Auch wenn die „Vorstädter" neues soziale Verhalten aufweisen, pflegen sie weiterhin enge Beziehungen zu ihrem ursprünglichen sozialen Umfeld und organisieren sich in ethnisch kulturellen Vereinen.[1] Außerdem ist nur ein Teil der in den Städten lebenden Menschen als "Vorstädter" zu bezeichen. Im Falle der Hauptstadt Luanda z.b. ist die Bezeichnung nur für eine nicht schätzbare Zahl der Volksgruppe der Mbundu vertretbar, da sie früher als die anderen in das Produktionssystem der Kolonialgesellschaft einbezogen worden ist. Diese sozialen Vereine können als eine Form der Fortführung der in den ursprünglichen Peripherie-gesellschaften existierenden Stammessolidarität angesehen werden. Auch wenn sie in erster Linie die gegenseitige Hilfe unter den Mitgliedern zum Ziel haben, dienen sie außerdem als Werkstätte zur Belebung eigener Kultur und Bräuche, und sie schützen ihre Mitglieder vor der Unsicherheit in einem fremden sozialen Milieu.

---

[1] Die ethnisch-kulturellen Vereine in den größten Städten sind als Initiativen zur gegenseitigen Hilfe zu sehen. Sie unterscheiden sich von den anderen Organisa-tionsformen - wie z.b. der Nachbarschaftshilfe oder den religiösen Gemeinschaften - darin, dass sie sich auf eine homogene Basis stützen, die immer ein gemeinsames Solidaritäts- und Zugehörigkeitsgefühl aufgewiesen hat, und sie agieren pflichtgemäß und verfügen über ähnliche Strukturen wie in den Herkunftsregionen, in der das Alter eine wichtige Rolle spielt. Aber es ist gleichzeitig zu betonen, dass die Existenz solcher Vereine in den Städten nicht allein auf das gemeinsame Zugehörigkeits-gefühl zurückzuführen ist, sondern vor allem auf das bestehende Vakuum im staatlichen Sozialsystem, das im Krankheitsfall, im Alter usw. keine Versorgung gewährleisten kann. Vgl. Messiant, Christine: Luanda (1945-1961) - Colonisés, société coloniale et engagement nationaliste; in: Cahen, Michel: „Vilas et cidades" - Bourgs et villes en Afrique lusophone, Paris 1989, pp. 125-199, hier pp. 147-148.

2.1 Angola als Vielvölkerstaat

2.1.1 Die Bantu-Gruppen

Es kann nicht Ziel des vorliegenden Kapitels sein, alle Völker des heutigen Angola deskriptiv in all ihren ethnographischen, soziologischen oder historischen Einzelheiten zu bearbeiten. Allerdings wäre es auch verfehlt, diese nur am Rande abzuhandeln oder sie weitgehend auszublenden. Es ist nicht meine Intention, die ethnische Vielfalt zu stark hervorzuheben. Es wird vielmehr das Ziel verfolgt, die ethnisch-sprachliche Heterogenität (als kulturelle und soziale Gegebenheit) darzulegen, um dem Leser einen Überblick darüber zu verschaffen. Dieser Überblick soll auch eine bessere Beurteilung des in Angola stattfindenden Konfliktes erleichtern.

Bei der Behandlung dieser Thematik wird besonders auf die sozialen und politischen Organisationsformen unter den Völkern Angolas vor der europäischen Invasion in Afrika eingegangen. Auf Grundlage ethnisch-linguistischer[1] Kriterien gehören über 90% der Gesamtbevölkerung des Landes der Bantu-Gruppe an[2], die sich wiederum in verschiedene Volksgruppen unterteilt.

---

[1] Nach der Klassifikation vom M. Guthrie, die als eine der fundiertesten gilt, gibt es in Angola drei verschiedene Zonen der Bantusprachen: die Sprachen Kikongo und Kimbundu u.a. aus dem Norden Angolas werden in der Zone H, die aus dem Osten des Landes, Chokwe und Chimbunda u.a. in der Zone K eingegliedert, und die letzte Zone R umfasst die Sprachen Umbundu, Ochihelelo, Kwanhama u.a. vgl. Huth, Karin: Untersuchungen zum Nominalklassensystem des Kimbundu (VR Angola) unter Berücksichtigung der Entwicklungstendenzen seiner urbanen Varianten, Dissertation, Karl-Marx-Universität, Leipzig 1984, S. 3.

[2] Über die Herkunft der Bantu und ihre Migrationsgeschichte gibt es keine abschließend eindeutigen wissenschaftlichen Antworten. Die sich mit dieser Materie beschäftigenden Wissenschaftler sind untereinander zerstritten. Aus dem heutigen Erkenntnisstand scheinen zwei Hypothesen vertretbar zu sein. Die erste vermutet die Herkunft der Bantu (wörtlich übersetzt „die Menschen") aus der Region von Benoué im Südosten Nigerias bzw. in dern Nähe des Tchadsees, von wo aus sie sich ab dem 1. Jahrtausend v.u.Z. verbreitet haben sollen.

Diese hatten vor der europäischen Invasion unterschiedliche politische, kulturelle und soziale Organisationsstrukturen entwickelt, ihr gemeinsames Schicksal ist erst aufgrund der kolonialen Situation entstanden. Wenn es Tatsache ist, dass die in Angola lebenden Volksgruppen linguistisch sich deutlich voneinander trennen, so ist es ebenso unleugbar, dass überall einige gemeinsame kulturelle Merkmale und religiöse Vorstellungen, wie z.b. der Ahnenkult, zu finden sind, die sich zum Teil durch die Geschichte der Gegend erklären lassen. Bezüglich des Ahnenkults[1], der als wesentliches Element der kulturellen Identität der Bantu betrachtet wird, handelt es sich um eine Gemeinschaft von Lebenden und Verstorbenen, in der - wie es Mulago ausdrückt - das Unsichtbare (die Welt der Geister) und das Sichtbare (die Welt der Lebenden) eng miteinander verbunden sind.

"Entre vivants et trépassés, il n'y a pas de séparation, mais continuité. Le monde des esprits et le monde visible se trouvent réunis, les Vivants étant en continuelle participation et communion avec les morts, et ceux-ci étant réellement présents parmi les vivants"[2]

Diese religiöse Vorstellung zementiert die Beziehungen innerhalb der Gemeinschaft, und sie verleiht darüber hinaus dem Chef ein sakrales Prestige[3], da er als Oberhaupt der Gemeinschaft die Verbindung zwischen den beiden Welten herstellt.

---

[1] Zum Ahnenkult bei den Bantu-Völkern vgl. Loth, Heinrich: Vom Schlangenkult zur Christuskirche, Fischer, 1988, S. 46-51; Bujo, Bénézet: Afrikanische Theologie in ihrem gesellschaftlichen Kontext; Düsseldorf 1986, S. 28-36; Mulago, Gwa Cikala: La religion, élément fondamental de l'identité bantu, pp. 523-550; in: Obenga, Théophile: Les peuples Bantu, Paris 1989.
[2] Mulago, Gwa Cikala: idem, p. 539.
[3] Vgl. Mulago, Gwa Cikala: idem, p. 539.

Von den acht Hauptgruppen der Bantu, die in den folgenden Abschnitten behandelt werden, sind vier (Mbundu, Ngangela, Nhaneka-Humbe und Ovimbundu) ausschließlich nur im angolanischen Territorium ansässig, während die anderen aufgrund der kolonialen Aufteilung zum Teil in den Nachbarstaaten leben. Die Volksgruppe der Bakongo ist auch in der Republik Kongo (Brazzaville) und der DR Kongo (Kinshasa) vertreten, die Lunda-Tchokwé finden sich in Sambia und Kongo (Kinshasa), die Ovambo in Namibia und schließlich die Herero in Botswana und Namibia. Im Folgenden werden die Völker Angolas und ihre Gechichte dargestellt, beginnend mit der makro-ethnischen Gruppe der Bakongo, da sie die Ersten waren, die ab 1482 in Berührung mit den Portugiesen kamen. Die anderen ethnischen Gruppen werden ebenfalls nach dem Datum ihrer Begegnung mit der Kolonialmacht analysiert.

2.1.1.1 Die makro-ethnische Gruppe der Bakongo

Die Bakongo stellen mit ca. 13,2% der Gesamtbevölkerung Angolas die drittstärkste makro-ethnische Gruppe dar. Sie bewohnen nur einen Teil des vor der europäischen Penetration in Afrika aufgeteilten Gebietes zwischen den Flussen Kwilu-Niari, Kongo und Loje. Das heutige Siedlungsgebiet der Bakongo in Angola umfasst die drei nordwestlichen Provinzen von Uíge, Zaire, Cabinda und einen Teil der Provinz Bengo mit einer gesamten Fläche über 107.000 km².

21

Abweichend von der Klassifizierung und linguistischen Gliederung von Henderson und Köhler[1], untergliedert Baumann die Bakongo Angolas in zwei Gruppen: eine westliche (Yombe, Mbunda, Solongo und Kongo) und eine östliche (Zombo, Mbamba, Puna).[2] Auch wenn die Klassifizierung unter den Autoren stark abweichend und insgesamt sehr widersprüchlich erscheinen mag, soll betont werden, dass diese vorgenommene linguistische Zuordnung nur phonetischer Natur ist, zumal die Subgruppen untereinander kommunizieren können. Die Geschichte des Königreichs Kongo ist bis ins Einzelne bekannt, daher werden nur die wichtigsten Aspekte zusammengefasst.[3] Die Errichtung des Königreichs Kongo sowie die der anderen Herrschaftsstrukturen in Schwarzafrika vor der europäischen Kolonisation, ist eine Geschichte, die mit den im Laufe des Entwicklungsprozesses der Menschheit stattgefundenen Migrationsbewegungen verbunden ist. Das von dem Portugiesen Diogo Câo im Jahr 1482 entdeckte Königreich wurde - wie aus den mündlichen Überlieferungen von Missionaren und Forschern hervorgeht - zwischen dem 13. und dem 15. Jahrhundert von einem Wanderschmied namens Nimi a Lukeni gegründet. Nimi a Lukeni, der aus einer königlichen Familie von Bungu bzw. Isangila in Mayombe stammen soll[4], hatte sich mit seiner Gefolgschaft südlich

---

[1] Vgl. Köhler, Oswin: Geschichte und Probleme der Gliederung der Sprachen Afrikas; in.: Baumann, Hermann: Die Völker Afrikas und ihre traditionellen Kulturen, Wiesbaden 1975, S. 141-374; Henderson, Lawrence W.: A Igreja em Angola, Lisboa 1990, p. 19.
[2] Vgl. Baumann, Hermann: Die Völker Afrikas und ihre traditionellen Kulturen, Wiesbaden 1975, S. 528
[3] Für die Geschichte des Kongos sind u.a. folgende Autoren zu empfehlen: Balandier, Georges: La vie quotidienne au royaume du Kongo, Paris 1965; Cornevin, Robert: Histoire du Zaire, Bruxelles 1989; Cuvelier, J./ Jadin, L.: L'Ancien Congo, Gembloux 1954; Kivouvou, Prosper: Angola - vom Königreich Kongo zur Volksrepublik, Köln 1980; Latour da Veiga, F.: Le Portugal et le Congo au XIX. siècle, Paris 1972; Pigafetta, F./ Lopez, Duarte: Description du royaume de Congo et des contrées environnantes, Louvain 1963; Randles, W. G. L.: L'Ancien royaume du Congo, Paris 1968; Vansina, Jan: Les anciens royaumes de la savane, Léopoldville 1965.
[4] Vgl. Vansina, Jan: Les anciens royaumes de la savane, p. 32; Cornevin, Robert: Histoire du Zaire, Bruxelles 1989, p. 45.

des Flusses Kongo in dem ursprünglich von Ambundu bewohnten Gebiet niedergelassen. Pierre Alexandre bezeichnet die Eroberung als reibungslos, weil der Eroberer und seine Gefolgschaft sich mit den Einheimischen befreundeten und später eheliche Beziehungen eingingen.[1] Als Diogo Câo das Land erreichte, war dieser Staat eines der größten politisch organisierten Gebiete in Zentralafrika und stand unter der Herrschaft von Nzinga Kuvu, der der Thronreihe nach sechster König war. Die Grenzen des in sechs Provinzen zentral verwalteten Staates erstreckten sich von dem Fluss Loje im heutigen Angola bis zum Fluss Kwilu-Niari in der heutigen Republik Kongo (Brazzaville). Aufgrund der zwischen Diogo Câo und dem Manikongo (König) geschlossenen Freundschaft entwickelten sich zunächst bilaterale Beziehungen zwischen dem Kongo und Portugal, später zunehmende Feindseligkeiten (aufgrund der Einmischung Portugals in die inneren Angelegenheiten des Kongo und vor allem wegen des Sklavenhandels), die im Laufe der Zeit zu Ungunsten des afrikanischen Staates endeten. Obwohl das Königreich, wie alle übrigen schwarzafrikanischen Herrschafts-strukturen, über keine festgeschriebene Verfassung verfügte, sind die Einteilung und die Einschränkungen der Kompetenzen zwischen den Staatsorganen deutlich erkennbar. Dem König, in dessen Person die Kräfte der Natur (sakraler Aspekt) sich verkörperten, wurden weitgehende Befugnisse bei Ernennung bzw. Entlassung von Provinzgouverneuren, nach Einholung der Zustimmung des Staatsrats, zuerkannt.[2] Die öffentliche Ernennung bzw. Entlassung erfolgte während der zeremoniellen Steuerabgabe, die in den

---

[1] Vgl. Pierre, Alexandre: Les Africains, Paris 1981, p. 31.
[2] Vgl. Randles, W.G.L.: L'Ancien royaume du Congo, p. 50/ van Wing, R.P.: Etudes bakongo, Histoire et Sociologie, 1921, p. 33.

Provinzen in Form von Waffen, Sklaven und Agrarprodukten gesammelt und einmal jährlich an den König abgeführt wurde.[1] Der von „Mani Vunda" (Hüter der Tradition und Vertreter der ersten Bewohner des Landes) geführte Staatsrat stellte ein politisches Gegengewicht dar, da der König aus den zahlreichen Kronanwärtern von ihm gewählt wurde. Dem gewählten König wird die Legitimität zuerkannt, nachdem er feierlich vom „Mani Vunda" inthronisiert worden ist. Mit der Christianisierung der Gesellschaft und der daraus entstandenen Veränderung verlor der „Mani Vunda" allmählich seine politische Stellung zugunsten eines von der portugiesischen katholischen Kirche entsandten Beraters im Staatsrat. Bis zur Desintegration nach der Schlacht von Ambuila im Jahr 1665, deren Ursachen in der wachsenden Einmischung Portugals in das politische Geschehen des Kongo und in dem von Europäern wie Arabern, unter Mitwirkung von Afrikanern wirtschaftlich gesteuerten Sklavenhandel zu suchen sind, bestiegen nach dem Tode Mbemba Nzinga[2] (Afonso I.) im Jahr 1543 achtzehn Monarchen den kongolesischen Thron. Trotz des Niedergangs im 17. Jahrhundert und der darauf folgenden Aufteilung in drei Kolonialgebiete unter Frankreich, Belgien und Portugal bei der Berliner Konferenz von 1884-85 besitzen die Bakongo immer noch das Bewusstsein ihrer früheren Zugehörigkeit zu einer politischen

---

[1] Vgl. Vansina, Jan: Les anciens royaumes de la savane, p. 36.
[2] Vgl. Der Manikongo Mbemba Nzinga bestieg den Thron im Jahr 1506, nachdem er seinen Bruder Mpanzu a Nzinga mit Hilfe der Portugiesen besiegt hatte. Während seiner siebenunddreißigjährigen Amtszeit spielte er die Rolle einer Integrationsfigur und versuchte, sich langfristig der Abhängigkeit von Portugal zu entziehen. Wegen der Zunahme des Sklavenhandels verbot er im Jahr 1540 den Export von Sklaven außerhalb seines Staates und ließ vor seinem Tode drei Jahre später alle unerwünschten Portugiesen aus dem Lande ausweisen. Vgl. Lukonde Luansi: Die ethnonationalistischen bzw. regionalistischen Bestrebungen in Schwarzafrika am Beispiel der Bakongo in Zaire, Magisterarbeit im Fach Politische Wissenschaft der RWTH Aachen, 1995, S. 18-21.

und kulturellen Einheit. Das kollektive Bewusstsein, das bis heute erhalten geblieben ist, besitzt bis in die Gegenwart erhebliche Relevanz. Die Bakongo Angolas - schreibt Mabeko Tali -, die teilweise in den Jahren 1913, 1945 und 1961 aufgrund des harten portugiesischen Kolonialismus und des Befreiungskrieges Zuflucht bei ihren Verwandten in den beiden Kongo (Brazzaville und Kinshasa) fanden, sind an ihre gemeinsame Tradition und Kultur gebunden.

> „Peuple très attaché à ses traditions et à sa culture, les Bakongo constituent une population dynamique, qui prise le négoce et sait allier respect des traditions et goût de la modernité, l'élite la plus instruite ne dédaignant pas de se soumettre aux cérémonies et rites traditionnels dans les actes essentiels de la vie.
> Leurs conceptions et leur lecture du politique et du présent sont systématiquement nourries de l'histoire passée. Cette conscience aigue de l'ethnos est particulièrement cultivée au sein de l'élite, mais reste largement partagée. Ainsi lorsqu'on interroge les Bakongo sur leur place dans la socièté angolaise aujourd'hui, ils rappellent systématiquement l'histoire du royaume Kongo."[1]

Die Feststellung von Mabeko Tali ist im Kern richtig. Aber es muss ebenso erwähnt werden, dass die Bakongo Angolas - trotz ihrer kulturellen Homogenität und ihres gemeinsamen Bewusstseins - unter sich politisch sehr zerstritten sind. Während die einen zu separatistischen Tendenzen neigen, bekennen sich die anderen zu einem neuen zu organisierenden Staat Angola, der der sozio-kulturellen und wirtschaftlichen Stellung der Bakongo-Region Rechnung tragen muss.

Von dieser Problematik wird noch die Rede sein.

---

[1] Mabeko Tali, Jean-Michel: La „chasse au zairois" à Luanda; in: Politique africaine, Nr. 57, Mars 1995, p. 74.

2.1.1.2 Die makro-ethnische Gruppe der Mbundu

Die zweitgrößte makro-ethnische Gruppe, die Mbundu, mit etwa 23 % der Gesamtbevölkerung des Landes, setzt sich aus zwanzig Subgruppen[1] zusammen, die in den Verwaltungseinheiten Malanje, Kwanza-Norte, Bengo, Luanda und teilweise in Kwanza-Sul sesshaft sind. Ohne auf die Geschichte[2] des Königreichs Ndongo detailliert eingehen zu wollen, da die Darstellung der Ereignisse über den Rahmen der vorliegenden Analyse hinausgehen würde, beschränke ich mich auf die wichtigsten relevanten Fakten. Die Gründung des Ndongo-Staates um etwa 1500 geht aus der Eroberungs- und Assimilierungspolitik des Herrschers Ngola Kiluanje hervor, der der Tradition nach ein Schmied gewesen war. Nach der Vorstellung der Mbundu, wie übrigens ebenfalls der Bakongo, besaß der König Macht über den Regen; und das Wohlergehen und die Prosperität des Volkes waren eng mit seiner Person verbunden. Heintze zufolge setzte sich die Bevölkerung dieses Staates aus freien Bürgern und Sklaven zusammen.

---

[1] Zu den Mbundu-Völkern werden u.a. folgende Subgruppen gerechnet: Amboim, Ambundu, Libolo-Kibala, Kisama, Luanda, Luango, Mbangala, Ndembo, Njinga, Ngola, usw. hierzu vgl. Henderson, Lawrence W.: idem, p. 21; Baumann, Hermann: idem, S. 529. Wegen der Verwechslungsmöglichkeiten mit den sprachlich und kulturell verschiedenen Ovimbundu aus dem zentralen Hochland (Kap. 2.1.1.3) empfiehlt Baumann die Bezeichnung „Ndongo-Ngola" anstatt der Benennung „Mbundu". Angesichts der Tatsache aber, dass sich die Angehörigen dieser Volksgruppe in Angola als Mbundu bezeichnen, ziehe ich meinerseits den Volkswillen vor.
[2] Zur Geschichte des Ndongo sind u.a. folgende Beiträge hinzuziehen: Cardonega, António de Oliveira: História geral das guerras angolanas (1680-1681), Lisboa 1942; Vansina, Jan: Les anciens royaumes de la savane, Léopoldville 1965; Galvâo, H. / Selvagem, C.: Império ultramarino português, Lisboa 1952; Heintze, Beatrix: Das Ende des unabhängigen Staates Ndongo (Angola); in: Paideuma 27, Wiesbaden 1981,

Die freie Bevölkerung („*morinda*") war in matrilinearen Lineages zu Häuptlingstümern mit je einem „*Soba*" an der Spitze organisiert; außerhalb dieses Systems gab es die Sklaven („*Quísicos*"), aus denen die Soldaten des Landes rekrutiert wurden.[1]

Als die Portugiesen Ende des 15. Jahrhunderts Beziehungen mit dem Manikongo eingingen, stand schon einige Zeit lang der sich ausbreitende Ndongo-Staat unter der Oberhoheit seines mächtigen Nachbarn (Kongo), dem er Steuern zahlte. Die zunehmende Nachfrage nach billigen Arbeitskräften, die durch die Entdeckung Amerikas ausgelöst wurde, brachte die ersten portugiesischen Händler auf der Suche nach neuen Märkten in das Staatsgebiet von Ndongo.[2] Auf dringende Veranlassung der in Brasilien tätigen Jesuitenpriester schickte die portugiesische Krone 1520 zwei Gesandte nach Ndongo, um das Land zu erkunden und vor allem etwas über die vermuteten Silberminen in Erfahrung zu bringen. Die beiden Gesandten Portugals konnten erst einige Jahre später nach Portugal zurückkehren, weil sie am Hofe des Ndongo-Staates aus geschichtlich nicht vollständig geklärten Gründen sechs Jahre festgehalten wurden. Aufgrund der sich allmählich anbahnenden Rivalität zwischen dem Ndongo-Staat und seinem Nachbarn (Kongo) versuchte der Ndongo-Herrscher zunächst vergeblich, Kontakte mit Portugal anzuknüpfen, da die von ihm nach Portugal gesandten Botschafter von den Portugiesen in Sâo Tomé aufgehalten wurden.

S. 197- 273; ders.: Beiträge zur Geschichte und Kultur der Kisama (Angola); in: Paideuma, Wiesbaden 1970, S. 159-186.
[1] Vgl. Heintze, Beatrix: Das Ende des unabhängigen Staates Ndongo, S. 197.
[2] Vgl. Baumann, Hermann: idem, S. 530; Clington, Mário de Souza: Angola libre?, 1975, p. 39.

Ab 1557 begannen dann die ersten offiziellen Kontakte zwischen Portugal und Ndongo, nachdem Letzeres ein Jahr zuvor vom Kongo unabhängig geworden war.[1] Von nun an konnten sich die Beziehungen zwischen den beiden Ländern weiter entwickeln. Im Auftrag der portugiesischen Krone leitete Paulo Dias de Novais die erste Expedition nach Ndongo und landete im Jahr 1557 an der Küste Luandas. Im Jahr 1575 kehrte er mit einer kleinen Armee erneut nach Ndongo zurück, und fünf Jahre später begannen die militärischen Aktionen mit der Okkupation des Ndongo-Staates. Die Aktionen wurden ebenso durchgeführt, um Sklaven für Brasilien und auch für die spanischen Besitzungen in Amerika zu beschaffen.[2] Nach Heintze bildete Ndongo damals den Hauptzulieferer von Sklaven für den Export aus Luanda, von wo aus jährlich 12.000 bis 13.000 Menschen nach Übersee verschifft wurden.[3] In den mit Hilfe der Jaga-Verbände eroberten Gebieten zwang Portugal die Herrschenden, Vasallenverträge abzuschließen, mit denen sich Portugal den Sklavenhandel sicherte.[4] Nach dem Tod des Königs Ngola Mbandi im Jahr 1623 organisierte dessen Nachfolgerin Jinga (Nzinga) mit Unterstützung der Holländer, die Luanda einige Jahre zuvor besetzt hatten, einen Widerstand gegen die Portugiesen, um die verlorene Macht wiederzuerlangen, nachdem sie vergeblich Friedensbemühungen mit Portugal gesucht hatte. Mit militärischer Unterstützung aus Brasilien konnten sich die Portugiesen noch rechtzeitig aus der bedrohlichen Lage retten.

Nachdem die portugiesische Herrschaft 1648 wiederhergestellt worden war, versuchte Portugal aus taktischen Überlegungen,

---

[1] Vgl. Kuder, Manfred: Kurzer Abriss der angolanischen Geschichte, Bonn 1990, S.17
[2] Vgl. Heintze, Beatrix: Das Ende des unabhängigen Staates Ndongo, S. 199.
[3] Vgl. Heintze, Beatrix: idem, S. 199.
[4] Vgl. Heintze, Beatrix: idem, S. 200.

Frieden mit den nicht zu besiegenden Staaten zu schließen, ohne jedoch - wie die darauf folgenden Jahre zeigten - die militärische Eroberungspolitik aufzugeben. So unterzeichneten im Jahr 1656 Vertreter Portugals und der Königin Jinga einen Friedensvertrag, den Portugal Jahre später verletzte und infolgedessen die Festung Pungo Andongo im Jahr 1671 angriff und eroberte. Dies läutete die endgültige Auflösung des Ndongo-Staates ein, von wo aus die portugiesische Eroberung weiterer Gebiete des Landesinneren organisiert und durchgeführt wurde. Die Folgen der militärischen Eroberungspolitik Portugals waren in Ndongo wie in allen anderen Staaten verheerend. Die Intensivierung des Sklavenhandels, der in weitere Gebiete ausgedehnt wurde, trieb die Bevölkerung in Massen auf die Flucht. Die aus Ndongo fliehenden Menschen flüchteten südlich des Kwanza-Flusses und vermischten sich mit den Autochthonen des zentralen Hochlandes, den Ovimbundu, von denen im nächsten Abschnitt die Rede ist. Infolge der Assimilationspolitik Portugals und aufgrund ihrer Nähe zum Machtzentrum Luanda wurden die Mbundu am stärksten kulturell assimiliert[1], und sie bildeten ebenso die größte Gruppe in der Hauptstadt Luanda, wo sich eine Wechselwirkung zwischen der portugiesischen Sprache und dem Kimbundu ergab.[2] Die portugiesische Sprache bereicherte sich mit neuen Lehnwörtern aus der Kimbundu-Sprache.

---

[1] Vgl. Messiant, Christine: Luanda (1945-1961) - Colonisés, société coloniale et engagement nationaliste, Paris 1989, p. 146.
[2] Viele angolanische Schriftsteller, unter ihnen Uanhanga Xietu (Mendès de Carvalho) und Luandino Viera, bedienen sich in ihren Werken des „korrupten", grammatisch

2.1.1.3 Die makro-ethnische Gruppe der Ovimbundu

Die Ovimbundu, die in den heutigen Provinzen von Benguela, Bié, Huambo und teilweise in Huíla und Kwanza-Sul ansässig sind, stellen mit ca. 40% der Gesamtbevölkerung die größte und homogenste makro-ethnische Gruppe in Angola dar. Die Entstehung der Ovimbundu im 19. Jahrhundert, die von Mildner-Spindler als „jüngere Bantu des westlichen Hochlandes" klassifiziert werden, geht aus den Migrationsbewegungen der Imbangala - auch Jaga genannt - im 16. Jahrhundert in Richtung südlich des Kwanza-Flusses hervor.[1] Hauenstein, der am Beispiel der Hanya (Subgruppe der Ovimbundu) die Migrationsbewegung darstellt, hebt zwei wesentliche Gründe für diese Massenbewegung hervor: erstens die von den Imbangala (Jaga)[2] hervorgerufenen Raubzüge und zweitens die Desintegration des Königreichs Ndongo, nachdem die Portugiesen den Herrscher Ngola in Pungo Andongo besiegt hatten.[3] Mildner-Spindler zufolge formierten sich nach mehrhundertjährigem Prozess der ethnischen Annäherung und Vereinigung von autochthoner Bevölkerung und Imbangala zwölf

stark vereinfachten Portugiesischen. Dieses Phänomen ist auch im französisch sprachigem Raum Afrikas (le français de Moussa) zu beobachten.
[1] Auf der Grundlage theoretischer Ansätze sowjetischer Wissenschaftler formuliert Mildner-Spindler Hypothese zur abslchließenden Herausbildung im 19. Jahrhundert der „metaethnischen Gemeinschaft" der Ovimbundu. Vgl. Mildner-Spindler, Roma: idem, S. 70-98.
[2] Über die Imbangala (Jaga) wird übereinstimmend berichtet, dass sie einen Kriegsverband darstellten, der raubend und plündernd durch das Land zog. Im Jahr 1565 überfielen die Jaga-Verbände das Königreich Kongo. Später halfen sie den Portugiesen bei der Eroberung des Ndongo-Reiches. Im Laufe der Zeit und ihrer Migrationsbewegung gründeten sie Staatsgebilde, nachdem sie sich angepasst und sich mit den autochthonen Bevölkerungen vermischt hatten. Vgl. Decker, Hartmann C.: Die Jagazüge und das Königstum im mittleren Bantugebiet; in: Zeitschrift für Ethnologie, Berlin 1939, S. 229-290.
[3] Vgl. Hauenstein, Alfred: Les Hanya, Wiesbaden 1967, p. 6; Mildner-Spindler, Roma: idem, S. 71.

bis zweiundzwanzig autonome, unabhängige „Kingdoms"[1], die Ende des 18. Jahrhunderts fest etabliert waren und unter denen Andulo, Bailundo, Bié, Chiyaka, Galangue und Huambo zu den wichtigsten und mächtigsten gehörten. Als entscheidender integrierender Faktor zur Formierung der makro-ethnischen Gruppe der Ovimbundu werden u.a. die wirtschaftlichen Verbindungen zwischen ihnen hervorgehoben, da sie große Karawanen organisierten, um ihre Erzeugnisse in anderen Gebieten Afrikas absetzen zu können. Im Vergleich zu den anderen Herrschaftsstrukturen in Schwarzafrika, wie etwa zum Königreich Kongo (Kap. 2.1.1.1), war die Machtorganisation in den einzelnen Ovimbundu-Staaten schwächer, auch wenn sie ähnliche Strukturen aufweisen.

Der König („*Osoma*"), Staatsoberhaupt, von zahlreichen Würdenträgern umgeben, übte wichtige rituelle und juristische Funktionen aus. Unter den Würdenträgern verfügte ein aus Nachfahren ehemaliger Sklaven stammender „*Kesongo*", zuständig für die militärischen Angelegenheiten, über weitgehende Befügnisse im Machtapparat, da er zu den engsten und wichtigsten Beratern des „*Osoma*" zählte.[2] Auch wenn einige „*Olosoma*" (Pluralform von *Osoma*) sich unbeschränkte Befügnisse zuzuschreiben versuchten, kann das System Hauenstein zufolge im Allgemeinem als ausgeglichen betrachtet werden, da die „*Olosoma*" von den jeweiligen Vertretern des Volkes gewählt und kontrolliert wurden und gegebenenfalls abgesetzt werden konnten.

---

[1] Vgl. Mildner-Spindler, Roma: idem, S. 73; Offermann, Michael: Angola zwischen den Fronten, Pfaffenweiler 1988, S. 39; Baumann, Hermann: idem, S. 504-505; Henderson (A igreja em Angola p., 23) spricht dagegen von zwölf von den Ovimbundu gegründeten Königreichen, die gegen Ende des 19. Jahrhunderts aufgrund der kolonialen Penetration und des daraus entstandenen militärischen Konfliktes zwischen den Ovimbundu und den Portugiesen untergegangen sind.
[2] Vgl. Hauenstein, Alfred: L'ombala de Caluquembe; in:Anthropos, Freiburg 1963, p. 93.

31

„On pourrait parler d'une monarchie assistée d'une chambre
représentative du peuple qui, dans le cas qui nous occupe,
peut aussi signifier les vivants que les morts. Il s'agit, en
somme, d'une espèce de contrôle réciproque devant favoriser
un équilibre en toutes choses".[1]

Charakteristisch für die Ovimbundu-Staaten war unter anderem das
Ritual des Menschenopfers *(Ekongo)*, bei dem ein Kriegs-
gefangener, also ein Sklave, geopfert wurde. Ziel dieses Rituals
war es vor allem, die magische Kraft des „Osoma" zu erhöhen und
dadurch die Fruchtbarkeit und die Prosperität des Landes zu
gewährleisten.[2] Der „Osoma" repräsentierte den Staat nach außen
und pflegte diplomatische Beziehungen und schloss Handels-
abkommen ab, und er war oberster Kriegsherr.

Die Kriege wurden hauptsächlich durchgeführt, um einerseits das
Ansehen des Königs und dessen magische Kraft zu erhöhen und
andererseits, um wirtschaftliche Vorteile (Sklaven, Vieh) zu
erzielen.[3] Mit der allmählichen kolonialen Penetration in das Gebiet
der Ovimbundu[4] nahmen auch die kriegerischen Handlungen[5] zur
Kontrolle der Handelsrouten zu. Die Ovimbundu-Staaten, die im
Jahr 1888 ein Verteidigungsbündnis eingingen, um sich gemeinsam
der kolonialen Penetration zu widersetzen, scheiterten in ihrer
Unternehmung, und infolgedessen fielen sie nach 1903 unter
portugiesische Kontrolle. Aber trotz des kolonialen Systems blieben
die Ovimbundu von einem starken ethnischen Bewußtsein und

[1] Hauenstein, Alfred: idem, p. 92.
[2] Vgl. Hauenstein, Alfred: idem, p. 73.
[3] Vgl. Hauenstein, Alfred: idem, p. 66.
[4] Die ersten portugiesischen Händler drangen in das Gebiet der heutigen Ovimbundu
um 1660 ein. Im Jahr 1769 errichteten die kolonialen Truppen nach erbitterten
Kämpfen des erste Fort („Presídio") in Kakonda.
[5] Hierbei handelt es sich um die sogenannten „Nano-Kriege" (1803-1879), im Verlauf
deren die Ovimbundu sich gegeneinander bekämpften, um wirtschaftliche Vorteile
durch die Kontrolle der Handelsroute zu erzwingen. Die Kolonialmacht wiederum half

Zusammengehörigkeitsgefühl geprägt. Dieses Bewusstsein, das sich gegen Ende des 19. Janhrhunderts herausbildete, verstärkt sich heute aufgrund der einerseits erlittenen Erniedrigung[1] während der Kolonialzeit und anderseits aufgrund des seit der Unabhängigkeit des Landes 1975 andauernden Konflikts zwischen der MPLA-Regierung und der UNITA.

2.1.1.4 Die Lunda-Tchokwe

Die Lunda-Tchokwe[2] stellen mit 5,4% der Gesamtbevölkerung historisch betrachtet die viertgrößte dynamische Gruppe Angolas dar und bewohnen die beiden nordöstlichen Provinzen Lunda, die Provinz Moxico und teilweise die angrenzenden Zonen in Kwando-Kubango, etwa ein Gebiet[3] von ca. 400.000 km². Alle Quellen stimmen darin überein, dass die Lunda-Tchokwe keineswegs eine homogene Nation bilden, sondern vielmehr eine Konföderation von

---

dem Einen oder dem Anderen, um ihre Stellung in der Region auszudehnen und zu festigen. Vgl. Clington, Mário de Souza: Angola libre?, 1975, pp. 99-107.

[1] Auch wenn alle Volksgruppen Angolas von der Härte des Kolonialsystems betroffen waren, wurden die Ovimbundu am stärksten erniedrigt, indem sie massenweise in die Kaffeeplantagen im Norden Angolas deportiert wurden. Bei der Revolte der UPA (Union der Völker Angolas) im März 1961 fielen sie dort gemeinsam mit den europäischen Siedlern den Guerrilleros zum Opfer. Infolge der Wiederaufnahme der militärischen Aktivitäten durch die UNITA nach den Wahlen von 1992 wurden im Januar 1993 die Angehörigen der Volksgruppen der Ovimbundu und der Bakongo in Luanda in einer ethnisch gesteuerten Aktion massakriert. Daher versucht die UNITA, die aufgrund der ethnischen Affinität in der Ovimbundu-Region über eine solide Basis verfügt, von Zeit zu Zeit, das ethnische Gefühl zu instrumentalisieren, um ihre Anhänger gegen die MPLA weiter mobilisieren zu können.

[2] Zur dieser Gruppe werden u.a. folgende Subgruppen gezählt: Luena, Luchime, Luchaze, Lunda, Kakongo, Mai, Mataba, Minungo, Ndembo und Tchokwe. Die Angaben sind hierzu unter den Autoren oft widersprüchlich. Vgl. Henderson, Lawrence W.: idem , pp. 25-26/ Mildner-Spindler, Roma: idem, S. 9.

[3] Die Berechnung beruht auf Daten des Statistischen Bundesamtes, Länderbericht Angola 1993, S. 33-36 und der von der Botschaft Angolas in Bonn herausgegebenen Publikationsreihe „Angola Panorama".

Völkern, die sich infolge der Migration der Lunda aus der Region Bushimai (Katanga/Kongo) und anschließend im Zuge der assimilierenden Lunda-Hegemonie Mitte des 16. Jahrhunderts unter Yaka Mwaka (Mwata Mwaku) in einem losen Staatenbund zusammenschlossen.[1] Als Symbol ihrer Autorität trugen die Lunda-Herrscher ein aus Eisen gearbeitetes und mit verschiedenen Ornamenten geschmücktes Armband (*„Lukano"*), das dem jeweiligen Thronnachfolger weitergegeben wurde. Dem ersten Lunda-Herrscher, Mwata Mwaku, folgte sein Sohn Konde, dessen Thronfolge dann - nach Cornevin - Streitigkeiten unter seinen drei Kindern auslöste. Während sich die unglücklichen Kandidaten und ihre Gefolgschaft aus Verärgerung entfernten, in verschiedene Richtungen aufbrachen und später weitere Lunda-Dynastien gründeten, wurde eine Frau namens Lueji als Herrscherin gekrönt.[2] In den ersten Jahren des 17. Jahrhunderts heiratete sie einen aus der königlichen Familie der Luba stammenden Jäger namens Chibinda Ilunga, der infolgedessen die Königwürde übernahm.[3] Während seiner 25-jährigen Amtszeit organisierte und dehnte er das Territorium durch Eroberung weiterer Gebiete aus.

---

[1] Vgl. Buttner, Thea: Afrika, Geschichte von den Anfängen bis zur Gegenwart, Köln 1979, Bd. 1, S. 178/ Cornevin, Robert: Histoire du Zaire, Bruxelles 1989, p. 72/ Henderson, Lawrence W.: idem, p. 26.
[2] Vgl. Cornevin, Robert: idem, p. 73 Nach den von ihm gesammelten Erzählungen der Lunda-Traditionen flohen die beiden Söhne von Konde, Chinguli und Chiniama, und gründeten weitere Lunda-Dynastien. Der Erstere, Chinguli, ging, den Fluss Kasai überquerend, nach Westen und gründete das Königreich Imbangala in der Region von Kwango-Fluss (Angola). Der Zweite ging südlich zwischen den Flüssen Kongo und Sambesi und ließ sich bei Luena nieder, wo er später nach Vermischung und Assimilierung mit der autochthonen Bevölkerung (die Luena) zur lokalen Aristokratie gehörte.
[3] Vgl. Cornevin, Robert: idem, p. 73/ Vansina (Südkongo, S. 658; in: Baumann, Hermann: Die Völker Afrikas und ihre traditionellen Kulturen, Wiesbaden 1975, Bd. 1) gibt bezüglich dieser Eheschließung das Datum von 1500 an. Hierzu muss es sich mit aller Wahrscheinlichkeit um einen typographischen Fehler handeln, da Vansina die Gründung des Königreiches Kasanje von Chinguli (Kinguri oder Cinguri), dem Bruder Luejis, um 1620 datiert.

Seine militärische Eroberungspolitik wurde von seinem Sohn, Mwata Yamvo (1660-1675), fortgesetzt. Vansina zufolge festigte Mwata Yamvo die Organisation des Staates, indem er die annektierten Gebiete in Verwaltungseinheiten mit beschränkter Autonomie gliederte, deren Provinzgouverneure ihm unterstellt waren. Im 18. Jahrhundert erlebte die Konföderation einen politischen, wirtschaftlichen und sozialen Aufschwung, der mit der Ausdehnung des Territoriums von Ostangola bis zum Moerosee verbunden war. Dieser Aufschwung erklärt sich dadurch, dass die Lunda-Herrscher in den Handel mit Sklaven, Elfenbein und Waffen mit den in Angola operierenden Portugiesen über den von Chinguli im vorigen Jahrhundert davor gegründeten Staat Imbangala einbezogen wurden. Durch die immer größer werdende Einflussnahme der Sklavenhändler im Laufe der Zeit verlor die regierende Klasse allmählich die Kontrolle über weitere Gebiete, deren Herrscher aufgrund ihrer Gewinne durch den Sklavenhandel und dadurch entstandenen Machtzuwaches mehr und mehr unabhängig agierten. So erhob sich militärisch im 19. Jahrhundert eine Koalition der Tchokwe und Luena gegen die Lunda-Hierarchie, und sie läutete damit das Ende des Lunda-Reiches ein.[1] Die Lunda-Tchokwe, die, so wie zahlreiche Volksgruppen in Schwarzafrika, in verschiedene Kolonialgebiete aufgeteilt worden waren und heute in drei Staaten leben (Angola, Sambia und Demokratische Republik Kongo), sind durch ein ethnisch historisches Bewusstsein und durch einen wirtschaftlich begründeten Regionalismus gekennzeichnet, dessen politischer Ausdruck im heutigen Angola immer größer wird.

Im Kapitel über den Demokratisierungsprozess und die Entstehung politischer Parteien wird noch davon die Rede sein.

---

[1] Vgl. Vansina, Jan: idem, S. 659.

2.1.1.5 Die Ngangela

Die Ngangela stellen trotz ihrer großen Zahl (5,4% der Gesamtbevölkerung)[1] im Vergleich zu den übrigen Völkern Angolas eine Volksgruppe mit einem sehr schwach ausgeprägten ethnischen Bewusstsein dar. Dies lässt sich dadurch erklären, dass sich die Ngangela aus vielen kleinen Subgruppen[2] zusammensetzen, die jeweils von zahlenmäßig und kulturell starken Volksgruppen (Tchokwe, Luena, Ovimbundu, Ovambo) umgeben sind. Unter Einfluss der benachbarten assimilierenden Volksgruppen organisierten sich die Ngangela in zahlreichen Häuptlingstümern, deren Struktur derer der Ovimbundu bzw. der Tchokwe ähnelte.

Aus einem von Henderson zitierten Bericht eines Missionars über die Niederlassung der Kirche in dem von den Ngangela bewohnten Gebiet lässt sich entnehmen, dass ein Ngangela-König namens Tchyihwaco oder Chinaco sich zwischen 1888 und 1889 militärisch der Okkupation widersetzt hat.[3]

---

[1] Vgl. Statistisches Bundesamt, Länderbericht Angola 1993, S.36
[2] Nach Redinha (Distribuição étnica de Angola, Luanda 1962) werden ca. 20 Subgruppen zu den Ngangela gezählt: Ambuela, Luime, Mbunda, Ndungo, Ngangela u.a. Hierzu vgl. Henderson, Lawrence W.: idem, pp.26-27; Baumann, Hermann: idem, S.545.
[3] Vgl. Henderson, Lawrence W.: idem, pp. 79-82; Pélissier, René: Les guerres grises, Orgeval 1977, pp. 383-389

2.1.1.6 Die Nhaneka-Humbe

Die Nhaneka-Humbe, mit ca. 5% der Gesamtbevölkerung, sind zahlenmäßig die sechstgrößte ethnisch-linguistische Gruppe in Angola und in den heutigen Provinzen von Huíla und teilweise Cunene ansässig. Diese Gruppe wird in der vom Verfasser konsultierten Sekundärliteratur in zwei große Subgruppen untergliedert: die Nhaneka und die Humbe, die wiederum insgesamt zehn kleine Einheiten umfassen.[1]

Die Nhaneka-Humbe formierten sich, wie aus den erwähnten wissenschaftlichen Beiträgen zu entnehmen ist, im Verlauf einer interethnischen Integration und eines Assimilierungsprozesses zwischen den aus dem Zentralplateau kommenden Eroberern und den autochthonen Bevölkerungen.[2] Estermann zufolge haben die Jaga-Verbände Anfang des 17. Jahrhunderts ihren Eroberungszug bis zum Cunene-Fluss ausgedehnt und später in der Region zwei Königreiche gegründet: Huíla und Lu-nkhumbi[3], wobei das Letztere von einem Herrscher namens Humbi-Inene, einem den Jaga zugeordneten Titel, regiert wurde. Die Nhaneka-Humbe, von Baumann ethnologisch und sprachlich in die Südwest-Bantu-Provinz[4] eingeordnet, unterscheiden sich von den größten Gruppen (Kongo, Mbundu und Ovimbundu) Angolas dadurch, dass sie ökologisch bedingt Getreidebau (Mais, Hirse) und vor allem

---

[1] Vgl. Estermann, Carlos: Etnografia do sudoeste de Angola, o grupo étnico Nhaneca-Humbe, Vol.2, Lisboa 1960, p. 20; Henderson, Lawrence W.: idem, p.25; Mildner-Spindler, Roma: Grundzüge der ethnischen Entwicklung im Territorium Angolas, S.12; Baumann, Hermann: idem, S.490-501.
[2] Vgl. Estermann, Carlos: idem, p. 28.
[3] Vgl. Estermann, Carlos: idem, p. 29.
[4] Die Südwest-Bantu-Provinz, in der Nhaneka-Humbe, die Herero und die Ovambo u.a. kategorisiert sind, weist nach Baumann nicht nur sprachliche, sondern auch kulturelle

37

Viehhaltung in einem regenarmen Raum betreiben. Dazu gehört auch der Kult der heiligen Kuh, der als Erbe weitergegeben wird. Auf sozio-politischer Ebene sind die Nhaneka-Humbe in verschiedene Klans („omaanda", Plural von „eanda") organisiert; sie kannten kein zentral organisiertes Königstum. Sie waren vielmehr in kleinen politisch voneinander unabhängigen Häuptlingstümern organisiert, an derer Spitze ein „Régulo" stand. Der Elefanten-Klan („Ovakwandyamba") z.B. ist mit dem Krokodil-Klan („Ovakwangandu") verbunden, weil nach der Nhaneka-Humbe-Vorstellung Letzterer dem Ersten ausdrücklich erlaubt haben soll, in seinen Gewässern zu trinken. Folgerichtig betrachten sich die Angehörigen der beiden Klans als Verbündete und fühlen sich gegenseitig verpflichtet.[1] Der Häuptling (Régulo), in dessen Person die Kraft der Natur („okulokesa") verkörpert ist, wurde von dem Ältesten („Tyipanga") inthronisiert und von einer Reihe von Würdenträgern umgeben, die obligatorisch aus den anderen Klans als dem des Häuptlings stammen mussten.[2] Hier erkennt man einen gewissen Kontrollmechanismus und eine Machtbalance zwischen den unterschiedlichen Komponenten der Gesellschaft.

Betrachtet man den Grad der Assimilationspolitik Portugals und vor allem die Ansiedlung von weißen Siedlern ab dem 19. Jahrhundert in dem von den Nhaneka-Humbe bewohnten Gebiet, ist heute noch erstaunlich zu beobachten, dass diese Volksgruppe einen so starken sozio-kulturellen Widerstand geleistet hat. Sie wurde im Vergleich zu aller anderen Volksgruppen Angolas kulturell (Kleidung, Wohnungsbau, Sitten und Gebräuche) am wenigsten

---

und sozio-ökonomische gemeinsame Merkmale auf. Vgl. Baumann, Hermann: idem, S. 473-501.
[1] Vgl. Estermann, Carlos: idem, p. 154.
[2] Vgl. Estermann, Carlos: idem, p. 160-163.

beeinflusst.

2.1.1.7 Die Ovambo

Die Ovambo[1], mit 2,4% der Gesamtbevölkerung Angolas, stellen eine weitere Gruppe der von Baumann bezeichneten Südwest-Bantu-Provinz dar und sind die unmittelbaren Nachbarn der Nhaneka-Humbe. Ansässig in der heutigen Provinz Cunene, sind die Ovambo in zwölf Subgruppen gegliedert, darunter die in Angola lebenden Dombodola, Evale, Kafima, Kwanhama und Kwamati. Ein Teil dieser Volksgruppe lebt infolge der kolonialen Aufteilung im Norden Namibias. In Angola liegt ihr Gebiet zwischen den Flüssen Cunene und Kubango in der Kalahari-Wüste und erstreckt sich vom 16° Breitengrad bis zur südangolanischen Grenze mit Namibia. Vor der Ankunft der Europäer organisierten sich die Ovambo in einem die Stammeseinheiten erfassenden Fürstentum. Am Beispiel der Kwanhama - einer der wichtigsten Subgruppen der Ovambo - exemplifiziert Tönjes ihre politische Organisation.

An der Spitze des Stammes stand - Tönjes zufolge - als oberster Machthaber der König („Ohamba"), in dessen Person die Kraft der Natur verbunden war (Regenmacher) und dessen Macht unumschränkt war, da er „Herr über Leben und Eigentum aller, die in seinem Land wohnten", gewesen war.[2]

---

[1] Die Entstehung der Volksgruppe der Ovambo geht aus den Migrationsbewegungen der Jaga hervor, die sich im Laufe der Zeit mit der einheimischen Bevölkerung vermischten. Vgl. Estermann, Carlos: Etnografia do Sudoeste de Angola, Vol. 1, pp. 68-69; De Figueiredo Lima, Maria Helena: a Nação Ovambo, Lisboa 1977, pp. 92-100.
[2] Vgl. Tönjes, Hermann: Ovamboland, Berlin 1911, S. 108-111 Bezüglich des „Ohamba" Titels weist Estermann (vgl.: idem, p. 134) darauf hin, dass dieser ein aristokratischer Titel für alle erwachsenen Angehörigen der königlichen Familie

Wie schon in den vorigen Herrschaftsstrukturen anderer Volksgruppen aufgezeigt ist, wurde der „*Ohamba omwene uosilongo*" (König) der Kwanhama von einer Reihe von Würdenträgern („*Omalenga*") umgeben, die ihm als Bezirksherren direkt unterstellt waren.[1] Die „*Omalenga*" hatten für Ruhe und Ordnung in ihrem jeweiligen „*Omukunda*" (Bezirk) zu sorgen und mussten gewisse Verpflichtungen dem König gegenüber erfüllen sowie Abgaben in Naturalien entrichten. Der König übte auch juristische Funktionen (Oberster Richter) aus, indem er Konflikte unter den Würdenträgern zu schlichten hatte. Untergeordnete Streitigkeiten unter seinen Untergebenen wurden von dem von König ernannten „*Omutokoli*" (Richter) erledigt. Die Behauptung von Tönjes, die Häuptlinge der Kwanhama seien sich ihrer Pflichten nicht bewusst gewesen und hätte das Wohl und Wehe ihres Landes und seiner Bewohner wenig gestört[2], wirft einige Fragen auf. Wie erklären sich etwa die von den Kwanhama unter Führung ihres „*Ohamba*" sorgfältig und unter strenger Vertraulichkeit durchgeführten Kriegszüge? Konnten solche Kriegszüge ohne Pflichtbewusstsein durchgeführt werden?

Auch wenn anzunehmen ist - wie Figueiredo Lima erwähnt -, dass einige Herrscher der Ovambo mit ihren jeweiligen Völkern sehr despotisch und autoritär umgegangen sind, ist ihnen trotz des brutalen Regierungsstils ein Pflichtbewusstsein zuzuerkennen.[3]

---

mütterlicherseits sei. Der regierende König wurde zur Unterscheidung „Omwene uosilongo" (Herr des Landes)genannt.
[1] Vgl. Tönjes, Hermann; idem S.110.
[2] Vgl. Tönjes, Hermann: idem, S. 113.
[3] Vgl. de Figueiredo Lima, Maria Helena: idem, pp. 76-77 Die Autorin rekonstruierte auf der Grundlage mündlicher Überlieferung eine Chronologie der „Kwanhama-Krone" aus dem 17. Jahrhundert bis zu ihrer Niederlage im September 1917. Aus der ausführlichen und sehr detaillierten Darstellung lässt sich entnehmen, dass in der erwähnten Periode 16 Könige auf dem Thron aufeinanderfolgten. Der Letzte, namens Mandume Ndemufayo (Regierungszeit 1911 – 1917), wurde von der englisch-portugiesischen Armee im September 1917 besiegt. Um der Gefangenschaft zu

Im Gegensatz zum Königreich Kongo, wo sowohl der Sohn als auch der Neffe (mütterlicherseits) des Königs den Thron besteigen konnten, wurden bei den Ovambo die Söhne aus der Thronfolge völlig ausgeschlossen. Sozio-kulturell und wirtschaftlich lassen sich die Ovambo in der Südwest-Bantu-Provinz einordnen, in der der Viehzucht eine besondere Stellung eingeräumt wird.

Die Ovambo, die sich wegen der südafrikanischen Aggressionen in den 80er Jahren mit ihren Verwandten aus Namibia verbunden fühlten, ohne jedoch auf ihre Loyalität zu Angola zu verzichten, orientieren sich aufgrund der politischen Instabilität in Angola wirtschaftlich und sozio-kulturell an Namibia seit dessen Unabhängigkeit im April 1990. Durch die immer enger werdenden Wirtschaftsbeziehungen unter den Ovambo Angolas und Namibias können sich in Zukunft regionalistische bzw. separatistische Tendenzen herausbilden, die zu Ungunsten Angolas enden könnten. Solche Tendenzen können durch die Vertiefung der Zusammenarbeit in der SADC[1] verhindert werden, die wiederum eine politische Stabilität in der gesamten Region voraussetzt.

---

entgehen, beging er Selbstmord, nachdem er seine letzten vertrauten Leibwächter eingehändig erschossen hatte.

[1] Der SADC (South African Development Community), die frühere SADCC und 1980 gegründet, gehören 14 Länder des südlichen Afrikas an (Angola, Botswana, DR Kongo, Lesotho, Malawi, Mauritius, Mosambik, Namibia, Sambia, Seychelles, Simbabwe, Südafrika, Swaziland und Tansania). Ihre Gesamtbevölkerung wird auf über 150 Millionen Einwohner geschätzt, und die Gesamtfläche beträgt über 9.000.000 km². Im Rahmen der militärischen Zusammenarbeit in der SADC erlaubt seit Dezember 1999 neuerdings Namibia von eigenem Territorium aus, die Bekämpfung der UNITA-Rebellen durch die angolanischen Streitkräfte. Den UNITA-

2.1.1.8 Die Herero

Den Herero[1], einer kleinen ethnischen Gruppe Angolas, wird dieser Abschnitt gewidmet. Die Herero, die in Angola in acht Subgruppen[2] (Hakavona, Himba, Kuvale, Kwanyoka, Kwando Mundombe, Ndimba und Ngendelengo) gegliedert sind, formierten sich infolge der im 17. Jahrhundert ausgehenden Migrationsbewegung im Südwesten des heutigen Angola. Teilweise in den angolanischen Provinzen von Namibe (Kuvale, Kwanyoka, und Ngendelengo), von Cunene (Hakavona, Himba, Ndimba) und Benguela (Ndombe) ansässig, sind die Herero Angolas trotz der kolonialen Aufteilung kulturell und sprachlich mit der in Namibia und Botswana lebenden gleichnamigen Volksgruppe verwandt. Ihre vorkoloniale politische Organisationsform ähnelt der der Nyaneka-Humbe, auch wenn die Herero, wie Estermann hervorhebt, nie das Stadium eines zentral organisierten Königstums bzw. Häuptlingstums erreicht haben. Dies lässt sich dadurch erklären, dass sie sich aufgrund ihrer Anpassung an die ökologischen Bedingungen der Region auf die Viehhaltung spezialisiert haben, die in dieser ariden Zonen oft auf der Suche nach den besten Weideplätzen zu einer nomadenähnlichen Lebensweise führt. Trotz der kolonialen Assimilationspolitik und der kapitalistischen Produktionsweise widmen sich die Herero heute noch hauptsächlich der Viehzucht, die mit ihrer Tradition verbunden

---

Rebellen wird vorgeworfen, separatistische Bestrebungen in Namibia militärisch zu unterstützen. Vgl. Süddeutsche Zeitung, vom 23. Dezember 1999.
[1] Die Herero bezeichnen sich selbst Estermann zufolge „Ovahelelo", was übersetzt bedeutet „die Herabgestiegenen". Diesbezüglich weist Baumann darauf hin, dass die Herero höchstwahrscheinlich im 17. Jahrhundert aus dem Humpata-Plateau von den Nynheka-Humbe vertrieben wurden. Vgl. Baumann, Hermann: idem, S. 484, Estermann, Carlos: Ethnografia do Sudoeste de Angola, Vol. 3, Lisboa 1961, p. 14.
[2] Vgl. de Carvalho Duarte, Rui: Paix et guerre chez les pasteurs Kuvale; in: Politique Africaine, Nr. 57, Paris 1995, p. 87.

ist. Die Viehzucht - schreibt Estermann - bedeutet ihnen alles, und er fügt hinzu:

> „Sie leben und sterben für ihr Vieh. Sie besingen ihre
> Eigenschaft, und es gibt eine echte Sympathie zwischen
> dem Viehhalter und den Tieren, für die er seine ganze
> Zeit zu opfern bereit ist".[1]

Außer den in diesem Abschnitt behandelten Volksgruppen gibt es noch zahlenmäßig kleine ethnische Einheiten, die von benachbarten Gruppen assimiliert wurden.

2.1.2 Die Nicht-Bantu-Gruppe

2.1.2.1 Die Khoi-San

Die Khoi-San[2] repräsentieren die historisch älteste Bevölkerung im Territorium des heutigen Angolas, die während der Bantu-Migration verdrängt wurden. Sie werden in anthropologischer und linguistischer Hinsicht in zwei Gruppen unterteilt:

- Die „Buschmänner", ansässig im Huíla-Plateau und in den Gebieten von Kwando-Kubango und Cunene, betreiben heute noch das Wildbeutertum und das Sammeln (Jagd und

---

[1] Estermann, Carlos: idem, p. 125 (Zitat aus dem Portugiesischen vom Verfasser sinngemäß übersetzt).
[2] Dieser Terminus stammt nach Westphal aus dem Nama und ist eine Zusammenfassung aus zwei Elementen: „Khoi" (Mensch) und „Sa" (Nahrung sammeln) und die Pluralform (-n). Übersetzt könnte es also Nahrungssammler bedeuten. Vgl. Westphal, E.O.J.: The click languages of southern and eastern Africa, in: Current trends in linguistics, Vol.7, Paris 1971, p. 367-420.

Sammelwirtschaft).[1] Die Buschmänner, die aufgrund ihrer geringen Zahl als „Restgruppe" von Mildner-Spindler[2] bezeichnet werden, kennen nach Estermann kein Häuptlingstum als Form der politischen Organisation[3], und sie leben in aus Familienangehörigen bestehenden Gruppen von etwa zwanzig bis achtzig Köpfen, die gewöhnlich dem ältesten und erfahrensten Jäger unterstellt sind.[4] Die aus einem Verwandschaftsverhältnis gebildete Gruppe besitzt ein bestimmtes Jagd- und Sammelrevier, und ihre Mitglieder sind gleichgestellt, d.h. sie verfügen über das gleiche Recht, im Gebiet zu jagen und zu sammeln. Im Falle von komplizierten Ereignissen, z.B. Naturkatastrophen wie Dürren oder im Falle von Streitigkeiten zwischen Mitgliedern zweier Gruppen setzen sich ihre Ältesten zusammen, um zu beraten und gegebenenfalls zu entscheiden.[5]

Im heutigen Angola, so wie während der Kolonialzeit, genießen die Buschmänner keinen besonderen verfassungsrechtlich gesicherten Minderheitschutz, und es ist aufgrund des angolanischen Bürgerkrieges anzunehmen, dass sich ihre Zahl noch verringert hat, oder dass sie in die Nachbarstaaten abgewandert sind.

- Die zweite Gruppe der Khoi-San setzt sich zusammen aus den von den Bantu des Süden Angolas sogenannten „Ovankwankala" bzw. „Ovasekele", also den kulturell assimilierten Kede, Kwissi, Kwepe, Tymba, die nach Mildner-Spindler anthropologisch überwiegend negrid und sprachlich ursprünglich Khoi-San, jetzt jedoch bantusprachig sind.[6]

[1] Vgl. Hirschberg, W.: Khoisan sprechende Völker Südafrikas, S. 390; in: Baumann, Hermann: Die Völker Afrikas und ihre traditionellen Kulturen, Wiesbaden 1975, S. 383-408.
[2] Vgl. Mildner-Spindler, Roma: idem, S. 19.
[3] Vgl. Estermann, Carlos: Etnografia do sudoeste de Angola, Vol. 1, Lisboa 1956, p. 20.
[4] Vgl. Hirschberg, W.: idem, S. 391; Estermann, Carlos: idem, p. 27.
[5] Vgl. Estermann, Carlos: idem, p. 20.
[6] Vgl. Estermann, Carlos: idem, pp. 13-14; Mildner-Spindler, Roma: idem, S. 19.

Die „Bantuisierung"[1] der hier bezeichneten Gruppen ist nach ihrer Ansicht auf die Wechselbeziehungen mit den Bantu zurückzuführen, da sie untereinander enge Kontakte unterhielten, wie z.b. Austausch von Nahrungsmitteln, Erntehilfe und in Bezug auf Gegenstände der materiellen Kultur.[2]

2.1.2.2 Die weiße Minderheit

In den vorigen Kapiteln wurde der heterogene Charakter der angolanischen Gesellschaft mittels ihrer ethnisch linguistischen Vielfalt betont und aufgezeigt. Die Besonderheit dieser Gesellschaft, die hinsichtlich der ethnisch-linguistischen Vielfalt den meisten schwarzafrikanischen Staaten ähnelt, liegt darin, dass sie sich aufgrund der kolonialen Hinterlassenschaft noch aus weiteren Völkern unterschiedlicher Herkunft und Hautfarbe zusammensetzt.[3] Die Minderheit europäischer Herkunft, bestehend aus einer geringen Zahl weißer Menschen und aus einer Mischlingsgruppe unterschiedlicher Grade, macht insgesamt etwa 3 bis 4% der

---

[1] Dieser Begriff ist Estermann (idem, p.36 "*bantoizaçâo*") entliehen und bezeichnet die Assimilierung der zunächst khoisansprachigen Kede u.a. durch Übernahme von kulturellen Elementen (Sprache, Wohnungsbau, Landwirtschaft und Viehzucht) der benachbarten Bantu (Herero, Ovambo). Hierzu auch in: Anthropos, Freiburg 1936 pp.572-576 (Estermann, C.: Les tribus bantoues du sud de L'Angola sont-elles fortement metissées avec la race bushmann?).
[2] Vgl. Mildner-Spindler, Roma: idem, S. 22.
[3] In dem am 15. Januar 1975 zwischen den angolanischen Befreiungsbewegungen (FNLA, MPLA, UNITA) und Portugal unterzeichneten „Alvor-Abkommen" ist u.a. folgendes zu lesen: "Die FNLA, die MPLA und die UNITA verpflichten sich ab sofort, alle in Angola geborenen Personen als angolanische Staatsbürger zu betrachten, sofern sie nicht in noch festzulegenden Zeiten und Fristen erklären, dass sie ihre derzeitige Staatsangehörigkeit behalten oder sich für eine andere entscheiden wollen." (Kap. VII, Art.46) in: Europa-Archiv, 11/1975, S. 293-300. Betrachtet man die große Zahl der Portugiesen unter den seinerzeit in Angola lebenden Europäern, lässt sich leicht feststellen, dass der o.g. Artikel ausdrücklich für die Portugiesen gedacht war.

angolanischen Gesamtbevölkerung aus. Im Gegensatz zu den USA, wo z.B. die Mischlinge den Indianern bzw. den Schwarzen zugerechnet werden, wird die Mischlingsgruppe in den portugiesischsprachigen Ländern Afrikas (Angola, Guinea-Bissau, Kap Verde, Mosambik, und Sâo Tomé e Príncipe) in die weiße Bevölkerung eingeordnet. Diese Klassifizierung beruht nicht nur auf der hellen Hautfarbe, sondern vielmehr auf dem sozialen Verhalten. Die Mischlinge identifizierten sich, wie Messiant feststellte, während der Kolonialherrschaft mit den Weißen, und sie brachen wegen ihrer Ausbildung und Erziehung in einem von rassischer Spannung geprägten Umfeld die Beziehungen mit ihren schwarzen Müttern und ihren Familien völlig ab.

> „Elevés avec et comme les Blancs, ces métis s'identifient en majorité comme Blancs et aux Blancs."[1]

Auch wenn diese Feststellung von Messiant sich auf die Zeit vor der völkerrechtlichen Unabhängigkeit Angolas bezieht, hat sie jedoch noch Gültigkeit.[2] Ohne auf die Einzelheiten der politisch wirtschaftlichen motivierten Migrationsströme der weißen Bevölkerung nach Angola eingehen zu wollen, wird daran erinnert, dass die ersten Portugiesen die Küsten Angolas schon in der zweiten Häflte des 15. Jahrhunderts erreichten.

---

[1] Messiant, Christine: Luanda (1945-1961): colonisés, société coloniale et engagement nationaliste, p. 162; in: Cahen, Michel: „Vilas" et „cidades"- Bourgs et villes en Afrique lusophone, Paris 1989.
[2] Bei der schwarzen Mehrheit stößt dieses manchmal arrogante Verhalten der Mischlinge oft auf Kritik. Dieser Satz drückt die Ressentiments der Schwarzen aus: „Esses brancos pensam que estamos ainda no tempo colonial" (Diese Weißen denken, dass wir noch unter Kolonialherrschaft leben).

Die im Laufe der Zeit entstandenen Beziehungen führten zunächst durch den unter wirtschaftlichen Gesichtspunkten betriebenen Sklavenhandel nicht nur zur Gründung von Festungen, wie z.B. Massangano im Jahr 1583, Muxima 1599, Cambambe 1604 und Ambaca im Jahr 1611, sondern vor allem zur völligen Desintegration der seinerzeit existierenden Herrschaftsformen und später zur Kolonisation des gesamten Kontinents. Wenn bis Ende des 19. Jahrhunderts die weiße Bevölkerung in Angola sich auf einige tausend Menschen beschränkte, nahm ihre Zahl ab 1928 ständig zu. Alle Quellen stimmen überein, dass diese Erhöhung darauf zurückzuführen ist, dass Angola ab 1928 zu einer Strafkolonie für zivilrechtlich verurteilte Schwerverbrecher und danach spätestens ab 1945 angesichts des wirtschaftlichen Aufschwungs zu einer Siedlerkolonie wurde.[1] Betrachtet man ihre geringe Zahl gegenüber der schwarzen Mehrheit, stellt man fest, dass diese Angolaner europäischer Herkunft aufgrund ihrer während der Kolonial-herrschaft genossenen Privilegien und Bevorzugung immer noch eine besondere wirtschaftlich dynamische Gruppe darstellen. Auch wenn die Fakten in den Statistiken aus politischen Gründen verschwiegen werden, ist die unverhältnismäßig starke Stellung in bestimmten Wirtschaftssektoren (Erdöl- und Diamanten-gesellschaften, sowie Bank- und Luftfahrtwesen) noch ersichtlich und bemerkbar. Seit der Unabhängigkeit im Jahr 1975 wird dies als Vorwand für den innerhalb der Regierungspartei (MPLA) stattfindenden Machtkampf ausgenützt, und es führt ebenso zu einer politischen Instrumentalisierung zwischen der angeblich von

---

[1] Hierzu vgl.: Messiant, Christine: idem, p. 130; de Andrade, Mário/ Ollivier, Marc: La guerre en Angola, Paris 1971, pp. 30-31; Boavida, Américo: Angola, zur Geschichte des Kolonialismus, Frankfurt a.M. 1970, S. 38; De Souza Clington, Mário: Angola libre?, 1975, pp. 111-112.

den Mischlingen dominierten MPLA und der UNITA.

2.1.3 Fazit:

Das gemeinsame Schicksal der in Angola lebenden Völker, die vor der europäischen Invasion unterschiedliche politische, kulturelle und soziale Organisationsstrukturen entwickelt haben, ist erst mit der kolonialen Situation entstanden. Die ethnisch-sprachliche Heterogenität stellt kein unüberwindbares Hindernis zur Herausbildung einer „nationalen Identität" dar, zumal überall einige gemeinsame kulturelle Merkmale und Vorstellungen zu finden sind („Bantu Kulturraum") und zumal die portugiesische Sprache - auch wenn nicht überall beherrscht - als Verkehrs- und Amtssprache dient. Durch die Mobilität und die Migration kommen die Völker Angolas in Berührung. Es entstehen durch Wechselwirkung neue soziale Beziehungen. Die jungen Generationen wachsen in ein multikulturelles Umfeld, so dass bi-ethnische Eheschließung heute keine Seltenheit mehr ist.

TEIL II

DIE
PORTUGIESISCHE KOLONIALHERRSCHAFT

3 Angola unter portugiesischer Kolonialherrschaft

Im vorigen Kapitel wurden die wichtigsten Volksgruppen Angolas bis heute dargestellt. Im Folgenden wird nun auf die Kolonialherrschaft eingegangen, nachdem die Völker des heutigen Angolas militärisch unterworfen wurden. Zunächst soll eine Begriffsbestimmung von Kolonialismus bzw. Kolonialpolitik erfolgen. Durch diese methodische Herangehensweise sollen allgemeine Aussagen gewonnen werden, welche bei der Untersuchung des portugiesischen Kolonialismus zugrunde gelegt werden können.

3.1 Kolonialismus und Kolonialpolitik: Begriffsklärung

Aufgrund der unterschiedlichen Positionen und Ideologien gibt es in der wissenschaftlichen Diskussion keine allgemein verbindliche Definition des Begriffs Kolonialismus. Gegenstand dieser Untersuchung soll nur der Kolonialismus des 19. Jahrhunderts sein, nicht aber ein solcher wie ihn die Geschichtsschreibung in der Antike oder im ausgehenden Mittelalter kennt. Auch wenn die von verschiedenen Autoren vorgenommenen Definitionen sehr differenziert und voneinander abweichend sind, findet man doch in ihnen gemeinsame Merkmale, die die Begriffsbestimmung von Kolonialismus ermöglichen. Die besonderen historischen Umstände seit Mitte des 19. Jahrhunderts betrachtend, spricht Curtin allgemein von Kolonialismus als „Beherrschung durch ein Volk aus einer anderen

Kultur".[1] Van Roon betrachtet in seiner Analyse über die Beziehungen zwischen Europa und der Dritten Welt den Kolonialismus als das Expansionsstreben von Industrienationen mit dem ausschließlichen Ziel, Macht, sei es militärische, wirtschaftliche oder politische, über andere Gebiete zu erreichen.[2] Dieser Kolonialismus im Sinne von Machtanspruch und Fremdherrschaft impliziert ein System, welches ehemals unabhängige Territorien in einem Zustand der Abhängigkeit führt. Negative Folge für die betroffenen Gebiete ist ein Bruch mit ihren eigenen historischen Traditionen und ihrer sozioökonomischen Entwicklungen.[3] Obwohl wirtschaftliche Gesichtspunkte nicht ausschließlich das Phänomen des Kolonialismus erklären, gelten sie dennoch als Hauptmotiv der Kolonialmächte und finden in den folgenden Ausführungen besondere Berücksichtigung. Das Wirtschaftssystem der Kolonialmacht mit all seinen sozialen und rechtlichen Implikationen wird einer Kolonie durch Unterwerfung aufgezwungen, wobei die Interessen der Unterworfenen denen der Herrschenden untergeordnet werden.[4]

Da der Kolonialbesitz Ende des 19. Jahrhunderts im Zentrum machtpolitischer Aktivitäten und Rivalitäten zwischen den besitzergreifenden europäischen Ländern stand, wird der Zeitraum zwischen 1880 und 1919 zurecht als „Hochimperialismus" bezeichnet.[5] Damit wird der Kolonialismus mit dem Begriff „Imperialismus" im Zusammenhang gebracht, da Ersterer als weltpolitische Erscheinung eine bestimmte Phase des Letzteren

---

[1] Zitat in: Osterhammel, Jürgen: Kolonialismus - Geschichte, Formen, Folgen, München,1995, S. 19.
[2] Vgl. van Roon, G.: Europa und die Dritte Welt - Die Geschichte ihrer Beziehungen von Beginn der Kolonialzeit bis zur Gegenwart, München 1978, S. 8.
[3] Vgl. Osterhammel, Jürgen: idem, S. 19.
[4] Vgl. von Albertini, Rudolf: Moderne Kolonialgeschichte, Köln 1970, S. 23.
[5] Vgl. Mommsen, Wolfgang J.: Der europäische Imperialismus, Göttingen 1979, S. 59; Reinhard, Wolfgang: Entstehung der Kolonialreiche; in: Kolonialismus und Kolonialreiche, Bd. 24, Stuttgart 1985, S. 241-246, hier S. 242.

widerspiegelt.[1] Generell lässt sich der Imperialismus der europäischen Industriestaaten im 19. Jahrhundert in zwei verschiedene Arten der Herrschaftsausübung unterteilen. Einer zunächst indirekten, informellen Herrschaft über die weniger entwickelten Regionen der Welt steht eine direkte, formale, koloniale Gebietsherrschaft gegenüber. Bedingt durch eine stetige Industrialisierung, entstand nicht nur ein Gefälle zwischen den europäischen Industriestaaten und den unterentwickelten Regionen, sondern auch ein System konkurrierender und feindseliger Industriestaaten, deren wirtschaftlicher Wettbewerb sich auf außereuropäische Gebiete, u.a. auch Afrika, ausdehnte.[2] Im diesem Zusammenhang war die Kolonialfrage - wie es Mbaya[3] ausdrückt - im Verlauf der Geschichte des kapitalistischen Systems vor allem eine wirtschaftliche Frage, da dadurch das europäische Interesse an Afrika als einfache Quelle kapitalistischer Akkumulation, als bevorzugtes Feld für die gewinnbringende Ausnutzung des Kapitals, als Lieferanten von Rohstoffen, billiger Arbeitskräfte und als Absatzmarkt für Waren aus den Mutterländern, geweckt wurde. Es ist auch kein Zufall, dass die industrialisierten europäischen Länder seit der Industrialisierung in Europa die maßgeblichen Kolonialmächte wurden.[4] Über hundert Jahre nach der Zerstückelung Afrikas durch die Kolonialmächte und fast vierzig Jahre nach der Dekolonisation werden weiterhin die sozioökonomischen, kulturellen und politischen Beziehungen zwischen den afrikanischen und den europäischen Staaten in einer historisch belastenden

[1] Vgl. Reinhard, Wolfgang: Kleine Geschichte des Kolonialismus, S. 1; Osterhammel, Jürgen: idem, S. 28.
[2] Vgl. Wehler, Hans-Ulrich: Imperialismus, Düsseldorf 1979, S. 11-12.
[3] Vgl. Mbaya, Etienne-Richard: Faktoren des Kampfes um die Unabhängigkeit – das Beispiel Afrika; in: Kolonialismus und Kolonialreiche, Bd. 24, Stuttgart 1985, S. 427-436 hier S. 435.
[4] Vgl. Ki-Zerbo, Joseph: Die Geschichte Schwarzafrikas, Wuppertal 1979, S. 438.

Betrachtungsweise durchgesetzt. So entstand in den frühen 50er Jahren der Begriff „Neokolonialismus", um die neuen Formen der wirtschaftlichen Ausbeutung der Länder der Dritten Welt durch die Industriestaaten bzw. durch die von ihnen kontrollierten internationalen Finanzinstitutionen zu bezeichnen. Kreye[1] z.B. analysiert hinsichtlich der neuen internationalen Wirtschaftsordnung die sozioökonomischen und politischen Beziehungen zwischen den Industrieländern und der Dritten Welt, und er sieht darin nicht nur eine über den Schuldendienst stattfindende Ausplünderung der Entwicklungsländer, sondern auch eine Tendenz der Rekolonialisierung dieser Länder, weil die Überschüsse ihrer wirtschaftlichen Aktivitäten in die westlichen Industriestaaten abfließen. Die vorliegende Arbeit orientiert sich auf die von Mbaya[2] und von Albertini[3] herausgestellten Hinweise über den Kolonialismus. Dieser Erklärungsansatz lässt sich in folgende Punkten zusammenfassen:

1. die rechtlich-politische Unterwerfung der Kolonie;
2. die gewinnbringende Ausnutzung des Kapitals; und
3. die Ausbeutung billiger Arbeitskräfte.

Bei der Analyse des portugiesischen Kolonialismus in Angola werden diese Punkte insbesondere hervorgehoben.

---

[1] Vgl. Kreye, Otto: Neue internationale Wirtschaftsordnung oder Rekolonialisierung der Entwicklungsländer?; in: Kolonialismus und Kolonialreiche, Bd. 24, Stuttgart 1985, S. 325-334 hier S. 331.
[2] Vgl. Mbaya, Etienne-Richard: idem, S. 435.
[3] Vgl. von Albertini, Rudolf: idem, S. 23.

3.2 Die Berliner Afrika-Konferenz und ihre Folgen
(1884-1885)

Es ist hier nicht die Aufgabe, den Ablauf der Berliner Konferenz (15. November 1884 bis 26. Februar 1885) nochmals zu behandeln. Vielmehr geht es darum, kurz darzustellen, wie Portugal trotz seiner ökonomischen Schwäche und Rückständigkeit größere Gebiete in Afrika wie Angola erhielt. Wie schon in den vorigen Kapiteln gezeigt, kamen aufgrund der wirtschaftlichen Gewinne durch den Sklavenhandel viele europäischen Länder zwischen dem 16. und 18. Jahrhundert zu den Küsten Afrikas, um sich mit billigen Arbeitskräften, die sie für ihre Kolonien in Amerika benötigten, zu versorgen. Dieser Wettlauf um den Sklavenhandel im schwarzafrikanischen Kontinent führte wiederum zu Rivalitäten und erbitterten Auseinandersetzungen zwischen den Europäern, die Ende des 18. und Anfang des 19. Jahrhunderts ihren Höhepunkt erreichten. Mit der Verstärkung des Industrialisierungsprozesses im 19. Jahrhundert in England zeichnete sich der Niedergang des Sklavenhandels ab. Während der Industrialisierungsprozess in Europa zur Abschaffung des Sklavenhandels führte, wurde das europäische Interesse an Afrika als Quelle von Rohstoffen und einem Absatzmarkt geweckt. Die Portugiesen, die sich schon seit dem 15. Jahrhundert in Kongo und Ndongo aufhielten, konnten diese Gebiete bis dahin weder besetzen noch verwalten. Das von ihnen verwaltete Gebiet betrug schließlich eine Fläche von ungefähr 300 km² zwischen den Flüssen Bengo und Kuanza.[1]

---

[1] Vgl. Kivouvou, Prosper: Angola - vom Königreich Kongo zur Volksrepublik, S. 65.

Inzwischen schickten die industriell fortgeschrittensten Länder Europas Deutschland, England und Frankreich, ihre Forschungsreisenden nach Afrika, deren Veröffentlichungen in den jeweiligen Herkunftsländern Zustimmung und finanzielle Unterstützung fanden. Aufgrund der Rivalitäten zwischen den europäischen geographischen Gesellschaften, die aus dem kapitalistischen Expansionsdrang der jeweiligen Staaten zu erklären sind, wurde auf Einladung des Königs Leopold II. im Jahr 1876 eine internationale Geographenkonferenz in Brüssel einberufen.[1]

Die Konferenz beschloss eine Reihe von Maßnahmen, die wie folgt zusammengefasst werden können: Zivilisierung unter humanitären Vorwänden, Forschung und Kampf gegen die noch – trotz des Verbotes – operierenden Sklavenjäger.[2] Es ist offensichtlich, dass man unter dieser Zivilisierung vielmehr die Unterdrückung der heimischen Bevölkerung und ihre Enteignung zu verstehen hat. Zudem wurde der Kampf gegen die Sklavenjäger nicht aus reinen „humanitären" Gründen geführt, sondern aus politischen und wirtschaftlichen, da die Sklavenjäger ein Hindernis bei der Eroberung der Territorien darstellten und als Wirtschaftskonkurrenten betrachtet wurden. Die im Auftrag des Königs Leopold II. bzw. Frankreichs arbeitenden Forschungsreisenden Henry Morton Stanley und Savorgnan de Brazza drangen in Kongo-Gebiete ein und zwangen die einheimischen Aristokraten zur Unterzeichnung von Schutzverträgen. Die juristische Gültigkeit dieser Verträge kann bezweifelt werden, da zum einen die afrikanischen Parteien, die sie unterzeichneten, selten lesen konnten und die Bedeutung solcher Verträge nicht kannten.

---

[1] Vgl. Cornevin, Robert: Histoire du Zaire, p. 134.
[2] Vgl. Cornevin, Robert: idem, p. 138.

Zum anderen wurden viele dieser Verträge militärisch erzwungen. Die Anwendbarkeit und Durchsetzbarkeit der Verträge beruhte auf der Machtposition der Kolonisatoren. Die Penetration Frankreichs und der 1878 von Leopold II. gegründeten „Association internationale du Congo" (A.I.C) in das von Portugal historisch beanspruchte Kongo-Gebiet führte zu heftigen Rivalitäten, so dass sich Portugal an England wandte, um mit dessen Hilfe diese Übergriffe einzudämmen. Während Portugal bei den Verhandlungen mit England auf die Anerkennung seiner auf historischen beruhenden Rechtsansprüche hoffte und drängte, befürchtete England, dass die französischen Ambitionen den „Freihandel" gefährden könnten.[1]

Am 26. Februar 1884 unterzeichneten Portugal und England einen Vertrag, wonach die von Portugal erhobenen Gebietsansprüche anerkannt wurden. Diese Tatsache rief in Belgien, Deutschland und Frankreich ein gegenüber den Portugiesen und den Engländern von Misstrauen geprägtes Klima hervor. Außenpolitisch wurde der Wettlauf um das kongolesische Wasserbecken bei den meisten Staaten als eine Frage des in Europa herrschenden politischen, wirtschaftlichen und militärischen Gleichgewichtes betrachtet.[2]

Um den Konflikt zu entschärfen, wurde die Berliner Konferenz einberufen. Diese Konferenz, die vom 15. November 1884 bis zum 26. Februar 1885 stattfand, beschäftigte sich mit der Freiheit des Handels und der Schifffahrt auf dem Kongo, mit der Freiheit der Schifffahrt auf dem Niger und mit der Rechtsgültigkeit der Inbesitznahme von Gebieten auf dem afrikanischen Kontinent.[3]

---

[1] Vgl. Latour da Veiga, Pinto: Le Portugal et le Congo au XIXème siècle, Paris 1972, p. 154.
[2] Vgl. Latour da Veiga, Pinto: idem, p. 232.
[3] Vgl. Cornevin, Robert: Histoire du Zaire, p. 159; Kivouvou, Prosper: Angola, S. 64; Ki-Zerbo, Joseph: idem, S. 444.

In der Generalakte, von den vierzehn Teilnehmerstaaten - unter ihnen die USA und Russland - unterzeichnet, wurden außer der Handelsfreiheit der Kampf gegen den Sklavenhandel und die Verbesserung der materiellen und „moralischen" Lebensbedingungen der Einheimischen gefordert. Die Folgen der Berliner-Afrika Konferenz sind bekannt, so dass es im Rahmen dieser Arbeit nicht sinnvoll wäre, diese nochmals zu erwähnen. Es ist aber wichtig anzumerken, dass Europa durch seine Zerstückelung des Kontinents die heutigen ethnischen Konflikte teilweise teilweise zu verantworten hat. Wie von Akanda Ekondy hervorgehoben, erfolgte diese Zerstückelung nach wirtschaftlichen und strategischen Überlegungen.

> "Des considérations stratégiques et économiques, sans relation avec les réalités humaines, président au partage du continent noir... Par la suite, les éléments conventionnels de la géographie abstraite, les méridiens ou les parallèles, ont été regulièrement utilisés pour fixer les frontières de colonies nouvelles, avec un oubli souvent total des réalités naturelles ou ethniques."[1]

Im Rahmen der während der Berliner Konferenz parallel durchgeführten Verhandlungen wurden am 15. Februar 1885 Verträge zwischen dem Kongo-Freistaat und Portugal sowie zwischen Portugal und Frankreich unterzeichnet, die die Grenzen zwischen ihren Kolonien festlegten. Der Kongo-Freistaat erhielt einen Zugang zum Atlantik, und die Exklave Cabinda verblieb der portugiesischen Kolonialverwaltung eingegliedert. Zur Festlegung der östlichen bzw. der südlichen Grenzen wurden identische Verträge zwischen Portugal und England bzw. Deutschland

---

[1] Akala, Ekondy: Le Congo-Brazzaville, Frankfurt a.M. 1983, p. 49.

57

unterzeichnet, die die künstlichen Linien zwischen Angola und Sambia bzw. Südwestafrika (Namibia) regelten.[1] Die Berliner Konferenz, die auch als das „schlimmste Verbrechen" des Imperialismus[2] bezeichnet wird, bedeutete den Anfang der offiziellen Unterdrückung der Völker Afrikas. Die Kolonie Angola wurde auf dem Papier künstlich geschaffen, und es folgte dann die militärische Eroberung der aufgeteilten Gebiete. Die zu erobernden Völker setzten erfolglos alle ihnen zur Verfügung stehenden Mittel ein, um sich den europäisch-militärischen Aggressionen zu widersetzen. Dank der englischen Unterstützung wurden Portugal größere Gebiete in Afrika (Angola, Mosambik) zugesprochen. Damit wurde die Position Frankreichs und Leopold II (Belgien) geschwächt. Wegen der Schwäche Portugals und seiner Abhängigkeit von England betrachteten die Engländer diese portugiesischen Gebiete als die eigenen.[3]

---

[1] Die angolanisch-namibischen Grenzen wurden am 30.12.1886 zwischen den Kolonialmächten Portugal und Deutschland in Lissabon unterzeichnet. Nach heftigen diplomatischen Diskussionen zwischen Portugal und der A.I.C wurden die angolanisch-kongolesischen Grenzen erstmals am 15. Februar 1885 im Grundsatz festgelegt. Weitere Konventionen zwischen den beiden Vertragspartnern berichtigten die Grenzlinien über die angolanisch-kongolesischen Grenzen am Niederkongo am 25. Mai 1891 (Brüsseler Konvention), in den Lunda (1891) und Kwango-Kasai Regionen (24. März 1894). Die Grenze im Dilolo-See-Gebiet wurde erst am 29. Februar 1909 festgelegt. Den angolanisch- sambischen Grenzvertrag besiegelten Großbritannien und Portugal am 11. Juli 1891. Die Grenzstreitigkeiten dauerten bis 1964 an. Ab dem 21. November 1964 fand erneut ein Notenaustausch zwischen Großbritannien und Portugal statt. Nach einem Bericht einer gemischten Grenzkommission wird seitdem die angolanisch-sambische Grenze als endgültig geregelt betrachtet. Die französisch-portugiesische Grenzkonvention vom 12. Mai 1886 legte die Grundlage der heutigen Grenzen zwischen Angola (Cabinda) und dem Kongo (Brazzaville) fest. Historische Hinweise über die Grenzziehungen in Afrika geben u.a. Hangula Lazarus (Die Grenzziehungen in den afrikanischen Kolonien Englands, Deutschlands und Portugals im Zeitalter des Imperialismus, Frankfurt a. M. 1991) und Kivouvou, Prosper (Angola, Köln 1980).
[2] Vgl. Ki-Zerbo, Joseph: idem, S. 444.
[3] Vgl. Nuscheler, Franz/ Ziemer, Klaus: Politische Organisation und Repräsentation in Afrika, Berlin 1978, Bd. II, S. 468.

58

3.2.1 Gewaltsame Inbesitznahme Angolas und angolanischer Widerstand (1884-1926)

Wie im zweiten Kapitel dargelegt, ist die Desintegration der seinerzeit existierenden Herrschaftsstrukturen auf angolanischem Gebiet auf die Einmischung der Portugiesen und der anderen Europäer zurückzuführen. Bis zur Berliner Konferenz war die portugiesische Präsenz nur auf wenige Gebiete der Küste konzentriert. Nachdem die Berliner Konferenz den angeblichen historischen Anspruch Portugals anerkannte und ihm aus der europäischen Sicht daher die rechtliche Möglichkeit gab, die aktuellen Grenzen Angolas durch bilaterale Verträge mit anderen Staaten Europas festzulegen, versuchte Portugal, das förmlich auf dem Papier festgelegte Territorium militärisch und politisch zu erobern. Aber wegen heftigen Widerstandes gingen diese Besetzung und Ausdehnung in den zugesprochen Gebieten nur langsam vor sich. Die propagandistische Darstellung Portugals über eine 500-jährige Besatzung und Kolonisierung in Angola ist eine reine Fälschung der Geschichte. Auch wenn man die Ankunft von Diogo Câo in Kongo im Jahr 1482 betrachtet, so wurde dieses Gebiet nicht automatisch zu einer portugiesischen Kolonie. Außerdem wurde das heutige Angola von den Portugiesen erst tatsächlich verwaltet, nachdem der Widerstand der einheimischen Bevölkerung im Jahr 1921 niedergeschlagen worden war. Ohne hier auf Einzelheiten des afrikanischen Widerstandes eingehen zu wollen[1], möchte ich diesen kurz behandeln, bevor ich den

---

[1] Der Widerstand der verschiedenen Volksgruppen in Angola wurde wesentlich und ausführlich von René Pélissier (Les guerres grises, Orgeval 1977) behandelt. Seinerseits versucht Mário de Sousa Clington (Angola libre?, Paris 1975), den gesamten angolanischen Befreiungskampf des 20. Jahrhunderts mit dem Widerstand

portugiesischen Kolonialismus in Angola im Wesentlichen untersuche. Die Behandlung des afrikanischen Widerstandes stellt sich als notwendig heraus, um den späteren Befreiungskampf zu erhellen. Im Norden Angolas stießen die Portugiesen seit dem 16. Jahrhundert auf einen sich wiederholenden heftigen Widerstand, der seit der Herrschaft von Mbemba Nzinga (Afonso I.) ab 1506 sporadisch, aber regelmäßig aufbrach. Diese Revolte manifestierte sich im 17. und 18. Jahrhundert in Form einer messianischen Bewegung, derer Ziel es war, die Befreiung des Landes vom Joch der Europäer, die Wiederherstellung des Königreichs und seiner politischen Einheit und die Gründung einer nationalen Kirche zu erreichen.[1] Zwischen 1913 bis 1915 führte dann Tulante Alvaro Buta einen bewaffneten Aufstand gegen die Invasoren mit demselben Ziel. Pélissier hebt den „nationalistischen" Charakter dieser antiportugiesischen Bewegung mit folgenden Worten hervor:

> "En effet ce qui rendra la révolte du Congo de 1913-1915
> unique dans la succession de ces manifestations, ce
> n'est pas sa durée, pourtant exceptionnelle pour l'Angola,
> mais son caractère pan-kongo."[2]

---

des 18. und 19. Jahrhunderts zu verbinden. Auch wenn es tatsächlich konzertierte gemeinsame Aktionen der Afrikaner gegen die Portugiesen gab, wie z.B. das Bündnis der Ovimbundu-Herrschern oder das Bündnis der Bakongo und der Mbundu, so hatten diese Aktionen ihr Primärziel in der Wiederherstellung der verlorenen Macht in den jeweiligen Herrschaftsgebieten.

[1] Vgl. Lukonde Luansi: idem, S. 34 Die messianischen Bewegungen der Bakongo im 17. und 18. Jahrhundert wurden jeweils von Francisco Kassola ab 1632 und später 1704 von Dona Béatriz Kimpa Vita angeführt, die sich zur Prophetin erklärte. Der zunehmende Einfluss von Kimpa Vita wurde unterbrochen, nachdem sie im Jahr 1706 verhaftet und auf Druck der Missionare öffentlich verbrannt wurde.

[2] Vgl. Basil, Davidson: L'Angola au couer des tempêtes, Paris 1972, p. 138; Kivouvou, Prosper: idem, S. 79; Pélissier, René: Les guerres grises, p. 172.

In der von der Volksgruppe der Mbundu bewohnten Region gab es aus der einheimischen Bevölkerung in den Jahren 1890, 1907 und 1913 erbitterte Aufstände gegen die Kolonialisten. Im Süden stießen die Portugiesen von 1839 bis 1923 auf einen heftigen Widerstand. Nachdem sie sich im Jahr 1839 in Moçamèdes (heute Namibe) an der Küste niedergelassen hatten, versuchten sie, ins Hinterland vorzudringen. Bei der Eroberung von Huíla lieferten die Autochthonen den Portugiesen heftigen Kämpfe, die bis 1860 andauerten. Dann führten die Portugiesen ihre militärische Invasion in Cunene weiter, um die Ovambo zu unterwerfen. Bei allen militärischen Auseinandersetzungen zwischen den Invasoren und den Afrikanern waren die Verluste beiderseits sehr hoch. In einer im Jahr 1904 begonnenen Expedition gegen die Ovambo, bei der Portugal eine 500 Mann starke Truppe einsetzte, kamen seinerzeit sechzehn Offiziere, zwölf Unteroffiziere, etwa 100 europäische und 170 afrikanische Soldaten ums Leben.[1] Der Kampf in Ovomboland war für die Portugiesen eine offensichtliche und unwiderlegbare Niederlage, die größte, die sie in ihrer angolanischen Eroberungs- geschichte jemals erlitten haben. Das Ovamboland konnte erst im Oktober 1916 unter portugiesische Herrschaft gebracht werden, nachdem die Portugiesen mit Beistand der Engländer den letzten Herrscher Mandumbe besiegten. Aus den hier veranschaulichten Fakten lässt sich deutlich erkennen, dass die Eroberung und die darauf folgende Kolonisierung Angolas durch militärische

---

[1] Vgl. de Figueiredo Lima, Maria Helena: idem, p. 75.

Expeditionen vollzogen wurden.

3.2.2 Die Kolonialpolitik Portugals

Wie bekannt, sind die heutigen afrikanischen Grenzen Folge der Berliner Konferenz, an der - neben anderen Staaten - Portugal mit seinen Gebietsansprüchen teilnahm. Die Anerkennung dieser Gebiets-ansprüche bedeutete keinesfalls die friedliche Besetzung und Verwaltung der zugesprochenen Territorien, so dass Portugal - wie alle übrigen europäischen Mächte - militärische Invasionen für notwendig hielt, um den Widerstand der Afrikaner niederzuschlagen. Folgende Fragen helfen die portugiesische Kolonialpolitik systematisch zu analysieren: Wie wurden die Kolonien Portugals organisiert? Welche juristischen, administrativen und ideologischen Mittel wurden eingesetzt, um die Afrikaner zu unterwerfen? Welche Folge hat die Kolonialpolitik in Angola? Wie wurde die Kolonie im Rahmen des gesamten imperialistischen Kolonialsystems wirtschaftlich ausgebeutet?

Um diese Fragen beantworten zu können, scheint es mir hilfreich, die portugiesische Kolonialherrschaft in Angola in zwei Perioden zu unterteilen:

- eine erste Periode, von 1885 bis 1926 und
- eine zweite Periode, von 1926 bis 1974

Bevor die wohl entscheidende Kolonialpolitik unter Salazar erläutert wird, ist es wichtig, die erste Periode kurz zu behandeln.

3.2.2.1 Die erste Periode der Kolonialherrschaft

(1885-1926)

Die erste Periode begann nach der Aufteilung Afrikas 1884/85 und endete mit dem militärischen Putsch in Portugal im Jahr 1926. Mit der Machtergreifung des Militärs in Portugal und der darauf folgenden Berufung Salazars zum Finanzminister zwei Jahre danach zeichnete sich der Anfang eines harten Kolonialismus ab, dem 1975 mit militärischen Mitteln ein Ende gesetzt wurde. Die aktive Wandlung der portugiesischen Kolonialpolitik begann tatsächlich ab 1880, als Portugal seine Eroberungsexpeditionen ins Hinterland durchführte, um einerseits die afrikanische Bevölkerung zu unterwerfen und um andererseits die expansionistischen Bestrebungen Deutschlands und Englands in den beanspruchten Regionen zu unterbinden. Charakteristisch für diese Periode sind die tiefgreifenden Reformen, welche in den Kolonien im wirtschaftlichen Interesse des Mutterlandes eingeleitet wurden. Zur Ankurbelung der sich herausbildenden Kolonialwirtschaft wurden während dieser ersten Periode die Zwangsarbeit und die Deportation von Angolanern als billige Arbeitskräfte in die Kakaoplantagen nach Sâo Tomé gesetzlich geregelt. Bis zur Machtübernahme durch das Militär wurden die Überseegebiete nach dem Dezentralisierungsprinzip der portugiesischen Verfassung von 1838 und 1910 von einem Hochkommissar verwaltet, dem alle anderen Behörden und Ämter unterstellt waren. Ausgestattet mit einer beschränkten Autonomie, konnten die Kolonien selbst ihre Verwaltungs- und Finanzfragen regeln.

So konnten die beiden Hochkommissare Norton de Matos (1912-
1915 und 1921-1923) und Vicente Ferreira (1926-1928) die
Verwaltung sowie die wirtschaftlichen und sozialen Netze in Angola
einrichten.[1] Aber aufgrund der von ihnen durchgeführten
Wirtschaftspolitik stieg die Verschuldung Angolas gegenüber
Portugals und dem Ausland, so dass die Staatsbilanz ein Defizit in
bedrohlichem Maße aufwies, was wiederum ab 1923 eine
zunehmende Inflation in der Kolonie verursachte. Ähnlich wie in
Angola, erwies sich die finanzielle Lage Portugals als defizitär. Das
Militär nützte die Situation in Portugal aus und organisierte 1926 mit
Erfolg einen Staatsstreich[2], welcher den Anfang der zweiten Periode
des portugiesischen Kolonialismus in Afrika bzw. in Angola
einläutete.

3.2.2.2 O „Estado Novo" (1926 - 1974)

Der Machtergreifung des Militärs folgte nach zwei Jahren die
Ernennung Salazars zum Finanzminister, der durch strenge
Wirtschaftsmaßnahmen die Staatsfinanzen verbesserte. Mit Hilfe
des Militärs setzte sich 1932 Salazar an die Spitze der Regierung[3],

---

[1] Vgl. Kuder, Manfred: Die Portugiesen in Angola; in: Portugals Wirken in Übersee,
Heidelberg 1985, S. 101.
[2] Hierbei handelt es sich um den Militärputsch, der die 1910 errichtete Demokratie
abschaffte. Infolgedessen entstand der „Estado Novo" unter dem Diktator Salazar, der
zunächst die frühere Selbstverwaltung der Kolonien aufhob und dann ihre engere
Bindung an Portugal gesetzlich regelte.
[3] Salazar übernahm am 27. April 1928 das Amt des Finanzministers auf Ersuchen des
Staatschefs General Carmona. Er hatte zwei Jahre zuvor die Berufung in das
Kabinett von Marschall da Costa abgelehnt, weil ihm die damals geforderten
Vollmachten verweigert wurden. Das Amt des Ministerpräsidenten, das er bis 1968
innehatte, trat er am 5. Juli 1932 ein. Mit weitreichenden Befügnissen ausgestattet
wurde er zum mächtigsten Politiker in Portugal. Salazar schaltete von Anfang an jede
Möglichkeit einer demokratische Entwicklung in Portugal, geschweige denn in den

und es begann im Mutterland wie auch in den Kolonien eine neue Epoche, die als "Estado novo" (Neuer Staat) bezeichnet wird. Die bis dato nach verfassungsrechtlichem Dezentralisierungsprinzip verwalteten Überseeprovinzen wurden durch den Erlass des *„Acto colonial"* (Kolonialgesetz) im Jahr 1930 und durch die Verfassungsrevision von 1933 reorganisiert.[1]

3.2.3 Das Kolonialgesetz („O Acto colonial)

Der Machtübernahme durch Salazar folgte eine von ihm eingesetzte faschistische Diktatur, deren repressive Maßnahmen bis in die Kolonien spürbar wurden. Der Erlass des Kolonialgesetzes im Jahr 1930, das drei Jahre danach nochmals verschärft wurde, gründete einerseits auf der angeblichen Mission der christlichen Zivilisation zum Schutz der „schwächeren Rassen", und andererseits auf dem portugiesischen Nationalismus, um der Besitzergreifung in Übersee Nachdruck zu verleihen. In einer Ansprache stellte Salazar die Besitzergreifung in Übersee als Teil des portugiesischen Nationalismus dar.

> „Wir müssen den Schutz der schwächeren Rassen, deren
> Aufnahme in unsere christliche Zivilisation eine der
> kühnsten Vorstellungen und eines der gewaltigsten Werke
> der portugiesischen Zivilisation ist, von Tag zu Tag wirkungsvoller

---

Kolonien, aus. Er trieb alle Parteien in die Illegalität und gründete die „Nationale Union", die eine breite nationalistische und demagogische Propaganda entfaltete. Er predigte sein politisches Handeln als einzig mögliche Rettung vor einer organisierten Katastrophe, die er mit dem Kommunismus und dem Verlust der Kolonien in Zusammenhang brachte. Hierzu vgl. Salazar, de Oliveira António: Portugal, Das Werden eines neuen Staates, Essen 1938.
[1] Vgl. Cornevin, Robert: L'Afrique noire de 1919 à nos jours, Paris 1973, p. 76.

und besser organisieren".[1]

In dieser Rede Salazars sind rassistische und ideologische Elemente erkennbar, auf denen die wirtschaftliche Ausbeutung von Arbeitskräften und von Rohstoffen sowie die Vergewaltigung der kulturellen Identität der Völker Angolas basierten. Sich auf die Geschichte Portugals berufend, begründete Salazar seine nationalistische Philosophie. Wie sich aus dem folgenden Auszug der Rede „800 Jahre Unabhängigkeit" entnehmen lässt, stellte er die Kolonien als lebenden Beweis portugiesischer Größe dar.

> „Die Jahrhunderte vergingen, und der Portugiese vertrieb die Mauren, festigte seine Grenzen, bebaute das Land, erweiterte sein Herrschaftsgebiet, entdeckte Indien, missionierte den Orient, kolonisierte Brasilien – all das zum Ruhme seiner Energie und seines politischen Genies... Und weil sie ihr Geschick beherrschte, entwickelte die Nation ein Ideal territorialer Expansion und zivilisatorischer Tätigkeit, dem sie durch die Jahrhunderte treu geblieben ist."[2]

Diese Gedanken spiegeln sich in der Einleitung des 1930 auf Salazars Initiative zu Stande gekommenen und erlassenen „Acto colonial" wider. Im „Acto colonial", der drei Jahre später verschärft wurde, bekräftigte Portugal seine angebliche historische Aufgabe, „überseeische Gebiete zu besitzen, zu zivilisieren und zu kolonisieren".[3] Das Kolonialgesetz, das Teil der 1933 verabschiedeten Verfassung Portugals wurde, hob die Autonomie

[1] Auszug der Rede Salazars vom 1. Juni 1933 in Lissabon; Zitat in: Kivouvou, Prosper: idem, S. 100
[2] Salazar, de Oliveira António: Discursos e notas políticas 1938-1943, Bd. 3, Coimbra 1951, p. 256; zitiert nach Reiner Arntz: Das Recht der portugiesischen Übersegebiete, Dissertation, Saarbrücken 1976, S. 36.
[3] Vgl. Arntz, Reiner: idem, S. 42.

der Kolonien auf, bekräftigte den zentralistisch-einheitlichen Charakter der Kolonialpolitik Salazars und sicherte somit die Erreichung der Ziele der Regierung in Lissabon, nämlich die Unterordnung der Kolonien in Wirtschafts- und Finanzfragen. Alle diese Ziele konnten nur verwirklicht werden mit einer im Interesse des Mutterlandes aufgebauten Verwaltung, die zum Ziel hatte, die kolonisierte Bevölkerung besser zu kontrollieren. Auf der höheren administrativen Ebene wurden die Kolonien zentral von einem in Lissabon tätigen Überseeministerium geführt, dem ein General-gouverneur in der Kolonie unterstellt war.

Auf dem Gebiet der Kolonialgesetzgebung wurden dem Übersee-minister die entscheidenden und verfassungsrechtlich verankerten Befugnisse eingeräumt, so dass er alle Vorschriften des General-gouverneurs ganz oder teilweise aufheben bzw. widerrufen konnte, nachdem er den letzteren angehört und dieser die Gründe seiner Maßnahme dargelegt hatte. Die Macht des Überseeministers war so stark, dass Stellungnahmen des ihm unterstellten General-gouverneurs nicht bindend waren.[1] Dem Generalgouverneur, der auf Vorschlag des Überseeministers vom Ministerrat für vier Jahre ernannt wurde, unterstanden u.a. die in der Kolonie stationierten Truppen sowie der Verwaltungsapparat. Verwaltungsrechtlich wurden die kolonialen Territorien in Distrikte und Bezirke eingeteilt. Der Verwaltungsbezirk wurde von einem Bezirkschef („chefe de posto") verwaltet und kontrolliert. Als unterste Stufe der portugiesischen kolonialen Verwaltungspyramide spielte der „chefe de posto" eine nicht unbedeutende Rolle bei der Durchführung aller auf höheren Instanzen gefällten Entscheidungen, denn er war zuständig für die Einziehung der Steuern, für die Kontrolle und die

---

[1] Vgl. Arntz, Reiner: idem, S. 63.

67

Beschaffung von Arbeitskräften. Zudem stellte er die Verbindung zu der afrikanischen Obrigkeit dar, die ihm unterstellt war. Im Vergleich zu der belgischen bzw. französischen Kolonialpolitik gab es in der portugiesischen Kolonien keine afrikanische Gerichtsbarkeit, die Rechtsfragen oder Streitigkeiten unter den Autochthonen nach deren Tradition schlichten konnte.[1]

Diese Aufgabe wurde vom *„chefe de posto"* wahrgenommen, der aus Unkenntnis der einheimischen Rechtsprechung oft willkürlich entschied. Die afrikanische Obrigkeit (*„soba", „régulo"*), die zwangsweise in das Kolonialsystem einbezogen wurde, diente ausschließlich dem Ziel, dem Bezirkschef bei der pünktlichen Einnahme von Steuern und der Arbeitskräftebeschaffung, gegen ein geringes Entgelt, zu helfen. Außerdem mussten die afrikanischen Würdenträger für Ordnung in ihrem jeweiligen Wirkungsbereich (Dorf) sorgen. Die *„sobas"*, die sich widersetzten, wurden bestraft, unter Druck gesetzt oder ersetzt.[2] Diese Methode, die als „Kollaboration" angesehen werden kann, stellte aber tatsächlich eine der wirkungsvollsten repressiven Maßnahmen dar, denn die afrikanische Autorität verlor dadurch nicht nur ihre Würde und ihre moralische Stellung in der Dorfgemeinschaft, sondern sie wurde ebenso vor dem eigenen Volk, das sie verteidigen und schützen sollte, diskreditiert. Wenn in verfassungsrechtlicher Hinsicht die Stellung der Überseegebiete in dem „Acto colonial" (Einheit und Unlösbarkeit von Mutterland und Kolonien) neu definiert wurde, so blieben das Gesetz von 1901 und das 1899 verabschiedete und 1928 ergänzte *„Eingeborenenstatut"*

---

[1] Vgl. Cornevin, Robert: L'Afrique noire..., p. 76; Stut, Dirk: Angola - Grenzen und Möglichkeiten der Befreiung, Amsterdam 1977, S. 36 .
[2] Vgl. Offermann, Michael: Angola zwischen den Fronten, Pfaffenweiler 1988, S. 51.

unverändert.[1] Die beiden Gesetzesinstrumente institutionalisierten die Enteignung, den Landraub und die Zwangsarbeit.

3.2.3.1 Die Zwangsarbeit

Im vorigen Kapitel wurde auf das Kolonialgesetz hingewiesen, mit dem sich die Regierung Salazars die Bindung der afrikanischen Kolonien an das Mutterland sicherte. Durch das Gesetz wurden die Kolonialgebiete Bestandteile des portugiesischen Imperiums[2], und ihre politische und wirtschaftliche Eingliederung in der Metropole förderte die von Salazar propagierten Ziele der Verwirklichung eines lusotropikalischen Reiches. Mit dem neuen Kolonialgesetz legte Portugal durch die Ausarbeitung des *„Eingeborenstatuts"*[3] Rechte und Pflichten der afrikanischen Bevölkerung in den Kolonien nieder. Die Vorschriften dieses Gesetzes verschärften die sich schon ab 1879 allmählich verschlechternde Rechtsstellung der Kolonien, da dadurch die wirtschaftliche Ausnutzung der schwarzen Arbeitskraft noch intensiviert wurde. Tatsächlich vertraten schon in der ersten Phase des europäischen Kolonialismus nach der Berliner Konferenz (1884/5) viele Kolonialpolitiker die Ansicht, dass der Eingeborene durch Arbeit zu einer höheren Kulturstufe hingeführt werden könne, wobei als Arbeit nur die im Interesse der Europäer geleistete

---

[1] Vgl. Nuscheler, F./ Ziemer, K. : Politische Organisation und Repräsentation in Afrika, Berlin 1978, S. 469; De Andrade, Mário: La guerre en Angola, Paris 1971, p. 55.
[2] Vgl. Arnold, Anne-Sophie: idem, S. 59.
[3] Als Eingeborene im Sinne des Gesetzes galten „Angehörige der schwarzen Rasse oder von ihnen abstammende Personen, die sich durch ihre Bildung oder ihre Sitten nicht von den typischen Angehörigen dieser Rasse unterscheiden". Zitiert nach Arntz, Reiner: idem, S. 123.

Tätigkeit galt. Im Portugal wurde diese Auffassung u.a. von António Enès vertreten. Er sprach über die Würde des Eingeborenen und äußerte die Ansicht, dass der Eingeborene durch Arbeit zu einer höheren Zivilisationsstufe hingeführt werden müsse.[1] Auf seine Initiative wurde das erste umfangreiche Spezialgesetzbuch für die afrikanischen Kolonien („Regulamento do trabalho indígena") 1899 erlassen. Im diesem Gesetz, welches in den folgenden Jahren verschärft und erweitert wurde, ist u.a. Folgendes zu lesen:

> „Alle Eingeborenen der portugiesischen Überseeprovinzen sind moralisch und gesetzlich verpflichtet, ihren Lebensunterhalt durch Arbeit zu erwerben und ihre soziale Lage zu verbessern. Sie sind völlig frei in der Wahl des Mittels, wie sie diese Verpflichtung erfüllen wollen, erfüllen sie sie jedoch nicht, so kann die staatliche Gewalt die Erfüllung erzwingen".[2]

Auf dieser Grundlage wurde die Zwangsarbeit institutionalisiert. Die praktische Ausführung dieser Bestimmungen zeigte, dass die portugiesische Regierung über jede Möglichkeit verfügte, die Arbeitskraft der schwarzen Bevölkerung nach Belieben auszubeuten, indem alle Einwohner, die nicht für sie arbeiteten, als „Vagabunden" betrachtet wurden und somit zur Arbeit gezwungen werden konnten.[3] Nach Duarte[4] bestand die Bedeutung der

---

[1] Vgl. Enès, António: Mosambik, Lisboa 1946, p. 38.
[2] Zitiert nach Arntz, Reiner: idem, S. 110.
[3] Vgl. Duarte, Mário: Die Rolle und Stellung der Arbeiterklasse in der Sozialstruktur der VR Angola,   Dissertation, Berlin 1989, S. 51.
[4] Vgl. Duarte, Mário: idem, S. 51. Diese Auffassung wird übereinstimmend vertreten. In einer Studie, die die Zwangsarbeit in den französischen Kolonien zum Gegenstand hatte, zeigt Rey (Rey, Pierre Philippe: Néo- colonialisme et transition au capitalisme - Exemple de la Comilog au Congo-Brazzaville, Paris 1972), dass die Zwangsarbeit nicht nur ein Mittel zur Arbeitskräftebeschaffung, sondern auch ein erster Schritt zur Unterwerfung der traditionellen Produktionsweise und zur Vorbereitung der Herrschaft des Kapitals war. Hierbei spricht er von einer „kolonialen Produktionsweise" (Mode de production colonial) zur Vorbereitung auf die Reproduktionsbedingungen der kapitalistischen Produktionsweise.

Zwangsarbeit darin, die Bevölkerung von ihrer wirtschaftlichen Basis, der Subsistenzwirtschaft, die zu dieser Zeit noch fast unberührt blieb, zu entfernen und sie in das Kolonialwirtschaftssystem einzubeziehen. Durch die Zwangsarbeit wurde die Unterwerfung der Völker erreicht, die zuvor einer Zerstörung der politischen Einheit der sich herausbildenden Staaten vorausgesetzt hatte. Auch wenn die Zwangsarbeit in allen europäischen Kolonialgebieten in Afrika eingesetzt wurde, liegt die Besonderheit in den portugiesischen Kolonien darin, dass die Auspressung des absoluten Mehrwerts aus der schwarzen billigen Arbeitskraft in Form der staatlich organisierten oder gebilligten Zwangsarbeit länger praktiziert wurde als in den französischen, belgischen bzw. englischen Kolonien.[1] In den französischen Kolonien der A.E.F (Afrique équatoriale française) z.B. wurde die Zwangsarbeit, die für den Anbau von Baumwolle eingesezt war, schon ab 1945 abgeschafft. Im Belgisch-Kongo wurde die Zwangsrekrutierung von Arbeitskräften dadurch begründet, dass die Arbeitskräfte für den Aufbau von Infrastrukturen wie Straßen, Schienennetze, Häfen benötigt wurden. Das System wurde allmählich abgebaut und bis spätestens 1950 abgeschafft. Die Zwangsarbeit in den portugiesischen Kolonien wird in der vorhandenen Literatur kontrovers diskutiert und behandelt. Während Pélissier unter Zwangsarbeit nur jene Form versteht, die die Kolonialverwaltung auch als solche gelten ließ, also die unbezahlte Tätigkeit im öffentlichen Sektor (Bau von Eisenbahnen, Straßen und Gebäuden)[2], vertreten Anderson und Clington die Auffassung, dass die Zwangsarbeit weitere Formen annahm.

---

[1] Vgl. Anderson, Perry: Le Portugal et la fin de l'ultracolonialisme, Paris 1963, p. 55/ Decke, Bettina: A terra é nossa, Bonn 1981, S. 33.
[2] Vgl. Decke, Bettina: idem, S. 37.

Anderson[1] und Clington[2], deren Meinung ich mich anschließe, unterteilen die Zwangsarbeit in den portugiesischen Kolonien in fünf Kategorien, wobei die Kontraktarbeit die häufigste Form war.

* Die Zwangsarbeit wurde gegen alle angewandt, die ihrer Steuerpflicht nicht nachkommen konnten.

* Die Strafarbeit wurde eingesetzt gegen alle Häftlinge, sei es gegen diejenigen, die strafrechtlich verurteilt wurden, sei es wegen Verstoßes gegen das Arbeitsgesetz. Die gesetzlichen Bestimmungen ermöglichten der Kolonialadministration die Deportation in die Kakao-Plantagen nach Sâo Tomé.

* Die Kontraktarbeit war die häufigste Form, mit der die Mehrheit der schwarzen Arbeitskraft in das kapitalistische Wirtschaftssystem einbezogen wurde. Einige Berufskategorien blieben allerdings von der Kontraktarbeit verschont, nämlich Selbständige, Angestellte in der Verwaltung und im Privatsektor, Gastarbeiter in Südafrika, Rhodesien und Namibia, Viehzüchter mit mindestens fünfzig Tieren und schließlich anerkannte afrikanische Landwirte, die Landmaschinen oder sonstige Werkzeuge besaßen. Betrachtet man die Liste der Ausnahmefälle, lässt sich folgerichtig schließen, dass kein Afrikaner diese Bedingungen erfüllen konnte.

* Die freiwillige Arbeit und den Zwangsanbau von Exportprodukten wie Kaffee, Baumwolle und Sisal. Anderson zufolge lag der Unterschied zwischen Kontraktarbeit und freiwilliger Arbeit darin, dass es sich bei der Letzteren um die von dem Eingeborenen selbst in seinem Wohnort gesuchte Tätigkeit handelt, ohne sich dabei des Vermittlungsdiensts eines Arbeitsvermittlers bedient zu haben. Die Kontraktarbeiter dagegen wurden ihren Familienangehörigen periodisch entrissen und außerhalb ihrer

---

[1] Vgl. Anderson, Perry: idem, pp. 45-48.
[2] Vgl. Clington, Mário: idem, pp. 127-131

Heimatregion und ihres sozialen Umfelds eingesetzt. Die Zwangsarbeit, die aus den sogenannten zivilisatorischen und ideologischen Verpflichtungen Portugals begründet wurde, entstand aufgrund des zunehmenden Bedarfs an Arbeitskräften auf den Plantagen (Kaffee, Baumwolle, Zuckerrohr, Sisal), bei öffentlichen und privaten Bauten wie Eisenbahnnetzen, Straßen, Häfen oder im Bergbausektor, wie z.b. bei der Diamantengesellschaft (Diamang).[1] Die repressiven Rekrutierungsmethoden und die daraus entstandene Zusammenarbeit zwischen der Kolonialverwaltung und dem Wirtschaftssektor wurden übereinstimmend in der Literatur analysiert, erhellt und wie folgt beschrieben:

> „Wenn ein Plantagenbesitzer Arbeitskräfte benötigt,
> benachrichtigt er die Regierung. Der Bedarf wird
> an die Schwarzenführung weitergeleitet, die bestimmte
> Quoten an Arbeitern aus ihren Dorf liefern muss. Falls die
> verlangte Zahl nicht erscheint, werden Polizeieinheiten
> ausgeschickt, um sie zusammenzutreiben."[2]

Bezüglich des Rekrutierungssystems betont Offermann[3], dass dieses die Entfaltung von Korruption und die Anwendung brutaler Willkür erlaubte, denn kranke bzw. ums Leben gekommene oder geflohene „Contratados" mussten die „Sobas" ersetzen. Das System des Zwangsanbaus funktionierte in Kollusion zwischen den Kolonialbehörden und dem Privatsektor. Die Regierung erteilte das Monopol für Exportprodukte an Konzessionsgesellschaften, die ihrerseits Saatgut an afrikanische kleine Bauern verteilten.

---

[1] Vgl. Offermann, Michael: idem, S. 50.
[2] Zitiert nach Nuscheler, F./ Ziemer, K.: Politische Organisation und Repräsentation in Afrika, Berlin 1978, S. 469.
[3] Vgl. Offermann, Michael: idem, S. 52.

Die Bauern wurden dann verpflichtet, diese in ihrem zuvor von der Regierung erhaltenen Ackerland anzupflanzen. Die Ernte musste den Gesellschaften zu den festgesetzten niedrigen Preise angeboten werden. Die sich nach marktwirtschaftlichen Gesichtspunkten orientierende Produktionserhöhung in den landwirtschaftlichen industriellen Plantagen von Kaffee, Baumwolle und Sisal führte zu einem sozio-ökonomischen Wandel in der Kolonialpolitik, dessen Konsequenzen für die afrikanische Bevölkerung schwerwiegend und negativ waren.

In der Tat lösten die repressiven Rekrutierungsmethoden bei den angrenzenden Einwohnern Angolas eine Fluchtwelle in das benachbarte Ausland - Kongo, Sambia, Namibia - aus. Auf diese Weise versuchten die Menschen, der Zwangsarbeit zu entkommen, was auch zur Entwurzelung tausender afrikanischer Familien aus ihren Dörfern führte.[1] Trotz der ab 1903 geäußerten Kritik der Weltöffentlichkeit hielt Portugal an der grundsätzlichen Arbeitspflicht des Eingeborenen fest, auch wenn dies ab 1963 eine verschleiernde Formulierung annahm. Das Arbeitsgesetzbuch, das im Jahr 1928 erweitert und 1963 auf Druck der Weltöffentlichkeit und des bewaffneten Widerstandes der Angolaner abgeschafft wurde, war ein juristisches Werk voller Widersprüche. Obwohl gemäß Art.3 die Zwangsarbeit zu privaten Zwecken verboten wurde[2], behielt sich die Regierung Salazars im Art.4 das Recht[3] vor, die Eingeborenen

---

[1] Vgl. Anderson, Perry: idem, p. 53.
[2] Im Art.3 des Arbeitsgesetzbuchs von 1928 hieß es: „ Die Regierung der Republik erlaubt nicht, dass von den Eingeborenen ihrer Kolonien irgendeine Form von Zwangsarbeit zu privaten Zwecken verlangt wird, aber sie verzichtet nicht darauf, dass sie ihre moralische Verpflichtung erfüllen, sich durch Arbeit ihren Lebensunterhalt zu verdienen und dadurch zu den allgemeinen Interessen der Menschheit beizutragen". Zitiert nach Arntz, Reiner: idem, S. 136.
[3] Im Art.4 ist Folgendes zu lesen: „Die Regierung behält sich jedoch das Recht vor, sie dazu anzuhalten, für eigene Rechnung zu arbeiten, um so ihre soziale Lage zu verbessern; sie behält sich weiter vor, die Vertragsarbeit, die sie für einen anderen

zu ihrer Arbeitspflicht anzuhalten.

Mit der sogenannten „Vertragsarbeit" hatte sich das Grundprinzip der portugiesischen Politik nicht geändert, denn es wurde weiterhin an dem Prinzip der „Erziehung durch Arbeit" festgehalten. Ein anderer Widerspruch bestand darin, dass zur besseren Kontrolle der Arbeitspflicht das sogenannte „Eingeborenenheft" (cardeneta indígena) eingeführt wurde. Die „cardeneta" enthielt nicht nur die Personalien des Besitzers, sondern auch Name und Wohnsitz des Arbeitsgebers sowie Dauer und Lohn aus dem Dienstvertrag.

Der Eingeborene war verpflichtet, die „cardeneta" bei sich mitzuführen und auf Verlangen vorzuzeigen. Ihr Fehlen konnte zur Deportation nach Sâo-Tomé führen. Die freie Arbeitswahl, die gesetzlich verankert war, wurde dadurch erschwert, dass der Eingeborene in seiner Bewegungsfreiheit eingeschränkt wurde. Das Verlassen des Wohnortes setzte oft eine vom „chefe de posto" erteilte Genehmigung voraus. Diese Genehmigung wurde nur erteilt, wenn der Antragsteller ein sehr hohes „Entwicklungsniveau" aufwies, wobei das Niveau nach Maßstäben der Kolonialadministration bemessen wurde.

Es ist daher folgerichtig zu behaupten, dass der portugiesische Kolonialismus durch die Zwangsarbeit und die daraus entstandenen Folgen (Massenflucht, höhere Sterblichkeit, Hungersnot) das grausamste Kolonialsystem in Afrika darstellte. Anschließend wird auf die Siedlungspolitik eingegangen, die u.a. im Zusammenhang mit der Zwangsarbeit stand.

---

erbringen, in ihrem eigenen Interesse zu überwachen". Zitiert nach Arntz, Reiner, S. 138.

3.2.3.2 Angola als Siedlungskolonie

Im vorigen Kapitel wurde auf die Zwangsarbeit als Eckpfeiler im Ausbeutungssystem während der portugiesischen Besatzung in Angola bzw. in Afrika hingewiesen. Ein nicht unbedeutendes Charakteristikum der portugiesischen Kolonialpolitik war ebenso die Ansiedlung von Emigranten, die ab 1910 staatlich gesteuert wurde. Die Auswanderung von Portugiesen ins Ausland war seit geraumer Zeit wirtschaftlich motiviert, da Portugal aufgrund seiner rückständigen Wirtschafts- und Sozialstrukturen nicht in der Lage war, den Überschuss an Arbeitskräften zu beschäftigen. Die unzureichende Industrialisierung in Portugal, die angespannten Agrarverhältnisse und der Druck des diktatorischen Regimes Salazars ab 1930 waren unter anderem Faktoren, die die Auswanderungs-bestrebungen begünstigten.[1] Bis Ende des 19. Jahrhunderts war die Zahl der Portugiesen in Afrika südlich der Sahara sehr gering. Als die Buren sich im Süden Angolas bei Humpata niederließen und eine Siedlung gründeten, sah sich die portugiesische Regierung aus politischen Erwägungen gezwungen zu handeln, um der feindlichen Initiative entgegenzutreten.[2] Sie unternahm trotz der schwierigen Wirtschaftslage die notwendigen Anstrengungen, indem sie die ärmsten und am wenigsten ausgebildeten Familien in Portugal anwarb, um sie nach Angola zu schicken, mit dem Ziel, die sich in Humpata formierende Burengemeinde zu isolieren.[3] Das erste Experiment, das als Anfang

---

[1] Zwischen 1900 und 1939 wanderten ca. eine Million Portugiesen nach Brasilien, Argentinien und in die USA aus. Hierzu vgl. Offermann, Michael: idem, S. 54; Kuder, Manfred: Angola, Darmstadt 1971, S. 59.
[2] Vgl. Anderson, Perry: idem, p. 63 .
[3] Vgl. Anderson, Perry: idem, p. 63 .

der staatlich organisierten Auswanderung betrachtet werden kann, scheiterte kläglich, da es fast unvorbereitet unternommen wurde. Wenn in den ersten Jahren des 20. Jahrhunderts die Anwesenheit von Portugiesen in Angola vorübergehender Natur war, da es sich um Angestellte der Kolonialverwaltung bzw. des privaten Sektors und um Soldaten handelte, die nach Beendigung ihrer Dienstzeit ins Mutterland zurückkehren konnten, so zeichnete sich ab 1910 - wie es sich aus den Quellen übereinstimmend ergibt - ein ständig deutlicher Zuwachs von Siedlern[1] ab.

Jahr	Gesamtbevölkerung	Europäische Bevölkerung
1900	2.716.000	9.000
1910	2.921.500	12.000
1920	3.131.200	20.700
1930	3.343.500	30.000
1940	3.738.010	44.083
1950	4.145.266	78.826
1960	4.830.449	172.529
1970	5.673.046	574.000
1973	6.000.000	600.000

Tabelle 1: Bevölkerungsentwicklung und Anteil der Siedler von 1900 bis 1973 In: Kivouvou, Prosper: idem, S.101

Die Tabelle zeigt deutlich, dass die Zahl der portugiesischen Siedler ständig zunahm, besonders nach dem Zweiten Weltkrieg.

---

[1] Die Zahl der Europäer in Angola wird zwischen 1900 und 1910 auf 9.000 geschätzt, von denen ca. 1.160 (darunter 270 Frauen) Häftlinge waren. Bis 1932 war Angola auch Strafkolonie, in der die meisten Verurteilten weitgehende Freiheiten genossen. Nach Verbüßung ihrer Strafe konnten die Häftlinge mit ihren Familien in den Orten bleiben, wo sie ihre Strafe verbüßt hatten. Sie bekamen dann Ackerland, das sie als Eigentum weiterbearbeiten konnten. Die bekannteste Strafkolonie in Angola wurde in Kapelongo in der heutigen Provinz Huila gegründet. Hierzu vgl. Kuder, Manfred: Angola 1971, S. 60-61.

Portugal war bemüht, die Auswanderungsströme in die
Überseeprovinzen und vor allem nach Angola und Mosambik fließen
zu lassen. Auf diese Weise wurde den portugiesischen Bauern und
den Arbeitslosen, die kein Land besaßen bzw. keine Beschäftigung
fanden, die Möglichkeit angeboten, sich in den Kolonien nieder-
zulassen. Der Zuwachs der Emigranten nach Angola lässt sich aus
politischen, militärischen, sozialen und wirtschaftlichen Gründen
erklären. Die Vereinfachung und Lockerung der Auswanderungs-
bestimmungen[1], die Verbesserung des Versorgungssystems,
besonders die Altersrente für Portugiesen in Angola, die starke
Erhöhung der Mindestlöhne, die in Angola höher als in Portugal
lagen und vor allem die ab 1950 deutlich gestiegenen Erträge aus
der Kaffeeproduktion sind die wichtigsten Gründe zur
Auswanderung.[2] Aus politisch-militärischen Erwägungen erhoffte
sich Portugal, dadurch seine Kolonialherrschaft zu stabilisieren und
besonders nach der Umwandlung der Kolonien in „Überseeprovinzen" 1951 die Idee der Integration und der Unlösbarkeit des
portugiesischen Einheitsstaates zu unterstützen und zu
konsolidieren. Diese Siedlungspolitik Portugals stützte sich auf den
ideologischen Begriff des „Lusotropikalismus" von Gilberto Freyre,
wonach die brasilianische Gesellschaft ein besonderes soziales
Phänomen darstellte, das auf die besonderen Kulturleistungen der
Portugiesen und ihre angebliche größere soziale Anpassungsfähigkeit an tropische Bedingungen zurückzuführen sei.[3]

---

[1] Die neue Auswanderungsbestimmung von 1956 hob das Dekret von 1948 auf, das
der mittellosen ungelernten   Bevölkerung die Einwanderung in die Überseeprovinzen
verbot.
[2] Vgl. de Andrade, Mário: idem, p. 31; Kuder, Manfred: Angola 1971, S. 63; Offermann,
Michael: idem, S. 58.
[3] Vgl. Freyre, Gilberto: Herrenhaus und Sklavenhütte, Köln 1965, S. 211.

Freyre betonte, dass „die Portugiesen als einziges europäisches Volk die Grundlage für eine tropische Zivilisation universalistischer Art schufen, wo andere Europäer versagten".[1] Basierend auf dem Lusotropikalismus führte die koloniale Propaganda an, dass Portugal in seinen Überseeprovinzen eine vielrassische Gemeinschaft schuf, in der ein Kampf der Rassen unbekannt sei.[2] Durch eine gezielte Siedlungspolitik, die in den Kolonien finanziell stark subventioniert wurde, nahmen auch die Zwangsarbeit und der Landraub in Angola zu. Die Enteignung basierte auf einem 1901 erlassenen Gesetz, das jegliche nicht im privaten Besitz befindliche Land zu Staatsland deklarierte. Auf gesetzlicher Grundlage konnten die Behörden Land nach freien Ermessen verteilen oder als Konzessionsgebiet abgeben[3], ohne dabei Rücksicht auf die Rechtsprechung der Afrikaner zu nehmen.

Die enteigneten afrikanischen Bauern mussten dann ihr seit langer Zeit bewohntes Gebiet verlassen. Taten sie es nicht, wurde mit Gewalt geräumt. Aus den enteigneten Flächen wurden weiße Siedlungskolonien („colonatos") für die Landwirtschaft. Das staatlich subventionierte Siedlungsprogramm bestand darin, den Siedlern bezugsfertig eingerichtete Siedlungen mit Land für Feldbau, Viehzucht, Milchwirtschaft, technischer Beratung, Schulen, Sanitätsstation und Kirche vor derer Ankunft bereitzustellen.

> „Bereits vor der Ankunft der Siedler werden Straßen, Häuser, Bewässerungskanäle, technische Anlagen erstellt und die Erschließungsarbeiten durchgeführt, meist auch der Acker für die erste Aussaat vorbereitet. Der Siedler erhält dazu Arbeitsgerät, Saatgut, Düngemittel und Vieh, Geld zum Ankauf von Lebensmitteln und Gebrauchsgütern im ersten Jahr."[4]

---

[1] Vgl. Freyre, Gilberto: idem, S. 121.
[2] Vgl. Freyre, Gilberto: The racial factor in contemporary politics, Sussex 1966, p. 22.
[3] Vgl. Offermann, Michael: idem, S. 55.
[4] Kuder, Manfred: Angola 1971, S. 66.

Ab 1951 wurden z.B. 375 Familien mit insgesamt 2000 Personen im Kolonat von Cela im Distrikt Kwanza-Sul untergebracht. Jeder Familie wurden ca. 15 bis 20 ha Ackerland zugeteilt[1], wovon 5 ha bewässerbar waren, 1 ha Gartenland, 2 ha Kaffeeland und zusätzlich noch 40 ha Weideanteil. Im Kolonat von Matala im Distrikt Huíla wurden 1953 die aus Nordportugal, von den Azoren und Madeira stammenden Familien angesiedelt, die außer den ihnen zugeteilten Anbauflächen noch über bessere Bewässerungsmöglichkeiten durch den gleichnamigen Staudamm am Cunene-Fluss verfügten.[2] Wenngleich die portugiesische Regierung davon ausging, durch die Emigration von Europäern die demographischen Strukturen in den ländlichen Regionen zu verändern, um eine bessere Kontrolle der angolanischen Bevölkerung zu gewährleisten, so zeigten die Siedler selten die Tendenz, in den zugewiesenen Kolonaten zu bleiben. Enttäuscht von den niedrigen erzielten Erträgen, verließen viele von ihnen die ländlichen Regionen und gingen meist in die Städte, wo sie die Zahl der ungelernten weißen Arbeitslosen vergrößerten. Der Zuzug der weißen Siedler in die Städte verschärfte wiederum die Rassengegensätze und Diskriminierung auf dem Arbeitsmarkt. Die in den Siedlungen verbliebenen Portugiesen umgingen leicht mit stillschweigender Duldung der Kolonialbehörden das Verbot der Beschäftigung autochthoner Arbeitskräfte auf den Feldern und erhöhten somit ihre Erträge. Somit beteiligten sich die Siedler am Ausbeutungssystem der afrikanischen Masse.

---

[1] Vgl. Anderson, Perry: idem, p. 67 .
[2] Vgl. Kuder, Manfred: Angola 1971, S. 67.

3.2.3.3 Die Assimilationspolitik

In den vorigen Abschnitten wurde auf die Zwangsarbeit und auf die Siedlungspolitik Portugals in Angola hingewiesen, um die Kollusion der kolonialen Dreieinigkeit (Staat, Kirche und Kapital) deutlich aufzuzeigen. Im Folgenden wird auf die Assimilationspolitik eingegangen, und es wird versucht zu verdeutlichen, welche Rolle der katholischen Kirche hierbei zukam und welche Verbindung zwischen der Kolonialmacht und der Kirche als Institution bestand. Betrachtet man die kulturellen und ideologischen Gesichtspunkte der Kolonialpolitik Portugals, so stellt man fest, dass die katholische Kirche sich tief mit dem portugiesischen Staat kompromittiert und dass sie zur Durchsetzung der staatlichen Ziele in Afrika wesentlich beigetragen hat.[1] Die Zusammenarbeit geschah auf der juristischen und ideologischen Ebene und stützte sich einerseits auf die im 15. Jahrhundert vom Vatikan durch die päpstlichen Bullen gewährten Vorrechte in allen entdeckten Regionen und andererseits auf das zwischen dem Heiligen Stuhl und dem Regime Salazars unterzeichnete Konkordat[2] von 1940.

Somit wurde die katholische Kirche zur Vorhut der Kolonialpolitik gemacht, nach dem Motto „Kreuz und Schwert um das Imperium zu erweitern". Am Beispiel anderer Kolonialmächte orientiert, teilten die Kolonialbehörden die Bevölkerung der Kolonien in zwei Klassen: die „Eingeborenen", die durch die Assimilation zur „Zivilisation" geführt werden sollten, und die „Europäer", die von vornherein als Zivilisierte betrachtet wurden.

---

[1] Vgl. Disila, Ghyos José: La colonisation de l'Angola et le rôle joué par l'Eglise catholique portugaise; in: Missionação portuguesa e encontro de culturas, Vol. 3, Braga 1993, pp. 579-595, hier p. 580.
[2] Vgl. Disila, Ghyos José: idem, pp. 579-580.

Der Ausgangspunkt für diese Politik der verschleierten Rassendiskriminierung[1] lag in der Kolonialideologie begründet, wonach sich Portugal eine zivilisatorische Mission zuschrieb, gemäß der das ungleiche kulturelle Entwicklungsniveau zwischen den Weißen und den Schwarzen aufzuheben sei.

Ziel der Assimilationspolitik war es, die assimilierten Angolaner von ihrer traditionellen Bindung zu lösen, ohne dass eine Gewähr dafür bestand, dass der *„Assimilierte"* auch als gleichberechtigter Bürger von den *„Zivilisierten"* respektiert wurde und entsprechend seinem erreichten Bildungsniveau eingesetzt werden konnte, denn in der Regel wurden ihm portugiesische Bürger vorgezogen, auch wenn sie nicht die geeignete Qualifikation aufwiesen[2]. Nach dem Wortlaut des 1954 neu erlassenen Gesetzes über die Assimilation, das auf die antikolonialistische Kampagne der Nachkriegszeit in den 50er Jahren zurückgeführt werden kann, musste der Bewerber folgende Bedingungen[3] erfüllen, um die portugiesische Staatsbürgerschaft zu erwerben:

- Beherrschen der portugiesischen Sprache in Wort und Schrift;
- gutes Führungszeugnis von Polizei und Armee;
- Annahme der christlichen Religion (katholisch);
- keine Wehrdienstverweigerung;

---

[1] Die Assimilationspolitik wurde in den portugiesischen Kolonien mit dem kulturellen und sozioökonomischen Entwicklungsstand begründet, und sie wurde nicht als rassistisches Phänomen gesehen. Tatsache ist aber, dass die Hautfarbe eine bedeutende Rolle spielte, denn alle Portugiesen - auch die Analphabeten - galten von vornherein als Zivilisierte. Hierzu vgl. de Sousa, Eduardo Ferreira: Le colonialisme portugais en Afrique - La fin d'une ère, Paris 1974, p. 118.
[2] Vgl. Offermann, Michael: idem, S. 61.
[3] Vgl. Italiaander, Rolf: Der ruhelose Kontinent; Düsseldorf 1961, S. 355; Offermann, Michael: idem, S. 60; Nuscheler, F./ Ziemer, K.: Politische Organisation und Repräsentation in Afrika, S. 473.

82

- ausreichendes Eigentum oder Arbeitseinkommen.

Aber aufgrund der geringen Zahl der „Assimilados" und vor allem des zunehmenden bewaffneten Widerstandes wurden das erwähnte Gesetz und der Eingeborenenstatus von 1928 im Jahr 1961 abgeschafft. Die theoretische Gewährung der portugiesischen Staatsbürgerschaft an die gesamte Bevölkerung der Überseeprovinzen wurde verfassungsrechtlich anerkannt und festgelegt. In der Praxis aber blieb die in der Verfassung verankerte Gleichheit zwischen Weißen und Schwarzen wirkungslos. Ein Wahlgesetz von 1968 stellte u.a. hierbei ein schweres Hindernis für die Verwirklichung des Gleichheitsprinzips dar. Durch das Wahlgesetz wurde den Afrikanern tatsächlich das Wahlrecht aberkannt, da die Ausübung dieses politischen Rechtes in den Kolonien an die schriftliche und mündliche Beherrschung der portugiesischen Sprache geknüpft wurde.[1] Somit wurde die Mehrheit der Angolaner (ca. 96% Analphabeten 1958) aus dem politischen Prozess ausgeschlossen. Die Reform wurde auch bedeutungslos, da weiterhin an diskriminierenden Praktiken festgehalten wurde. Nach der Abschaffung des Eingeborenenstatus 1961 bestand die Diskriminierung zwischen den „Zivilisierten" und „Nicht-Zivilisierten" darin, dass verschiedene Arten von Personalausweisen ausgestellt wurden. Während die weiße Bevölkerung und die „Assimilados" die sogenannte „Bilhete de identidade", identisch mit der eines Bürgers in Portugal selbst, erhielten, bekam die Mehrheit der Bevölkerung, also die früheren Eingeborenen, die sogenannte „Cartâo de identidade", auf der in deutlichen Buchstaben die Herkunftsprovinz festgehalten war, und auf der Innenseite Geburtsort und Wohnung

---

[1] Vgl. de Sousa, Eduardo Ferreira: idem, S. 41.

der Eingeborenen angegeben werden mussten.[1]

Maslowski[2] hebt hervor, dass die hinzugefügten Einzelheiten auf der „Cartâo de identidade" der Polizei halfen, die alten Gesetze, die das Handeln und die Mobilität des „Eingeborenen" einschränkten, weiter anzuwenden. In der Schul- und Kulturpolitik wurde der Kirche eine besondere Stellung eingeräumt, indem sie die Masse der Afrikaner in den subventionierten Missionsschulen im Sinne der Kolonialideologie auszubilden hatte.[3] Das Bildungsniveau an den Missionsschulen ließ zu wünschen übrig und orientierte sich an den Weisungen der Kolonialpolitik, deren Ziel es war, die Afrikaner nur für landwirtschaftliche und wenig anspruchsvolle handwerkliche Arbeit zu befähigen.[4] Die „Portugalisierung" der Afrikaner begann mit dem obligatorischen Erlernen der Sprache, der portugiesischen Landeskunde, und die Geschichte Afrikas wurde oft mit der des Mutterlandes verknüpft. Aus der Aussage des Überseeministers Silva Cunha 1972 lässt sich erkennen, dass die Akkulturationspolitik Portugals zum Ziel hatte, die Afrikaner in „gute" Portugiesen zu verwandeln, die ihre Unterwerfung und ihr Schicksal akzeptierten.

> "L'Education doit être éminemment pragmatique. Elle ne saurait avoir pour objectif la simple diffusion de la connaissance, mais doit viser plutôt à former des citoyens capables de sentir pleinement les impératifs de la vie portugaise, de savoir les interpréter et d'en faire une réalité constante, afin d'assurer la perpétuation de la nation".[5]

---

[1] Vgl. Maslowski, Rudi: Der Skandal Portugal, München 1971, S. 164.
[2] Vgl. Maslowski; Rudi: idem, S. 164 .
[3] Vgl. Arnold, Anne-Sophie: idem, S. 73.
[4] Vgl. Arnold, Anne-Sophie: idem, S. 73.
[5] Zitiert nach de Sousa, Eduardo Ferreira: idem, p. 88.

Betrachtet man die von de Sousa[1] und Schümer[2] angegebenen Zahlen in den Bildungszentren Angolas, so stellt man fest, dass Portugal trotz der ab 1967 gesetzlich verankerten obligatorischen Grundschulausbildung kein Interesse hatte, das Bildungsniveau der schwarzen Bevölkerung zu erhöhen. Nach den Zahlen von 1950 gab es 97% Analphabeten in Angola, 78% in Kap Verde, 99% in Guinea-Bissau und 98% in Mosambik. Im Schuljahr 1970/71 wurden in Angola insgesamt nur 53,43% der Kinder im Schulalter in den Städten eingeschult, von denen nur die Hälfte die 2. Klasse der Grundschule erreichte. Schümer zufolge waren die schwarzen Kinder von vornherein gegenüber portugiesischen erheblich benachteiligt, da die portugiesische Sprache im gesamten Schulbereich obligatorisch verwendet wurde. Außerdem waren die Qualität und Ausbildung der Lehrer in den Schulstationen (3 Jahre Grundschule) der ländlichen Regionen sehr mangelhaft. Es bestand also ein Erziehungswesen auf zwei qualitativ unterschiedlichen Ebenen, eines für die portugiesischen Kinder und eines für die anderen. Im Schuljahr 1971/72 besuchten 12.000 Schüler (von ihnen 25% Afrikaner) die in den städtischen Zentren und in den größeren europäischen Siedlungsgebieten gebauten Sekundarschulen. Die afrikanischen Schüler mussten oft ihre Ausbildung abbrechen, weil die Schulgebühren für sie unbezahlbar waren.

Das Bild in der Universität in Angola ändert sich kaum. Von den ca. 3.000 eingeschriebenen Studenten im Jahr 1973 betrug der Anteil der schwarzen Studenten gerade 2%. Die Diskriminierung im Erziehungswesen wie auch in allen anderen Bereichen entspricht nicht nur den Gedanken Salazars, der oft auf die Gefahr des

---

[1] Vgl. de Sousa, Eduardo Ferreira: idem, pp. 74-91.
[2] Vgl. Schümer, Martin: Die Wirtschaft Angolas 1973-1976; Hamburg 1977, S. 334-340.

gebildeten Afrikaners hinwies[1], sondern sie entspricht ebenso dem in allen Kolonialsystemen angewandten Motto „ohne Elite, keine Sorge und Ärger". Aufgrund der geringen Zahl der „Assimilados" (ca. 30.000 von vier Millionen Angolanern im Jahr 1950) wird die Assimilationspolitik Portugals von vielen Wissenschaftlern als gescheitert erklärt. Diese auf Zahlen basierende Auffassung ist jedoch keineswegs zufrieden stellend, weil der Gesamtkomplex des Kolonialsystems und die von ihm verursachte Deformation der angolanischen Gesellschaft nicht berücksichtigt wurden. Auf der kulturellen Ebene wurden z.B. die afrikanischen Sprachen degradiert und durch das Portugiesische ersetzt. Dieser Zustand dauert bis zum heutigen Tag an. Als Amtssprache eingestuft, wird die portugiesische Sprache sogar von einem Teil der europäisch geprägten angolanischen Eliten als die einzige zur Förderung der nationalen Integration und Einheit gepriesen. Die religiösen Vorstellungen der Völker Angolas wurden durch das Christentum überlagert, auch wenn es Strömungen gab, die den christlichen Glauben mit afrikanischen Elementen zu bereichern suchten. Sozioökonomisch wurde die vorher existierende Subsistenzwirtschaft allmählich verdrängt, und die Mehrheit der Bevölkerung wurde mehr oder weniger in die kapitalistische Produktionsweise hineingezogen. Auf politisch-juristischer Ebene ist bis zum heutigen Tag die portugiesische Rechtsprechung gültig. Dies führt dazu, dass sie in den von der Mehrheit der Bevölkerung bewohnten ländlichen Regionen manchmal kaum verstanden und beachtet wird.

---

[1] In einer Rede sagte Salazar folgendes: „ Die Eingeborenen zeigen einen großen Bildungshunger, weil sie darin das   Mittel sehen, sich geistig zu heben, sich wirtschaftlich besser zu stellen und selbst politisch aufzusteigen. Dieser Hunger muss gestillt werden, ohne dabei zu vergessen, die Schulen mit der allgemeinen wirtschaftlichen Entwicklung im Gleichgewicht zu halten, da man sonst Gefahr läuft, ein intellektuelles Proletariat zu schaffen,   das sich aus Arbeitslosigkeit der Agitation und aus Ehrgeiz der Politik widmet"; zitiert nach Arnold, Anne-Sophie, idem, S. 73.

Zusammenfassend kann gesagt werden, dass die Assimilationspolitik ihr Primärziel erreicht hat, nämlich die Zerstörung der sozio-
kulturellen und ökonomischen Strukturen der afrikanischen Völker.

3.2.4 Angola in der Wirtschaftspolitik Portugals

Es ist nicht Ziel dieses Kapitels, eine koloniale
Wirtschaftsgeschichte[1] Angolas zu präsentieren. Vielmehr möchte
ich anhand von wirtschaftlichen Fakten und Daten auf die
Ausbeutung der angolanischen Ressourcen im Rahmen des
imperialistisch-kolonialistischen Systems und auf ihre sozialen
Folgen eingehen. Die wirtschaftlichen Daten der drei wichtigsten
Exportprodukte, nämlich Diamanten, Erdöl und Kaffee[2], werden hier
besonders hervorgehoben, einerseits um zu zeigen, wie Angola als
Lieferanten von Rohstoffen und als Absatzmarkt für die portugiesischen Waren wurde, und andererseits um die Kollusion Staat -

---

[1] Zur kolonialen Wirtschaftspolitik in Angola wird u.a. auf folgende Beiträge
hingewiesen: Boavida, Américo: Zur Geschichte des Kolonialismus, Frankfurt a.M.
1970; de Andrade Mário: La guerre en Angola, Paris 1971;   Dilolwa, Carlos Rocha:
Contribuiçâo à história económica de Angola, Luanda 1978; Diogo, A: Rumo à
industrializaçâo de Angola, Lisboa 1963; Ferreira, Manuel Ennès: Angola - Portugal:
Do espaço económico português às relações pós-coloniais, Lisboa 1990; Gomcalvès,
J.: Le développement du capitalisme colonial en Angola, Dakar 1973; Guerra
Henrique: Angola, estrutura económica e classes sociais, Lisboa 1988; Offermann,
Michael: Angola zwischen den Fronten, Pfaffenweiler 1988; Roque, Fátima: Economia
de Angola, Lisboa 1991; Pössinger, Hermann: Angola als Wirtschaftspartner, Köln
1969; Schümer, Martin: Die Wirtschaft Angolas 1973-1976, Hamburg 1977.
[2] Die drei oben genannten Exportprodukte bestimmen seit dem Ende des Zweiten
Weltkrieges die Wirtschaft Angolas. In seinem Beitrag zur Wirtschaftsgeschichte
Angolas unterscheidet Dilolwa fünf Wirtschaftszyklen, wobei jede Periode von einem
bestimmten Exportprodukt charakterisiert wird. Nach dem Sklavenhandel wurden
Kautschuk, Elfenbein und Bienenwachs zu den hauptsächlichen Exportwaren bis zu
den ersten zwei Dekaden des 20. Jahrhunderts. Es folgte dan der Zyklus des Mais,
und ab 1946 begann der Zyklus des Kaffees, der ab 1973 von dem des Erdöls
abgelöst wurde. Der Letztere dauert bis heute an. Vgl. Dilolwa, Carlos Rocha: idem,
pp. 12-14/ Roque, Fátima: Economia de Angola, pp.48-50 und 70-74.

Kapital darzustellen. Aufgrund seines rückständigen Entwicklungs-
grades im Vergleich zu den anderen Kolonialmächten konnte
Portugal seine Kolonien in Afrika nur im Einklang mit den gesamten
imperialistisch-kolonialen System ausbeuten. Wie in den vorigen
Abschnitten erwähnt, übernahm Salazar die Macht mit dem Ziel, die
Staatsfinanzen durch strenge Wirtschaftsmaßnahmen sowohl in der
Metropole als auch in den Überseeprovinzen zu sanieren und zu
verbessern. Im Rahmen dieser Politik wurde 1930 das Kolonialgesetz erlassen, u.a. mit dem Ziel, die Überseeprovinzen einer
portugiesischen Wirtschaftsunion einzugliedern. Dieses Ziel wurde
ausdrücklich im Art. 34 des Kolonialgesetzes und später 1933 im
Art. 158 der portugiesischen Verfassung festgeschrieben[1], wobei die
Wirtschaftsintegration nach dem „Solidaritätsprinzip" zwischen
Portugal und seinen Kolonien durch das Gesetz Nr. 2048 vom
11.6.1951 konkretisiert wurde. Die Währungsreform von 1928 mit
der Schaffung einer einheitlich paritärischen Währung „Escudo" und
die ab 1953 stufenweise laufenden, im Allgemeinen sechsjährigen,
Entwicklungs- und Finanzpläne („Planos de Fomento")[2] bis 1973
können als Anstrengungen zur Verwirklichung der Wirtschaftsintegration verstanden werden. So wurde Angola in der Wirtschaftspolitik Portugals die Rolle eines Rohstofflieferanten und eines
geschützten Absatzmarktes für portugiesische Produkte zugewiesen, und gleichzeitig wurden protektionistische Gesetze erlassen,
um ausländisches Kapital in den Kolonien einzuschränken.

---

[1] Vgl. Roque, Fátima: idem, p. 52
[2] Die Entwicklungs- und Finanzpläne (Planos de fomento) zielten vor allem auf die
Förderung der Kolonialwirtschaft und der portugiesischen Besiedlung ab. Mit dem
ersten Plan wurden ca. 2,9 Mrd. Escudos im Bereich von Straßenbau, Eisenbahnen,
Häfen, Siedlerkolonien und Wasserkraftwerken investiert. Der zweite Plan (1959-1964)
setzte die Arbeiten des 1. Plans fort, wobei 3,5% der Investitionen dem sozialen
Sektor zugeteilt wurden. Der dritte Plan (1968-1973) legte das Hauptgewicht auf den
Bergbausektor und auf die verarbeitende Industrien. Vgl. Offermann, Michael: idem,
S. 70; Kuder, Manfred: Angola 1971, S. 150-152.

Dadurch wurde der Aufbau einer verarbeitenden Industrie in Angola bis in die 50er Jahre erschwert und verzerrt. Das wirtschaftliche Gewicht lag in der Landwirtschaft, die mit ihren exportorientierten Produkten (Baumwolle, Kaffee, Sisal) eine der größten Profitquellen der Portugiesen bildete. Allein die Erlöse des Kaffee-Exports wurden im Jahr 1946 auf ca. 184.000 Contos[1] beziffert, während die der Diamanten 140.000 Contos erreichten. Ab diesem Jahr begann der „Zyklus des Kaffees", welcher trotz der Kursschwankungen auf dem Weltmarkt bis 1972 andauerte. Die darauf folgende Prosperität des Kaffeeanbaus, dessen Produktion sich ab 1960 durchschnittlich auf 150.000 Tonnen pro Jahr belief, war auf den „Kaffee-Boom", der auf dem Weltmarkt Anfang der 50er Jahre vorherrschte, zurück zu führen. Während die Einnahmen aus dem Kaffee-Export im Jahr 1964 auf 95.303.000 US$ kalkuliert wurden[2], erhielt ein ungelernter Arbeiter in den Kaffeeplantagen einen monatlichen durchschnittlichen Hungerlohn von 200 Escudos in bar und ca. 300 Escudos in Naturalien (Kleidung, Kost und Unterkunft).[3]

Jahr	Tonnen	Jahr	Tonnen
1910	6.140	1956	66.543
1926	9.343	1960	87.217
1930	11.839	1961	118.122
1937	18.764	1962	156.887
1939	20.731	1967	225.163
1942	19.520	1971	228.000
1951	38.860	1972	225.000

Tabelle 2: Die Kaffeeproduktion in Angola.
In: Kivouvou, Prosper: idem, S.111

[1] 1 conto= 1000 Escudos.
[2] Vgl. Boavida, Américo: idem, S. 58.
[3] Vgl. Goossens, Jacques/ Gouverneur, Jacques: Beschreibung und Aussichten der Wirtschaft in Portugiesisch Angola und Mosambik, o.O, o.J., S. A.1.16.

Die sich an der Nachfrage des Marktes orientierende Produktions-
erhöhung in den landwirtschaftlichen industriellen Plantagen von
Kaffee, Baumwolle und Sisal führte zu einem sozio-ökonomischen
Wandel in der Kolonialpolitik, dessen Konsequenzen für die
afrikanische Bevölkerung schwerwiegend und negativ waren. Die
Preissteigerung auf dem Weltmarkt ab 1950 wirkte als
Anziehungskraft auf die Einwanderung von Portugiesen nach
Angola, die wiederum zu Landenteignung und Zwangsarbeit führte.
Die CADA (Companhia agrícola de Angola) mit ca. 17.000 ha.
Kaffeepflanzungen, mehrheitlich von der französischen Bank Mallet
und der portugiesischen Finanzgruppe Espírito Santo kontrolliert,
beschäftigte 10.000 Arbeiter und verfügte über ein Handelsmonopol
der gesamten Kaffeeproduktion[1], so dass sie die Preise auf dem
angolanischen Markt nach Belieben festsetzen konnte.
All diese Faktoren führten zu den blutigen Ereignissen von
Februar/März 1961, die als Anfang des bewaffneten
Befreiungskampfes bezeichnet werden, und auf welche Portugal mit
massiver Militärpräsenz und vor allem mit unvollständigen
politischen und sozialen Reformen reagierte. Das Kolonialregime
versuchte durch die Gewährung der portugiesischen Staatsbürgerschaft an die gesamte Bevölkerung der Überseeprovinzen die Lage
zu beruhigen. Wirtschafts- und außenpolitisch betrachtet, führten
die Ereignisse von 1961 zur Liberalisierung des portugiesischen
Marktes. Dadurch erhoffte sich Portugal die Unterstützung seiner
NATO-Alliierten im Kolonialkrieg sichern zu können. Die Integration
Angolas in den portugiesischen Wirtschaftsraum wurde durch eine
Serie von Maßnahmen zur Industrialisierung und zur Förderung des

---

[1] Vgl. Goossens, Jacques/ Gouverneur, Jacques: idem, S. A. VI.1; CEDETIM: Angola,
la lutte continue, Paris 1977, p. 182.

Exports-sektors beschleunigt. Außerdem wurde ab 1963 durch das Gesetz Nr. 44703 vom 17. November 1961 die „Escudo-Zone" geschaffen[1], um die Zahlungsfähigkeit der in den Überseeprovinzen operierenden Unternehmer zu erhöhen. Ziel dieses Gesetzes war es, den Geldtransfer und die Transaktionen innerhalb des Wirtschaftsraumes zu gewährleisten und das Missverhältnis im Währungs- und Geldwechselgeschäft zu minimieren.[2] Roque zufolge erwies sich das interterritoriale Zahlungssystem als heilbringend für die Metropole insofern, als die Mehrheit der angolanischen Ersparnisse sowohl durch die Erhöhung im Import-geschäft als auch durch die Geldüberweisungen der Siedler nach Portugal floss.[3] Im Rahmen der infolge der Ereignisse von 1961 vorgenommenen Wirtschaftsreformen wurde 1964 ein neues Investi-tionsgesetz verabschiedet, das nicht nur einen Investitionsboom ermöglichte, sondern ebenso zu einem Wettlauf um die Ausbeutung in Angola führte.

"Die Investitionsgesetzgebung von 1964 mit ihren außergewöhnlichen Anreizen für Investitionen gerade auch in den portugiesischen Besitzungen in Afrika hatte zu einem Investitionsboom durch ausländische, vor allem multinationale Gesellschaften geführt".[4]

Nach Schümer erhöhten sich die ausländischen Direktinvestitionen in Portugal und in den portugiesischen Kolonien 1964 von 284 Mio. Escudos bis 1971 auf 2,2 Mrd. Escudos, wobei zwischen 1969 und 1971 32% dieses Investitionskapitals in den Bergbausektor

[1] Vgl. Roque, Fátima: idem, p. 59.
[2] Vgl. Roque, Fátima: idem, p. 59.
[3] Vgl. Roque, Fátima: idem, p. 168.
[4] Schümer, Martin: Die Wirtschaft Angolas, S. 1.

Mosambiks und Angolas flossen.[1] Wenn auch nicht geleugnet werden kann, dass das internationale Kapital ab 1968 massiv in Angola investierte, so soll klargestellt werden, dass ausländische Privatinvestition schon vor dem 1964 verabschiedeten Gesetz effektiv war. Als Beispiele können hier die COTONANG (Baumwolle-gesellschaft) und die Benguela-Bahn mit jeweils belgischer und britischer Beteiligung angegeben werden. Die trotz der protektionistischen Gesetze sowohl durch Gewährung von Krediten als auch durch Bereitstellung von Know-How vorhandenen ausländischen Kapitalmassen in den portugiesischen Unternehmen nahmen nach dem Zweiten Weltkrieg im Bergbausektor ständig zu, so dass die angolanische Produktion von Diamanten, Erdöl und Eisenerz von 1955 bis 1970 erheblich stieg.[2] Die Diamanten werden seit 1917 bis heute hauptsächlich von der DIAMANG (Diamantes de Angola) gefördert, die zu 2/3 von dem ausländischem Kapital kontrolliert wird, die Anglo-American Corporation über De Beers und die Société Générale de Belgique jeweils mit 16% und 11,5% Beteiligung.[3] Die DIAMANG war im Grunde ein „Staat im Staat" mit anerkannten Grenzen, Polizei und Armee und beschäftigte 25.000 afrikanische Zwangs- und Vertragsarbeiter, denen jede Möglichkeit genommen wurde, sich der Zwangsarbeit zu entziehen oder für bessere Arbeitsbedingungen einzutreten.

Mit einem ständigen Produktionszuwachs von 1960 bis 1967 um mehr als 100% wurde die Diamantenförderung mit 19,6% (1969) am Exportwert zu der zweitwichtigsten Einnahmequelle der Kolonie.

---

[1] Vgl. Schümer, Martin: idem, S. 1.
[2] Vgl. Pössinger, Hermann: idem, S. 33.
[3] Vgl. Offermann, Michael: idem, S. 89.

Denn 50% der Gewinne gingen nach einem kleinen Abzug (6%) zugunsten des Direktionsrats an die angolanischen Finanzbehörden. Die Diamantengesellschaft zahlte wie alle in Angola tätigen multinationalen Gruppen in einem Sonderfonds einen Beitrag zur Finanzierung des Kolonialkrieges ein.[1] Sie trug somit nicht nur zur Ausbeutung der angolanischen Arbeitskraft bei, sondern sie beteiligte sich auch an den Kolonialverbrechen. Während sich die Produktion zwischen 1940 und 1956 bei 700.000 bis 800.000 Karat hielt, erreichte sie 1969 2.021.532 Karat, wobei nach Kuders Auffassung der Anteil an Schmuckdiamanten auf 76% gegenüber 60% in den 50er Jahren anstieg.[2] Einen Überblick der steigenden Produktion zwischen 1913-1973 geben die folgenden Tabellen:

Jahr	Diamantenproduktion
1913	4.110 Karat (Anfang)
1919	48.560 Karat
1921	106.000 Karat
1940	784.000 Karat
1957	864.000 Karat
1962	1.081.000 Karat
1973	2.143.000 Karat

Tabelle 3: Diamantenproduktion in Angola 1913 - 1973
In: Kivouvou, Prosper: idem, S. 108

---

[1] Vgl. Offermann, Michael: idem, S. 89.
[2] Vgl. Kuder, Manfred: Angola 1971, S. 108.

Jahr	Karat	Escudos (1.000)
1969	2.021.532	2.005.737
1970	2.395.552	1.695.880
1971	2.413.021	1.701.827
1972	2.155.057	1.727.162
1973	2.124.720	2.292.030

Tabelle 4: Diamantenproduktion 1969 - 1973;
In: Schümer, Martin: idem, S. 38

Ein ähnlicher Produktionszuwachs wurde auch im Eisenbergbau registriert. Die finanzielle Beteiligung der deutschen KRUPP-Gruppe an diesem Wirtschaftszweig ermöglichte den Bau eines Eisenbahnnetzes von 980 km (Menongue-Namibe) und die Modernisierung des Hafens von Namibe, von wo aus die Beförderung der aus Cassinga ausgebeuteten Vorkommens ins Ausland vorgenommen wurde. Im Jahr 1968 gingen 57% der Produktion nach Japan und 34% in die Bundesrepublik Deutschland. Die Produktion, die ein Jahr zuvor noch bei 1,0 Mio./t lag, stieg 1971 auf 7,0 Mio/t.[1] Die Erdölförderung in Angola lässt durch die finanzielle und technische Beteiligung von multinationalen Konzernen aus Belgien und vor allem aus den USA seit den 60er Jahren deutlich erkennen, welche Rolle an der wirtschaftlichen Ausbeutung der portugiesischen Kolonien den Industriestaaten zukommt. Während die europäischen Kolonialmächte (Belgien, Frankreich und Großbritannien) ab 1960 die von den afrikanischen Staaten angestrebte Unabhängigkeit zwangsweise billigten, beharrte Portugal mit Unterstützung der NATO-Mitgliedstaaten auf seinen Besitzungen in Afrika. Trotz des ab 1961 in den angrenzenden Regionen Angolas (Uíge, Cabinda, Moxico)

---

[1] Vgl. De Andrade, Mário: idem, pp.97-98; Schümer, Martin: S.56.

anhaltenden militärischen Widerstandes der Befreiungs-
organisationen (FNLA, MPLA, UNITA) wurden die Prospektion und
die Produktion in diesem Sektor fortgesetzt und intensiviert, wie in
der folgenden Tabelle zu sehen ist.

Jahr	Forderung (in t)	Wert (in Mill. Escudos)
1963	799.657	317.611
1964	904.757	308.848
1965	655.365	323.076
1966	631.319	300.665
1967	537.152	253.865
1968	2.457.512	899.670
1969	2.457.512	899.670

Tabelle 5: Erdölförderung in Angola;
In: Kuder, Manfred: Angola 1971, S. 110

Wie es sich aus der Tabelle entnehmen lässt, war die Produktion
zwischen 1963 und 1976 sehr schwankend, um ab 1968 ständig zu
steigen. Dies lässt sich dadurch erklären, dass an der Küste von
Cabinda im Jahr 1966 das bedeutendste Vorkommen entdeckt und
ab 1968 gefördert wurde. Von einer Produktion von 749.514 Tonnen
im Wert von 355.142 Mio. Escudos im Jahr 1968 stieg die
Erdölförderung auf 8.175.201 Tonnen im Wert von 5.320.521.000
Escudos[1] im Jahr 1973, um ein Jahr später ca. 14.975.438.000
Escudos zu erreichen, fast eine Steigerung um mehr als 100%.[2]

---

[1] Vgl. Schümer, Martin: idem, S. 9.
[2] Vgl. van Leeuwen, Michel: Angola, tragédie africaine, Paris 1976, p. 139.

Mit diesem Ergebnis im Exportwert überstieg die Erdölförderung den Exportwert des Kaffees, der im selben Jahr unter 5 Mrd. Escudos lag. Das Erdöl wurde somit deutlich zum ersten Exportprodukt Angolas. Es begann der Zyklus des Erdöls, der bis heute andauert. Parallel zu den Investitionen im Bergbausektor wurden mit portugiesischem Kapital zahlreiche kleine und mittlere verarbeitende Industrien errichtet, die durch die zunehmenden Kapitalströme nach Angola einen neuen Impuls bekamen. Die Wirtschaftsdaten Angolas, die von 1960 bis 1974 hauptsächlich von den drei erwähnten Exportprodukten bestimmt waren, drücken sich in der gesamten Handelsbilanz positiv aus, wobei hervorzuheben ist, dass Angola von dem Kaffeeboom der 60er Jahre und von der Ölkrise der 70er Jahre profitierte.

Jahr	Export*	Import*	Saldo*
1961	3.874.116	3.267.692	+ 606.424
1962	4.264.294	3.897.966	+ 366.328
1964	5.867.571	4.714.294	+ 1.153.277
1965	5.747.402	5.601.177	+ 146.225
1967	6.837.800	7.908.686	- 1.070.886
1968	7.787.946	8.709.858	- 921.012
1969	9.386.420	9.261.398	+ 126.022
1970	12.172.187	10.594.655	+ 1.577.522
1971	11.874.118	12.127.640	- 253.522
1972	13.739.011	10.728.164	+ 3.010.874
1973	19.158.000	13.269.000	+ 5.889.000
1974	30.996.000	15.836.000	+ 15.160.000

Tabelle 6: Handelsbilanz von 1961 bis 1974; in: van Leeuwen, Michel: idem, p. 138 *(en milliers d'escudos ou contos)

Betrachtet man die von der „Banco de Angola" im Januar 1975 veröffentlichten Daten über die Entwicklung der Handelsbilanz Angolas von 1961 bis 1974, stellt man fest, dass das Land 1974 einen Exportwert von 30.996.000.000 Escudos erzielte und gleichzeitig im selben Zeitraum Warenwert von 15.836.000.000 Escudos importierte, wobei Portugal im Importgeschäft nach Angola mit 3.480.840.000 Escudos an der ersten Stelle vor den USA, Großbritannien und der Bundesrepublik Deutschland rangierte.[1]

Welche Schlussfolgerungen können aus dieser Darstellung der Wirtschaftspolitik Portugals in Angola gezogen werden?

Wie in diesem Abschnitt aufgezeigt wurde, konnte sich Portugal dank seiner protektionistischen Politik Einkünfte und Kapitalakkumulation aus der Kolonie für die eigene Entwicklung sichern. Die Kapitalakkumulation verlief in zwei Phasen. In der ersten Phase beruht die Akkumulation einerseits auf Gewaltanwendung zur Durchsetzung der Zwangsarbeit und Zwangsanbau von landwirtschaftlichen Exportprodukten wie Kaffee, Baumwolle und Sisal, und andererseits auf dem Import von Konsumgütern aus der Metropole, um die dort ansässigen kleinen und mittleren verarbeitenden Industrien anzukurbeln. In der zweiten Phase floss massenhaft ausländisches Kapital nach Angola, nachdem Portugal die Investitionsschranken aufgehoben und seinen Markt geöffnet hatte. Das ausländische Kapital setzte die Ausplünderung und den Export von Bergbauprodukten (Diamanten, Eisenerz, Erdöl) in Gang.

Der von den afrikanischen Arbeitskräften erzeugte Mehrwert floss zum größten Teil in die Metropole oder ins Ausland und trug somit zur dortigen Entwicklung bei. Ein anderes Charakteristikum der Wirtschaftspolitik Portugals in Angola, deren Folgen heute noch zu

---

[1] Vgl. van Leeuwen, Michel: idem, p. 139.

spüren sind, ist zweifelsohne die ungleiche Entwicklung zwischen den Regionen des Landes. Die Disparität ist so gravierend, dass manche Regionen aus den Entwicklungsplänen fast ganz ausgeschlossen wurden. Während die Achsen Luanda-Dondo-Malanje und Lobito-Benguela-Alto Catumbela mit ihren Elektrizitätswerken, verarbeitenden Industrien (Zement, Ölraffinerie u.a.) und Infrastrukturen (Eisenbahnen, See- und Flughäfen) besser ausgestattet wurden[1], blieben die Achsen Cabinda - Mbanza Kongo - Uíge und Lunda trotz ihrer Anteile an den wirtschaftlichen Impulsen Angolas (Kaffee, Erdöl und Diamanten) stark vernachlässigt. Die Regionen Moxico und Kuando-Kubango blieben unberücksichtigt.

Daher ist es nicht verwunderlich, dass sich ethnonationalistische Tendenzen aus dem Norden und Osten des Landes herausbildeten. Die heutige Regierung Angolas kann die aus der Kolonialzeit entstandene Disparität nicht so schnell aufheben, vor allem wenn sie noch mit der Frage des Machterhalts und der Stabilität seit der völkerrechtlichen Unabhängigkeit konfrontiert wird. Durch die systematische, gemeinsam mit den anderen Industriestaaten durchgezogene, Ausbeutung der Bodenschätze und Arbeitskräfte Angolas konnte Portugal somit nicht nur seine Finanzen im Mutterland verbessern, sondern auch den Kolonialkrieg durchstehen und die Unabhängigkeit Angolas bis Mitte der 70er Jahre verzögern. Die Ausbeutung wurde Gegenstand der angolanischen modernen Literatur, wie in dem Gedicht von António Jacinto aus den 50er Jahren zu erkennen ist. Hier übersetze ich wichtige Auszüge aus seinem Gedicht „Muanangambe".[2]

---

[1] Vgl. Kuder, Manfred. Angola 1971, S. 153
[2] Jacinto, António: Poemas („Muanangambe", etwa „Sklavensohn"), Luanda 1980, pp. 32-33 Aus dem Portugiesischen von mir übertragen.

98

In diesem Ackerland, wo es niemals regnete,
werden die Plantagen vom Schweiße meines
Gesichtes bewässert.

In diesem Ackerland gibt es reifen Bohnenkaffee,
und diese rot-kirschigen Bohnen sind die
Tropfen meines Blutes, aus dem Lebenssaft
gemacht wurde.
Geröstet, gefoltert und gemahlen wird der Bohnenkaffee
schwarz, schwarz wie die Hauptfarbe eines Sklaven
(...)
Wer lässt den Mais wachsen und den Apfelsinenbaum
aufblühen, Wer?
Wer verschafft dem Lehnsherrn das Geld, um sich
Maschinen, Autos, Frauen und Fahrer für diese Motoren
zu besorgen?
Wer bringt dem Weißen Geld, Wohlstand, dicken Bauch?
Wer?

Die Angolaner, die dem Weißen Geld und Wohlstand brachten, wurden sich ihrer wirtschaftlichen Ausbeutung und politischen Unterdrückung allmählich bewusst, so dass sie mit politischen und militärischen Aktionen wieder Herr im eigenen Hause zu werden versuchten.

4 Die Entstehung des angolanischen Nationalismus

In den vorigen Kapiteln wurde die Kolonialpolitik Portugals mit einem Schwerpunkt auf dem „Estado Novo" unter Salazar behandelt. Der vorliegende Abschnitt widmet sich der Entstehung des angolanischen Nationalismus und dem von den drei hier zu behandelnden Befreiungsbewegungen - UPA/FNLA, MPLA, UNITA - durchgeführten Unabhängigkeitskampf.

In diesem Zusammenhang sollen folgende Fragen untersucht werden: Wie ist der angolanische Nationalismus entstanden? Wieso gab es drei Befreiungsbewegungen in Angola, die sich im Kampf gegen die Portugiesen nicht einigen konnten und untereinander konkurrierten, während sich in den übrigen portugiesischen Kolonien in Afrika, wie in Mosambik bzw. in Guinea-Bissau, die nationalistischen Kräfte zusammenschlossen? Wie artikulierten sich die Befreiungsbewegungen nach ihrer Entstehung?

Um diese Fragen beantworten zu können, ist es erforderlich, einen kurzen Rückblick auf die angolanische Gesellschaft nach dem Zweiten Weltkrieg zu werfen. Aufgrund der von Portugal durchgeführten Kolonialpolitik, deren festes Ziel die Maximierung des wirtschaftlichen Gewinns und die Ansiedlung von Portugiesen nach Angola war, veränderten sich die traditionellen angolanischen Sozialstrukturen. Durch diese Veränderungen und Zwänge bildeten sich in den Kolonien bzw. in Angola - trotz des von Portugal zur Propaganda verbreiteten Lusotropikalismus - zwei rivalisierende Klassen heraus: die der Kolonisatoren und die der Kolonisierten, wobei aus der Letzteren wiederum eine Zwischenschicht von Angestellten des geringeren sozialen Niveaus, von Grundschullehrern, Krankenpflegern, Katecheten usw. als *„Assimilados"* rekrutiert wurde. Die *„Assimilados"* unterscheiden sich von den *„Indígenas"* dadurch, dass sie sich der portugiesischen Kultur angepasst haben und die von der Kolonialadministration festgelegten Kriterien zur Assimilation erfüllt haben sollen. Dadurch haben sie sich von den *„Indígenas"* kulturell distanziert, auch wenn sich ihre wirtschaftliche Situation fast kaum verändert hatte, da sie weiterhin im Vergleich zu den Mischlingen und den Europäern benachteiligt wurden. Niemals den Europäern gleichgestellt, begannen die „*Assimilados*" langsam aber fortschreitend, über ihre Situation nachzudenken. Sie entwickelten im Laufe der Zeit ein neues politisches Bewusstsein und wurden dann ab Mitte der 50er Jahre Träger des Unabhängigkeitskampfes. Nach dem Ende des Zweiten Weltkrieges begannen einige Angolaner afrikanisch-europäischer Abstammung und die „*Assimilados*"[1], ihre kulturelle Entfremdung zu reflektieren. Dies drückte sich zuerst in der Gründung diverser Organisationen und Vereine[2] in den verschiedenen urbanen Zentren aus, mit dem Ziel, nicht nur die gegenseitige Hilfe unter ihren Mitgliedern, sondern auch andere kulturelle (Musik, Theater, Alphabetisierung, Karneval) und sportliche Aktivitäten zu fördern. Aus den Reihen der ANANGOLA („Associaçâo dos Naturais de Angola") entwickelte sich dann 1948 ein kultureller Nationalismus. Eine Gruppe um Viriato da Cruz, Mário de Andrade und António Jacinto trat mit der Zeitschrift „Mensagen" in Erscheinung. Sie rief dazu auf, die europäischen Werte in Frage zu stellen und sich der angolanischen Kultur zu widmen.[3]

---

[1] Die „Assimilados" stellten 1960 ca. 1,5% der Bevölkerung dar und lebten meist in den urbanen Zentren. Zu dieser Zahl werden ebenso die Familienangehörigen gerechnet. Messiant unterscheidet zwei Kategorien von „Assimilados". Die erste Kategorie ist die der „anciens Assimilés", welche sich um die zweite Hälfte des 19. Jahrhunderts in Luanda unter einer vielrassischen kolonialen Bourgeoisie formierte und die sich kulturell und sozio-ökonomisch von den kolonisierten Massen distanzierte. Die zweite Kategorie ist die der „nouveaux Assimilés", welche sich nach dem Zweiten Weltkrieg im Rahmen der Assimilationspolitik formierte. Weniger ausgebildet als die „anciens Assimilés", wurden sie von den Portugiesen weiterhin diskriminiert. Ihre sozio-ökonomische Situation ähnelte mehr der der kolonisierten Massen, aus der sie meistens stammten. Vgl. Messiant, Christine: Luanda (1945-1961) - Colonisés, société coloniale et engagement nationaliste; in: Bourgs et villes en Afrique lusophone, Paris 1989, pp. 125-199.
[2] Zu den Wichtigsten zählten u.a. die LNA (Liga Nacional Africana) in Luanda und Benguela, die ANANGOLA (Associaçâo dos Naturais de Angola) und das "Grémio africano" in Luanda, und schließlich die AASA (Associaçâo Africana do Sul de Angola) in Lobito und Huambo. Keiner von diesen Vereinen war auf dem gesamten Territorium repräsentativ, und die meisten wurden aufgrund der übermässigen Zahl von Mischlingen als Mitglieder von der Masse als Instrument der portugiesischen Kolonialherrschaft betrachtet.
[3] Vgl. CEDETIM: Angola - la lutte continue, Paris 1977, p. 78.

In literarischen Zirkeln und durch die von den Kolonialbehörden geduldete Herausgabe afrikanischer Zeitungen begann die Gruppe, diese Kultur neu für sich zu entdecken und versuchte, sich den unterdrückten Massen stärker zu verpflichten. Diese kulturelle und soziale Protestbewegung lässt sich unter dem Begriff *„Angolanidade"*[1] zusammenfassen. Die Mitglieder der kulturellen Vereine und Klubs verloren jedoch bald die Hoffnung, durch legale und friedliche politische Arbeit Reformen zu erreichen, so dass sie über die weitere Organisierung des Widerstandes diskutierten. Aus der Gruppe von Mischlingen und „Assimilados" aus Luanda und seinem Hinterland formierte sich Ende der 50er Jahre eine der Befreiungsbewegungen, die MPLA, von der im nächsten Kapitel die Rede ist. Unabhängig von der Entwicklung in den urbanen Zentren Angolas organisierten sich ab 1950 unter den nach Belgisch-Kongo geflohenen Bakongo[2] Angolas verschiedene Vereine in Léopoldville und Matadi. Von den „Evolués" getragen, entstanden die

---

[1] Dieser Begriff stammt aus den 50er/60er Jahren und ist als Protest zu verstehen, da er in kulturellem Widerstand der „Portugalisierung" Angolas gegenüberstand. Über den Inhalt des Konzepts gab es heftige Kontroversen. Während die Einen darunter eine Synthese portugiesischer und afrikanischer Kultur, also eine „Mischkultur" von Schwarzen, Mischlingen und Weißen verstanden wissen wollten, lehnten die Anderen diese Auffassung kategorisch ab. Die Letzteren sahen in der "Mischkultur" eine Verschleierung des kolonialen Herrschaftsverhältnisses, und sie forderten die Befreiung der angolanischen Kultur aus der kolonialen Strangulierung. Gegenwärtig wird diese zweite Position von Jonas Savimbi, Präsident der UNITA, vertreten. In Anspielung auf die luso-brasilianischen bzw. kreolischen Einflüsse spricht er gern von einem „angolano genuíno" oder von einer „alma angolana" (echter Angolaner bzw. angolanischer Seele) ohne dies jedoch näher zu erläutern. Hierzu vgl. UNITA - Identidade duma Angola livre, Jamba 1985; Savimbi, Jonas: Angola - a resistência em busca de uma nova naçâo, Lisboa 1979; Cahen, Michel: Syndicalisme urbain, luttes ouvrières et questions ethniques à Luanda, 1974-1981. In: „Vilas" et „cidades", Bourgs et villes en Afrique lusophone, Paris 1989, pp. 200-269.
[2] Es gab drei wichtige Fluchtbewegungen zwischen 1900 und 1975 der Bakongo Angolas nach Belgisch-Kongo. Diese Fluchtbewegungen werden vor allem auf politische, soziale und wirtschaftliche Gründen zurückgeführt. Die erste Fluchtwelle fand um 1912 statt, als die Portugiesen den Widerstand niederschlugen und die Zwangsarbeit in der Region einführten. Die zweite Welle erfolgte zwischen 1930 und 1950, als Portugal mit der Siedlungspolitik begann, die mit Enteignung und Errichtung von Siedlerkolonien wegen des Kaffee-Booms auf dem Weltmarkt verbunden war. Die dritte und letzte Fluchtwelle vor der Unabhängigkeit ereignete sich nach dem Anfang des bewaffneten Kampfes 1961 im Nordwesten Angolas.

angolanischen Exilorganisationen in einer Phase, in der sich der Unabhängigkeitskampf in Belgisch-Kongo in Form einer rassischen Auseinandersetzung artikulierte, wobei die messianischen Bewegungen eine Rolle gespielt haben.[1] Aus der Gruppe der Exilangolaner in Kongo entstand 1954 eine weitere separatistische Bewegung, die UPNA (União das Populaçôes do Norte de Angola - Union der Völker Norden Angolas), deren Entwicklung Gegenstand des nächsten Abschnitts ist. Die dritte Organisation, die UNITA, formierte sich 1966, indem sich eine Gruppe um Jonas Savimbi von der FNLA spaltete.

4.1 Der Befreiungskampf und der Entkolonisierungsprozess (1961-1975)

4.1.1 Die Entstehung der Befreiungsbewegungen (UPA/FNLA, MPLA, UNITA)

Die Befreiungsbewegungen der 50er und 60er Jahre in Afrika wurden in vielen wissenschaftlichen Analysen untersucht. Bezüglich der portugiesischen Kolonien stellt Angola einen besonderen Fall

---

[1] Die messianischen Bewegungen der Bakongo werden auf das 17. und das 18. Jahrhundert zurückgeführt. Als Weg zur Überwindung der von der Kolonialpolitik hervorgerufenen Gesellschaftskrise entstand in der Bakongo-Region in Belgisch-Kongo zunächst der Kimbanguismus im Jahr 1921, der die „ideologische Grundlage" der Kolonisation anprangerte und predigte, dass „Gott dem Weißen keine Autorität über den Schwarzen zuerkannt habe". Unter den Exilangolanern formierte sich nach dem Zweiten Weltkrieg in Léopoldville eine weitere messianische Bewegung, der Tokoimus, die eine baldige Abschaffung der europäischen Herrschaft in Afrika ankündigte. Simâo Toko und seine Anhängerschaft wurden im November 1949 von den belgischen Behörden festgenommen und im Dezember 1949 den Portugiesen übergeben, und diese verbannten ihn und seine Anhänger in die verschiedenen Landesteile in Angola. Vgl. Lukonde Luansi: idem, S. 36-46.

dar, da aufgrund der ethnischen und sozialen Heterogenität und der von der Kolonialpolitik verursachten Gesellschaftskrise drei nationalistische Bewegungen entstanden. Die über die angolanischen Befreiungsbewegungen vorgelegten Analysen sind wohl tiefgreifend, dennoch haben sie wegen der komplexen Artikulierungsform der sozialen Kräfte in Angola unterschiedliche Ansatzpunkte bevorzugt. Zu der ersten Gruppe gehören solche Analysen[1], die die Unabhängigkeitsbewegungen Angolas in *„gute"* und *„schlechte"* Nationalisten bzw. in *„revolutionär"* und *„reaktionär"* einteilen. Die ideologische Einstufung erfolgte aufgrund der internationalen Positionierung der jeweiligen Bewegungen und spiegelt die seinerzeit existierende Bipolarisierung der Weltordnung wider. Vergleicht man die Ziele und Intentionen der drei Bewegungen in der ersten Phase des Befreiungskampfes, stellt man keine nennenswerten Unterschiede[2] fest. Zu der zweiten Gruppe gehört eine Reihe von Studien, in welchen die Kategorisierung hauptsächlich unter Einbeziehung von sozialen und wirtschaftlichen Gesichtspunkten erfolgt. Marcum[3] geht von der Ethnie als sozialem Faktum aus und stellt die drei angolanischen Nationalistengruppen simplifizierend als *„Stammesparteien"* dar. Aus der Tatsache, dass jede der drei Bewegungen über ein starkes Hinterland verfügte, kann nicht verallgemeinernd abgeleitet werden, dass die ethnische

---

[1] In dieser Kategorie sind u.a. folgende Analysen zu erwähnen: Claude, Gabriel: Angola - le tournant africain? Paris 1978; CEDETIM: Angola - la lutte continue, Paris 1977; Cosse, J.P./ Sanchez, J.: Angola - le prix de la liberté, Paris 1976; Arnold, Anne-Sophie: Herausbildung, Strategie und Taktik der nationalen Befreiungsbewegung, Dissertation, Leipzig 1972; Maurício, José Barros: Die Entwicklung der nationalen Befreiungsbewegungen in Angola, Dissertation, Berlin 1977.
[2] Vgl. De Miranda, António Bernadès: L'Angola et la presse internationale - Le miroir équivoque, Amsterdam 1989, pp. 41-45. Hier werden die wichtigsten Ziele der drei Bewegungen (FNLA, MPLA, UNITA) im politischen, wirtschaftlichen und sozialen Bereich vergleichend zusammengefasst.
[3] Vgl. Marcum, John: The Angolan Revolution, 1950-1962, London 1969.

Repräsentation das einzig ausreichende Element darstellte, um diese sozialen und politischen Kräfte zu charakterisieren, zumal es in Angola noch weitere ethnische Gruppen gibt. Pelissier[1] stellt den *„modernen Nationalismus"* der MPLA dem *„Ethnonationalismus"* der FNLA und der UNITA gegenüber. Die Auffassung ist insofern unrichtig, als sie bezüglich der UNITA nicht als zutreffend angesehen werden kann. Wenn schon von ethno-nationalistischen Tendenzen geredet wird, so betrifft dies teilweise die UPA/FNLA, die trotz ihrer staatsnationalistischen Intentionen weiterhin, sowohl strukturell als auch personal-politisch, in ihrer Bakongo-Basis verankert geblieben ist. Heimer[2] schließt sich dieser Auffassung an, aber er erstellt eine komplexe Analyse unter Berücksichtigung der wirtschaftlichen Komponenten und der sozialen Kräften. Er sieht abschließend in der MPLA eine Bewegung, welche die Interessen der Zentralgesellschaft ausdrückt, während die FNLA und die UNITA die der Periphergesellschaften repräsentieren.

Eine dritte Gruppe von Studien, der ich mich anschließe, betrachtet die angolanischen Befreiungsbewegungen in ihrem Gesamt-komplex, d.h. dass die ethnischen, sozio-ökonomischen, ideolo-gischen Aspekte bei der umfassenden Analyse miteinbezogen werden, wobei hervorzuheben ist, dass die angolanischen Akteure in den unterschiedlichen Phasen des Unabhängigkeitskampfes ihre Politik in einer oder anderer Weise artikulierten. Um unnötige Wiederholungen zu vermeiden, wird auf Einzelheiten über die Entstehung der angolanischen Befreiungsbewegungen verzichtet.

---

[1] Vgl. Pelissier, René: Nationalismes en Angola; in: Revue française de science politique, 1969, pp. 1187- 1215; ders.: La vie politique en Angola; in.: Revue française d'études politiques africaines, 1971, pp. 50-76; ders.: Origines du mouvement nationaliste en Angola; in: Revue française d'études politiques africaines, 1976, pp. 14-47.
[2] Vgl. Heimer, Franz-Wilhelm: Der Entkolonisierungskonflikt in Angola, Machtkampf und ideologische Konfrontation; in: Afrika-Spektrum, 1975, H.3, S. 209-218.

Es werden die wichtigsten Phasen des Befreiungskampfes dargelegt, wobei die Unterschiede zwischen den drei Bewegungen hervorgehoben werden. Der bewaffnete Befreiungskampf, der in Angola 1961 (früher als in den übrigen portugiesischen Kolonien in Afrika) begann, war von einer beträchtlichen Zersplitterung der nationalistischen Kräfte geprägt. Die Zersplitterung ist vor allem auf das Verbot jeglicher Ausübung der politischen Grundfreiheiten durch die Kolonialadministration zurückzuführen, die jeder Widerstandsform mit verstärkten Repressionen begegnete. Dies führte wiederum dazu, dass der Prozess zur Formierung politischer Organisationen sowohl im benachbarten Ausland als auch im Inland zunächst im vertrauten sozialen Umfeld stattfand. Eine weitere Erklärung zur Zersplitterung der nationalistischen Kräfte Angolas kann auch in dem von der Kolonialpolitik verursachten sozio-ökonomischen Gefälle zwischen den Regionen gesehen werden. Während die von der Volksgruppe der Mbundu bewohnte Region aufgrund der geopolitischen Nähe zum Machtzentrum (Luanda) wirtschaftlich und kulturell in das Kolonialsystem schon in der Frühphase der portugiesischen Penetration in Afrika eingebunden wurde, blieb z.B. die von der Volksgruppe der Bakongo besiedelte nordwestliche Region bis Mitte der 40er Jahre wirtschaftlich isoliert, so dass die Sozialstrukturen in dieser Region wenig zerstört wurden.[1] Im Gegensatz zu der Mbundu-Region, in der die kulturelle und biologische Verschmelzung zwischen den Portugiesen und den Angolanern fortgeschritten war, blieb die Bakongo-Region wenig berührt. Ihre kulturelle und geographische Nähe zu Belgisch-Kongo nutzend, flohen die Bakongo Angolas dorthin, um der Härte des portugiesischen Kolonialismus zu entgehen.

---

[1] Vgl. Zaiki, Laidi: Les contraintes d'une rivalité - les superpuissances et l'Afrique, Paris 1986, pp. 97-98.

Dort wurden sie in den 50er Jahren von einem antikolonialistischen Kampf überströmt, welcher sich in Form einer rassischen Auseinandersetzung einerseits und ethnonationalistischen Tendenzen andererseits manifestierte.[1] Daraufhin formierten sie sich 1954 in Léopoldville (heute Kinshasa) zuerst in einer separatistischen Organisation, der UPNA[2], deren Ziel es war, das alte Königreich Kongo wiederherzustellen. Aus dieser Organisation ging dann 1958 die UPA hervor, nachdem die separatistische Haltung auf Druck des „American Committee for Africa" und führender afrikanischer Persönlichkeiten wie Bourguiba, N'Krumah, Sékou-Touré u.a. aufgegeben worden war.[3] Ab 1960 wurde die UPA von politischen Kreisen der USA und von afrikanischen Staaten (Kongo-Leopoldville, Ghana, Algerien, Tunesien, Guinea) finanziell und materiell unterstützt. Im Jahr 1956, zwei Jahre vor der Formierung der UPA, hatten sich in Luanda mehrere kleine politische Gruppierungen unter den „Assimilados" und Mischlingen zur MPLA zusammengeschlossen.[4] Obwohl die MPLA wahrscheinlich im Dezember 1956 ins Leben gerufen wurde[5], konnte sie aufgrund der

[1] Vgl. Messiant, Christine: Luanda (1945-1961), p. 182.
[2] Zur Entstehung der UPNA vgl. Pelissier, René: Evolution des mouvements ethno-nationalistes Bakongo d'Angola avant la révolte du Nord-Ouest 1961; in: Revue française d'études politiques africaines, 1975, pp. 81-103.
[3] Vgl. Kahn, Joaquim: Pro und Kontra Portugal, Stuttgart 1972, S. 54; Pelissier, René: Evolution des mouvements ethno-nationalistes Bakongo..., p. 90.
[4] Vgl. Maurício, José Barros: Die Entwicklung der nationalen Befreiungsbewegungen in Angola, S. 71.
[5] Die Gründung der MPLA im Dezember 1956 wird nach neuen Erkenntnissen in Frage gestellt. Carlos Pacheco, angolanischer Historiker, behauptet in seinem 1997 in Portugal veröffentlichten Buch (MPLA - um nascimento polémico), dass die MPLA erst im Juni 1960 von Viriato da Cruz in Conakry ins Leben gerufen wurde. Er stützt seine These auf Zeugenaussagen führender Mitglieder der MPLA, u.a. Mário de Andrade (erster Präsident der MPLA) und auf zugänglich gewordene Archiv-materialien der portugiesischen Geheimpolizei (PIDE). Pacheco zufolge erfolgte die Gründung nach der II. Konferenz der Völker Afrikas in Tunis 1960, an der sich Holden Roberto (UPA), Viriato da Cruz und Lúcio Lara (MPLA) zum erstenmal begegneten. Bei diesem Treffen wurde eine gemeinsame Front für die Unabhängigkeit der portugiesischen Kolonien (FRAIN) gebildet, die aber niemals funktionierte. Vgl. Pacheco, Carlos: MPLA - un nascimento polémico, Lisboa 1997.

repressiven Tätigkeit der portugiesischen Geheimpolizei (PIDE) keine nennenswerte Aktivitäten in Luanda entfalten. Viele ihrer Mitgründer mussten sogar ins Exil, um einer Verhaftung zu entgehen. Während die Führung der UPA, trotz der Ausdehnung des politischen Zieles weiterhin aus Bakongo bestand, war die der MPLA vielrassisch, aber mehrheitlich von Mischlingen dominiert. Dieser Faktor - wie von Messiant hervorgehoben - führte dazu, dass die beiden Organisationen, welche von Eliten unterschiedlicher Sozialisation gegründet wurden, sich gegenseitig misstrauten und infolgedessen jede für sich alleine die Legitimität beanspruchte.

"Un des thèmes très forts de la polémique alors entre les deux directions est donc celui de l'extériorité de l'autre, sous des formes évidemment différentes:
L'U.P.A. voit dans les <Blancs, fils de colons...> des <étrangers> à l'Afrique et/ou aux préoccupations des Africains et du peuple indígena, dénonce le M.P.L.A comme le <représentant> de la <bourgeoisie coloniale> non blanche liée aux Portugais, dominée par les métis et les <fils de colons>, <non africaine> et prête à spolier le peuple de sa victoire. Le M.P.L.A voit et dénonce l'U.P.A comme une organisation étrangère à l'Angola, à son peuple et à ses élites ...., et plus précisément comme n'exprimant pas même les intérêts de l'ensemble des Bakongo angolais .... mais des seuls émigrés installés."[1]

Stellt man den nationalistischen Charakter beider Bewegungen MPLA und UPA/FNLA gegenüber, sieht man, dass die MPLA einen universalistischen, vielrassischen, von europäischer Ideologie (Marxismus) geprägten Staatsnationalismus propagierte, während die UPA sich - trotz des europäischen Einflusses ihrer Führung - vielmehr auf afrikanische sozio-kulturelle Realitäten stützte, wobei dem rassischen Antagonismus eine besondere Stellung eingeräumt

---

[1] Messiant, Christine: Luanda (1945-1961) - Colonisés..., p. 183.

wurde.[1] Zur Durchführung ihres Programms organisierten die beiden Nationalistengruppen die ihnen nahstehende Basis in den Städten und in den ländlichen Regionen. Die MPLA organisierte zuerst Zellen in Luanda und seinem Hinterland (Kwanza Norte und Malange), und die UPA ihrerseits mobilisierte die Masse im Ausland und in der Grenzregion. Im Rahmen der 1960 stattfindenden Entkolonisierung in vielen Ländern Afrikas forderten die angolanischen Bewegungen Portugal erfolglos zu einer friedlichen Lösung der kolonialen Frage auf.[2] Daraufhin antwortete Portugal mit verschärften militärischen Vorbereitungen sowie mit Massenverhaftungen in den urbanen Zentren, z.B. in Luanda, Lobito, Malange und Dalatandu. Aufgrund der Inflexibilität der portugiesischen Haltung, die die afrikanischen Territorien als Bestandteile der lusitanischen Nation betrachtete, sahen sich die angolanischen Nationalisten gezwungen, dem Kolonialismus mit ihren bescheidenen militärischen Mitteln entgegenzutreten. Am 4. Februar 1961 initiierten verschiedene nationalistische Gruppierungen die ersten militärischen Aktionen in Luanda, indem sie die Gefängnisse stürmten.[3] Über die blutigen Ereignisse vom 4. Februar 1961 wird kontrovers argumentiert. Die einen tendieren dazu, die Organisation und Durchführung der Revolte alleine der MPLA zuzuschreiben, während die anderen davon ausgehen, dass viele Gruppierungen oder Zellen daran beteiligt gewesen sind.

---

[1] Vgl. Etudes congolaises: Dossier -le problème angolais, Juin-Juillet, Léopoldville 1962, Vol. 3, p. 4; Messiant, Christine: Angola, les voies de l'ethnisation et de la décomposition; in: Lusotopie, Nr.1-2, Paris 1994, pp. 162-163.
[2] Vgl. Offermann. Michael: Angola zwischen den Fronten, S. 127.
[3] Die Durchführung der ersten militärischen Aktionen gegen den portugiesischen Kolonialismus wird von der MPLA alleine beansprucht. Diese Revolte, bei der offizieller Angabe zufolge sieben Polizisten und Soldaten getötet und 53 Personen verletzt und ca. 100 verhaftet wurden, wurde organisiert und durchgeführt, um mehr Aufmerksamkeit in der Weltöffentlichkeit zu erlangen, da in Luanda eine große Gruppe ausländischer Journalisten bereits anwesend war, die vergeblich auf die Ankunft des

Diese unterschiedlichen Auffassungen zielten darauf, in der Phase konkurrierender Befreiungsbewegungen der einen oder der anderen mehr Legitimität zu verschaffen bzw. abzuerkennen. Ich schließe mich der zweiten Auffassung an, da ich der Meinung bin, dass weder die MPLA noch die UPA vom Ausland aus operierend, organisatorisch in der Lage waren, solche Aktion zu koordinieren. Da es in Luanda Jahre zuvor Verhaftungen gegeben hatte, ist davon auszugehen, dass die Mehrheit der Bevölkerung psychologisch darauf vorbereitet war, Aktionen gegen den portugiesischen Kolonialismus spontan zu unterstützen. In einem von dem "Jornal de Angola" 1996 veröffentlichten Interview eines überlebenden Kämpfers der 60er Jahre wird nicht nur diese These nochmals bekräftigt, sondern vielmehr die offizielle Version der Regierungspartei, der MPLA, zum ersten Mal in den angolanischen Medien widerlegt.[1] Auch wenn die Umstände dieser Aktion bis heute unzureichend geklärt sind, steht fest, dass sie nicht von der MPLA alleine durchgeführt wurde. Einige Wochen später, am 15. März 1961, entfesselte die UPA in Nordwesten des Landes einen blutigen Aufstand, der Portugal aufgrund der Brutalität und der Ausdehnung außerhalb des Bakongogebietes unvorbereitet traf. Dieser Aufstand, welcher parallel zur UN-Debatte über die Lage in Angola lief[2], konnte erst Ende 1962 niedergeschlagen werden, nachdem die Portugiesen größere Truppenkontingente nach Angola brachten und moderne militärische Ausrüstung aus NATO-Beständen und

---

von dem portugiesischen Oppositionnellen, Henrique Galvâo, in der Karibik in Januar 1961 gekaperten Passagierschiffes "Santa Maria" warteten.

[1] Vgl. Jornal de Angola vom 27.01.1996 (O „4 de fevereiro" nâo foi obra nem do MPLA nem da UPA/ Der „4. *Februar*" war weder MPLA's noch UPA's Werk). Seit geräumiger Zeit bemüht man sich in Angola, die von der MPLA aus parteipolitischen Überlegungen gefälschte Zeitgeschichte des Landes neu aufzuarbeiten.

[2] Vgl. Présence Africaine, Dossier - La révolution angolaise, Paris 1963, Nr. 45, p. 114; Leimgruber, Walter: Kalter Krieg um Afrika, Stuttgart 1990, S. 94.

Napalm-Bomben einsetzten. Obwohl Ende 1962 die Kontrolle über die aufständische Region wiederhergestellt wurde, konnten die Portugiesen die Guerrilla-Aktivitäten nicht mehr völlig neutralisieren. Die UPA galt eine ganze Weile nunmehr sowohl in Angola als auch im Ausland als die einzige Bewegung, welche mit der Waffe in der Hand gegen die Portugiesen zu kämpfen wusste. Aufgrund dieses Prestiges stießen viele Angolaner unterschiedlicher Schichten und Volkszugehörigkeit zu ihr. Geblendet durch ihre noch stark eingeschränkte Vision Angolas, konnte die UPA langfristig die neuen zugekommenen Mitkämpfer anderer Ethnien nicht integrieren, so dass viele Mitglieder Jahre später zu der MPLA überliefen bzw. eine neue Organisation gründeten. Die MPLA und die UPA, die bereits im Zeichen der Rivalität ihre ersten bewaffneten Aktionen gegen den portugiesischen Kolonialismus entfesselten, versuchten mehrmals vergeblich, eine gemeinsame Front zu bilden. Das Scheitern der zahlreichen Initiativen lässt sich dadurch erklären, dass beide Bewegungen von einem Streben nach überzogener Vormachtstellung charakterisiert waren. Die im Laufe des Unabhängigkeitskampfes in den Vordergrund tretenden ideolo-gischen Differenzen und Auseinandersetzungen trugen zu den Problemen einer Zusammenarbeit zwischen den Angolanern bei. Verstärkt durch die internationale Unterstützung, ging die UPA ein Bündnis mit einer kleinen Organisation der Bakongo, dem PDA (Demokratische Partei Angolas, ex-ALIAZO - Allianz der Bazombo), ein. Aus diesem Bündnis entstand im März 1962 die FNLA, die eine Exilregierung mit Holden Roberto und Jonas Savimbi an der Spitze bildete.[1] Ab diesem Zeitpunkt bestimmte tatsächlich die UPA/FNLA

---

[1] Vgl. Etudes congolaises, 1962, Vol. 3, p. 7; Présence Africaine, 1963, Nr. 45, p. 122; Marcum, John: Government in Exile versus Government in Insurgency: The case of Angola; in: Governments in Exile in Contemporary World politics, Routledge 1991, S. 42-52.

111

den bewaffneten Kampf in Angola, und sie erreichte 1963 durch die diplomatische Unterstützung der Regierung Adoulas und später der Regierung Mobutus in Kinshasa die Anerkennung ihrer ein Jahr zuvor gegründeten Exilregierung.[1]

Die MPLA, die von einer internen Krise[2] erschüttert worden war, konnte erst 1964 eine Kampffront in Cabinda eröffnen, nachdem ihr alle Aktivitäten in Kinshasa verboten wurden und sie infolgedessen ihren Sitz nach Brazzaville verlegen musste. Die politische Rivalität zwischen den beiden angolanischen Nationalistengruppen nahm ständig zu, so dass es sogar zur Konfrontation zwischen ihren Guerrilla-Einheiten kam. Die UPA/FNLA wurde ihrerseits auch von einem Machtkampf zwischen den Flügeln erschüttert, welcher 1964 in dem Rücktritt des „Außenministers", Jonas Savimbi, aus der Exilregierung gipfelte. Während der Tagung der Organisation für afrikanische Einheit (OAU) im Juli 1964 in Kairo kam es zum Bruch mit der FNLA. Savimbi erklärte öffentlich, dass der Kampf der FNLA praktisch zum Erliegen gekommen sei[3], und er bezeichnete Holden Roberto, den Vorsitzenden der FNLA, dem er u.a. *Tribalismus* und *Regionalismus* vorwarf, als williges Werkzeug der Amerikaner und als CIA-Agent. Nach seinem Rücktritt unternahm Savimbi bis Anfang 1965 Reisen in die Ostblockstaaten und China, auf der Suche nach Unterstützung zu suchen.[4]

---

[1] Der GRAE (Governo Revolucionário de Angola no exílio - Exilregierung Angolas) koordinierte u.a. den Unabhängigkeitskampf in Angola und die Hilfe an angolanische Flüchtlinge im Ausland (Kongo und Sambia), er stellte Kontakte zu ausländischen Regierungen und internationalen Organisationen her.
[2] Hierbei handelt es sich um die erste Auseinandersetzung in der MPLA-Führung von 1962. Nach seiner angeblich gelungenen Flucht aus dem Gefängnis in Portugal übernahm Agostinho Neto den Vorsitz von Mário de Andrade. Der Generalsekretär und Mitbegründer der MPLA, Viriato da Cruz, wurde aus der Bewegung ausgeschlossen.
[3] Vgl. Nuscheler, Franz/ Ziemer, Klaus: Politische Organisation und Repräsentation in Afrika, Berlin 1978, S. 477.
[4] Vgl. Savimbi, Jonas: UNITA- Identidade duma Angola livre, p. 139.

Die Chinesen kamen aus ideologischen Überlegungen Savimbis
Bitte nach, indem sie die erste Guerilla-Gruppe der neuen UNITA
ausbildeten.

> "Die Chinesen gaben mir 30.000 USD, und ich reiste
> nach Brazzaville, Lusaka und Dar-es-Salaam, um meine
> Landsleute anzusprechen. Ich überzeugte elf von ihnen und
> Bat sie, mich zur militärischen Akademie von Nangun in
> China zu begleiten, wo wir eine viermonatige militärische
> Ausbildung absolvierten."[1]

Savimbi, der zur zahlenmäßig stärksten Volksgruppe der
Ovimbundu gehört, gründete dann am 13. März 1966 in Mungai die
UNITA, die die einzige ausschließlich innerhalb Angolas stationierte
und operierende Organisation darstellte. Mit der bereits seit 1962
von Agostinho Neto geführten MPLA sowie der FNLA existierten
nunmehr drei große Befreiungsbewegungen, die militärische Kader
und Guerilla-Gruppen ausbildeten und miteinander rivalisierten.
Während die MPLA, seit 1964 schon mit kubanischen Instrukteuren
und im Wesentlichen von Kuba und der Sowjetunion unterstützt,
gezielt eine differenzierte politisch-militärische Infrastruktur
errichtete, jedoch durch innere Konflikte zeitweise paralysiert wurde,
kämpfte Savimbi mit geringer militärischer Unterstützung Chinas.
Die UNITA, die die schwächste der drei Bewegungen und ohne
feste ideologische Ausrichtung war, änderte fortwährend ihre
Strategie und operierte, objektiv im Interesse der portugiesischen
Armee, gegen die MPLA.[2] Die FNLA hatte chinesische Waffen und
Ausbilder, und sie erhielt begrenzte Hilfen vom US-Geheimdienst
CIA und der Regierung Mobutus.

---

[1] Savimbi, Jonas: UNITA- Identidade duma Angola livre, p. 141. Aus dem
Portugiesischem von mir übersetzt.
[2] Vgl. Guerra, João Paulo: Descolonização portuguesa - o regresso das caravelas,
Lisboa 1996, p. 35.

Mit der Gründung der UNITA wurde die Zersplitterung der nationalen Befreiungsbewegungen in Angola noch verstärkt, und die Rivalitäten unter ihnen wuchsen. Auch wenn die UNITA bis 1975 keinen militärischen Faktor darstellte, muss ihr dennoch enger Kontakt mit der ländlichen Bevölkerung, intensive politische Schulung und eine auf lange Sicht angelegte Basisarbeit zuerkannt werden. Aufgrund der ab 1968 gestarteten Großoffensive der portugiesischen Kolonialarmee reduzierten sich die militärischen Operationen der Befreiungsbewegungen auf einige bestimmte Regionen. Während die FNLA ihre Guerilla-Aktivitäten auf das Grenzgebiet zur DR Kongo (ex-Zaire) beschränkte, kamen die der MPLA im Dembo-Gebiet zum Erliegen, und die UNITA, die nur geringe materielle Unterstützung aus dem Ausland bekam, übte nur sporadische spektakuläre Aktionen in Moxico und manchmal im Zentralhochland aus. Ohne die Rolle der Befreiungsbewegungen im Kampf gegen den portugiesischen Kolonialismus herunter spielen zu wollen, ist Heimer zuzustimmen, dass, politisch und militärisch betrachtet, die drei Unabhängigkeitsbewegungen die Kolonial-administration weder destabilisiert noch ernsthaft bedroht haben.[1]

Mit einem militärischen Sieg gegen Portugal konnte keine der drei Nationalistengruppen rechnen. Ziel ihrer in Angola durchgeführten Aktionen war es, Portugal aufgrund des immer steigenden Anteils seines Verteidigungsetats in einen wirtschaftlichen Kollaps zu führen.[2] Auch wenn die Ziele des Zermürbungskrieges nicht vollständig erreicht worden sind, da Portugal zwischen 1961 und 1974 durch die wirtschaftliche Ausbeutung Angolas kräftige Gewinne erzielte[3], muss betont werden, dass die afrikanischen

---

[1] Vgl. Heimer, Franz-Wilhelm: Der Entkolonisierungskonflikt in Angola, S. 115.
[2] Vgl. Présence Africaine: Dossier - La Révolution angolaise, 1963, Nr. 45, p. 120.
[3] Vgl. Kap. 3 der vorliegenden Abhandlung.

Kriege[1] nicht nur die ständige Mobilhaltung von rund 150.000 Soldaten verlangten, sondern sie verschlangen auch Jahr für Jahr rund 45% des Staatshaushalts Portugals.[2] Nach überein-stimmenden Quellen wuchs der Anteil des Verteidigungsetats von 26,7% 1960 (ca. 3 Mrd. Escudos) auf 45,9% 1971 (ca. 14,7 Mrd. Escudos). Das Kriegsbudget, das Angola durch die Sondersteuer etwa um die Hälfte selbst tragen musste, erreichte 1973 fast 1,22 Mrd. Escudos.[3] Dieser Faktor führte zu sozialen und wirtschaftlichen Problemen in Portugal. Die daraus entstandene politische und sozio-ökonomische Krise führte wiederum zum militärischen Putsch vom 25. April 1974, welcher den Weg für die Unabhängigkeit der von Portugal verwalteten afrikanischen Territorien freimachte. Rückblickend sei hier erwähnt, dass sich die angolanischen Befreiungsbewegungen in verschiedenen Kulturräumen entwickel-ten, und dass ihre Führung unterschiedliche, durch Mangel an jeglicher Freiheit und Toleranz gekennzeichnete, politische Soziali-sationen erfahren und miterlebt haben. Dieser Faktor trug wesentlich zur Uneinigkeit zwischen den Nationalistengruppen bei.[4] Die Zersplitterung der nationalistischen Kräfte und ihre fehlende Bereitschaft, miteinander zu kooperieren, waren die Voraus-setzungen dafür, dass der Kampf um die Macht, den keine der drei Organisationen aus eigener Kraft für sich entscheiden konnte, zu einer Internationalisierung des Konfliktes führte.

---

[1] Nach Guerra wurden in den Kolonialkriegen in Angola, Mosambik und Guinea-Bissau über 8800 portugiesische Soldaten getötet, 30.000 verletzt, 4.500 schwer behindert, und über 100.000 sind bis heute psycho-traumatisch geschädigt. Vgl. Guerra, Joâo Paulo: Descolonização portuguesa, pp. 32-33.
[2] Vgl. Bruneau, Thomas C.: Der Umsturz in Portugal; in: Europa-Archiv 14, 1974, S. 490.
[3] Vgl. Offermann, Michael: Angola zwischen den Fronten, S. 171-172; Guerra, Joâo Paulo: Descolonização portuguesa, p. 35.
[4] Vgl. Savimbi, Jonas: Angola - a resistência em busca de uma nova naçâo, p. 144.

4.1.1.1 Die FLEC: Sonderfall eines Mikronationalismus

Der Unabhängigkeitskampf in Angola wurde von den drei im letzten Abschnitt behandelten Befreiungsbewegungen geführt. Diese waren sich, trotz ihrer unterschiedlichen politischen Orientierung und Ideologie, bezüglich der territorialen Integrität Angolas einig, indem sie jede Form separatistischer Bestrebungen verurteilten. Der Kampf gegen den Separatismus wurde schon während des Kolonialkrieges durchgeführt und sollte nach der Erlangung der Unabhängigkeit, falls notwendig, militärisch fortgesetzt werden. Das vorliegende Kapitel, welches einer der ältesten separatistischen Bewegungen Angolas, der FLEC[1], gewidmet wird, soll folgende Fragen aufwerfen. Welche Rolle spielt die vorkoloniale Geschichte bei der Entstehung ethno- bzw. mikronationalistischer[2] Bestrebungen in Afrika südlich der Sahara und insbesonders in Angola? Wie artikulieren sich die mikronationalistischen Kräfte Cabindas? Um die Auseinandersetzung um die Cabinda-Frage verständlich

---

[1] FLEC: Frente de Libertaçâo do Enclave de Cabinda (Front zur Befreiung der Enklave Cabinda). Zu diesem Thema wurde auf folgende Veröffentlichungen und Beiträge zurückgegriffen. Akala, Ekondy: Le Congo-Brazzaville, Dissertation, Frankfurt a. M. 1983; Latour da Veiga P., Françoise: Le Portugal et le Congo au XIXème Siècle, Paris 1972; Lazarus, Hangula: Die Grenzziehungen in den afrikanischen Kolonien Englands, Deutschlands und Portugals, Frankfurt a. M. 1991; Lory, George: Afrique australe - L'Afrique du Sud, ses voisins, leur mutation, Paris 1990; Pelissier, René: Evolution des mouvements ethno-nationalistes Bakongo d'Angola avant la révolte du Nord-ouest 1961, in: Revue française d'études politiques africaines (RFEPA), Paris 1975, pp. 81-103; ders.: Le FLEC et le problème du Cabinda, in: RFEPA, Paris 1977, Nr. 142, pp. 84- 110; ders.: Notes sur le Cabinda, partie intégrante de l'Angola, in: RFEPA, Paris 1976, Nr. 121, pp. 58-69; Van Wing, S.J.: Etudes Bakongo, Bruxelles 1921; Wagret, Jean-Michel: Histoire et sociologie politiques de la République du Congo (Brazzaville), Paris 1963.
[2] Im Gegensatz zu der Behauptung der FLEC, wonach die Bevölkerung Cabindas nicht zu den Bakongo zu rechnen sei, ist es allgemein bekannt und wissenschaftlich belegt, dass die verschiedenen Subgruppen in Cabinda aufgrund der sprachlichen, kulturellen, ethnologischen Merkmale u.a. wohl der makro-ethnischen Gruppe der Bakongo zu zuzählen sind. Der Begriff „Mikronationalismus" dient daher hier nur zu einer Differenzierung zum Ethnonationalismus, da die Bestrebung innerhalb derselben Volksgruppe auftritt.

werden zu lassen, ist es notwendig, kurz auf die vorkoloniale Geschichte zurückzugreifen. Die heutige Enklave Cabinda (Loango, Kakongo, Ngoyo) war vor der europäischen Penetration in Afrika bis Ende des 16. Jahrhunderts Bestandteil des Königreichs Kongo[1], und sie spielte schon seinerzeit wegen ihrer günstigeren geographischen Lage am Atlantik eine gewichtige Rolle in den Handelsbeziehungen zwischen dem Kongo und seinen Nachbarn. Aufgrund der immer stärker werdenden Wirtschaftsstellung Cabindas sah sich der aus der entfernten Hauptstadt Mbanza-Kongo regierende König (Manikongo) gezwungen, dieser Region weitgehende Autonomie zu gewähren, um die Einheit seines bedrohten Reiches gewährleisten zu können. Im Laufe der Zeit löste sich Cabinda völlig vom Machtzentrum. Dies ereignete sich nach übereinstimmenden Quellen infolge des Sklavenhandels, bei dem die führende Schicht Cabindas als Vermittlerin fungierte. Somit verschaffte sie sich nicht nur finanzielle und wirtschaftliche Vorteile, sondern sie verstärkte auch ihre politische Stellung gegenüber dem König. Die besitzergreifenden Staaten Europas[2], welche infolge des seinerzeit blühenden Sklavenhandels Einfluss in der Region gewannen und die Bedeutung dieses wichtigsten Handelspools erkannten, traten in Konkurrenz zueinander. Die zwischen Frankreich und Portugal eskalierende Rivalität über die Cabinda-Region konnte vorübergehend unter Vermittlung Spaniens im Jahr 1876 beigelegt werden, nachdem die Franzosen Jahre zuvor ein von den Portugiesen in Cabinda errichtetes Fort zerstört hatten.[3]

---

[1] Vgl. Van Wing, S. J.: Etudes Bakongo, p. 16.
[2] Hierbei handelt es sich um Belgien, England, Frankreich, Holland und Portugal.
[3] Vgl. Latour da Veiga Pinto; Françoise: Le Portugal et le Congo, Paris 1972, p. 102 Hierbei handelt es sich um die am 30. Januar 1876 in Madrid unterzeichnete französisch-portugiesische Konvention, wonach Portugal den Freihandel in der Region garantierte und Frankreich die angeblichen portugiesischen Ansprüche anerkannte.

Unter diesen Umständen stellten viele afrikanische Würdenträger zwangsweise ihre Territorien unter Schutzvertrag der europäischen Staaten. Mit Hilfe dieser fragwürdigen Verträge bekräftigten die Staaten Europas ihre jeweiligen Ansprüche bei der Aufteilung Afrikas während der Berliner Konferenz. Die Portugiesen, die sich in Cabinda von Franzosen, Holländern und Belgiern bedrängt fühlten, unterschrieben mit der führenden Schicht der Region zwischen 1883 und 1885 drei Schutzverträge[1], auf die sich die FLEC heute noch beruft. Infolge der zwischen den Teilnehmerstaaten der Berliner Konferenz gefundenen Lösung wurde Cabinda von Angola abgetrennt, um dem in Besitz von Léopold II. befindlichen Kongo-Freistaat Zugang zum Atlantik zu verschaffen. Dadurch entstand ein räumlich von Angola getrenntes und zwischen den beiden Kongo im Norden, Süden und Osten eingeengtes Territorium von 7.270 km², Cabinda, welches, im Vergleich zu den kleinsten afrikanischen Ländern, zweimal so groß wie die Kapverdische Insel, etwa viermal so groß wie die Komoren und Mauritius und zwanzigmal so groß wie die Seychellen ist. Ist die FLEC eine „Banditengruppe", wie sie in den angolanischen Medien und in zahlreichen Quellen dargestellt wird, oder ist sie eine tief verwurzelte Bewegung, deren Forderungen eine breite Zustimmung bei der Bevölkerung Cabindas finden? Die Entstehung politischer Organisationen Cabindas unterscheidet sich kaum von der der UPA in den früheren 60er Jahren, da sie durch die in Kongo herrschenden Bedingungen beeinflusst wurde. Die FLEC ist in einer Phase entstanden, in der sich der Unabhängigkeitskampf in den beiden Kongo in Form einer rassischen Auseinandersetzung und ethnischer Gegensätze

---

[1] Hierbei handelt es sich um die Verträge von Chifuma (1883), Chicambo (1884) und Simulambuco (1885), wonach Portugal das Souveränitätsrecht über Kakongo, Landana, Malembo, Massabi und andere Gebiete zuerkannt wurde. Vgl.: Le FLEC et le problème du Cabinda; in: RFEPA, Nr. 142, Paris 1977, pp. 98-99.

artikulierte. Von dieser Strömung beeinflusst, schlossen sich die drei kleinen Exilorganisationen Cabindas (MLEC, CAUNC, ALLIAMA)[1] zusammen, um am 4. August 1963 in Kinshasa die FLEC, dem Beispiel der FNLA folgend, zu gründen. Die FLEC, deren Hauptziel die Unabhängigkeit der Enkave ist, leitet ihre Forderung aus historischen, kulturellen, geographischen und vor allem ab 1970 aus wirtschaftlichen Gründen ab. Die zwischen Portugal und den Würdenträgern Cabindas zwischen 1883 und 1885 abgeschlossenen Schutzverträge werden dahingehend interpretiert, dass durch sie ein Protektorat über Cabinda errichtet worden sei, während das übrige Angola durch das mit der Eroberung gesetzte Recht portugiesisch geworden sei.[2] Durch diese Verträge wurde Cabinda juristisch ein von Angola zu trennendes Territorium, dessen territoriale Integrität zu respektieren sich Portugal verpflichtet haben soll.[3] Die Tatsache, dass Cabinda ausdrücklich in der portugiesischen Verfassung von 1933 (Titel I, Art. 1 und 2) neben Angola und anderen Überseeprovinzen getrennt erwähnt wird und dass das Gebiet bis 1956 direkt Lissabon unterstellt war, wird von den nationalistischen Kräften als zusätzliches Argument für die Unabhängigkeit ihres Landes gepriesen. Für die Nationalisten Cabindas ist mit dem Ende der Kolonialzeit 1975 folglich diese Protektoratsherrschaft zu Ende, und die Enklave muss wie alle anderen Kolonien ihre Unabhängigkeit zurückerlangen. Völkerrechtlich beruft sich die FLEC auf das in der Charta der Vereinten Nationen (Kap. XI, Art.73 und Kap.XII, Art.76) verankerte Prinzip

---

[1] MLEC: Mouvement de libération de l'Enclave de Cabinda (Bewegung für die Befreiung der Enklave Cabinda), 1959 in Kinshasa von Luís Ranque Franque gegründet. CAUNC: Comité d'Action de l'Union nationale du Cabinda (Aktionskomitee für die nationale Einheit Cabindas), anfangs der 60er Jahre ins Leben gerufen. ALLIAMA: Alliance du Mayombe (Bündnis von Mayombe).
[2] Vgl. Le FLEC et le problème du Cabinda, in: RFEPA Nr. 142, Paris 1977, p. 99.
[3] Vgl. Le FLEC et le problème du Cabinda, p. 99

des Selbstbestimmungsrechts der Völker sowie auf die von der UN-Vollversammlung verabschiedete Resolution Nr. 1514 vom 14. Dezember 1960 über die Gewährung der Unabhängigkeit an koloniale Länder und Völker. Über die Frage, ob dieses Prinzip für Cabinda anwendbar sein kann, wird unterschiedlich argumentiert. Die Tatsache, dass Cabinda nicht in der von der UN-Vollversammlung aufgestellten Liste (Resolution Nr. 1542 von 1960) abhängiger Gebiete aufgenommen wurde, verdeutlicht das unterschiedliche Verständnis des Selbstbestimmungsrechts.[1]

Das Recht auf Selbstbestimmung für Cabinda wurde aus sicherheitspolitischen und wirtschaftlichen Überlegungen von den Regierungen in Brazzaville und Kinshasa unterstützt, indem sie die Guerillakämpfer der FLEC ausbildeten. Im August 1975 hatte die FLEC, obwohl von der OAU und damit auch der UN nicht anerkannt, während der 12. OAU-Gipfelkonferenz in Kampala (Uganda) die Enklave einseitig für unabhängig erklärt.[2] Seit der Unabhängigkeit Angolas 1975 werden die wirtschaftlichen Gründe ausschlaggebend für die FLEC, indem sie der Regierung Angolas maßlose Ausbeutung der Reichtümer Cabindas, vor allem des Erdöls, vorwirft, um ihre kriegerischen Absichten finanzieren zu können. Nach Ansicht der FLEC kann die Cabinda-Frage nur durch ein mit der Beteiligung der Bevölkerung Cabindas von der UNO und der OAU zu organisierendes und zu überwachendes Referendum gelöst werden. Die Cabinda-Frage, welche aufgrund des langjährigen Bürgerkrieges zwischen der UNITA und der MPLA in Vergessenheit geraten ist, gewinnt seit dem Ende des Ost-West-Konfliktes an

---

[1] Hierzu vgl. Simma, Bruno: Charta der Vereinten Nationen, Kommentar, München 1991, S. 878-887
[2] Vgl. von der Ropp, Klaus: Das südliche Afrika nach Portugals Rückzug; in: Außenpolitik,Vol. 27, Nr. 1, 1976, S. 80-97, hier S. 96.

Bedeutung für den Frieden in der Region. Im letzten Kapitel der vorliegenden Arbeit über ethnonationalistische Tendenzen in Angola wird von der Entwicklung der Cabinda-Frage noch die Rede sein. Einige Lösungsvorschläge zur Minderung solcher Bestrebungen werden dort dargestellt.

4.2 Der Weg in die Unabhängigkeit

Nachdem sich die angolanischen Befreiungsbewegungen in den 60er Jahren vergeblich um eine hauptsächlich friedliche Lösung der Kolonialfrage bemüht hatten, griffen sie zu den Waffen, um das Land vom Joch des portugiesischen Kolonialismus zu befreien. Während die völkerrechtliche Souveränität in den belgischen, britischen und französischen Kolonien ab 1960 friedlich (ausgenommen in Algerien und Kenia) erlangt wurde, erreichten die portugiesischen Überseegebiete ihre Unabhängigkeit erst 15 Jahre später. In drei der fünf Kolonien (Angola, Guinea-Bissau und Mosambik) wurde Portugal durch die von den Befreiungsbewegungen entfalteten Guerillakriege zur Entkolonisierung gezwungen, und diese Guerillakriege führten schließlich zur Abschaffung des diktatorischen Systems in Portugal.[1]

Aufgrund des immer wachsenden Kriegsbudgets verschärfte sich die politische und sozio-ökonomische Krise in Portugal, so dass das Militär sich allmählich von der Kolonialpolitik des Landes distanzierte

---

[1] Vgl. Chabal, Patrick: Some reflections on the post-colonial State in Portuguese speaking Afrika; in: Africa Insight, Vol. 23., Nr. 3, Pretoria 1993, pp. 129-135, hier p. 130.

und öffentlich scharfe Kritik an der Politik des seit 1968 amtierenden Premierministers Caetano, Nachfolger Salazars, zu üben begann. Als Beispiel ist in diesem Sinne das von General António de Spínola in Februar 1974 veröffentlichte Buch „Portugal und die Zukunft" zu nennen, in dem dargestellt wurde, dass die Zukunft Portugals von der Überwindung der Kolonialfrage abhängt.[1] António de Spínola, der von 1968 bis 1973 Gouverneur und Oberbefehlshaber der Truppen in Guinea-Bissau war und im Januar 1974 zum Stellvertreter des Generalstabschefs ernannt wurde, wurde wegen seiner Kritik entlassen.[2] Nachdem der auf die Entlassung Spínolas zurückzuführende Putschversuch seiner Sympathisanten im März 1974 niedergeschlagen wurde, was das Land in eine immer tiefere innere Krise führte, löste die MFA (Bewegung der Streitkräfte - Movimento das forças armadas) durch einen erfolgreichen militärischen Staatsstreich die Regierung Caetano am 25. April 1974 ab.[3] Die MFA zwang Caetano zum Rücktritt und setzte die Junta der Nationalen Errettung mit Spínola an der Spitze ein. Sie kontrollierte ebenso die Wochen später gebildete provisorische Regierung unter Einbeziehung von Kommunisten, Sozialisten und anderen Linkskräften. Dadurch errang sie breitere Zustimmung in der Bevölkerung. Bezüglich der Kolonialfrage veröffentlichte die Regierung am 24. Juni 1974 ein neues Verfassungsgesetz, welches die in der portugiesischen Verfassung von 1933 untersagte Entkolonisierung aufhob, nachdem sie ein Monat zuvor alle Befreiungsbewegungen zu einem Waffenstillstand aufgefordert und

---

[1] Vgl. Lass, Hans Detlef: Die Vereinten Nationen und die Dekolonisation der portugiesischen Überseegebiete; in: Aus Politik und Zeitgeschichte B40/75 vom 4.10.1975, S. 3-27, hier S. 22.
[2] Vgl. Lass, Hans Detlef: idem, S. 22
[3] Vgl. Bruneau, Thomas C.: Der Umsturz in Portugal - Ursachen und voraussichtliche Folgen; in: Europa-Archiv 14/1974, S. 487-498, hier S. 494.

Verhandlungen angeboten hatte.[1] Der Erklärung Spínolas im Juli 1974, wonach Portugal bereit sei, den afrikanischen Kolonien die Unabhängigkeit zu gewähren, folgte im August desselben Jahres ein Zweijahres-Plan für die Unabhängigkeit Angolas. Nach dem von Spínola vorgelegten Plan sollte Portugal den Kolonien lediglich eine weitgehende Autonomie und nicht die völlige Souveränität gewähren, da Lissabon weiterhin die Kontrolle über die Verteidigungs-, Finanz- und Außenpolitik wahrnehmen wollte.

4.2.1 Von Mombasa bis zum Alvor-Abkommen

Der von der portugiesischen Regierung vorgelegte Plan zur Lösung der Kolonialfrage wurde wegen seiner Unzulänglichkeit überein-stimmend von den beiden seinerzeit stärksten Befreiungs-bewegungen Angolas, der FNLA und der MPLA, abgelehnt.

Während es in den übrigen Kolonien kaum Probleme gab, da Portugal wie z.B. in Guinea-Bissau oder Mosambik jeweils nur gegenüber einer einzigen Befreiungsbewegung (PAIGC und FRELIMO)[2] als Verhandlungspartner stand, schien die Lage in Angola durch die Zersplitterung der nationalistischen Kräfte und durch die große Zahl von Siedlern sehr kompliziert und verworren. Um die drei von der OAU anerkannten Bewegungen Angolas FNLA,

---

[1] Vgl. Bruce, Neil F.: Die Entkolonisierung der portugiesischen Überseegebiete und die Probleme ihrer Unabhängigkeit; in: Europa-Archiv, 24/1976, S. 779-788, hier S. 785; Liebscher, Gertraud/ Wünsche, Renate: Der Zusammenbruch des portugiesischen Kolonialismus; in: Jahrbuch der internationalen Politik und Wirtschaft, Berlin 1975, S. 381-389, hier S. 384.
[2] PAIGC: Partido Africano para a Independência da Guinée e do Cabo-Verde (Afrikanische Partei für die Unabhängigkeit Guineas und Kap-Verden). FRELIMO: Frente de Libertação de Mosambik (Befreiungsfront von Mosambik).

MPLA, UNITA zusammenzubringen, unternahmen viele afrikanische Staaten (Kongo, Kenia, Tansania, DR Kongo und Sambia) intensive diplomatische Bemühungen, mit dem Ziel, die drei rivalisierenden Nationalistengruppen zu einer gemeinsamen Position gegen Portugal zu bewegen. Parallel zu der Feuereinstellung, welche von den drei angolanischen Akteuren des Unabhängigkeitskrieges im Juni (UNITA) und Oktober 1974 (FNLA und MPLA) unternommen wurde, fanden bilateralen Gespräche zwischen den Bewegungen statt. Nachdem sich die FNLA und die MPLA zwischen Juli und September 1974 in bilateralen Gesprächen geeinigt hatten, erklärte die UNITA ihre Bereitschaft, mit den beiden künftig zusammenarbeiten zu wollen.[1] Schließlich fand vom 3. bis 5. Januar 1975 in Mombasa (Kenia) eine Konferenz aller drei Nationalistengruppen statt, bei der eine Grundsatzerklärung sowie andere Dokumente unterzeichnet wurden. Durch die in Mombasa erzielte Plattform über die Bildung einer Übergangsregierung und über die Fusion der Streitkräfte in Angola konnten die drei Bewegungen trotz der noch bestehenden Differenzen eine gemeinsame Position bei der in Alvor abgehaltenen Konferenz von 10. bis 15. Januar 1975 mit Portugal vertreten. Diese Konferenz führte zum Unabhängig-keitsabkommen, dem Abkommen von Alvor, in dem u.a. die Bestimmungen über die Übergangsregierung, die Bildung der angolanischen Streitkräfte und das Unabhängigkeitsdatum zum 11.11.1975 festgelegt wurden. Das Abkommen von Alvor, welches den drei Bewegungen die geforderte „revolutionäre Legitimität"[2] zusprach und somit nur sie als einzige und legitime Vertreter des

---

[1] Vgl. Haefs, Hanswilhelm: Portugal setzt seine Kolonie frei; in: Weltgeschehen, Sankt Augustin 1976, H. 2, S. 5-43, hier S. 15.
[2] Zum Prinzip der „revolutionären Legitimität" vgl. Heimer, Franz-Wilhelm: Der Entkolonisierungskonflikt in Angola; in: Afrika-Spektrum 1975, H. 3, S. 209-219, hier S. 212.

angolanischen Volkes anerkannte (Kap. I, Art.1), sprach sich außerdem für die territoriale Integrität Angolas aus. Somit wurde Cabinda ausdrücklich als integrierender und unveräußerlicher Bestandteil des angolanischen Territoriums betrachtet (Kap. I, Art.3).

4.2.2 Die Übergangsregierung von 1975

Zur Durchführung der im Abkommen von Alvor festgelegten Regelungen wurde in Luanda am 31. Januar 1975 eine aus den Vertretern der drei angolanischen Befreiungsbewegungen und Portugals bestehende Übergangsregierung in das Amt eingeführt. Die Übergangsregierung, in der die Ressorts[1] paritätisch verteilt wurden, sollte von einem dreiköpfigen Präsidialkollegium (je ein Mitglied für jede Bewegung) geleitet werden, wobei die Verteidigungsfragen und die Außenpolitik während der Übergangszeit dem portugiesischen Hochkommissar unterstellt wurden. Die Tätigkeit der Übergangsregierung in Angola wurde insofern beeinträchtigt, als die Lage ab April 1974 durch eine ständige soziale Spannung charakterisiert war, die sich in unkontrollierten Streiks und politisch motivierter Kriminalität

---

[1] Im Art. 21 des Abkommens von Alvor von 1975 wurde die Verteilung der Ministerien folgendermaßen geregelt: die Minister für Wirtschaft, öffentliche Arbeiten, Wohnungs- und Städtebau sowie Verkehrs- und Fernmeldewesen wurden vom Staatspräsidenten Portugals ernannt, während den Befreiungsbewegungen jeweilig folgende Ministerien zugewiesen bekamen: Inneres, Gesundheit und Soziales sowie Landwirtschaft (FNLA), Information, Planung sowie Finanzen und Justiz (MPLA), Arbeit und soziale Sicherheit, Bildung und Kultur sowie Bodenschätze (UNITA).

125

ausdrückte.[1] Außerdem war bereits die Konstellation eines internationalen Konfliktes gegeben, als Portugal mit den drei angolanischen Befreiungsbewegungen am 15. Januar 1975 das Abkommen von Alvor schloß. Wenn es nicht geleugnet werden kann, dass das Scheitern des Abkommens von Alvor, in welchem ein friedlicher Machtübergang geregelt wurde, auf die Einmischung fremder Mächte (Sowjetunion, Kuba, USA, Südafrika und andere afrikanische Staaten) zurückgeführt werden muss, sollte ebenso hervorgehoben werden, dass die angolanischen Akteure (FNLA, MPLA, UNITA) und Portugal ebenfalls dazu beigetragen haben. Die drei angolanischen Nationalistengruppen, denen durch das Abkommen von Alvor das Monopol politischer Aktivitäten in Angola zugesprochen wurde, bemühten sich, ihre jeweilige soziale Basis zu konsolidieren, mit dem Ziel, jede für sich die alleinige Macht zu erringen. Um dieses Ziel zu verwirklichen, verstärkten sie ihre militärische Präsenz in den größten Städten des Landes. Während die FNLA, die anscheinend 1975 die stärksten militärischen Kräfte besaß, ab Februar 1975 Luanda unter ihre Kontrolle zu bringen suchte, begann die MPLA, die Bevölkerung der Hauptstadt Luanda in zahlreichen Bürgerwehr- und Aktionskomitees zu organisieren. Die Aktionskomitees, die überwiegend von portugiesischen Linksextremisten und maoistischen Gruppierungen unterwandert wurden, agierten ganz öffentlich, indem sie sich an den verschiedenen Streiks in Luanda und anderen Städten beteiligten und die sogenannte *„Volksmacht"* (*„Poder popular"*) propagierten. Mit der Zunahme der Streiks ging die Produktion in fast allen

---

[1] Hierzu vgl. Cahen, Michel: Syndicalisme urbain, luttes ouvrières et questions ethniques à Luanda; in: „Vilas" et „cidades"; Bourgs et villes en Afrique lusophone, Paris 1989, pp. 200-270.

Sektoren zurück oder wurde aus Sicherheitsgründen eingestellt. Somit verschlechterte sich die wirtschaftliche und soziale Lage der Bevölkerung in den größten Städten, wie Luanda, Benguela und Huambo. Von August 1974 bis April 1975 wurde aufgrund der Engpässe in der Versorgung eine Teuerungsrate von 100% registriert, und gleichzeitig nahm die Arbeitslosigkeit zu. Dies führt wiederum zu gewalttätigen sozialen Spannungen.[1] Die durch die Streiks hervorgerufene soziale und politische Spannung führte zur Lähmung der Übergangsregierung, welches sich in Form einer gegenseitigen Blockadepolitik zwischen der FNLA, der MPLA und der UNITA manifestierte. Während das von der FNLA kontrollierte Arbeitsministerium die Durchführung von Streiks zu unterbinden versuchte und den Streikenden mit militärischen Maßnahmen drohte, verhielt sich die MPLA zurückhaltend. Durch ihr stillschweigendes Verhalten trug die MPLA teilweise zur Eskalation in Luanda bei, da dieses von der mehrheitlich aus der ethnischen Gruppe der Mbundu bestehenden Arbeiterschaft als Billigung interpretiert und verstanden wurde. Als die MPLA über das Planungs- und Finanzministerium eine Kontrolle der Banken anordnete, um die Kapitalflucht ins Ausland zu unterbinden, lehnten die FNLA und die UNITA diese Maßnahmen kategorisch ab. So nutzte die MPLA die Lage in Luanda aus und stellte die FNLA und die UNITA als Alliierte des portugiesischen Kolonialismus dar, die die Macht an sich reißen wollten, um die Ausbeutung Angolas fortzusetzen. Die Krise innerhalb der Übergangsregierung verschärfte sich so, dass es zwischen März und Juni 1975 zu feindseligen und kriegerischen Handlungen zwischen den drei Befreiungsbewegungen kam.

---

[1] Vgl. Cahen, Michel: idem, p. 230

Durch Mobilisierung der Arbeiter- und Studentenschaft in Luanda konnte die MPLA die beiden rivalisierenden Bewegungen, die FNLA und die UNITA, militärisch besiegen. Der Versuch der FNLA und der UNITA, sich in die Arbeiter- und Studentenschaft in Luanda zu integrieren, scheiterte, da diese mehrheitlich aus Angehörigen der Volksgruppe der Mbundu bzw. europäischer Abstammung bestand und deshalb ethnisch-politisch mit der MPLA sympathisierte. Da die Angehörigen anderer Volksgruppen (Bakongo und Ovimbundu u.a.), die in Luanda lebten, in Verbindung mit der jeweiligen Befreiungs- bewegung gebracht und deswegen verfolgt wurden, bekam der Krieg in Angola eine ethnische Komponente. Die FNLA und die UNITA riefen die Bakongo bzw. die Ovimbundu zum Verlassen der Hauptstadt auf, da sie Racheakte der MPLA-Sympathisanten befürchteten. Die MPLA, welche die Unabhängigkeit des Landes alleine am 11. November 1975 feierlich zelebrierte, verdankt ihren Sieg zunächst der portugiesischen Armee und später der sowjetisch kubanischen Intervention. Aufgrund der zur Kommunistischen Partei Portugals bestehenden Beziehungen erhielt die MPLA vor dem Einmarsch kubanischer Soldaten politischen Beistand durch die MFA in Lissabon und militärische Stärkung durch die in Angola stationierte portugiesische Armee.

> "Die MFA (Bewegung der Streitkräfte), welche durch
> einen Staatsstreich die Macht in Portugal übernahm,
> nachdem sie die Diktatur Salazars und Caetanos gestürzt
> hatte, hatte linke Tendenzen. Diese Tatsache führt
> grundsätzlich dazu, dass sie der MPLA größte Hilfe leistete".[1]

---

[1] Carreira, Iko: O pensamento estratégico de Agostinho Neto; Lisboa 1996, p. 33 Aus dem Portugiesischen von mir übersetzt. Iko Carreira, europäischer Abstammung, war Führungsmitglied der MPLA seit den 60er Jahren. Nach der Unabhängigkeit wurde er erster Verteidigungsminister Angolas bis 1979. Nach seiner Entlassung aus der Regierung wurde er in die militärische Akademie Marschall Vorochilov nach Moskau geschickt. Bis zu seinem Ausscheiden Ende der 80er Jahre aus dem öffentlichen

128

Auf Veranlassung des portugiesischen Hochkommissars Rosa Coutinho wurden die "*Gendarmes katangais*"[1], die während des Kolonialkrieges in die portugiesische Armee eingegliedert worden waren, von der MPLA übernommen.[2] Iko Carreira, erster Verteidigungsminister Angolas, bestätigt in seinem 1996 veröffentlichten Buch die Parteinahme Rosa Coutinhos zugunsten der MPLA und fügt hinzu, dass es der MPLA unmöglich gewesen wäre, ohne Hilfe des portugiesischen Hochkommissars an der Verhandlungen von Alvor 1975 teilzunehmen.[3] Portugal, das gemäß Art. 13 des Alvor-Abkommens den Entkolonisierungsprozess zu garantieren und zu dynamisieren verpflichtet war, verletzte selbst durch seine Parteinahme für die MPLA den Geist dieses Abkommens und trug somit zu seinem Scheitern bei, auch wenn hervorgehoben werden muss, dass in Portugal in dieser Phase instabile politische Verhältnisse herrschten.

Leben aus Gesundheitsgründen hatte Carreira verschiedene Funktion, vor allem im Verteidigungsministerium und im diplomatischen Dienst, inne.
[1] Die „*Gendarmes katangais*" stammten aus Kongo (Kinshasa) und bildeten die Armee der sezessionistischen Regierung Katangas unter Moise Tschombe Anfang der 60er Jahre. Nach der Niederschlagung der Sezession durch die Intervention der UN-Truppen (Kongo-Krise) wurden sie von den Portugiesen in Angola aufgenommen und gegen die Befreiungsbewegungen eingesetzt. Ab 1975 wurden sie von der MPLA aufgenommen und 1977 und 1978 erfolglos zum Sturz der Regierung Mobutus (Shaba-Kriege) eingesetzt. Im Jahr 1997 halfen sie den Rebellen der AFDL von Laurent-Desiré Kabila (Alliance des Forces Démocratiques de Libération) mit Zustimmung und Unterstützung der Regierung Angolas zum erfolgreichen Sturz der korrupten Mobutu-Regierung, welche nach dem Ende des Ost-West-Konfliktes ihre geopolitische Stellung gegen die vermeintliche kommunistische Gefahr in Afrika verlor.
[2] Vgl. Schmidt, Rudolf: Angola - ein internationaler Konflikt; in: Außenpolitik, 4/1976, S. 460-471, hier S. 461; van Leeuwen, Michel: Angola - Tragédie africaine, p. 22.
[3] Vgl. Carreira, Iko: idem, p. 164-165

TEIL III

ANGOLA UND DIE UNABHÄNGIGKEIT

„Wenn zwei Elefanten kämpfen, leidet das Gras„
(Afrikanisches Sprichwort)

„ Als Gott die Welt erschuf, verteilte er die Reichtümer
über alle Länder - nur eines vergass er. Als er dies
bemerkte, schüttete er den ganzen Rest (der sehr groß
war) auf dieses Land. Ein Engel sagte: Aber Gott, ist das
nicht ein bißchen viel für ein einziges Land?
Da antwortete Gott: Es macht nichts, sie werden dafür
büßen müssen."
(Angolanisches Märchen)
Nach Luís José de Almeida (1987): Angola, in: Afrika
Komitee Basel: Starke Frontstaaten, S. 18

5   Angola in der Ost-West-Konfrontation

5.1 Die Rolle der Sowjetunion und ihrer Verbündeten

In den zurückliegenden Kapiteln wurden die drei angolanischen nationalistischen Kräfte in ihren wesentlichen Zügen differenziert und analysiert. Es wurde festgestellt, dass die Zersplitterung und die fehlende Bereitschaft der FNLA, der MPLA und der UNITA miteinander zusammenzuarbeiten, die Voraussetzungen dafür waren, dass der Kampf um die Macht zu einer Internationalisierung des Konfliktes führte. Gegenstand des vorliegenden Kapitels ist die sowjetische Angola-Politik, wobei der Schwerpunkt besonders auf dem Entkolonisierungskonflikt in Angola und auf der Rolle der Sowjetunion zur „Stabilisierung" der von der MPLA proklamierten Volksrepublik ab 1975 liegen wird. Im ideologischen Kampf gegen den Kapitalismus hat Afrika aufgrund des europäischen Kolonialismus immer eine bedeutende Rolle in der sowjetischen Propaganda gespielt. Um das von der Sowjetunion bis 1985 verfolgte Ziel der Beseitigung des Kapitalismus verwirklichen zu können, wurde die Unterstützung des anti-kolonialen, anti-imperialistischen und anti-rassistischen Befreiungskampfes zu einem Hauptaktionsfeld sowjetischer Afrikapolitik definiert.[1] Obwohl die Bedeutung der revolutionären Bewegungen in diesem Kampf von Lenin[2] hervorgehoben und der bewaffnete Kampf als unvermeidliches und legitimes Mittel der gesellschaftlichen

---

[1] Vgl. Kühne, Winrich: Die Politik der Sowjetunion in Afrika, Baden-Baden 1983, S. 113.
[2] Vgl. Lenin, W. I.: Lenin Werke, Berlin (Ost) 1959, Bd. 31, S. 137.

131

Befreiung der Völker gepriesen wurde, konnte die Sowjetunion in Afrika erst ab 1955 ein neue dynamische und permanente Politik entwickeln.[1] Diese Entwicklung wurde durch den sich nach der Konferenz von Bandung 1955 anbahnenden Dekolonisierungs- prozess beeinflusst, nachdem der XX. KPdSU-Parteitag von Februar 1956 eine neue Konzeption der sowjetischen Außenpolitik unter Einbeziehung der in Bandung verabschiedeten Resolutionen formuliert hatte. Um sich mehr Einfluss auf die bereits stattfindenden Veränderungsprozesse zu verschaffen, veranlasste die Sowjetunion 1957 die Gründung der AAPSO (Afro-Asian People's Solidarity Organisation) in Kairo (Ägypten). Die AAPSO erwies sich als wichtiges Instrument für die Umsetzung sowjetischer Machtpolitik in Afrika[2], indem nur die von der Sowjetunion als *„einzige, legitime Vertreter ihrer Völker"* anerkannten Befreiungsbewegungen (darunter die MPLA) finanziell und politisch unterstützt[3] wurden. Bezüglich der sowjetisch-angolanischen Beziehungen können vier Periode unterschieden werden:

- Die erste Periode, von 1961 bis 1974, ist durch eine geringe materielle Unterstützung[4] an die MPLA gekennzeichnet, welche 1969 von der Sowjetunion als „einzige Vertreter des angolanischen Volkes", trotz der Existenz anderer repräsentativer Befreiungs- bewegungen, auserkoren worden war. Diese Phase diente dem Ziel, die Kontakte aufrechtzuerhalten.

- Die zweite Periode, von April 1974 bis 1976, welche mit der Nelkenrevolution in Portugal begann, ist durch einen massiven,

---

[1] Vgl. Wolfgang, Berner: Afrikapolitik; in: Geyer, Dietrich: Osteuropa Handbuch, Köln 1976, Bd. 2, S. 713-843, hier S. 713.
[2] Vgl. Wolfgang, Berner: idem, S. 731.
[3] Vgl. Wolfgang, Berner: idem, S. 832.
[4] Vgl. Zaki, Laidi: Les contraintes d'une rivalité - Les superpuissances et L'Afrique (1960-1985), Paris 1986, pp. 100-102.

offenen Einsatz sowjetisch-militärischer Ausrüstung und durch die Intervention kubanischer Soldaten gekennzeichnet. Die Sowjetunion und ihre Verbündeten brachten die MPLA an die Macht. Damit vollzog sich eine neue Periode sowjetischer Vorstöße in der Dritten Welt, und sie brachte gleichzeitig die Fähigkeit der Sowjetunion zum Ausdruck, dass sie militärische Interventionen in einer so weit von ihrer Peripherie entfernten Region logistisch bewältigen konnte.[1]

- Die dritte Periode, von 1976 bis 1988, begann mit dem Abschluß von Verträgen über Freundschaft und Zusammenarbeit zwischen der Sowjetunion und der Volksrepublik Angola in Oktober 1976 und endete 1988 nach der Schlacht von Cuito Cuanavale.[2] Merkmale dieser Periode sind u.a. die Konsolidierung des sowjetisch-kubanischen Engagements im wirtschaftlichen, sozialen, politischen und vor allem militärischen Bereich in Angola. Innenpolitisch erklärte die MPLA die drei grundlegenden Elemente der Staats- und Gesellschaftssysteme des ehemaligen Ostblocks für verbindlich: Die Diktatur des Proletariats und damit das leninistische Konzept der Avantgardepartei, das Prinzip des demokratischen Zentralismus und der proletarische Internationalismus werden ausdrücklich gepriesen.

- Die vierte Periode, von 1988 bis 1992, welche sich einerseits auf die von Gorbatschow eingeleitete Reformpolitik und andererseits auf die innenpolitische schwierige Lage der MPLA-Regierung

---

[1] Vgl. Meyns, Peter: Das südliche Afrika und die Rivalität der Supermächte; in: Deutsche Gesellschaft für Friedens- und Konfliktforschung (DGFK-Jahrbuch), Baden-Baden 1983, S. 345; Kühne, Winrich: Die Politik der Sowjetunion in Afrika, Baden-Baden 1983, S. 27.
[2] Bei der Schlacht von Cuito Cuanavale im Südosten Angolas, welche vom Januar bis Februar 1988, also einige Wochen nach dem Treffen Reagan/Gorbatschow im Dezember 1987, stattfand, standen 10.000 UNITA-Soldaten mit Unterstützung von 7.000 südafrikanischen Soldaten einer Regierungstruppe von 20.000 Soldaten gegenüber, welche von 5.000 Kubanern unterstützt wurden. Die beiden Kriegs-parteien mussten aufgrund ihrer hohen Verluste und Kosten feststellen, dass eine militärische Lösung in Angola fast unmöglich war.

zurückführen lässt, kennzeichnet sich insbesonders durch das militärische Disengagement der Sowjetunion, durch den Rückzug der kubanischen Interventionstruppe aus Angola und schließlich durch die Verhandlungen zwischen den angolanischen Konfliktparteien. Zunächst werden die ersten drei Perioden zusammengefasst.

5.1.1 Die Intervention und die sowjetisch-angolanische Zusammenarbeit

Nach ihrer erfolgreichen militärischen Intervention in Angola[1], welche durch das Eingreifen der südafrikanischen Armee und durch die Unterstützung der USA und China der beiden rivalisierenden Befreiungsbewegungen, die FNLA und die UNITA, gerechfertigt wurde[2], setzte die Sowjetunion den Ausbau politisch-militärischer und wirtschaftlich-technischer Beziehungen mit der Volksrepublik Angola fort. Grundlage für die Beziehungen zwischen den beiden Ländern war der im Oktober 1976 in Moskau besiegelte Vertrag über Freundschaft und Zusammenarbeit mit einer Laufzeit von 20 Jahren. Dazu wurden noch Abkommen auf den Gebieten der Wirtschaft, Technik, des Handels und Transports, der Verteidigung, Wissenschaft, Kultur, Gesundheit und auf Partei- und Gewerkschaftsebene unterschrieben. Somit umfasste die Zusammenarbeit

---

[1] Zum Verlauf der sowjetisch-kubanischen Intervention im angolanischen Bürgerkrieg ab 1974 wird u.a. auf Heimer, Der Entkolonisierungskonflikt in Angola, 1975, verwiesen.
[2] Vgl. Ogundadejo, Oye: Angola - Ideology and Pragmatism in Foreign Policy; in: International Affairs, Vol. 57, Nr. 2, Cambridge 1981, S. 254-269, hier. S. 264.

alle wichtigen Sektoren des wirtschaftlichen und sozialpolitischen Lebens in Angola. Durch diesen Vertrag konsolidierte die Sowjetunion die Macht der MPLA-Regierung, indem sie ihr nicht nur im Krieg gegen die FNLA und vor allem gegen die UNITA und Südafrika half, sondern sie ersetzte durch Entsendung von Fachkräften die durch die Flucht der Portugiesen entstandenen Lücken im Wirtschafts- und Sozialbereich. Mit dem Aufbau des Staatsapparates, welcher ohne die Unterstützung der Sowjetunion, der anderen Ostblockstaaten und Kuba nicht möglich gewesen wäre, sicherte sich die Sowjetunion die Kontrolle über den gesamten staatlichen Apparat in Angola und festigte dessen Abhängigkeit durch die Lieferung sowjetischer Technologien und durch die Entsendung unzähliger Berater. Die Dynamik der sowjetisch-angolanischen wirtschaftlichen und technischen Zusammenarbeit in den ersten genannten Perioden lässt sich an folgenden Daten ablesen: Da die Volksrepublik Angola sich seit der völkerrechtlichen Unabhängigkeit sowohl innen- als auch außenpolitisch im Krieg gegen die *„internen Reaktionäre"* und gegen die *„Alliierten des internationalen Imperialismus"* in Afrika befand und da Angola sich als festes *„Bollwerk der Revolution in Afrika"* verstand, wurde großes Gewicht auf die Militärhilfe gelegt. Aus den von Kühne[1] aus verschiedenen Quellen zusammengestellten Zahlen geht hervor, dass die Sowjetunion zwischen 1967 bis 1976 Waffenlieferungen in Höhe von 190 Mio. US$ an Angola gemacht hat und die Jahren zwischen 1976 und 1979 auf 500 Mio. US$ gesteigert hat. Die Waffenlieferungen der Sowjetunion an Angola verstärkten sich in der ersten Hälfte der 80er Jahre aufgrund der Destabilisierungspolitik Südafrikas gegenüber den Frontlinienstaaten und wegen der

---

[1] Vgl. Kühne, Winrich: Die Politik der Sowjetunion in Afrika, Baden-Baden 1983, S. 268.

aggressiven US-Afrikapolitik unter Ronald Reagan, welcher nicht nur die UNITA militärisch und politisch verstärkte, sondern auch die Unabhängigkeit Namibias mit dem Rückzug Kubas aus Angola verknüpfte. Lazitch[1] beziffert die sowjetische Militärhilfe in diesem Zeitraum auf 2 Mrd. US$. Diese Zahlen decken sich mit denen von Ferreira[2] über die steigenden militärischen Ausgaben im angolanischen Staatsbudget zwischen 1980 und 1988. Während 1980 die militärischen Ausgaben noch ca. 22% des angolanischen Staatsbudgets ausmachten, gab Angola 1985 für seinen Verteidigungsetat bis zu 38% seines Haushaltes aus, um diesen für 1987 und 1988 jeweils auf ca. 42% und ca. 46% zu steigern.[3] Vergleicht man die Zahlen der sowjetisch-angolanischen Handelsbeziehungen, stellt man auch fest, dass die Handelsbilanz zugunsten der Sowjetunion ausfiel. Die sowjetischen Exporte nach Angola wiesen eine relativ kontinuierliche Steigerungsrate auf. Sie erreichten im Jahr 1981 ca. 107 Mio. Rubel. Im selben Zeitraum gingen die Importe aus Angola weit zurück. Sie beziffern sich auf nur 8,1 Mio. Rubel.[4] Während die sowjetischen Exporte nach Angola von Jahr zu Jahr ständig stiegen (von 146,6 Mio. Rubel 1984 auf 154,9 Mio. Rubel 1986) verringerten sich die Importe aus Angola (3,1 Mio. Rubel 1984 auf zu 1,7 Mio Rubel 1987) drastisch.[5] Angola wurde somit ein florierender Absatzmarkt für die sowjetischen Produkte. Auf dem Gebiet der Fischerei wurde der Sowjetunion durch das Abkommen vom März 1977 das Recht eingeräumt, in den

---

[1] Vgl. Lazitch, Branko: Angola 1974-1988 - Un échec du communisme en Afrique, Paris 1988, p. 43.
[2] Vgl. Ferreira, Manuel A.: Despesas militares e ambiente condicionador na política económica angolana; in: Estudos de Economia, Lisboa 1992, Nr. 12, pp. 419-438, hier p. 427.
[3] Vgl. Ferreira, Manuel A: Despesas militares ..., p. 427.
[4] Kühne, Winrich: Die Politik der Sowjetunion in Afrika, S. 268.
[5] Vgl. Zischg, Robert: Die Politik der Sowjetunion gegenüber Angola und Mozambique, Baden-Baden 1990, S. 213.

angolanischen Hoheitsgewässern zu fischen. Dieses Abkommen wirkte sich nachteilig für Angola aus, da lediglich 12% des Fangs dem angolanischen Staat zur Versorgung seiner Bevölkerung zur Verfügung gestellt wurde. Im Laufe der Zeit musste Angola sogar Fisch aus der Sowjetunion importieren, der in seinen eigenen Küstengewässern gefangen wurde. Die MPLA-Regierung war sich dieses Missverhältnisses bewusst.

Sie musste aber aufgrund ihrer Abhängigkeit - da ihr Machterhalt von der sowjetischen Militärhilfe abhing - diese ausbeuterische Beziehung dulden. Angola, welches sich durch den sozialistischen Entwicklungsweg einen raschen wirtschaftlichen Aufschwung und somit eine Verbesserung der Lebensbedingungen der Bevölkerung erhofft hatte, musste ab 1985 eingestehen, dass der Niedergang des Landes nicht nur auf den Krieg, sondern vielmehr auf das eingeführte sowjetische Entwicklungsmodell zurückzuführen war. Die sozialistische Erfahrung - schreibt Iko Carreira, ehemaliger Verteidigungsminister Angolas - hat neben dem Krieg zu keinem Erfolg geführt. Sie hat nur Armut und Zerstörung Angolas gebracht.

> „Angola hat schon zwei Erfahrungen gemacht, welche zu
> keinem Erfolg geführt haben. Es soll niemals wiederholt
> werden. Die Zentralisierung der Wirtschaft und der ethnische
> Krieg sind die beiden Erfahrungen, die zu keinem Erfolg
> geführt haben. Sie brachten nur Armut und Zerstörung in Angola".[1]

Wenn es wahr ist, dass die ethnischen Gegensätze eine gewisse Rolle im angolanischen Konflikt spielen, muss ebenso klargestellt werden, dass die beiden Konfliktsparteien - die MPLA und die UNITA - ihre Soldaten ohne Rücksicht auf die ethnisch-soziale Herkunft rekrutieren, so dass eine deutliche ethnische Abgrenzung

---

[1] Carreira, Iko: O pensamento estratégico de Agostinho Neto, Lisboa 1996, p. 180 Aus dem Portugiesischen sinngemäß von mir übersetzt.

unmöglich erscheint. Sowohl in der Regierungsarmee (FAA - Forças armadas angolanas) als auch in der UNITA-Armee (FALA -Forças armadas de Libertaçâo de Angola) sind alle Volksgruppen Angolas vertreten. Es ist sogar oft vorgekommen, dass die Angehörigen derselben Familie gegeneinander kämpften. Aus diesem Grund ist die Auffassung Carreiras, welche den Krieg in Angola als ethnischen bezeichnet, zu relativieren.

5.1.2 Die kubanische Intervention

Es kann nicht von der sowjetischen Afrikapolitik gesprochen werden, ohne auf die Rolle Kubas[1] bei diesen expansionistischen Bestrebungen in den 70er und 80er Jahren zurückzugreifen. Beide Länder haben in Angola Hand in Hand agiert, indem die Sowjetunion Ausrüstung und Finanzhilfen zur Verfügung stellte und Kuba das Personal, welches das sowjetische militärische Arsenal zu bedienen wusste.

---

[1] Zu diesem Thema wurde u.a. auf folgende Veröffentlichungen und Beiträge zurückgegriffen: Ansprenger, Franz: Die kommunistische Bedrohung Südafrikas; in: Sozialismus in Theorie und Praxis, Berlin 1978, S. 373-413; Beyme, Klaus von: Die Sowjetunion in der Weltpolitik, München 1983; Braun, Gerald: Internationale Interesse und regionale Konflikte im südlichen Afrika: Die Dekolonisation Zimbabwes; in: Verfassung und Recht in Übersee, Baden-Baden 1984, H.4, S. 365-392; Clerc, Jean-Pierre: Les quatre saisons de Fidel Castro, Paris 1996; Dominguez, Jorge I.: Cuban Foreign Policy; in: Foreign Affairs, vol.57, Nr.1, New York 1978, S. 83-108; Grabendorff, Wolf: Kubas Politik in Afrika; in: Europa-Archiv, 13, 1979, S. 18-28; Kathryn, O'Neil u. Bary, Munslow: Angola - Ending the Cold War in Southern Africa; in: Furley, Oliver: Conflict in Africa, London 1995, pp. 183-198; Mesteri, Ezzechine: Les Cubains et l'Afrique, Paris 1980; Meyns, Peter: Das südliche Afrika und die Rivalität der Supermächte, Baden-Baden 1983, S. 329-354; Lazitch, Branko: Angola - un échec du communisme en Afrique, Paris 1988; Scherb, Margit: Das südliche Afrika - eine Region zwischen Unterdrückung und Befreiung; in: Österreichische Zeitschrift für Politikwissenschaft, Wien 1985, H.1, S. 57-75; Treverton, Gregory F.: Kuba nach der Intervention in Angola; in: Europa- Archiv, 1, 1977, S. 18-28; William, J. Durch: The Cuban military in Africa and the Middle East: from Algeria to Angola; in: Studies of comparative Communism, vol.11, Nr.1/2, Guilford 1978, S. 34-74.

Wenn es für die Supermacht Sowjetunion bei der Intervention in Angola u.a. darum ging, ihre militärische Kapazität darzulegen, dass sie in der Dritten Welt in Konkurrenz zu den Vereinigten Staaten intervenieren konnte, lag der eigentliche politische Nutzen des kubanischen Engagements darin, dass Kuba dadurch ein zunehmendes politisches Gewicht als *„revolutionäres"* Land innerhalb der Dritten Welt gewann.

> „L'intervention en Angola prend une dimension capitale.
> Sur cette terre africaine, le régime castriste parvient à remporter sur les Etats-Unis son premier succès. Transformé en Ethiopie deux années plus tard, cet essai permet à Cuba de se hisser au rang de 'mini-supergrand'. En Afrique et dans le tiers-monde, les crises de l'Angola et de l'Ethiopie contribuent à revitaliser une 'idéologie castriste' dont les déboires latino-américains à la fin des années soixante ont souligné les lignes de faiblesse.
> Desormais Cuba n'apparait plus seulement comme une puissance révolutionnaire mais comme une puissance militaire capable de consolider l'autorité politique ou les frontières de ses alliés"[1]

Mit seinen 50.000 Soldaten hat Kuba bis Ende der 80er Jahre[2] tatsächlich einen enormen Beitrag zur Stabilisierung der MPLA-Regierung geleistet, indem die Regierung Castros gemeinsam mit der Sowjetunion eine entscheidende Rolle bei der Zerschlagung konzertierter militärischer Aktionen der FNLA, der UNITA, Südafrikas und Zaires (heute Demokratische Republik Kongo) in Angola gespielt und somit der MPLA an die Macht verholfen hat. Die zwischen Kuba und der MPLA bereits seit Mitte der 60er Jahre bestehenden Beziehungen[3] wurden einige Monate nach der

---

[1] Zaki, Laidi: Les contraintes d'une rivalité, Paris 1986, p. 124.
[2] Der Abzug der kubanischen Truppen aus Angola wurde im Rahmen des Entkolonisierungsprozesses Namibias im Dezember 1988 in New York vereinbart. Die Kubaner verließen daraufhin Angola und ermöglichten somit 1990 die Unabhängigkeit Namibias.
[3] Die MPLA-Kämpfer wurden ab 1965 in Kongo (Brazzaville) in verschiedenen Schulungslagern u.a. von kubanischen Instrukteuren ausgebildet. Vgl.: Dominguez, Jorge I.: Cuban Foreign Policy; in: Foreign Affairs, Vol. 57, Nr. 1, New York 1978, p. 87; Wolfgang, Berner: Afrikapolitik; in: Geyer, Dietrich: Osteuropa-Handbuch, Bd. 2,

Unabhängigkeit Angolas 1975 ausgebaut. Angola und Kuba unterzeichneten am 27. April 1976 ein Abkommen über eine wissenschaftlich technische Zusammenarbeit im Bereich von Erziehungs- und Gesundheitswesen, Wohnungsbau und Verwaltung. Im Rahmen dieser Zusammenarbeit hat Kuba zahlreiche Projekte in Angola durchgeführt. Im Erziehungs- und Gesundheitswesen z.B. wäre die Lage aufgrund der Flucht der Portugiesen 1975 ohne das Engagement Kubas noch katastrophaler gewesen.

Mit dem massiven Einsatz von kubanischem Lehr- und Gesundheitspersonal - auch wenn die Qualität des Dienstes manchmal zu wünschen übrig ließ - konnten die in der angolanischen Verfassung von 1975 garantierte kostenlose medizinische Versorgung und Ausbildung verwirklicht werden. Die Kubaner halfen bei der Einrichtung sozialer Dienste (ländliche Gesundheitszentren, neue Schulen). Aber zusammen mit der Bildung erfolgte die Indoktrination durch kommunistische Dogmen. Unabhängig von diesem Einsatz wurden unzählige Angolaner in Kuba von der Grundschule bis zur Universität ausgebildet. Kuba, welches sich als *„Feind des Kolonialismus, des Neokolonialismus, des Rassismus und der Apartheid"* verstand[1], stand Angola gegen die südafrikanische Aggression und gegen die UNITA bis zum Abzug seiner Soldaten Ende der 80er Jahre militärisch und politisch bei, auch wenn hervorgehoben werden muss, dass die kubanische militärische Präsenz ebenso wie die sowjetische Waffenlieferung den angolanischen Staatshaushalt enorm belastet haben.

---

and the Middle East - from Algeria to Angola; in: Studies of comparative Communism, Vol. 11, Nr.1/2, Guilford 1978, p. 61Bd. 2, Köln 1976, S. 829; William, J. Durch: The Cuban military in Africa and the Middle East - from Algeria to Angola; in: Studies of comparative Communism, Vol. 11, Nr.1/2, Guilford 1978, p. 61.
[1] Vgl. Mestiri, Ezzeichine: Les Cubains et l'Afrique, Paris 1980, p. 185 Rede von Fidel Castro zum 15. Jahrestag des Sieges von Playa Giron am 19.04.1976.

Eine französische Studie von 1987 bezifferte die Kosten der kubanischen militärischen Präsenz auf jährlich 12.000 US$/pro Soldat.[1] Geht man von einer Zahl von 50.000 Soldaten aus, musste Angola dieser Studie zufolge über 500 Mio. US$ jährlich an Kuba überweisen. Fügt man noch andere Leistungen - wie z.B. die laufenden Kosten zum Unterhalt, Transport und Unterbringung - hinzu, können die gesamten Kosten bis auf 1 Mrd. US$ jährlich einkalkuliert werden. Dank der Erdöleinnahmen, welche hauptsächlich von den amerikanischen Ölgesellschaften - Cabinda Gulf Oil Compagny u.a - erwirtschaftet wurden, konnten diese Kosten von der Regierung Angolas gedeckt werden.

Damit zeigt der Krieg in Angola eine widersprüchliche Konstellation, denn die amerikanischen Erdölgesellschaften, welche auch von den Kubanern gegen die Sabotageakte der Rebellen in Cabinda bewacht wurden, finanzierten indirekt die Waffeneinkäufe aus der Sowjetunion.

> „Ironically, revenues from American oil companies operating in Angola have paid for Soviet and Cuban military equipment and personnel, and the USA, despite withholding diplomatic recognition of the MPLA, remains Angola's main trading partner, buying thirds of its oil."[2]

Die guten Beziehungen zwischen Angola und Kuba lassen sich nicht nur an den ständigen permanenten Kontakten auf höheren Ebenen, sondern auch an den Aussagen ihrer Staatsmänner feststellen. Bei einem Besuch in Havanna im März 1980 unterstrich der angolanische Staatschef, Eduardo Dos Santos, die *„brüderliche*

---

[1] Vgl. Lazitch, Branko: Angola 1974-1988 - un échec du communisme en Afrique, p. 74.
[2] O'Neil, Kathryn/ Munslow, Barry: Angola: Ending the Cold war in Southern Africa; in: Furley, Oliver: Conflict in Africa, London 1995, p. 189.

Einheit" zwischen beiden Völkern, welche sich im Kampf gegen den Imperialismus gefestigt haben soll.

> „Notre amitié est la conséquence directe d'une identité
> d'options qui nous place dans une même tranchée dans
> la lutte contre l'impérialisme. Cette identité repose sur
> l'unité fraternelle que nos peuples ont forgée au prix de leur
> sang lors de l'héroïque participation internationaliste cubaine
> au processus de consolidation et de défense des conquêtes
> révolutionnaires du peuple angolais, arrachées à l'impérialisme
> au cours de deux guerres de libération, dures et sanglantes."[1]

Die kubanische Präsenz, welche völkerrechtlich mit dem in der Charta der UNO bzw. der OAU festgeschriebenen Recht auf Selbstverteidigung einerseits und andererseits mit den Destabilisierungsversuchen Südafrikas begründet wurde, verlor mit der ab 1985 von Gorbatschow eingeleiteten Entspannungspolitik ihre Legitimität. Castro, der noch 1986 während des VIII. Gipfeltreffens der Blockfreien Staaten in Harare (Simbabwe) den Abzug der Kubaner aus Angola ohne die Abschaffung der Apartheid in Südafrika vollmundig ausgeschlossen hatte[2], musste dennoch auf Druck der Sowjetunion seine Meinung revidieren. Im Rahmen der Namibia-Frage, welche durch die UN-Resolution 435/78 gelöst wurde, wurde am 22. Dezember 1988 in New York zwischen Angola, Kuba und Südafrika ein Abkommen über den Abzug der internationalistischen Truppen aus Angola vereinbart.

Die USA, die durch ihre Linkage-Strategie diesen Abzug erzwungen hatten, mussten dann mehr Druck auf Pretoria ausüben, um eine Gesamtlösung für die Region zu erreichen.

---

[1] Zitat in: Mestiri, Ezzeichine: Les Cubains et l'Afrique, p. 29.
[2] Vgl. Clerc, Jean-Pierre: Les quatre saisons de Fidel Castro, Paris 1996, p. 327.

142

Abschließend kann zugunsten Kubas gesagt werden, dass seine militärische Präsenz in Angola die südafrikanische Suprematie in der Region geschwächt hat und dadurch zur gesamten diplomatischen Lösung in der Region beigetragen hat.[1]

5.1.3 Die US-Politik und der angolanische Konflikt

Die Grundeinstellung der Außenpolitik der Vereinigten Staaten[2] besteht darin, überall in der Welt und vor allem in den Ländern der Dritten Welt ihren Einfluss zu bewahren und ihre vermeintlichen Interessen zu verteidigen. Diese Ziele werden mit einer gewissen Kontinuität von allen US-Regierungen verfolgt. Wenn es den Vereinigten Staaten und ihren Verbündeten ab 1960 nach der völkerrechtlichen Unabhängigkeit der meisten afrikanischen Länder darum ging, ihren Einfluss in dieser Region zu bewahren, indem sie zwischenstaatliche Konflikte entschärften bzw. revolutionäre Bestrebungen und Umstürze verhinderten[3], so mussten sie offensichtlich mit dem Rückzug Portugals aus Afrika ab Mitte der

---

[1] Vgl. Clerc, Jean-Pierre: idem, p. 329.
[2] Zur Analyse der US-Politik gegenüber Angola wurden u.a. folgende Beiträge herangezogen: Bender, Gerald J.: La diplomatie de Kissinger et l'Angola; in: Revue française d'études politiques africaines, Nr. 126, Juin 1976, pp. 73-95; Böge, Wolfgang: Dekolonisation und amerikanische Außenpolitik; in: Afrika-Spectrum, 3/1975, S. 219-231; Leimgruber, Walter: Kalter Krieg um Afrika, Stuttgart 1990; Legun, Colin: Krieg um Angola, Köln 1978; Holness, Marga: Angola - CIA gegen die nationale Unabhängigkeit; in: Dhunjibhoy, Roshan: Unterwanderung - die Destabilisierungsstrategie der USA von Nicaragua bis Angola, Wuppertal 1983, S. 139-168; Isaacson, Walter: Kissinger - eine Biographie, Berlin 1993; Schmidt, Rudolph: Angola - ein internationaler Konflikt; in:Außenpolitik, 4/1976, S. 460-471; Whitaker, Jennifer Seymour: Die Afrika-Politik der Vereinigten Staaten; in: Europa-Archiv, 6/1979, S. 173-188; Wright, George: US Policy towards Angola: The Kissinger Years, 1974-1976, Leeds Southern African Studies, 2/1990, S.1-23; Zischg, Robert: Die Politik der Sowjetunion gegenüber Angola und Mozambique, Baden-Baden 1990
[3] Vgl. Meyns, Peter: Das südliche Afrika und die Rivalität der Supermächte, S. 332

70er Jahre um diesen Einfluss mit der anderen Supermacht - der Sowjetunion - konkurrieren. Angola, dessen Entkolonisierungsprozess im Zeichen des Ost-West-Konfliktes verlief, wurde Schauplatz der Rivalität zwischen den Supermächten, welche sich über die angolanischen Befreiungsbewegungen konfrontierten. Es ist hier nicht der Ort, zum wiederholten Mal auf alle Einzelheiten der US-Politik einzugehen und zu reevaluieren, was verdienstvollerweise bereits in einer Vielzahl anderer Studien ausgeführt worden ist. Es mag deshalb an dieser Stelle genügen, die allerwichtigsten Fakten der US-Politik ab 1960 zusammenzufassen, um die ab 1974 ausgebrochene Eskalation im angolanischen Konflikt verständlich zu machen. Angola, welches in der amerikanischen Afrikapolitik zunächst nur als Randproblem im Schatten der Kongo-Krise angesehen wurde, stand ab 1961 wegen der dortigen blutigen Ereignisse mit im Zentrum der Diskussionen innerhalb der US-Administration. Nach der Ablösung der republikanischen Regierung unter Eisenhower versuchte Kennedy eine Lockerung der festen Bindung an die Kolonialmacht Portugal, um seiner während des Wahlkampfes angekündigten neuen Afrika-Politik Nachdruck zu verleihen. Kennedy, der seinen Wählern versprochen hatte, sich für die Belange der Afrikaner einzusetzen, ließ tatsächlich im März 1961 seinen UN-Botschafter Stevenson für die Angola-Resolution im UN-Sicherheitsrat stimmen.[1] In der Resolution wurde Portugal verurteilt und aufgefordert, in seinen Kolonien Reformen durchzuführen und sie in die Unabhängigkeit zu entlassen.[2] Bis Ende 1961 setzte die Kennedy-Regierung diese Politik fort und stimmte praktisch weiteren Resolutionen in der UN-Vollversammlung gegen Portugal zu.

---

[1] Vgl. Böge, Wolfgang: Dekolonisation und amerikanische Außenpolitik, S. 221.
[2] Vgl. Leimgruber, Walter: Kalter Krieg um Afrika, S. 94.

Um den Druck gegen seinen NATO-Partner zu erhöhen und ihn im Sinne der US-Politik zu bewegen, ließ Kennedy die Militärhilfe an Portugal von 25 Mio. US$ auf 3 Mio. US$ kürzen, und er verhängte außerdem ein Waffenembargo, welches Portugal über andere NATO-Staaten umgehen konnte. Gleichzeitig begann die Kennedy-Administration die UPA/FNLA von Holden Roberto zu unterstützen, welche schon Mitte der 50er Jahre Kontakte zu US-Organisationen und Kirchen pflegte und bis 1963 für die OAU als einzige angolanische Befreiungsbewegung galt. Portugal reagierte daraufhin mit Empörung und machte die US-Regierung verantwortlich für die Vertreibung der Europäer aus Afrika, für die Unruhen und Massaker und für die kommunistische Einflußnahme in Afrika.[1] In den Kolonien selbst begegnete Portugal dem wachsenden Druck aus den Vereinigten Staaten mit der Aufhebung der Kapitalrestriktionen, infolgedessen erlebte die Wirtschaft Angolas einen Aufschwung. Durch die Einnahmen aus dem Export von landwirtschaftlichen Produkten wie Kaffee, Baumwolle usw. und aus der Erdölindustrie konnte Portugal den Kolonialkrieg finanzieren. In der Regierungsmannschaft Kennedys traten in der Folgezeit Meinungsverschiedenheiten über die Afrika-Politik hervor. Während die gegründete *„Angola Task Force"* unter George Mennen Williams für eine Fortsetzung und Intensivierung des bisherigen Kurses plädierte, lehnten die Europaabteilung des State Department und das Pentagon weiteren Druck auf Lissabon ab. Die Kennedy-Administration musste aufgrund eigener Zerstrittenheit und vor allem auf Druck Portugals, welches die weitere Benutzung der Azorenbasen durch die USA mit deren Afrika-Politik verknüpfte, ihre Position gegenüber dem NATO-Partner revidieren. Von nun an

---

[1] Vgl. Leimgruber, Walter: idem, S. 99.

stimmten die Vereinigten Staaten nicht nur gegen alle UN-Resolutionen[1], welche Portugal verurteilten, sondern sie steigerten auch ihre Militärhilfe an Portugal wieder. Die Afrika-Politik der Kennedy-Administration verlor jede Glaubwürdigkeit und war aufgrund der Meinungsverschiedenheit innerhalb der Regierungsmannschaft gescheitert. Die Azorenbasen und das Verhältnis zu Portugal und den übrigen NATO-Staaten wurden als wichtiger eingestuft als die antikoloniale Haltung. Vom Tode Kennedys bis hin zur Nixon-Regierungszeit war die US-Politik gegenüber der Zukunft der portugiesischen Kolonialgebiete in Afrika und besonders Angolas durch eine desinteressierte Haltung gekennzeichnet. Nixons Konzept der politischen Abstinenz in der Angola-Frage und der Annäherung an Portugal wurde von den Ereignissen in Lissabon 1974 überholt und hatte zur Folge, dass die Vereinigten Staaten die Dekolonisation Angolas zu ihren Gunsten nicht beeinflussen konnten.

5.1.3.1 Die US-Politik und die Eskalation in Angola (Von Ford/Kissinger bis Carter)

Die US-Politik gegenüber Angola war bis zur militärischen Eskalation 1975/76 sehr widersprüchlich. Vor der Nelkenrevolution 1974 in Lissabon waren alle US-Regierungen bemüht, die Beziehungen zu ihrem NATO-Partner, Portugal, nicht zu gefährden.

---

[1] Hierbei handelt es sich um die Resolutionen 1807 und 1819, welche die Unabhängigkeit für die portugiesische Kolonien verlangten und die „Massenausrottungen" in Angola verurteilten. Vgl. Lass, Hans Detlef: Die Vereinten Nationen Nationen und die Dekolonisation der portugiesischen Überseegebiete; in: Aus Politik und Zeitgeschichte B40/75 vom 4.10.1975, S. 3-27.

Aber um die Gunst der afrikanischen Länder aufrechtzuerhalten, versuchten die Vereinigten Staaten, Portugal zur friedlichen Lösung in der Kolonialfrage zu bewegen, ohne jedoch die richtigen Maßnahmen zu treffen. Gleichzeitig versuchten sie einer der Befreiungsbewegungen, der UPA/FNLA, zu helfen, ohne die richtigen Mittel zur Bekämpfung des Kolonialismus zur Verfügung zu stellen. Diese beiden Ziele schlossen sich gegenseitig aus,[1] wie Bender betont. Nach der Unterzeichnung des Unabhängigkeitsabkommens zwischen Portugal und den drei angolanischen Befreiungsbewegungen im Januar 1975 entschied die US-Regierung unter Ford/Kissinger, der UPA/FNLA zunächst finanziell und später politisch und militärisch im Kampf um die Macht gegen die MPLA beizustehen. Über das „Komitee 40", welches aus Vertretern verschiedener Dienste zur Beaufsichtigung verdeckter Operationen bestand, wurde ein geheimes Programm von zunächst 300.000 US$ für die FNLA bestätigt. Aufgrund der Intensivierung der sowjetischen Hilfe an die MPLA empfahl Kissinger eine weitere „covert aid" von 32 Mio. US$ an Finanzhilfe und in Lieferungen militärischen Geräts.[2] Diese Unterstützung sollte die FNLA und die UNITA stärken. Neben der verdeckten Förderung der USA erhielt die FNLA unter Holden Roberto militärische Unterstützung aus China, Nordkorea und Zaire, während die UNITA von Jonas Savimbi ab Oktober 1975 von südafrikanischen Soldaten verstärkt wurde. Der sich ab Sommer 1975 abzeichnenden sowjetisch-kubanischen Intervention konnte nur mit einem massiven Einsatz westlicher Hilfe an die beiden gegen die MPLA rivalisierenden Bewegungen (FNLA

---

[1] Vgl. Bender, Gerald J.: La diplomatie de Kissinger et l'Angola, p. 73.
[2] Vgl. Isaacson, Walter: Kisinger – eine Biographie, S. 749; Holnes Marga: Angola – CIA gegen nationale Unabhängigkeit, S. 145; Schmidt, Rudolph: Angola – ein internationaler Konflikt, S. 465; Wright, Goerge: US Policy towards Angola, pp. 10-11.

und UNITA) begegnet werden. Weder die Vereinigten Staaten, welche nach dem Debakel in Vietnam und dem Watergate-Skandal politisch gelähmt waren, noch die übrigen westlichen Länder stellten die erforderlichen Mittel bereit. Während die sowjetisch-kubanische Intervention in Angola fast stillschweigend akzeptiert wurde, stieß das südafrikanische Engagement für die UNITA wegen des seinerzeit existierenden Apartheidsystems einhellig auf Ablehnung. Nach dem erfolgreichen sowjetisch-kubanischen Einmarsch, welcher die MPLA entgegen dem Alvor-Abkommen an die Macht verhalf, versuchte die Ford/Kissinger-Administration im Dezember 1975, zusätzliche Finanzhilfen im amerikanischen Kongress unter Hinweis auf die kubanische Präsenz in Angola zu erpressen. Der von Ford/Kissinger gestellte Antrag von 28 Mio. US$ zusätzlicher Finanzhilfe für die Koalition FNLA/UNITA wurde im Kongress mehrheitlich abgelehnt. Der Kongress verbot außerdem jegliche amerikanische Einmischung im angolanischen Konflikt (Clark-Amendment). Auf diplomatischer Ebene unterbreitete Präsident Ford dem sowjetischen Botschafter in Washington, Dobrynin, ergebnislos einen Vorschlag über den Rückzug beider Supermächte aus der Region.[1] Der demokratische Senator Dick Clark, Vorsitzender des Senatsunterausschusses für Afrika, der sich stark gegen die amerikanische Einmischung in Angola gemacht hatte, schlug seinerseits vor, dass die USA sich mit den Fakten abfinden und Verhandlungen mit der MPLA-Regierung beginnen sollte.[2] Die von Clark vertretene Ansicht lehnte Kissinger ab. Er zog aber aus dem angolanischen Debakel eine Lehre, indem er sich ab Frühjahr 1976 für einen Übergang zu schwarzen Mehrheitsregierungen in

---

[1] Vgl. Zischg, Robert: Die Politik der Sowjetunion gegenüber Angola und Mozambique, S. 109.
[2] Vgl. Legun, Colin: Krieg um Angola, Köln 1978, S. 70.

den noch von weißen Minderheitsregierungen kontrollierten Staaten (Simbabwe, Namibia und Südafrika) aussprach, um den Einfluss der Sowjetunion und des Ostblocks entgegen-zuwirken.[1] Hinsichtlich Angola setzte Kissinger weiterhin seine Obstruktionspolitik fort, mit dem Ziel, das afrikanische Land diplomatisch zu isolieren. Die Vereinigten Staaten, die selbst in verschiedenen Ländern Truppen stationiert hatten, versuchten 1976 vergeblich, unter Vorwand der kubanischen Präsenz den Beitritt Angolas in die OAU und später in die UNO zu verhindern.[2] Der Machtwechsel in Washington im November 1976 kennzeichnete eine neue Afrika-Politik, welche im Gegensatz zur Kissinger-Strategie eine Verwicklung der USA in militärische Konflikte im südlichen Afrika vermied.

Die Carter/Vance-Administration bemühte sich um Zusammenarbeit mit den afrikanischen Staaten, um so zu Verhandlungslösungen für die regionalen Konflikte zu gelangen, und sie sprach sich gleichzeitig wie die vorherige US-Regierung für eine Mehrheits-herrschaft in Simbabwe, Namibia und Südafrika aus.[3] Gegenüber Angola, welches zur Lösung der Namibia-Frage in die US-Strategie einbezogen wurde, vermied die Carter-Regierung jede offensicht-liche kritische Äußerung und versuchte, einen friedlichen Ausgang des angolanischen Konfliktes zu erreichen.

Die freundliche Haltung der Carter-Regierung lässt sich feststellen durch die vom US-Botschafter in der UNO, Andrew Young, vertretene Auffassung, wonach *„die Kubaner ein Stabilitätsfaktor in der Region seien"*.[4] Bis Mai 1978 blieb die Angola-Politik der Carter-Administration unverändert.

---

[1] Vgl. Zischg, Robert: idem, S. 116.
[2] Vgl. Holness, Marga: idem, S. 152.
[3] Vgl. Whitaker, Jennifer-Seymour: Die Afrika-Politik der Vereinigten Staaten, S. 173.
[4] Vgl. Ogunbadejo, Oye: Angola - Ideology and Pragmatism in Foreign Policy; in: International Affairs, Vol. 57, Nr. 2, 1981, p. 266.

Als aber die von Angola aus operierenden zairischen Rebellen der FLNC (Front National de Libération du Congo) unter General Nathael Mbumba in die Provinz Shaba zum zweiten Mal[1] eindrangen, mit dem Ziel das Mobutu-Regime zu stürzen, verurteilte Carter die Anwesenheit kubanischer Truppen in Afrika und beschuldigte Angola öffentlich, verantwortlich für die Ereignisse in Shaba zu sein und Kuba der Mittäterschaft. Carters Sicherheitsberater, Brzezinski, erwägte in Anspielung auf diese Ereignisse vor dem Kongress, die militärische Unterstützung an die UNITA aufzunehmen, und er versuchte erfolglos, das „Clark-Amendment" aufzuheben. Trotz dieses verschärften Tons sowohl gegenüber Angola als auch der Sowjetunion vermied die Carter-Regierung einen Konfrontationskurs und verstärkte ihre diplomatischen Bemühungen. Die Beilegung der Differenzen zwischen Angola und Zaire und die gegenseitige Verpflichtung beider Länder können als Erfolg des diplomatischen Engagements der Carter-Regierung bewertet werden. Hinsichtlich der Namibia-Frage, bei der Angola eine wichtige Rolle spielte, reiste im Frühjahr 1979 der US-Unterhändler Donald McHenry nach Luanda, um mit Hilfe der dortigen Regierung die SWAPO zu einer friedlichen Lösung zu gewinnen. Die von Angola erhoffte diplomatische Anerkennung durch die US-Regierung blieb trotz dieser Annäherung aus. Durch die Wahl Reagans im November 1980 zeichnete sich ein neuer aggressiver Kurs gegenüber Angola ab.

---

[1] Die erste Shaba-Invasion fand im März 1977 statt, eine Woche nachdem der angolanische Staatspräsident Neto einen vermeintlichen Destabilisierungsplan mit dem Codenamen „Cobra 77" vor der ausländischen Presse am 24.02.1977 in Luanda enthüllt hatte. Neto beschuldigte seinen Amtskollegen Mobutu, Truppen von FNLA, FLEC und Söldner zum Kampf gegen sein Regime zu unterstützen.

5.1.4 Der Angola-Konflikt und die Intervention afrikanischer Staaten

Die Rolle der Supermächte im angolanischen Konflikt wurde in den vorigen Kapiteln analysiert. Während die Sowjetunion und Kuba in diesen Konflikt direkt involviert waren, war die Einmischung der USA indirekter Natur. Die USA unterstützten die afrikanischen Staaten, Zaire und Südafrika, die in Angola verwickelt waren.

In diesem Kapitel werden auf die Rolle Zaires und auf die Destabilisierungspolitik Südafrikas gegenüber den Frontlinien-staaten eingegangen. Diese beiden afrikanischen Länder werden für die Analyse der angolanischen Krise deshalb herangezogen, weil sie bis Mitte der 80er Jahre einerseits als Bollwerk gegen die vermeintliche kommunistische Gefahr von außen betrachtet, gepriesen und sogar unterstützt wurden und weil sie andererseits aus eigenen sicherheitspolitischen und wirtschaftlichen Überle-gungen direkt oder indirekt in diesen Konflikt verwickelt waren.

5.1.4.1 Die Rolle Zaires im angolanischen Bürgerkrieg

Möchte man die Rolle Zaires im angolanischen Konflikt verstehen, so müssen folgende Faktoren berücksichtigt werden: Betrachtet man die geographische Karte Afrikas, fällt eindeutig auf, dass zwischen Angola und Zaire (heute DR Kongo) eine gemeinsame Grenze von 2.600 km Länge besteht. Fügt man die ethnisch-kulturelle Komponente, die aus der Kolonialzeit entstandene wirtschaftliche Bindung und vor allem den Ost-West-Konflikt hinzu, ist es nachvollziehbar, dass die Regierung Zaires Einfluss auf die Vorgänge in Angola ausüben wollte. Während der Kolonialzeit hatte sich in Zaire, vor allem in der angrenzenden Region von Bas-Zaire (heute Bas Congo) und in Kinshasa, eine aus Angola geflüchtete und mehrheitlich aus der Volksgruppe der Bakongo bestehende Gemeinschaft der Exilangolaner herausgebildet, welche aufgrund der ethnischen Verbundenheit und Affinität zunächst die emanzipatorischen Bestrebungen der ABAKO von Joseph Kasa-Vubu[1] in den 50er Jahren unterstützte. Die von den Exilangolanern getragene UPA/FNLA von Holden Roberto wurde daher von Anfang an u.a. von der zairischen Regierung militärisch und finanziell unterstützt. Seitdem sich die MPLA 1975 mit sowjetisch-kubanischer Hilfe die Macht in Angola aneignete, verfolgte die Regierung Zaires unter Staatspräsident Mobutu eine doppelseitige Politik gegenüber Angola, welche durch eine Annäherungs- und Kooperations-bereitschaft auf der einen Seite und durch Feindseligkeiten auf der anderen Seite gekennzeichnet war.

Mit der Machtergreifung der MPLA sah sich das Regime Mobutus gefährdet, so dass es sich entschloss, weiterhin die FNLA im Kampf gegen die völkerrechtlich anerkannte MPLA-Regierung zu unterstützen, obwohl beide Länder auf Vermittlung des seinerzeit in

---

[1] Joseph Kasa-Vubu, Gründer der ABAKO (Alliance des Bakongo), war neben Patrice Lumumba, einer der wichtigsten Protagonisten der kongolesischen Unabhängigkeit. Nach der Unabhängigkeit 1960 wurde er als erster Staatspräsident indirekt vom Parlament für funf Jahre gewählt. Im November 1965 wurde er durch einen von von General Mobutu geleiteten militärischen Staatsstreich entmachtet, und er starb Ende der 60er Jahre in seiner Heimatregion bei Boma in Bas-Congo.geleiteten militärischen Staatsstreich entmachtet, und er starb Ende der 60er Jahre in seiner Heimatregion bei Boma in Bas-Congo.

Kongo-Brazzaville amtierenden Staatspräsidenten Marien Ngouabi am 02.03.1976 eine Reihe von Abmachungen über gegenseitige diplomatische Anerkennung und über Sicherheitsmaßnahmen entlang der gemeinsamen Grenzen unterschrieben hatten.[1] Die von den beiden Staaten unterzeichneten Abmachungen wurden weder umgesetzt noch beachtet. Die FNLA von Holden Roberto intensivierte bis 1977 ihre Aktivitäten in Nordangola und erhielt weiterhin Beistand der Regierung Mobutus. Die Regierung Angolas, welche sich verpflichtet hatte, die Rebellen der FLNC auszuschalten, genehmigte, dass der FNLC von Nathanael Mbumba in den Jahren 1977 und 1978 von Angola aus den Nachbarstaat destabilisierte. Die von den „Katanga-Gendarmen" durchgeführten militärischen Operationen gegen das Regime Mobutu konnten nur mit Hilfe westlicher und einiger afrikanischer Länder (Ägypten, Belgien, Frankreich und Marokko) niedergeschlagen werden.[2] Nach den Ereignissen von 1977/78 (Shaba I und II) bemühten sich beide Staaten, ihre Beziehungen zu normalisieren. Auf Vermittlung des Staatspräsidenten Ngouabi aus Kongo Brazzaville einigten sich Angola und Zaire im Juli 1978 darauf, die zwischen ihnen bestehenden Abmachungen von 1976 nun einzuhalten. Daraufhin wurde die gesamte FNLA-Führung auf Anordnung Mobutus aus Zaire ausgewiesen. Angola seinerseits antwortete mit der Ausweisung der FLNC-Kader, die in Guinea-Bissau Zuflucht fanden. Durch diese Annäherungsbereitschaft erhoffte sich Zaire die Nutzung der Benguela-Bahn, welche für den Export aus der Bergbau-Region Shaba günstig und notwendig war und ist. Wenn bis 1980 die amerikanische Afrika-Politik der Carter-

---

[1] Vgl. Offermann, Michael: Angola zwischen den Fronten, S. 266.
[2] Vgl. Ekwe-Ekwe, Heribert: Conflict and Intervention in Africa, London 1990, p. 112.

Administration auf Verhandlungslösungen für die gesamte Region setzte, so änderte sich diese Haltung mit dem Amtsantritt von Ronald Reagan. Das korrupte Regime Mobutus, welches zur Lösung der immensen finanziellen und wirtschaftlichen Probleme den Beistand des IWF und der Weltbank benötigte, wurde in die neue aggressive US-Strategie gegenüber Angola einbezogen.[1] Obwohl die Regierung Mobutu im Februar 1985 ein Abkommen über Sicherheit und Verteidigung mit Angola anläßlich des ersten Besuchs von Staatspräsident Eduardo Dos Santos in Kinshasa unterzeichnet hatte, stellte sie ihr Territorium als Trainingslager und als Transitland für Waffenlieferungen Südafrikas und der USA für die UNITA zur Verfügung.[2] Die von der USA an die UNITA gewährte Militärhilfe wird auf etwa 50 bis 60 Mio. US$ pro Jahr[3] geschätzt. Wie Meyns feststellt[4], wurde Mobutu mit dem politischen Wandel in Südafrika Anfang der 90er Jahre sogar zum Hauptverbündeten Savimbis, der seinen lukrativen Diamantenschmuggel zur Finanzierung des Krieges gegen die MPLA-Herrschaft über Zaire abwickelte. Trotz dieser Einmischung und trotz der Verletzung der zwischen den beiden benachbarten Staaten bestehenden Verein-barungen vermied Angola, seinen Nachbar offenkundig anzu-prangern. Vielmehr versuchte die Regierung von Staatspräsident Dos Santos, das zairische Staatsoberhaupt Mobutu für seine Friedensvorstellung zu gewinnen, um die UNITA in die angolanische

---

[1] Die Einbeziehung Zaires in die neue aggressive US-Strategie gegenüber Angola wurde während des Aufenthalts Mobutus 1981 in den USA entschieden. Dort traf er sich mit dem UNITA-Chef Jonas Savimbi und mit Vertretern der Reagan-Administration.
[2] Vgl. Offermann, Michael: idem, S. 271; Meyns, Peter: Angola - Der dritte Anlauf zum Frieden; in: Jahrbuch Dritte Welt 1998, München 1997, S. 128.
[3] Vgl. Meyns, Peter: Angola - Vom antikolonialen Befreiungskampf zu externer Destabilisierung und internem Bürgerkrieg; in: Hofmeier, Rolf/ Matthies, Volker: Vergessene Kriege in Afrika, Göttingen 1992, S. 61-96, hier S. 68.
[4] Vgl. Meyns, Peter: Angola - Der dritte Anlauf zum Frieden, S. 128.

Gesellschaft zu integrieren. Nachdem Angola, Kuba und Südafrika im Dezember 1988 in New York unter Schirmherrschaft der USA ein Abkommen über den Rückzug der kubanischen Truppen aus Angola und über die Umsetzung der UN-Resolution 435/78 bezüglich der Namibia-Frage erzielt hatten, organisierte die MPLA-Regierung im Mai 1989 ein Treffen in Luanda, zu dem acht afrikanische Staats- und Regierungschefs eingeladen wurden. Ziel der Beratungen war es, eine afrikanische Lösung für den angolanischen Konflikt zu finden. Aufgrund seiner engen Beziehungen zur UNITA wurde der zairische Staatspräsident Mobutu als Vermittler vorgeschlagen. Er berief dann am 22. Juni ein Gipfeltreffen in Gbadolite ein. Achtzehn Staats- und Regierungschefs Afrikas, u.a. Eduardo Dos Santos, nahmen teil. Als Gast wurde der UNITA-Chef, Jonas Savimbi, zum ersten Mal in den politischen Kreis der afrikanischen Staatschefs offiziell eingeladen.[1] Auch wenn die in der „Erklärung von Gbadolite"[2] vereinbarten Punkte (Waffenstillstand, Bildung einer gemischten Kommission, nationale Aussöhnung u.a.) aufgrund der unterschiedlichen Interpretationen nicht umgesetzt werden konnten, hat doch dieses Treffen einen historischen Charakter dadurch erhalten, dass sich der angolanische Staatspräsident Dos Santos und sein Widersacher Jonas Savimbi zum ersten Mal trafen. Die durch den historischen Handschlag zwischen den beiden Kontrahenten des angolanischen Konfliktes symbolisierte Versöhnung wurde von den anwesenden Staatsmännern euphorisch begrüßt, wohl wissend, dass der Weg zum Frieden

---

[1] Vgl. Atsutsé, Kakouvi Agbobli: Jonas Savimbi – Combats pour l'Afrique et la démocratie, Paris 1997, pp. 108-112; Lory, Georges: Afrique australe, Paris 1990, p. 46.
[2] Die „Erklärung von Gbadolite zu Angola" vom 26. Juni 1989 ist in: Ptak, Heinz Peter (Angola: Vom Bürgerkrieg zur neuen Ordnung, Heidelberg 1991) im Wortlaut nachzulesen.

langwierig und verschlungen sein würde. Während die UNITA von freien Wahlen sprach, bestand die MPLA-Regierung auf der Reintegration der UNITA ohne Savimbi gemäß der von ihr im Mai 1989 verkündeten Amnestie-Politik. Über sein freiwilliges Exil führt Savimbi in einem Interview Folgendes aus:

> „(..) Les déclarations ultérieures du Président zambien Kenneth Kaunda allant dans le sens de l'acceptation par le Président de l'UNITA d'un départ volontaire en exil, relèvent d'un mensonge que les six autres chefs d'Etat du Comité de suivi de la conférence de Gbadolite (...) ont eu la maladresse de prendre à leur compte à l'issue de leur réunion du 22 août 1989 à Harare, au Zimbabwe, en présence de José Eduardo Dos Santos".[1]

Wenige Wochen nach dem Treffen von Gbadolite konnte ohne große Überraschung festgestellt werden, dass die Friedensinitiative des Staatspräsidenten Mobutu gescheitert war. Im Dezember startete die Regierungsarmee, die FAPLA, ihre *„Operation Schlusssturm"*, mit dem Ziel, die UNITA militärisch zu zerschlagen. Die MPLA-Regierung setzte eine starke Truppe von 7.000 bis 12.000 Mann ein, welche mit hochmoderner militärischer Technologie der Armee und Luftwaffe ausgerüstet war.[2]

Um ihre im Südosten des Landes in Bedrängnis geratenen Truppen zu entlasten, intensivierte die UNITA ihre Offensive im Norden und legte durch Sabotageaktionen (Sprengung von Strom- und Wasserleitungen, Zerstörung von wichtigen Brücken u.a.) die Hauptstadt Luanda zeitweilig lahm.[3] Nach dem Scheitern der MPLA-Offensive, welche Savimbi zufolge mit maßloser Grausamkeit durchgeführt wurde und mit über 1000 Toten je auf jeder Seite endete, erklärten erneut beide Kriegsparteien ihre Bereitschaft zu

---

[1] In: Atsutsé, Kokouvi Agbobli: Jonas Savimbi, p. 112.
[2] Vgl. Atsutsé, Kokouvi Agbobli: idem, p. 116.
[3] Vgl. Atsutsé, Kokouvi Agbobli: idem, p. 117.

einer friedlichen Lösung. Die dann von Portugal ab April 1990 sorgfältig geleitete Initiative wurde von den Supermächten unterstützt. Im Mai 1991 unterzeichneten die Kontrahenten das Friedensabkommen von Bicesse, von dem später noch die Rede sein wird. Nach den verlorenen Wahlen 1992 konnte die UNITA weiterhin auf die Unterstützung Mobutus während des dritten Bürgerkrieges in Angola zählen. Es ist daher nicht erstaunlich, dass im Bürgerkrieg 1997 in Zaire (DR Kongo) die MPLA-Regierung militärisch und politisch auf der Seite der AFDL (Bündnis demokratischer Kräfte für die Befreiung des Kongo) von Laurent-Desiré Kabila war. Ob sich diese Konstellation positiv auf die Entwicklung in der Region auswirken wird, ist noch fraglich. Es muss aber betont werden, dass die Handlungsmöglichkeiten der UNITA durch den Machtwechsel in Zaire eingeschränkt sind. In Anspielung auf die maßgebliche Rolle Angolas bei den Machtwechseln in den beiden Kongo machte der angolanische Botschafter in Lusaka die Regierung Sambias dafür verantwortlich, dass sambische Staatsbürger die UNITA ungehindert und mit Wissen der Regierung mit Waffen versorgen können. Drohend sagte er, dass „er nicht wünsche, dass sich das Verhältnis zwischen Angola und Sambia in der Weise entwickele, wie das zu den beiden Kongo".[1]

---

[1] Vgl. Frankfurter Rundschau vom 11.03.1998.

5.1.4.2 Die Destabilisierungspolitik Südafrikas

Die koloniale Herrschaft im südlichen Afrikas war bis 1974 noch weitgehend ungestört und intakt. Der Status quo, wonach diese Region als Einflusssphäre des Westens[1] anzusehen war, wurde mit der Unabhängigkeit Angolas und Mosambik 1975 und der darauf folgenden engen politischen, wirtschaftlichen und vor allem militärischen Zusammenarbeit mit der Sowjetunion bzw. mit den Ostblockstaaten durchbrochen. Aufgrund dieser neuen Bedingungen sah sich nun die herrschende weiße Minderheit in Südafrika nicht nur mit einer sich verschärfenden innenpolitischen, sondern auch mit einer ideologischen und außenpolitischen, Krise konfrontiert, welcher sie mit militärischen Mitteln entgegenzutreten versuchte. Bezüglich der südafrikanischen Destabilisierungspolitik[2]

---

[1] Zur strategischen Bedeutung Südafrikas für den Westen, siehe u.a. Strauss, Franz Josef: Südafrika – seine Bedeutung für den Westen; in: Südafrika, München 1987, Bd.1, S.191- 200; Meyns, Peter: Das südliche Afrika und die Rivalität der Supermächte; in: Deutsche Gesellschaft für Friedens- und Konfliktforschung, Baden-Baden 1983, S. 329-354.

[2] Zu diesem Thema wurde u.a. auf folgende Beiträge zurückgegriffen: Antunes, Ernesto Melo: Angola im Spannungsfeld regionaler und globaler Konflikte; in: Vierteljahresberichte des Forschungsinstituts der Friedrich-Ebert-Stiftung, Nr.95 März 1984, S. 43-47; Atsutsé, Kokouvi Agbobli: Jonas Savimbi - combats pour l'Afrique et la démocratie, Paris 1997; Ansprenger, Franz: Die kommunistische Bedrohung Südafrikas: eine self-fulfilling prophecy; in: Sozialismus in Theorie und Praxis, Berlin 1978, S. 373-413; Botha, Pieter Willem: Südafrika - Perspektive für die Zukunft; in: Außenpolitik, Vol. 35, 3/1984, S. 275-284; Bossen, Gerd D.: Angola und Mozambique gegenüber Südafrika; in: Außenpolitik, Vol. 35, 3/1984, S. 285-298; Ekwe-Ekwe, Herbert: Conflict and Intervention in Africa, London 1990; Meyns, Peter: Vom antikolonialen Befreiungskampf zu externer Destabilisierung und internem Bürgerkrieg; in: Vergessene Kriege in Afrika, Göttingen 1992, S. 61-96; Melber, Henning: Die Dekolonisation Namibias; in: Jahrbuch Dritte Welt 1990, München 1989, S. 203-223; Scherb, Margit: Das südliche Afrika - eine Region zwischen Unterdrückung und Befreiung; in: Österreichische Zeitschrift für Politikwissenschaft (ÖZP), Wien 1985, Jahrgang 14, Heft 1, S. 57-75; Seelow, Frank: Politische Gegnerschaft und wirtschaftliche Abhängigkeit im südlichen Afrika, SADCC versus RSA; in: Afrika-Spectrum, 1/1984, S. 25-44; Kühne, Winrich: Südafrika und seine Nachbarn - Stabilität durch Hegemonie? in: Südafrika, München 1984, Bd.1, S. 237-258; ders.: Südafrika und seine Nachbarn - Durchbruch zum Frieden? Baden-Baden

in Angola kann man vier Phasen unterscheiden:

- Die erste Phase begann mit dem Einmarsch südafrikanischer Truppen in Angola ab Oktober 1975 zugunsten der FNLA und der UNITA, um die Machtübernahme der MPLA zu verhindern.

Die Südafrikaner, die diese militärische Intervention[1] vor der Unabhängigkeit Angolas auf Wunsch der USA und einiger afrikanischer Staaten, u.a. Sambia und Zaire, zur Unterstützung der FNLA und der UNITA durchgeführt hatten, mussten sich im März 1976 aus Angola zurückziehen, da die erhoffte amerikanische Rückendeckung ausblieb.

- Die zweite Phase begann mit der Errichtung einer Militärbasis im besetzten Namibia nach dem Rückzug 1976 aus Angola. Diese Phase brachte zum einen zum Ausdruck, dass das Apartheidsregime durch Ausbau seines Militär- und Sicherheitsapparats in der Lage war, effektive Herrschaftsgefährdung von außen und innen auszuschalten. Unter dem Vorwand einer kommunistischen Bedrohung reagierte Südafrika mit einer militärischen Destabilisierungsstrategie gegen die Frontstaaten, um einerseits die sozio-ökonomische Entwicklung der Nachbarstaaten durch Zerstörung von Infrastruktureinrichtungen zu verhindern, und andererseits um die von den Frontstaaten aus operierenden SWAPO und ANC militärisch zu lähmen. Im Rahmen dieser

---

1985; Kühne, Winrich/ Braun, Gerald: Südafrikas unerklärter Krieg; in: Jahrbuch Dritte Welt 1984, München 1983, S. 116-129
[1] Diesbezüglich erklärte Savimbi Folgendes: „Kenneth Kaunda, poussé par Henry Kissinger, intervint auprès de John Vorster, Premier-ministre sudafricain, déjà contacté par les Américains, pour que son gouvernement envoie des troupes stopper l'invasion soviéto-cubaine. (...) Les deux hommes qui sont allés chercher les troupes sudafricaines pour aider l'UNITA dans sa lutte contre l'invasion soviéto-cubaine en Angola, sont le Président Kenneth Kaunda et Henry Kissinger"; in: Atsutsé, Kokouvi Agbobli: Jonas Savimbi, p. 81.

Subversionsstrategie wurden von der SADF (South African Defence Force) zahlreiche bewaffnete Angriffe in Angola durchgeführt, bei denen sowohl Luftwaffe als auch Bodentruppen eingesetzt waren. Einer der grausamsten Bombenangriffe wurde im Frühjahr 1978 gegen ein Flüchtlingslager der SWAPO bei Cassinga in Angola geflogen, bei dem über 600 Namibier (darunter über 290 Kinder) und zwölf angolanische Soldaten ums Leben kamen.[1] Im Gegensatz zu internationalen Beobachtern behauptete die Regierung Südafrikas, dass „es sich nicht um ein Flüchtlingslager, sondern um ein Ausbildungslager der SWAPO handelte".[2] Durch diese Aktionen sollte Angola dazu gezwungen werden, seine Unterstützung für die Befreiungsbewegungen SWAPO und ANC einzustellen. Aufgrund eigener Erfahrung während des Befreiungskampfes gegen die portugiesische Kolonialherrschaft fühlte sich die MPLA-Regierung in Luanda dem „proletarischen Internationalismus" verpflichtet und verstand sich deshalb - wie der erste angolanische Staatspräsident Agostinho Neto ausdrückte - als „festschließende Schutzwand der Revolution in Afrika". Sein Nachfolger, Eduardo Dos Santos, wiederholte mehrmals, dass es sich um eine internationalistische Pflicht handele, wie sie Angola von Seiten Kubas und anderer sozialistischen Länder bekommen habe. Aber die Geschlossenheit hatte auch ihren Preis, denn es gab Blut und wirtschaftliche Schwierigkeiten mit allen sozialen Konsequenzen, deren negative Auswirkungen bis heute spürbar sind.

- Die dritte Phase deckt sich mit der Unabhängigkeit Simbabwes 1980 und der darauf folgenden Gründung der seinerzeit

[1] Vgl. Scherb, Margit: Das südliche Afrika - eine Region zwischen Unterdrückung und Befreiung, S. 67.
[2] Vgl. Kühne, Winrich: Südafrika und seine Nachbarn: Durchbruch zum Frieden? Baden-Baden 1985, S. 64.

aus zehn Ländern bestehenden SADCC (South African
Development Coordination Conference). Das Apartheidsregime in
Pretoria sah sich weiter isoliert und ging von seiner Destabilisierungsstrategie zur direkten Offensive über.[1] Wenn es für
Südafrika in der zweiten Phase seiner Destabilisierungsstrategie
darum ging, die SWAPO bzw. der ANC durch Bombenangriffe in
Angola bzw. in Mosambik militärisch und politisch zu lähmen, ging
es in der dritten Phase um die Verwirklichung der ab 1978
definierten Doktrin der „totalen nationalen Strategie", mit dem Ziel,
„militärische Pufferzonen" durch Besetzung der Nachbarstaaten zu
schaffen, um die Infiltration der SWAPO bzw. des ANC erfolgreich
zu unterbinden.[2] Bei der Verwirklichung seiner *„Total National
Strategy"*, welche alle Bereiche des gesellschaftlichen und
staatlichen Zusammenlebens umfasste, die für die Verteidigung des
weißen Minderheitsregimes relevant waren, wurde Südafrika durch
die US-Administration unter Ronald Reagan ab 1981 unterstützt.

Mit ihrem *„constructive engagement"* hat die Regierung Reagan
nicht nur die Kontaktgruppe zu Namibia lahm gelegt, sondern die
Verwirklichung der UN-Resolution 435/78 verzögert, indem sie den
Rückzug kubanischer Truppen aus Angola zur „condition sine qua
non" für die Unabhängigkeit Namibias erklärte. Die südafrikanische
Regierung schloss sich der amerikanischen Forderung an und
propagierte in der Weltöffentlichkeit, dass die kubanische Präsenz
eine Bedrohung für die Region darstelle.

In einem von Pieter Willem Botha veröffentlichten Beitrag ist u.a.
Folgendes zu lesen:

> „Diese Streitkräfte bilden eine feindliche Präsenz
> ausländischer Truppen im südlichen Afrika, die es unmöglich

---

[1] Vgl. Zaki, Laidi: Les contraintes d'une rivalité, p. 168.
[2] Vgl. Kühne, Winrich: Südafrika und seine Nachbarn, S. 65; Zaki, Laidi: idem, p. 168.

161

machen, in Südwestafrika freie und faire Wahlen abzuhalten, wie sie in der Resolution 435 vorgesehen sind. Sie stellen auch eine Bedrohung für die künftige Unabhängigkeit Namibias und die Stabilität aller Länder unserer Region dar, Angola eingeschlossen".[1]

Während die südafrikanische Regierung zur Entschärfung der innenpolitischen Lage eine Verfassungsreform[2] mit einem Drei-KammerParlament (ohne Beteiligung der schwarzen Mehrheit) nach rassischen Kriterien und einem starken weißen Exekutivpräsidenten mit umfassenden Vollmachten durchsetzte, verstärkte sie gleichzeitig die direkte Aggression und ständige militärische Bedrohung[3] Angolas, indem sie nicht nur die südwestliche Provinz Cunene des Landes in den 80er Jahren mehrmals besetzte, sondern offensichtlich die UNITA militärisch und finanziell unterstützte, um eine Instabilität zu schaffen, die die politische Geschlossenheit der MPLA-Regierung und die harmonische sozio-ökonomische Entwicklung erschwerte oder verhinderte. Eine von Meyns[4] zitierte Studie der UNICEF beziffert die ökonomischen Kriegsverluste Angolas für die Zeit von 1980 bis 1988 auf 30 Mrd. US$, also doppelt so groß wie die von Mosambik. Auch wenn hervorgehoben werden muss, dass die SADF ab 1983 aufgrund des Einsatzes der Boden-Luft-Raketen SAM 8 und SAM 9 im Süden Angolas ihre Luftüberlegenheit eingebüßt hatte, muss dennoch betont werden, dass das von Südafrika langfristig verfolgte Ziel einer Schaffung eines Sicherheitsgürtels aus wirtschaftlich abhängigen (Lesotho, Swaziland) und militärisch kontrollierten Staaten (Angola,

____

[1] Botha, Pieter Willem: Südafrika - Perspektive für die Zukunft; in.: Außenpolitik, 3/1984, S. 282.
[2] Vgl. Kühne, Winrich/ Braun, Gerald: Südafrikas unerklärter Krieg; in: Jahrbuch Dritte Welt 1984, München 1983, S. 117.
[3] Zu Einzelheiten der südafrikanischen Aggression in den 80er Jahren vgl.: Offermann, Michael: Angola zwischen den Fronten, S. 216-220.
[4] Vgl. Meyns, Peter: Vom antikolonialen Befreiungskampf zu externer Destabili-sierung und internem Bürgerkrieg, S. 74.

Mosambik) mit Erfolg gekrönt wurde. Mit Unterstützung der Reagan-Administration, welche die UNITA als „Freiheitskämpfer" einstufte und ihr somit die Finanz- und militärische Hilfe gewährte, fühlte sich Südafrika in seiner Strategie gestärkt und ermutigt, so dass es Angola 1984 zu einer Waffenstillstands- und Rückzugsvereinbarung zwang. Diese Vereinbarung wurde im Februar 1984 in Lusaka unterzeichnet und kam durch Vermittlung des sambischen Staatchefs Kaunda und unter Mitwirkung der US-Regierung (Chester Crocker und sein Assistent Frank Wiesner) zu Stande. Im Mittelpunkt stand, dass Südafrika seine Truppen aus dem südlichen Angola zurückziehen würde und die marxistische Regierung Angolas die Guerilla-Einheiten der PLAN (bewaffneter Flügel der SWAPO) und die Kubaner nördlich des 16. Breitengrades zurückziehen musste.[1] Weder Südafrika noch Angola haben die Vereinbarung voll respektiert. Beide Seiten schoben unterschiedliche Gründe vor, waren aber trotzdem noch bereit zu diplomatischen Gesprächen. Gestärkt durch ihren diplomatischen Erfolg, setzte nun die burische Regierung in Pretoria ihre Doppelstrategie fort, welche einerseits aus Druck- und Destabilisierungspolitik gegen die Frontstaaten und andererseits aus Bereitschaft zu politischen Lösungen in der Region bestand. Diese Doppelstrategie wurde weiterhin in der vierten Phase ab 1985 bis 1988 mit Erfolg geführt. Die letzte Phase der südafrikanischen Interventionspolitik gegenüber Angola und den Frontstaaten wird im Kapitel 8 der vorliegenden Arbeit im Rahmen des Regionalkonfliktes behandelt.

---

[1] Vgl. Bossen, Gerd D.: Angola und Mozambique gegenüber Südafrika; in: Außenpolitik 3/1984, S. 296; Africa Confidencial, Vol. 25, Nr.5 vom 29. Februar 1984.

TEIL IV

DIE HERRSCHAFT DER MPLA-PT

Die I. REPUBLIK

(1975 - 1992)

„Das Ziel ist es, die völlige Unabhängigkeit unseres Landes zu erreichen, eine gerechte Gesellschaft aufzubauen und einen neuen Mensch zu bilden."

> Dr. Agostinho Neto (1922 - 1979), erster Staatspräsident der VR Angola, anlässlich der Unabhängigkeit am 11. November 1975.

„Wir hatten vor, eine gerechte Gesellschaft ohne Unterschiede und ohne Privilegien aufzubauen, kurz gesagt, das Paradies der Christen. (...) Die Utopie ist verloschen. Und heute stinkt sie wie eine sich in Verwesung befindende Leiche. Von der Utopie ist nur eine inhaltlose Rede geblieben".

> Artur Carlos Pestana (Pepetela)
> Angolanischer Schriftsteller, Ex- Mitglied des ZK der MPLA und Ex- Vize-Bildungsminister. in.: A geraçâo da Utopia" (Die Generation der Utopie) 1992, p. 202, aus dem Portugiesischen von mir übersetzt.

6   DIE MPLA- Regierung

6.1   Die Ära Agostinho Neto (1975-1979)

Die Proklamation der Unabhängigkeit Angolas durch die MPLA am 11. November 1975 wurde während des Bürgerkrieges und der intensiven ausländischen Interventionen gefeiert, nachdem die MPLA unter der Führung von Agostinho Neto mit Hilfe der kubanischen Truppen einige Monate zuvor die rivalisierenden Kräfte der FNLA und der UNITA aus der Hauptstadt Luanda verdrängt hatte. Während die völkerrechtliche Souveränität in den meisten Kolonien in Afrika friedlich erlangt wurde und infolgedessen die ersten Regierungen der 60er Jahre durch allgemeine und geheime Wahlen demokratisch legitimiert worden waren, erreichten die portugiesischen Überseegebiete ihre Unabhängigkeit nach einem lang andauernden Befreiungskrieg gegen die Kolonialmacht.

Das für Angola ausgehandelte Unabhängigkeitsabkommen von 1975, welches die Abhaltung von Wahlen vorsah, konnte nicht verwirklicht werden. Am 11. November 1975 rief dann der selbst ernannte Staatspräsident Agostinho Neto die Volksrepublik Angola aus und stellte gleichzeitig seine Regierungsmannschaft vor. In einer Ansprache gab Neto die grundlegenden Linien seiner Politik bekannt, und er offenbarte ferner, dass *„Angola unter der Führung der MPLA auf den Weg zur Volksdemokratie zusteuern werde"*.[1]

Das Ziel - fügte Neto hinzu - sei, „die völlige Unabhängigkeit des Landes zu erreichen, eine gerechte Gesellschaft ohne Ausbeuter

---

[1] Vgl. Neto, Agostinho: Discurso da proclamação da independência, Ministério da Informação: Documentos - Texto da proclamação da independência, Luanda 1975, p. 11.

und Ausgebeutete aufzubauen und einen neuen Mensch zu bilden".[1] Die ein Tag zuvor vom ZK der MPLA gebilligte und mit der Unabhängigkeit in Kraft getretene Verfassung verdeutlichte eine Tendenz der Zentralisation der politischen Macht mit einem Exekutivpräsidenten, der zugleich Chef der Partei ist, und andererseits die Herausbildung des Führungs-anspruchs der MPLA in allen gesellschaftlichen Bereichen, besonders gegenüber dem Staat, was zu einer Verschmelzung von Partei mit Staatsorganen und Staatsfunktionen führte. Die von der MPLA gebildete Regierung mit Lopo do Nascimento als Premierminister, Nito Alvès als Innenminister und Iko Carreira im Verteidigungsministerium war dem Staatspräsidenten unterstellt.[2] Diese Regierung war dadurch gekennzeichnet, dass die wichtigsten Ämter mit Angolanern europäischer Abstammung besetzt waren. Diese Tatsache rief Ressentiments in der Bevölkerung und vor allem Rivalitäten innerhalb der Regierungspartei hervor. Während es der MPLA, militärisch betrachtet, zwar schon im März 1976 gelungen war, die heftigen Auseinandersetzungen um die Herrschaft für sich zu entscheiden und somit die Kontrolle in fast allen Landesteilen auszuüben, nachdem sich die südafrikanische Armee zurück gezogen hatte, war es für sie schwierig, ihre wirtschaftliche und soziale Vorstellung in die Wirklichkeit umzusetzen. Die soziale und wirtschaftliche Lage wurde noch dadurch verschlimmert, dass die Regierung trotz des Mangels an ausgebildeten Kadern und trotz der Massenflucht der Portugiesen, denen bis zur Unabhängigkeit eine bedeutende Rolle in allen wichtigsten sozio-ökonomischen Sektoren zugekommen waren, eine Sparpolitik mit Verstaatlichung der

[1] Vgl. Neto, Agostinho: idem, p. 11.
[2] Vgl. Somerville, Keith: Angola - Politics, Economics and Society; London 1986, p. 47.

Industrie und mit staatlicher Kontrolle des Binnen- und Außenhandels anordnete. Im Oktober 1976 kam das ZK der MPLA zu einer Plenarsitzung zusammen und bekannte sich offiziell zum Marxismus-Leninismus sowjetischer Prägung. Die Ausrichtung der MPLA auf den wissenschaftlichen Sozialismus ist Meyns[1] zufolge u.a. auf die Erfahrung und vor allem auf die Wirkung des lang andauernden Befreiungskrieges, welcher aufgrund der Spaltung der nationalistischen Kräfte in das Spannungsfeld der Ost-West-Konfrontation geraten war, zurückzuführen. Als weiterer Schritt zur Machtkonsolidierung wurde der 1. MPLA-Kongress für Dezember 1977 festgelegt. Vor der Abhaltung des 1. Kongresses versuchte die Gruppe um den Innenminister Nito Alvès am 27. Mai 1977, unter Ausnutzung der sich seit der Unabhängigkeit verschlechternden wirtschaftlichen und sozialen Lage einen Staatsstreich durchzuführen.[2] Dem von kubanischen Truppen niedergeschlagenen Staatsstreich[3] folgte eine Säuberungsaktion, bei der mehrere Provinz- und Distriktkommissare abgesetzt, die Stadtviertelkomitees

---

[1] Vgl. Meyns, Peter: Sozialismus und Entwicklung in Angola; in: Fritsche, Klaus: Verlorene Träume, Stuttgart   1989, S. 27.

[2] Nito Alvès trat 1965 der MPLA bei. Er war während des Befreiungskampfes Kommandant der ersten Militärregion der MPLA in den Dembos-Bergen. 1974 wurde er Mitglied des ZK und im November 1975 zum Innenminister ernannt. Im Gegensatz zur intellektuellen Führerschaft der MPLA, die ihre Ausbildung in Europa absolviert hatte, pflegte Nito enge Beziehungen zu den Volksmassen in den Elendsvierteln von Luanda. Im März 1976 vertrat er die angolanische Regierung auf dem Kongress der KPSU in Moskau. Wegen Fraktionsbildung wurden er und sein Komplize, José Van Duném (Politischer Kommissar der Streitkräfte für Südangola), aus dem ZK ausgeschlossen und kurz darauf (20.05.1977) verhaftet.

[3] Nach Iko Carreira, Ex-Verteidigungsminister, wurde der Staatsstreich unter Beratung von zwei Offizieren des   sowjetischen Geheimdienstes in Luanda, Pavel Stariakow und Juri Fedin, vorbereitet. Beide verließen das Land unbemerkt nach dem gescheiterten Putschversuch. In seiner Ansprache an die Nation hatte der Staatspräsident   Neto „einige befreundete Länder" der Mittäterschaft bezichtigt. Vgl. Carreia, Iko: O pensamento estratégico de   Agostinho Neto, p. 155; Offermann, Michael: Angola zwischen den Fronten, S. 462; Santamaria, Yves: Afrocommunismes: Ethiopie, Angola, Mozambique; in: Le livre noir du communisme, Paris 1997, pp. 743-767, hier p. 760.

in Luanda aufgelöst und Umstrukturierungen in der Armee und in den Massenorganisationen vorgenommen wurden. Den „Fraktionisten" wurden Rassismus, Regionalismus und Tribalismus vorgeworfen. Bei den von der Geheimpolizei DISA (Direcçâo de Inteligência e Segurança de Angola) durchgeführten Repressionsmaßnahmen wurden über 10.000 Menschen ohne Gerichtverfahren ermordet und 5.000 verhaftet und verurteilt.[1] In der Stadt Ngunza (Provinz Kwanza-Sul) wurden an einem Tag, am 6. August 1977, ca. 200 Personen hingerichtet.[2] Ähnliche Aktionen fanden in andere Provinzen gegen vermeintliche Fraktionisten statt. Die MPLA wurde dann im Dezember 1977 in eine marxistisch-leninistische Avantgarde-Partei (MPLA-Partido do Trabalho) umgewandelt, um, wie ihr Präsident sagte, „den Fortgang des revolutionären Prozesses zu gewährleisten und um der Bildung der sozialistischen Gesellschaft die Richtung zu geben".[3] Das Prinzip der Führung des Staates und der Gesellschaft durch die Partei, wie üblich in Ländern sozialistischer Orientierung, wurde durch Beschlüsse des I. Kongresses hervorgehoben und bekräftigt. Verfassungsrechtlich äußerte sich dieses Prinzip einerseits in der personellen Identität von Partei-, Staats- und Regierungschef und Oberkommandierendem der Armee, und andererseits in der Tatsache, dass die Mitglieder der Parteiführung zugleich wichtige Staatsämter bekleideten, sowie in einer Priorität der Beschlüsse zentraler Parteiorgane

---

[1] Vgl. Diário económico , Lisboa, 28.05.1997 Das Ausmaß der Repression ist bis heute noch nicht untersucht worden. Diese Frage wurde 1992 während des Wahlkampfes von Überlebenden in die Diskussion gebracht, jedoch ohne Folge, da die MPLA die 1992 organisierten Wahlen gewann. Im Mai 1997 forderte der PRD (Partido Renovador Democrático) die Bildung einer Wahrheitskommission, die alle in Angola begangenen Menschenrechtsverletzungen untersuchen sollte.
[2] Vgl. Santamaria, Yves: Afrocommunismes: Ethiopie, Angola, Mozambique, pp. 760-761.
[3] Vgl. Neto, Agostinho: Relatório do Comité Central do MPLA ao 1. Congresso, Luanda 1977, p. 24.

und ihrer Grundlegung für die Regierung.[1] Nach der
Verfassungsänderung von 1978, mit der der Posten des
Premierministers abgeschafft wurde, entließ der Staatspräsident
Neto seinen Premierminister Lopo do Nascimento und die beiden
Stellvertreter, Carlos Rocha Dilolwa und José Eduardo Dos Santos.
Während Eduardo Dos Santos mit einem neuen Ministeramt
(Planungsminister) betraut wurde, wurden Lopo do Nascimento und
Rocha Dilolwa offiziell mangelnde revolutionäre Motivation,
Bürokratismus, Disziplinlosigkeit, Macht- und Amtsmissbrauch sowie
kleinbürgerliche Gesinnung vorgeworfen.[2] Mit der Abschaffung des
Amtes des Premierministers zeichnete sich eine deutliche Macht-
konzentration in den Händen des Staatspräsidenten ab, der nun
gemäß Art. 52 und 53 der Verfassung sowohl die Regierung als
auch den Revolutionsrat (Conselho da Revolução) leitete. Dem
Revolutionsrat, welcher nach Art. 35 der Verfassung von 1975 bis
zur Konstituierung der Volksversammlung im November 1980 das
oberste Staatsorgan war, gehörten u.a. alle Mitglieder des ZK der
MPLA und die Angehörigen der Streitkräfte (Verteidigungsminister,
Generalstabschef der Armee, alle politischen Kommissare der
FAPLA sowohl auf nationaler als auch auf regionaler Ebene) an,
wobei hervorzuheben ist, dass die Letzteren ein deutliches
Übergewicht hatten. Hier sieht man trotz des ideologischen
Unterschiedes eine Reihe von Gemeinsamkeiten bzw. Ähnlichkeiten
mit den übrigen Einheitsparteien in Afrika südlich der Sahara, wie
z.B. mit der MPR unter Mobutu in Zaire.

---

[1] Vgl. Hutschenreuter, Klaus: Die politische und staatliche Organisation der Gesellschaft im subsaharischen Afrika; in: Staat und Recht, Berlin 1973, H. 12, S. 66-68
[2] Vgl. Somerville, Keith: Angola, p. 56; Scott, Catherine V.: Socialism and the Soft State in Africa: an Analysis of Angola and Mozambique; in: The Journal of Modern African Studies, 26, 1/1988, p. 33; Zischg, Robert: Die Politik der Sowjetunion gegenüber Angola und Mozambique, S. 123.

Der Kampf gegen die kleinbürgerliche Mentalität im Staatsapparat und in der Gesellschaft wurde im Rahmen des vom I. Kongress beschlossenen „Ausleseprozesses" („Campanha de rectificaçâo") durchgeführt, um einerseits die Partei zu revitalisieren und andererseits ihre Strukturen auf das ganze Territorium auszudehnen.[1] Trotz der scheinbaren Kohäsion, die die MPLA innenpolitisch gegenüber den internen Feinden (FNLA und UNITA) und außenpolitisch gegenüber dem internationalen Imperialismus und den externen Aggressionen (Südafrika) zu bewahren versuchte, konnten die Rivalitäten zwischen den sich gegeneinander bekämpfenden und sich lahm legenden Flügeln nicht beigelegt werden. Diese Rivalitäten, die auf ethnische, regionale, soziale, ideologische und rassische Gründe zurückgeführt werden können, verstärkten die Stellung des Staatschefs, der als Schiedsrichter zwischen den verschiedenen Allianzen innerhalb der MPLA zu vermitteln wusste. Als Instrument der Machtkonsolidierung spielte der Marxismus-Leninismus nur eine geringe Rolle für die politische Superstruktur des Staates und der Partei. Er konnte auch keine nennenswerten Veränderungen der sozialen Strukturen des Landes herbeiführen. Die in Angola bis 1991 praktizierte Ideologie marxistisch-leninistischer Prägung ist durch folgende Merkmale[2] gekennzeichnet:

- eine Avantgarde-Partei zur Bildung einer Nation;
- den demokratischen Zentralismus als Mittel zur Durchsetzung der politischen Ziele und zur Einschränkung der politischen Grundrechte und

[1] Vgl. Scott, Catherine V.: idem, p. 32.
[2] Vgl. Cahen, Michel: Une Afrique lusophone libérale? in: Lusotopie 1995, p. 89.

Freiheiten; er ist nicht nur gegen Andersdenkende, sondern auch gegen die kulturelle und soziale Vielfalt des Landes gerichtet;

- eine politische Rhetorik gegen die Ausbeutung des Menschen durch den Menschen, welche gegen den Kolonialismus, den Kapitalismus, den Imperialismus und vor allem gegen die internen Reaktionäre gerichtet ist.

Bis zu seinem Tode im September 1979 bemühte sich Neto, die innenpolitische Lage zu stabilisieren, indem er mit Erfolg die im Norden des Landes kämpfenden Guerilla-Einheiten der FNLA und FLEC durch die Normalisierung der diplomatischen Beziehungen mit den Nachbarstaaten Gabun und Zaire lahmlegte. Der von ihm beabsichtigte Kontakt zur Beilegung des Konfliktes mit der UNITA konnte nicht mehr in die Wirklichkeit umgesetzt werden.[1] Um ein Machtvakuum zu vermeiden, wählte das ZK der MPLA-PT in einer Dringlichkeitssitzung José Eduardo Dos Santos, Mitglied des Politbüros und Planungsminister, am 20. September 1979 gemäß Art. 55 der Verfassung zu seinem Nachfolger.

---

[1] Der Tod von Agostinho Neto am 10. September 1979 in einem Moskauer Militärkrankenhaus bleibt für viele Angolaner bis heute mysteriös. Es wird weiterhin spekuliert, dass der Tod von Neto auf dessen Absicht, sich mit der UNITA zu versöhnen, wie er bei seiner letzten Kundgebung in Malange kurz vor der Reise in die Sowjetunion klargestellt hatte, zurückzuführen sei. Vgl. Atsutsé, Kokouvi Agbobli: Savimbi - Combats pour l'Afrique et la démocratie, p. 43; Zischg, Robert: idem, S. 139.

6.1.1 Die Ära Dos Santos in der I. Republik

(1979 - 1992)

Als Eduardo Dos Santos das Amt des Staats- und Parteichefs übernahm, war die allgemeine Situation des Landes durch eine sich immer mehr verschlechternde Wirtschaftslage und durch eine zunehmende militärische Polarisierung zwischen der herrschenden MPLA-PT und der Rebellenorganisation UNITA gekennzeichnet. Die negativen Tendenzen der niedergehenden Wirtschaft waren insbesondere auf dem Gebiet der Lebensmittelversorgung und der Wohnraumbeschaffung in den Städten, aufgrund der steigenden Zahl von Vertriebenen aus den ländlichen Regionen zu spüren. Die von der Regierung durchgesetzte Verstaatlichung der Wirtschaft und die durch die Volksläden kontrollierte Lebensmittelversorgung hatten zu einem florierenden informellen Schwarzmarkt („*Candonga*") und zur Korruption im Staatsapparat geführt. Wegen der Knappheit wurden die importierten Lebensmittel aus den offiziellen Kanälen abgezweigt, um später auf dem Markt angeboten zu werden. Anstatt eine politische Kursänderung[1] herbeizuführen, um den internen Konflikt zu lösen und damit den Wiederaufbau des Landes zu erleichtern, stellte sich Dos Santos als Verfechter des Marxismus-Leninismus dar, dessen Grundprinzipien „der Einheit der Macht und des demokratischen Zentralismus" er durch das ZK der MPLA-PT verfassungsrechtlich im August 1980 verankern ließ.

---

[1] Auch wenn der Staatspräsident Dos Santos eine Kursänderung gewollt hätte, hätte er diese sowohl aus innenpolitischen als auch außenpolitischen Gründen nicht durchsetzen können. Die MPLA-Regierung war im Hinblick auf die Ost-West-Konfrontation auf die Hilfe der Sowjetunion und Kuba angewiesen, um ihre Macht zu erhalten. Die Präsenz von über 30.000 kubanischen Soldaten und zahlreichen Beratern in Staats- und Parteistrukturen stellte einen abmahnenden Effekt für jeglichen Versuch dar.

Nachdem er im Dezember 1980 vom I. außerordentlichen Kongress der MPLA-PT in seinem Amt als Staats- und Parteipräsidenten bestätigt worden war, bemühte sich Dos Santos, seine bis dato beschränkte Autorität bzw. seine Einflusssphäre sowohl in den Parteigremien (ZK und Politibüro) als auch im Staatsapparat unter Ausnutzung der Rivalitäten unter den verschiedenen sich bekämpfenden Flügeln[1] durchzusetzen bzw. zu erweitern. Messiant ist beizupflichten, wenn sie notiert:

> „Bien que n'ayant aucune base sociale propre, le Président qui succéda à Agostinho Neto, José Eduardo Dos Santos, put imposer son pouvoir en jouant au fil des années des divisions et rivalités. C'est bientôt par lui (et non par le Parti, ni par le gouvernement) que se firent les promotions politiques, et, c'est lui qui, même s'il subit des pressions, détient de plus en plus le pouvoir de décision".[2]

Die im November 1980 konstituierte Volksversammlung als oberstes Gesetzgebungsorgan, welches mit 206 von der Partei bestellten Abgeordneten den Revolutionsrat ablöste, wurde vom Anfang zum *„Registrierungschor"*[3] der Entscheidungen der Partei degradiert, da die tatsächliche Arbeit der Legislative von einer vom Staatspräsidenten geleiteten 25-köpfigen ständigen Kommission

---

[1] Um die divergierenden Tendenzen innerhalb der MPLA zu charakterisieren, spricht Offermann von einem Konflikt zwischen den mehrheitlichen „Afro-Nationalisten" und der minoritären Gruppe der marxistischen Theoretiker, Ideologen und Dogmatiker. Messiant hingegen bezeichnet die Ersteren als „nouveaux assimilés" und die Letzteren als „anciens assimilés", wobei es sich bei diesen Bezeichnungen um zwei Elitengruppen handelt, deren Sozialisation in der Kolonialzeit aufgrund der sozialen Herkunft unterschiedlich verlaufen ist. Vgl. Offermann, Michael: Angola zwischen den Fronten, S. 478-479; Messiant, Christine: Angola - Les voies de l'ethnisation et de la décomposition; in: Lusotropie Nr.1-2, Paris 1994, pp. 173-175.

[2] Messiant, Christine: Les voies de l'ethnisation et de la décomposition, p. 176 .

[3] Dieser Eindruck beruht auf der eigenen Erfahrung des Verfassers, der von 1980 bis 1985 als Journalist bei der in Luanda erscheinenden Tageszeitung *„Jornal de Angola"* mehreren Plenarsitzungen sowohl der Volksversammlung als auch der Provinzversammlungen beiwohnte.

wahrgenommen wurde. Die Degradierung der Volksversammlung lässt sich auch an der Tatsache feststellen , dass alle Mitglieder des Politbüros und des ZK der MPLA gleichzeitig Abgeordnete und einige von ihnen sogar Regierungsmitglieder waren. Bei dieser Konstellation kann nicht von einer effektiven Kontrolle der exekutiven durch die legislative Gewalt wie in der liberalen Demokratie gesprochen werden. Aufgrund der sich ab 1981 zuspitzenden politisch-militärischen Auseinandersetzungen sowohl mit der UNITA als mit den südafrikanischen Truppen verfestigte sich das politisch-soziale System in Angola. Während die Nomenklatura der MPLA-PT sich gleichzeitig durch die Erdöleinnahmen und durch den illegalen Diamantenschmuggel schamlos bereicherte und den Krieg unter ernormen finanziellen Anstrengungen und Opfern führte, krepierte die Mehrheit der Bevölkerung in maßloser Armut. Es zeichnete sich auch ab dieser Periode eine deutliche enge Verflechtung zwischen der Staats- und Parteiführung und dem Militärapparat des Landes ab. Die Zunahme der Macht des militärischen Etablishments im politischen System lässt sich dadurch erklären, dass das Land seit der Unabhängigkeit sowohl von „internen Feinden" als auch von externen Mächten destabilisiert war und noch ist. Um dem Staatspräsidenten Handlungsmöglichkeiten bei der Bewältigung der zunehmenden sicherheitspolitischen und wirtschaftlichen Probleme des Landes zu gewähren, stattete ihn das ZK der MPLA-PT, welches zu einem Drittel aus Angehörigen der Streit- und Sicherheitskräfte bestand, mit Sondervollmachten aus. Mit dem im Juli 1983 verabschiedeten Gesetz über die innere Sicherheit wurden regionale Militärräte[1] eingesetzt, denen die

---

[1] Die territoriale Gliederung der eingesetzten Militärräte entsprach der der Militärregionen. Die Provinzen Huíla, Namibe und Cunene z.B. gehörten der 5. Militärregion an und bildeten zusammen einen Militärrat, deren Sitz die Stadt Lubango ist.

Führung im politischen, sozialen, wirtschaftlichen und vor allem im militärischen Bereich der jeweiligen Region übertragen wurde.[1] Die Präsidenten der CMR (Conselhos militares regionais - Militärräte aus je 2 bis 3 Provinzen), bestehend aus den Provinzgouverneuren, der Führung der Militärregion, der Sicherheits- und Polizeikräfte und schließlich aus der Parteiführung in den Provinzen, wurden vom Staatspräsidenten ernannt und waren ihm direkt unterstellt.

Mit der Umgestaltung des Verteidigungs- und Sicherheitsrates auf nationaler Ebene im Mai 1986 kontrollierte nun Dos Santos alle Entscheidungsgremien in Angola. Durch diese Kontrolle gelang es ihm allmählich, wirtschaftpolitisch betrachtet, den Beitritt Angolas zu dem IWF und anderen Finanzinstitutionen durchzusetzen und somit eine schrittweise wirtschaftliche Liberalisierung einzuführen. Mit diesem Beitritt zeichnete sich der Anfang der Transition von einer Plan- zur Marktwirtschaft ab, auch wenn dies hinsichtlich der angolanischen Verhältnisse als *„wilder Kapitalismus"* zu bezeichnen ist. Gleichzeitig reduzierte sich die vom II. Ordentlichen Kongress der Partei beschlossene Kampagne gegen die Korruption zu einer wirkungslosen selbstkritischen Rhetorik, die die innere Kohäsion nicht gefährden konnte. Unter diesen Umständen bildete sich - wie es Heribert Weiland ausdrückt - eine parasitäre Staatsklasse, *„die die Gesellschaft mit all ihren internen und externen Einkommen als Pfründe ansieht, welche sie für sich und ihre Klientel so intensiv wie möglich zu nutzen versucht".*[2] Hier trifft genau zu, dass der Staat - wie Achille Mbembe schreibt - aus der Sicht der Machthaber als *„Ernährungsraum"* („espace alimentaire") betrachtet wird.

---

[1] Vgl. Meyns, Peter: Sozialismus und Entwicklung in Angola, S. 45.
[2] Vgl. Weiland, Heribert: Der schwierige Weg zur Demokratie in Afrika: Voraussetzungen, Chancen und Rückschläge; in: Koch, Walter A. S.: Ökonomische Aspekte der Demokratisierung in Afrika, München 1995, S. 15-40, hier S. 23.

„L'Etat est ici l'espace alimentaire par excellence. Ceux qui
parviennent à s'en emparer échappent de ce fait à la famine
et à la disette. Ils peuvent, par ce biais, contrôler le processus
d'accumulation... le pouvoir est ainsi perçu en Afrique comme
le lieu du repas... L'Etat, la Fonction publique, la Police,
la Force militaire, etc... sont assumés avant tout comme autant
de gisements alimentaires et d'instruments d'extorsion. Ils
constituent des sites à partir desquels s'organisent la satiété
ou la disette."[1]

Mit dem Ende des Ost-West-Konfliktes ging es der Nomenklatura der MPLA-PT nun darum, die Macht um jeden Preis unter Einbeziehung der begnadigten früheren Elemente der FNLA und Dissidenten (wie z.b. Daniel Chipenda aus der „Revolta do Leste") zu erhalten. Die vom III. Ordentlichen Kongress beschlossene Einführung des Mehrparteiensystems und die darauf folgende Verfassungsänderung Anfang der 90er Jahre gehören zu dieser Strategie um den Machterhalt.

6.2 Die Wirtschafts- und Sozialpolitik der MPLA-Regierung (1975 - 1992)

Im letzten Abschnitt wurden die Grundzüge des angolanischen politischen Systems in der I. Republik bis 1992 verfassungsrechtlich untersucht, wobei aufgezeigt wurde, wie sich die Machtkonzen-tration, aufgrund der internen und externen militärischen Destabili-sierungsversuche, zugunsten des Staatspräsidenten herausgebildet hatte und wie das oberste Staatsorgan - die Volksversammlung - zum „Registrierungschor" der Beschlüsse der Parteigremien

---

[1] Zitiert nach Oyono, Dieudonné: Du parti unique au multipartisme - Environnement international et processus de démocratisation en Afrique; in: Afrique 2000, Nr. 6, Juillet-Août-Septembre 1991, pp. 45-53, hier p. 51.

degradiert wurde. Im Rahmen des vorliegenden Kapitels wird auf die Wirtschafts- und Sozialpolitik[1] der MPLA-Regierung in der I. Republik eingegangen. Für welche Ziele ist die MPLA-PT eingetreten? Ist die bürgerkriegsähnliche Situation bzw. die Destabilisierungspolitik Südafrikas gegenüber Angola alleine verantwortlich für den Wirtschaftskollaps? Was sind heute die sozialen und wirtschaftlichen Folgen der von der MPLA-PT durchgeführten Planwirtschaft? Was sind die Hindernisse für ein effektives Funktionieren der ab Ende der 80er Jahre eingeleiteten Reformen zur Marktwirtschaft? Um diese Fragen zu beantworten, ist es notwendig, die von der MPLA-PT bei ihren Parteikongressen beschlossenen wirtschaftspolitischen Ziele zusammenfassend darzu-stellen. Auf der Grundlage dieser ökonomischen Orientierung werden die wichtigsten Wirtschaftssektoren Angolas (Diamanten, Erdöl und Landwirtschaft) analysiert. Im Mittelpunkt der ökonomischen Strategie der MPLA-PT stand die Aufgabenstellung,

---

[1] Grundlage des Kapitels stellen u.a. folgende Beiträge und Veröffentlichungen dar: Cahen, Michel: Une Afrique lusophone libérale? in: Transitions libérales en Afrique lusophone, Lusotopie, Paris 1995, pp. 85-104; Ferreira, Manuel Ennes: A política de recuperaçâo económica na R.P. de Angola; in: Política internacional, Nr. 1, Vol. 1, Janeiro 1990, pp. 107-132; ders.: Despesas militares e ambiente condicionador na política económica angolana; in: Estudos de Economia, 12, Lisboa 1992, pp. 419-438; ders.: La reconversion économique de la nomenclatura petrolière; in: Politique africaine, Nr. 57, Paris 1995, pp. 11-26; Hodges, Tony: Angola to the 1990s, London 1987; Jung, Helmut: Aktuelle sozialökonomische Programme und staatsrechtliche Konzeptionen in der VR Angola und der VR Mosambik, Beiträge der Staats- und Rechtwissenschaft, Heft 384, Postdam 1989; Godfrain, Jacques/ Sampaio, Mário: Angola - l'indépandance après vingt ans; in: Marchés tropicaux, Paris 1995, Nr. 2610, pp. 2512-2515; Hillebrand, Ernst: Die Landwirtschaftspolitik der VR Angola; in: Afrika-Spektrum 1/89, Hamburg 1989, S. 71-90; Paulo, Manuel António: Die Gestaltung des Produktions- und Verbindungshandels unter den Bedingungen der Marktwirtschaft in Angola, Dissertation, Berlin 1991; Pössinger, Hermann: Perspektiven der angolani-schen Landwirtschaft; in: DASP- Jahrbuch 1993, Bonn 1993, S. 91-101; Meyns, Peter: Angola; in: Handbuch der Dritten Welt, Bonn 1993, S. 320-338; ders.: Sozialismus und Entwicklung in Angola; in: Fritsche, Klaus: Verlorene Träume, Stuttgart 1989, S. 27-53; Ministère des Finances: Aperçu de l'économie angolaise, Luanda 1989; Roque, Fátima: Regime comercial angolano e a sua reforma; in: Estudos de Economia, 12, Lisboa 1992, pp. 283-302; ders.: A economia de Angola, Lisboa 1991; Statistisches Bundesamt: Länderbericht Angola, Wiesbaden 1991/1993

Angola mittels einer sozialistischen Planwirtschaft zu einem Industrie-Agrarstaat zu entwickeln, wie es in der Verfassung von 1975 festgeschrieben worden war. Der ab 1975 stattfindende nachkoloniale Machtkampf zwischen den drei rivalisierenden Befreiungsbewegungen hatte zum Zeitpunkt der Machtübernahme durch die MPLA zu einer Stagnation der Produktion und zum rapiden Absinken der Produktivität sowie zum teilweisen Zusammenbruch des Handelnetzes geführt, da die in allen Bereichen der angolanischen Wirtschaft tätigen Portugiesen das Land aus Sicherheitsgründen verlassen hatten. Die massive Flucht der Portugiesen hatte die Regierung dazu veranlasst, ab 1976 durch Nationalisierung und Konfiszierung der von ihren Besitzern verlassenen Unternehmen in der Industrie, in der Landwirtschaft, im Handels- und Verkehrswesen einen dominanten staatlichen Wirtschaftssektor zum Aufbau einer sozialistischen Planwirtschaft zu schaffen.[1] Gleichzeitig war der sich in den Händen der internationalen Konzerne befindende Erdölsektor (mehrheitlich von den US Firmen Cabinda Gulf Oil/ Chevron) aus politisch-strategischen Überlegungen von diesen Maßnahmen ausgeschlossen, auch wenn hervorgehoben werden muss, dass die 1976 gegründete angolanische Erdölgesellschaft (SONANGOL) nun in diesem Sektor beteiligt war und noch ist. Ein anderer Schritt zur Überwindung der kolonialen Situation erfolgte im Oktober 1976 mit der Gründung der Nationalbank Angolas, welche durch die Emission einer neuen, nicht konvertierbaren Währung (Kwanza) die Währungshoheit der Regierung symbolisieren und wiederherstellen sollte. Die von der Regierung vollzogene Währungsreform diente auch dem Ziel, die

---

[1] Vgl. Paulo, Manuel António: Die Gestaltung des Produktions- und Verbindungshandels unter den Bedingungen der Marktwirtschaft in Angola, Dissertation, Berlin 1991, S. 5; Meyns, Peter: Angola; in: Handbuch der Dritten Welt, Bonn 1993, S. 325.

durch die Kapitalflucht begonnene Wirtschaftssabotage durch die Konvertier-barkeit des angolanischen „Escudos" im Ausland einzudämmen. Ab 1977 wurden die Ziele und Strategien zur wirtschaftlichen und sozialen Entwicklung in Angola in Form einer Drei- bzw. Fünfjahresplanung durch Parteibeschlüsse definiert, wobei in der Wirtschaftspolitik der MPLA-Regierung bis 1992 zwei wesentliche Perioden erkennbar sind[1]:

1. Verstaatlichung der Wirtschaft und administrative Regulierung durch die Planwirtschaft zwischen 1975 und 1987; und

2. die ersten Wirtschaftsreformen mit dem Programm zur wirtschaftlich-finanziellen Sanierung (SEF) und Reprivatisierung der Wirtschaft zwischen 1987 und 1992. Diese beiden Perioden wurden insbesonders durch drei Faktoren bestimmt, nämlich die direkten und indirekten Folgen der politisch-militärischen Situation des Landes, die zunehmende Abhängigkeit der Staatseinnahmen von dem Erdölsektor und schließlich die Misswirtschaft der Regierung.[2]

---

[1] Vgl. Ferreira, Manuel Ennes: Despesas militares..., p. 421.
[2] Vgl. Ferreira, Manuel Ennès: Despesas militares..., p. 421; Hodges, Tony: Angola to the 1990s, London 1987, p. 32.

6.2.1 Die Verstaatlichung der Wirtschaft

Die erste Periode ist gekennzeichnet durch eine Verkennung und Vernachlässigung der Marktwirtschaft und ihrer Elemente, durch die Übertonung zentralistisch administrativer Leistungs- und Lenkungsmaßnahmen des Staates mit ihren verbindlichen Plankennziffern zur Produktionsentwicklung und schließlich durch die Ablehnung jeglicher Beteiligung an den internationalen Finanz- und Wirtschaftsinstitutionen (IWF, Weltbank, EU-AKP-Abkommen).[1] In diesem Zusammenhang erarbeitete der I. Ordentliche Kongress der MPLA-Arbeiterpartei im Jahr 1977 detaillierte Richtlinien für die kurz- und langfristige wirtschaftliche Entwicklung des Landes, wobei beschlossen wurde, die zentrale Leitung und Planung der ökonomischen und sozialen Entwicklung zu stärken und die schon ein Jahr zuvor angefangene Nationalisierung und Konfiszierung fortzusetzen.[2] In dieser Phase der planwirtschaftlichen Regulierung setzte sich die MPLA-Regierung zur Wiederbelebung der Wirtschaft zum Ziel, das Produktionsniveau von 1973 in allen Bereichen wiederherzustellen, um die Lebensbedingungen der Bevölkerung zu verbessern und die Exporteinnahmen zu erhöhen.[3] Neben dem ausgedehnten Staatssektor wurde die Existenz von Privatunternehmen durch das Gesetz über Auslandsinvestitionen vom Juli 1979 in Form von gemischten Unternehmen (UEM - Unidade Económica Mixta) rechtlich gesichert, aber gleichzeitig wurde die Tätigkeit von angolanischen Privatinitiativen durch zahlreiche bürokratische Hindernisse wie z.B. bei Devisentransaktionen und

[1] Vgl. Ferreira, Manuel Ennès: Despesas militares..., p. 421.
[2] Vgl. Meyns, Peter: Sozialismus und Entwicklung in Angola, S. 30-31.
[3] Vgl. Kress, Albin/ Petzold, Siegfried: Volksrepublik Angola - Aufbruch in eine neue Zeit, Berlin 1985, S. 154

Importlizenzen so erschwert[1], dass die Entstehung eines angolanischen Unternehmertums verhindert wurde. Angesichts der im Dezember 1980 durch den I. Außerordentlichen Kongress der MPLA-PT festgestellten Tatsache, dass die drei Jahre zuvor weit gesteckten wirtschaftspolitischen Ziele - das Produktionsniveau[2] von 1973 - aufgrund der sich verstärkenden und zunehmenden militärischen Auseinandersetzungen mit der UNITA und Südafrika nicht erfüllt werden konnten, wurde der Verteidigung des Landes höchste Priorität eingeräumt. In diesem Sinne sollte die sozioökonomische Entwicklung des Landes mit der Notwendigkeit der politisch-militärischen Strategie harmonisiert werden. Alle Maßnahmen, die hierfür erlassen wurden, erwiesen sich als wirkungslos, da der Verteidigungssektor von Jahr zu Jahr den Staatshaushalt enorm belastete. Während 1978 die Verteidigungsausgaben noch ca. 25% des Staatshaushaltes ausmachten, stiegen sie 1983 auf ca. 35%, um vier Jahre später fast 42% des Staatsbudgets zu erreichen.[3] Die fehlenden Investitionen, die Desorganisation und die auf soziale Gründen zurückzuführende sinkende Arbeitsmoral- und Disziplin sowie das schlechte Management führten dazu, dass in dieser Periode (1975-1987) die Produktion in fast allen Wirtschaftsbereichen, wie z.B. in der Lebensmittelindustrie (-58%), im verarbeitenden Gewerbe (-39%), in der Schwerindustrie (-64%) und in der extraktiven Industrie (-83%), im Vergleich zu 1973 drastisch zurückging.[4]

---

[1] Vgl. Roque, Fátima: A economia de Angola, Lisboa 1991, pp. 221.
[2] Hierzu vgl. II. Teil der vorliegenden Abhandlung über die koloniale Wirtschaftspolitik und die dazugehörigen Daten über die Produktion von Diamanten, Erdöl, Kaffee und anderen landwirtschaftlichen Produkten.
[3] Vgl. Ferreira, Manuel Ennès: Despesas militares..., p. 427.
[4] Vgl. Godfrain, Jacques/ Sampaio, Mário: Angola - l'indépendance après vingt ans; in: Marchés tropicaux, Nr. 2610, Paris 1995, p. 2514.

181

Während im selben Zeitraum die Diamantenproduktion von 2, 1 Mio. Karat im Jahre 1973 auf 871.000 Karat im Jahre 1987 und die von Kaffee von über 210.000 Tonnen 1973 auf nur 16.000 Tonnen 1987 zurückfiel[1], erlebte der Erdölsektor wegen der von den ausländischen Konzernen getätigten Investitionen und trotz der Preisschwankungen auf dem Weltmarkt ab 1981 einen deutlichen Aufschwung.[2] Da die Landwirtschaft infolge der Vernachlässigung des kleinbäuerlichen Sektors zugunsten der defizitären Staats-farmen[3], der niedrig festgesetzten Preise und des Scheitern der Wirtschaftspolitik der MPLA-Regierung[4] kaum noch für den Binnenmarkt und die Versorgung produzierte, musste der Staat, um die Lebensmittelversorgung sicherzustellen, Jahr für Jahr Einfuhren von mehreren Millionen US$ tätigen, wie aus der Tabelle zu entnehmen ist.

[1] Vgl. Godfrain, Jacques/ Sampaio, Mário: idem, p. 2514; Hillebrand, Ernst: Die Landwirtschaftspolitik der VR Angola, S. 71; Kivouvou, Prosper: Vom Königreich Kongo zur VR Angola, S. 111; Schümer, Martin: Die Wirtschaft Angolas, S. 38.
[2] Die hohen Investitionen der ausländischen Konzerne im Erdölsektor in Angola sind auf die Vereinbarung mit der Regierung Angolas zurückzuführen, welche den Transfer der erzielten Gewinne ins Ausland erlaubte.
[3] Hierzu erklärte Lopo do Nascimento, damaliger Planminister, 1983 Folgendes: „In Angola produzierten die Kleinbauern mehr als 60% unserer Lebensmittel. Unser Fehler bestand darin, diese Tatsache vergessen zu haben. Wenn wir von Anfang an mehr Ressourcen für die Unterstützung der Kleinbauern zur Verfügung gestellt hätten, hätten wir die Ernährung unserer Bevölkerung erheblich verbessern können..." Zitiert nach Hillebrand, Ernst: Die Landwirtschaftspolitik der VR Angola, S. 85 Zur Landwirtschafts-politik der MPLA-Regierung wird insbesonders u.a. auf die hier erwähnten Beiträge von Meyns, Hillebrand, Pössinger und Fátima Roque hingewiesen.
[4] Hierzu erklärte der Staatspräsident Eduardo Dos Santos 1983 Folgendes: „Ungeachtet der Tatsache, dass sich die sozialökonomische Entwicklung des Landes unter den Bedingungen des uns vom Imperialismus aufgezwungenen Krieges vollzieht, unter Ausnutzung der inneren und äußeren Reaktion zur Destabilisierung unseres revolutionären Prozesses, erkennen wir auch an, dass die kriegbedingte Situation an sich nicht als Vorwand dafür dienen kann, dass Aufgaben nicht erfüllt wurden, was durch subjektive Faktoren sowie durch fehlendes Verständnis in einigen Bereichen für die Wichtigkeit und den Zwang des nationalen Planes, durch Desorganisation, Disziplinverstöße, fehlende Einhaltung der Gesetze und mangelnde Kontrolle verursacht wurde". Zitiert nach Kress, Albin/ Petzold, Siegfried: VR Angola, S. 163.

Wichtige Einfuhrwaren bzw. - warengruppen
Mill. US-$

Einfuhrware bzw. Warengruppe	1982	1983	1984	1985	1986	1987
Nahrungsmittel u. lebende Tiere						
Vorwiegend zur Ernährung	120,5	129,9	183,9	176,2	120,3	179,4
Fleisch und Fleischwaren	20,9	26	37,8	38,8	28,7	61,8
Molkereierzeugnisse und Eier	32,4	27,7	39	43	22,9	33,6
Fische, Krebstiere/ Weichtiere und Zubereitung davon	6,9	13	17,9	27,2	18,1	26,6
Getreide und Getreideerzeugnisse	40,4	36,9	50,4	29,1	22,7	24,5
Gemüse, Küchenkräuter und Früchte	11,8	12,2	20,3	11,9	19,7	19,9
Getränke und Tabak	5,6	6,5	12,5	22,3	13,4	31,8
Getränke	5,5	6,1	12,2	22	13,2	31,5

Tabelle 7: In: Statistisches Bundesamt, Länderbericht Angola, Wiesbaden 1991, S. 63

Vergleicht man die Zahlen aus dieser Tabelle zur Einfuhr von Lebensmitteln, Getränken und Tabak mit den Einnahmen aus dem Erdölsektor im selben Zeitraum, stellt man Folgendes fest: In der Zeit von 1982 bis 1984 ist eine ständig steigende Tendenz der Importe, also von insgesamt 244 Mio. US$ 1982 auf 374 Mio. US$ 1984, zu verzeichnen. Diese Steigerung deckte sich auch mit den erzielten besseren Einkünften aus dem Erdölgeschäft, welche 1982 auf 1,5 Mrd. US$ kalkuliert worden sind. Bei Preisverfall des Erdöls ab 1985 gingen die Importe von 370,5 Mio. US$ 1985 auf 259 Mio. US$ 1986 zurück. Die Zunahme bzw. der Rückgang der Importmenge sind von den erzielten Einnahmen aus dem Erdölgeschäft abhängig.

183

Bei knapp werdenden Zahlungsmöglichkeiten mussten die Importe drastisch eingeschränkt werden, mit der Folge, dass die schon seit der Unabhängigkeit des Landes wegen Warenknappheit rationierte Lebensmittelversorgung noch katastrophaler wurde. Die Konstellation von verschiedenen sozialen Faktoren führte dazu, dass die Arbeitsmoral weiterhin schwand, die Korruption sich verbreitete und schließlich der Schwarzmarkt („Candonga") florierte.[1] Die im Jahre 1975 definierte wirtschaftliche und soziale Entwicklung auf der Grundlage der Landwirtschaft und Förderung der Schwerindustrie wurde aufgegeben und durch die „Kriegswirtschaft" ersetzt[2], welche sich nun hauptsächlich zum politischen Überleben des Systems auf den Sektor Erdöl und Diamanten zur Erhöhung der Staatseinnahmen durch den Export konzentrierte. Der deutliche Aufschwung des Erdölsektors und seine strategische Bedeutung für die Wirtschaft Angolas lassen sich durch folgende Zahlen dokumentieren: In den Jahren 1980/81 verbuchte der Staat höhere Einnahmen aufgrund eines Preisanstiegs[3] auf dem Weltmarkt von ca. 1,4 Mrd. US$ aus Erdölexporten bei einer Produktionsmenge von 7,5 Mio./t. Die Einnahmen 1986 wurden wegen des Preisverfalls und trotz doppelter produzierter Menge (14,4 Mio./t) auf nur 2,2 Mrd. US$ kalkuliert.[4] Aus diesen Zahlen lässt sich schließen, dass die Wirtschaft Angolas aufgrund ihrer einseitigen Abhängigkeit vom Erdöl (1986 90% der angolanischen Ausfuhren und 35% des BNP) sehr schwach und empfindlich ist. Seit dem Preisverfall von 1986 ist Angola in sich verschlimmernde Zahlungsschwierigkeiten geraten,

---

[1] Vgl. Meyns, Peter: Sozialismus und Entwicklung in Angola, S. 39.
[2] „Wir müssen den Krieg führen, um die Wirtschaft des Landes zu verteidigen, und die Produktion erhöhen, um den Krieg zu finanzieren" lautete das Motto der MPLA-Regierung in den 80er Jahren.
[3] Der Preis betrug 1980/81 ca. 39 US$/pro Barrel, um 1986 auf 13 US$/pro Barrel zu stürzen.
[4] Vgl. Offermann, Michael: Angola zwischen den Fronten, S. 377.

da die Entwicklung der öffentlichen Finanzen durch größere Schwankungen im Einnahmen- und Ausgabenbereich sowie fortdauernde Defizite charakterisiert ist. Die Auslandsverschuldung des Landes steigt weiterhin. Aus dem Länderbericht des Statistischen Bundesamtes 1991 geht hervor, dass das Haushaltsdefizit in Angola im Jahr 1984 ca. 256 Mio. US$ betrug (bei einem offiziellen Wechselkurs von 30 Kz für 1 US$) und drei Jahre später auf 1,03 Mrd. US$[1] stieg. Die gesamte Auslandsverschuldung Angolas erreichte bereits 1987 eine Höhe von 4,0 Mrd. US$.[2]

6.2.2 Die Wirtschaftsreformen und die Reprivatisierung

In Anbetracht der Tatsache, dass sich die wirtschaftliche Lage in Angola weiter verschlechterte und dass die negativen Tendenzen trotz der seit 1983 eingeleiteten Sparmaßnahmen anhielten, beschloss das ZK der MPLA-PT im Juni 1987 das Programm zur wirtschaftlich-finanziellen Sanierung (SEF - Programa de saneamento económico e financeiro), mit welchem die zweite Periode in der Wirtschaftspolitik der Regierung eingeläutet wurde. Wenn die erste Periode durch zentralistische Leitungs- und Lenkungsmaßnahmen des Staates gekennzeichnet war, wurde in dieser zweiten Periode das Staatsversagen in der Wirtschafts- und Sozialpolitik festgestellt und eingeräumt, und infolgedessen wurden die

---

[1] Die Kalkulation in US$ wurde von mir vorgenommen auf der Grundlage der vom Statistischen Bundesamt veröffentlichten Zahlen in Kwanza (Kz. angolanische Währung) mit einem offiziellen festgesetzten Wechselkurs von 1 US$ für ca. 3o Kz bis Ende der 80er Jahre. Vgl. Statistisches Bundesamt: Länderbericht Angola, Wiesbaden 1991, S. 84.
[2] Vgl. Meyns, Peter: Sozialismus und Entwicklung in Angola, S. 45.

Bedeutung der Marktwirtschaft und die Notwendigkeit einer Einbindung in die Finanzinstitutionen des Weltkapitalismus (Weltbank und IWF) erkannt und anerkannt, um zusätzliche Kredite zur wirtschaftlichen Ankurbelung des Landes zu erhalten. Auslöser dieses Bekenntnisses waren der Preisverfall des Erdöls auf dem Weltmarkt und die darauf folgenden Zahlungsschwierigkeiten der angolanischen Regierung gegenüber ihren Gläubigern. Die Ankündigung des SEF erfolgte, nachdem die Gespräche über eine Regelung über einen Zahlungsaufschub mit den westlichen Gläubigern am Beispiel der mit Brasilien, Portugal und der Sowjetunion erzielten Einigung gescheitert waren.[1] Mit diesem Programm wurden u.a. die schrittweise Abwertung der angolanischen Währung („Kwanza"), die Liberalisierung von Privatinvestitionen, die Sanierung von Staatsunternehmen und Farmen und ihre spätere Reprivatisierung, die Liberalisierung der Preise und schließlich die Umstrukturierung des Bankwesens beschlossen, um das Land aus der globalen Krise herauszuführen, den wirtschaftlichen Verfall zu stoppen und mittelfristig eine Verbesserung der sozioökonomischen Lage herbeizuführen. In der Geldpolitik wurden die ersten Schritten im September 1990 vorgenommen, indem ein Geldumtausch („Novo Kwanza") durchgeführt wurde, um den Geldumlauf unter Kontrolle zu bringen. Im März 1991 wurde der „Neue Kwanza" (Nkz) um 100% abgewertet (1 US$: 60 Nkz).[2]

---

[1] Vgl. Ferreira, Manuel Ennès: A política de recuperação económica na R.P. de Angola; in: Política internacional, Nr. 1, Vol. 1, Lisboa 1990, p. 119/ Meyns, Peter: Sozialismus und Entwicklung in Angola, S. 45.

[2] Vgl. Banco de Portugal: Estudo sobre a evolução da economia de Angola 1994, Lisboa, Setembro 1995, p. 13; Meyns, Peter: Angola; in: Handbuch der Dritten Welt 1993, S. 331.

Mit diesen Maßnahmen begann die Regierung Angolas mit der Umsetzung des mit dem IWF ausgehandelten Strukturanpassungs-programms. Auf Druck des IWF wurde nach dem Abschluss des Friedensabkommens mit der UNITA im Mai 1991 erneut eine Abwertung des „Neuen Kwanzas" vorgenommen.

Der Wechselkurs erreichte 1992 ca. 1 US$: 480 Nkz auf dem offiziellen Markt und sogar 2600 Nkz im informellen Sektor.[1] Im Rahmen dieser Strukturanpassungspolitik wurden gemäß dem Privatisierungserlass vom Mai 1990 Staatsunternehmen und Farmen privatisiert, wobei der ausländische Anteil in der Land-wirtschaft (große Plantagen) aus politischen Überlegungen auf 30-40% beschränkt wurde.[2] Die Privatisierung aller Staatsunternehmen und Farmen erfolgte noch vor den Wahlen im September 1992, weil die damals um ihre Macht bangende MPLA-PT darin die Möglichkeit sah, sich eine neue sozioökonomische Basis für ihre Nomenklatura zu schaffen[3], um bei einer eventuellen politischen Umwälzung noch Druckmittel zur Verfügung zu haben. Dieselbe Nomenklatura, die noch bis 1990 einen enormen bürokratischen Widerstand gegen die Reformpolitik geleistet hatte, die für den wirtschaftlichen Niedergang des Landes verantwortlich war, indem sie die Staatsunternehmen abgewirtschaftet hatte, bekannte sich nun nach ihrem „Recycling" zur Marktwirtschaft. Mit der Privatisierung verfügte die Nomenklatura der MPLA weiterhin über wirtschaftliche und finanzielle Mittel, um ihre politische Macht auch in der Zunkunft verteidigen zu können. Wenn auch nicht geleugnet werden kann, dass sich in einigen

---

[1] Vgl. Banco de Portugal: idem, p. 13.
[2] Vgl. Warren, Jenny: Strukturanpassung in Angola - Friedensdividende; in: Informationsdienst südliches Afrika, Bonn, 5/1991, S. 29.
[3] Vgl. Ferreira, Manuel Ennès: La reconversion économique de la nomenklatura petrolière; in: Politique africaine, Nr. 57, Mars 1995, p. 20; Kassembe, Dia: Angola - vingt ans de guerre civile, Paris 1995, pp. 165-169.

Sektoren - wie z.B. in der Diamantenproduktion - nach der Liberalisierung positive Trends abzeichneten, muss ebenso betont werden,
dass die Lage Angolas bis Ende der I. Republik im September 1992
immer noch durch negative Wirtschaftsdaten gekennzeichnet war.
Die Diamantenproduktion, die 1987 nur 871.000 Karat betrug, stieg
1991 auf 961.000 Karat und fiel 1992 leicht auf 900.000 Karat ab.[1]
Im selben Zeitraum betrug die Inflationsrate 1992 ca. 500%[2], und
die Auslandsverschuldung[3] kletterte von 8,2 Mrd. US$ 1990 auf 9,3
Mrd. US$ 1992. Die schwierige Wirtschaftslage Angolas kann 1992
mit den Worten von Warren wie folgt zusammengefasst werden:

> „Das grundlegende Problem ist schlichtweg, dass die
> Wirtschaftsressourcen des Landes den Erfordernissen
> nicht entsprechen: Die nationale Produktion befriedigt nicht
> den nationalen Verbrauch, Exporteinnahmen decken nicht
> die erforderlichen Einfuhren, Steuereinnahmen decken nicht
> die Haushaltsausgaben. Folglich muss Geld sowohl im
> Ausland geliehen werden, um das Zahlungsbilanzdefizit zu
> finanzieren, als auch 'gedrückt' werden, um das Haushalts-
> defizit auszugleichen"[4]

Wenn es wahr ist, dass die seit 1987 eingeleiteten Wirtschaftsreformen eine Grundlage eines ernsthaften wirtschaftlichen Neu-
anfangs darstellen, muss ebenso klargestellt werden, dass dies vor
allem von der politischen Stabilität und der Beendigung des
Kriegszustandes abhängt.

---

[1] Vgl. Revista Angola Minas, Nr. 1, Luanda 1994, p. 19.
[2] Vgl. Instituto Nacional de Estatística: Angola - Perfil estatístico económico e social
(1989-1993), Luanda 1993.
[3] Vgl. Banco de Portugal: Estudo sobre a evoluçâo da economia de Angola, p. 10.
[4] Warren, Jenny: Strukturanpassung in Angola - Friedensdividende, S. 28.

TEIL V

DIE TRANSITIONSPHASE

(1990 - 1992)

7 Der Transitionsprozess in Angola

Fragt man die Angolaner, wann sie in den letzten 10 Jahren des letzten Jahrhunderts an eine friedliche Zukunft geglaubt haben, so wird man mit aller Wahrscheinlichkeit an die Periode zwischen 1990 bis Mitte 1992 erinnert. Denn im Mai 1991 unterzeichneten die beiden angolanischen Konfliktparteien, die MPLA und die UNITA, das Friedensabkommen von Bicesse in Portugal, welches die Durchführung der ersten freien demokratischen Wahlen im September 1992 ermöglichte. In diesem Sinne spreche ich von einer „doppelten Transition", da der Friedensprozess und die Demokratisierung als Konfliktregelung zeitlich parallel und verbunden verliefen. Das Ziel dieses Kapitels, welches sich auf zwei weitgehend unabhängig voneinander arbeitende Forschungszweige der Politikwissenschaft, Friedensforschung und Transitions-forschung, stützt, ist es, einerseits die unterschiedlichen Positionen der beiden entscheidenden Akteure und die in langwierigen Verhandlungen gefundene Kompromisse zu erläutern, andererseits die internen und externen, eng miteinander verflochtenen Ursachen des Wandels klarzustellen; und schließlich wird versucht, Antworten darauf zu geben, warum der Transitionsprozess in Angola nach den Wahlen scheiterte. Zunächst scheint es sinnvoll, die wichtigsten Begriffe zu erläutern, um dann schließlich die beiden Theorien der Friedensforschung und der Transitionsforschung in ihren Kernelementen zusammenfassend darzustellen.

190

7.1 Begriffsbestimmungen

7.1.1 Akteure

Akteure, Transition, Demokratisierung, Demokratie und Konsolidierung sind u.a. die Begriffe, mit denen in der Transitionsforschung operiert wird. Wenn in der Transitionsforschung von Akteuren geredet wird, so meint man:

> „ die Individuen und Gruppen, die den Transitionsprozess im Gang setzen und gestalten. Die Ziele, Interessen, Präferenzen, Perzeptionen, Entscheidungen, Strategien und das Verhalten von herrschenden Eliten und oppositionellen Kräften werden als entscheidende Variablen in Transitionsprozessen betrachtet."[1]

Diese Vorstellung kommt aus der Rational-Choice Analyse und der Spieltheorie, die Handlungen als Ergebnis von Kosten-Nutzen Erwägungen von Akteursabwägungen verstehen.[2] Die Ergebnisse von politischen Prozessen werden demnach als Folge der Interaktion zwischen den strategischen Entscheidungen der beteiligten Akteure begriffen.[3] Zur Bestimmung von Akteuren wird auf die von Przeworski[4] genannten drei Wege zurückgegriffen. Der erste Weg ist der nach Interessenlage bezüglich der materiellen Folgen von Demokratisierung.

---

[1] Bos, Ellen: Die Rolle von Eliten und kollektiven Akteuren in Transitionsprozessen; in: Merkel, Wolfgang: Systemwechsel 1, Opladen 1996, S. 81-110, hier S.87
[2] Vgl. Collie, David/Norden, Deborah L.: Strategic Choice Models of Political Change in Latin America; in: Comparative Politics, Bd. 24, Jan. 1992, S.229-243, hier S.229
[3] Vgl. Bos, Ellen: idem S.87
[4] Vgl. Przeworski, Adam: Some Problems in the Study of Transition to Democracy; in: O'Donnell, Guillermo/Schmitter, Philippe C.: Transition from Authoritarian Rule - Prospects for Democracy, London 1986, S. 47-63, hier S. 53ff

So unterscheidet man das Militär, die Bourgeoisie, die Staatsbediensteten und die Arbeiterklasse. Der zweite Weg, welcher das
Schwergewicht auf die Präferenzen der herrschenden und
oppositionellen Akteure bezüglich des Übergangsprozesses legt,
unterscheidet zwischen „Hard- und Softlinern" im Regierungsblock
sowie im Opposi-tionslager zwischen „Gemäßigten und Radikalen",
wobei im Laufe des Demokratisierungsprozesses die strategischen
Positionierungen sich ändern können. Nach dem dritten Weg wird
eine Einteilung nach den Risikowahrnehmungen der Akteure über
Erfolg oder Misserfolg des Systemwechsels vorgenommen. die er
zwischen der herrschenden Koalition und der Opposition aufteilt.
Huntington[1] identifiziert fünf beteiligte Gruppen im Transitionsprozess, die er zwischen der herrschenden Koalition und der
Opposition aufteilt. Nach dieser Aufteilung besteht die herrschende
Koalition (Regierung) aus Reaktionären („Standpatters"), aus den
liberalen Reformern und aus den demokratischen Reformern.
Hingegen wird die Opposition zwischen den gemäßigten und den
revolutionären Oppositionellen (Maximalisten) unterteilt. Die relative
Stärke dieser Gruppen und ihre Anpassungsfähigkeit, auf sich
verändernde Bedingungen zu reagieren, bestimmen den Verlauf
und den Ausgang des Transitionsprozesses.[2] Kommt es zu einem
Zusammenstoß zwischen den Hardlinern des Regimes, die ihr
Machtmonopol aufrecht zu erhalten bestrebt sind, und den radikalen
extremen Oppositionsgruppen, sind die Aussichten auf demokratischen Wandel sehr gering. Die Akteure können sich gegenseitig
beeinflussen, indem sie ihre Machtziele (Konzession, Separation

---

[1] Vgl. Huntington, Samuel : How Countries Democratize; in: Political Science Quarterly,
1991, Bd. 106, S.579- 616, hier S. 588
[2] Vgl. Schubert, Gunter/Tetzlaff, Rainer/Vennewald, Werner: Demokratisierung und
politischer Wandel, Münster 1994, S. 16.

bzw. Kontrolle), ihre Strategie (Überzeugung, Verhandlung bzw. Zwang) und Aktionsformen (appellative, intermediäre bzw. koerzive) an das Verhalten des politischen Gegners ständig anpassen oder ändern. Im Sinne der vorliegenden Abhandlung sind die MPLA und die UNITA als interne Akteure des angolanischen Transitionsprozesses zu betrachten.

7.1.2 Transition, Transitionsphasen und Transitionstypen

Der unsichere Ausgang des Transitionsprozesses spiegelt sich auch in der Definition wider, die von Bos vorgenommen wurde. Bos definiert Transition in Anlehnung an O'Donnell und Schmitter als „Intervall zwischen einem politischen Regime und einem anderen, der Übergang von einem bestimmten autoritären System zu einem unbestimmten 'Something else'".[1] Bei dieser Definition wird deutlich, dass der Ausgang von Transitionsprozessen ungewiss und unsicher ist, und dass das Ergebnis ein demokratisches Regime, die Rückkehr zur alten bzw. zu einer anderen Form autoritärer Herrschaft, oder aber eine revolutionäre Alternative sein kann. Der Transitionsprozess wird idealtypisch in die Phasen Liberalisierung, Demokratisierung und Konsolidierung untergliedert, wobei die ersten beiden Phasen in der politischen Praxis oft synchron verlaufen.[2] Die Liberalisierung, die für den Einzelnen und für soziale Gruppen die Ausweitung individueller und kollektiver Freiheits-rechte bedeutet,[3] wird nach Bos als „Versuch der herrschenden Eliten beschrieben,

---

[1] Bos, Ellen: idem, S. 84.
[2] Vgl. Rüb, Friedbert W.: Die Herausbildung politischer Institutionen in Demokratisierungs-prozessen; in: Merkel, Wolfgang: Systemwechsel 1, Opladen 1996, S.111-140, hier S. 114.
[3] Vgl. Rüb, Friedbert W.: idem, S. 114.

kontrollierte Öffnungen des autoritären Systems durchzuführen, ohne die realen Machtverhältnisse zu verändern"[1], und sie führt auch nicht zwangsläufig zur Demokratie.[2] In den Ländern, in denen organisierte konfliktfähige oppositionelle Kräfte fehlen, kann das Regime - wie Tetzlaff, Schubert und Vennewald hervorheben - das Tempo und die Qualität der demokratischen Transition selbst bestimmen. In diesem Fall versucht es, so wenig Macht wie möglich preiszugeben und lediglich eine begrenzte 'Liberalisierung' oder gar nur eine 'Scheindemokratie' durchzuführen.[3] Als Beispiele können hier Togo unter Eyadema und Kenia unter Arap Moi genannt werden. Da nicht jede Transition nach einem bestimmten Muster verläuft, wurden aus den zahlreichen vergleichenden Untersuchungen unterschiedliche Transitionstypen entwickelt, die nach den Dimensionen Akteur und Strategie geordnet werden.[4] Karl und Schmitter[5] unterscheiden einerseits zwischen den von herrschenden Eliten eingeleiteten und von den oppositionellen massengesteuerten Transitionen, und andererseits zwischen Strategien, die auf Kompromiss oder auf Zwang beruhen.

In diesen beiden Dimensionen ergeben sich Karl und Schmitter zufolge vier Idealtypen der Regierungstransition, nämlich durch Pakt, Aufzwingen (Imposition) von oben, Reform oder Revolution, wobei die besseren Aussichten zur konsolidierten Demokratie bei der Transition durch Pakt liegen.[6]

[1] Bos, Ellen: idem S. 85.
[2] Vgl. Bos, Ellen: idem S. 86.
[3] Vgl. Schubert, Gunter/Tetzlaff, Rainer/Vennewald, Werner: Demokratisierung und politischer Wandel, Münster 1994, S. 58 Diese Auffassung vertritt auch Friedbert Rüb (Die Herausbildung politischer Institutionen in Demokratisierungsprozessen, S. 115).
[4] Hierzu vgl. Bos, Ellen: idem, S. 90-91.
[5] Vgl. Karl, Terry Lynn/ Schmitter, Philippe C.: Modes of Transition in Latin America, Southern and Eastern Europe; in: International Social Science Journal, Nr. 128 vom Mai 1991, pp. 269-284, hier p. 274.
[6] Vgl. Karl, Terry Lynn/ Schmitter, Philippe C.: idem, p. 282.

7.1.3 Demokratisierung, Demokratie und Konsolidierung

Obwohl Liberalisierung und Demokratisierung in der Praxis synchron verlaufen, wird in der Literatur zwischen diesen beiden Transitionsphasen differenziert. Während die von der herrschenden Elite eingeleitete Liberalisierung darauf abzielt, die in der Gesellschaft vorhandenen Spannungen durch Gewährung und Ausweitung individueller und kollektiver Freiheitsrechte zu entschärfen, wird *„Demokratisierung als die Einführung demokratischer Institutionen verstanden, die politischen Wettbewerb und eine breite Partizipation der Bürger garantieren".*[1] Ziel eines Demokratisierungsprozesses ist es, nicht einen Systemwandel, sondern einen Systemwechsel herbeizuführen, welcher die alten politischen Herrschaftsstrukturen auflöst und sie durch neu aufzubauende ersetzt.[2] Da ein Systemwechsel generell durch extreme Unsicherheiten gekennzeichnet ist[3], beginnt die Demokratisierung mit der Schaffung neuer politischen Institutionen, „in denen und durch die bindende Entscheidungen hergestellt und durchgeführt werden, und sie sind notwendig rechtlich verfasst".[4] Solche politischen Institutionen umfassen in der Verfassung festgelegte Grundzüge des politischen Systems (Regierung, Parteien, Wahlgesetze, Verbände, Gerichte) sowie weitere kollektive und individuelle Freiheitsrechte.

Es kann erst von Demokratisierungsprozess gesprochen werden, wenn die prozeduralen Minima von Demokratie auf die politischen

---

[1] Bos, Ellen: idem, S. 85.
[2] Vgl. Schubert, Gunter/Tetzlaff, Rainer/Vennewald, Werner: idem, S. 19.
[3] Vgl. Merkel, Wolfgang/Sandschneider, Eberhard/Segert, Dieter: Institutionalisierung der Demokratie; in: Systemwechsel 2, Opladen 1996, S. 9-36, hier S. 11.
[4] Rüb, Friedbert W.: idem, S. 116

Institutionen übertragen werden. Die in den meisten Ansätzen formulierten Minima von Demokratie werden aus den von Dahl[1] genannten Kriterien (Polyarchien) der „realistischen Demokratietheorie"[2] abgeleitet. Diese Kriterien sind:

- gewählte Vertreter (Wahl und Abwahl);
- freie Wahlen;
- allgemeines aktives und passives Wahlrecht;
- Grundfreiheiten (Meinung, Information, Vereinigung).

Die Frage, welche institutionellen Garantien als Mindestanforderungen in einer Demokratie vorhanden sein müssen, wird in den meisten Ansätzen unterschiedlich beantwortet. Während O'Donnell/Schmitter[3] „secret balloting, universal adult suffrage, regular recognition and access, and executive accountability" als Mindeststandards nennen, argumentiert Mainwairing[4], dass eine Demokratie mindestens drei Kriterien erfüllen muss: Erstens erfolgt die Bestellung einer Regierung durch Wahlen zwischen konkurrierenden Parteien und Kandidaten, bei denen Fälschungen, Manipulationen und Einfluss mittels Gewalt ausgeschlossen sind.

---

[1] Vgl. Dahl. Robert A.: Democracy and its Critics, New Haven/London 1989, p. 221.
[2] Zu Demokratietheorien wird u.a. auf folgende Publikationen hingewiesen: Holtmann, Everhard : Politik Lexikon, München 1994/ Schmidt, Manfred G.: Demokratietheorien - Eine Einführung, Opladen 1995/ Schiller, Theo: Demokratietheorien im Globalisierungsprozess; in: Bredow, Wilfried von/ Jäger, Thomas (Hrsg.): Demokratie und Entwicklung; Opladen 1997; S. 29-50/ Wiesendhal, Elmar: Moderne Demokratietheorien - Eine Einführung in ihre Grundlagen, Spielarten und Kontroversen, Frankfurt a. M. 1981.
[3] O'Donnell, Guillermo/Schmitter, Philippe C.: Transition from Authoritarian Rule, London 1986, p. 8.
[4] Vgl. Mainwairing, Scott: Transitions to Democracy and Democratic Consolidation: Theoretical and comparative   Issues, Indiana University of Notre Dame Press 1992, p. 297.

Zweitens genießt der Großteil der erwachsenen Bevölkerung die Bürgerrechte, und drittens werden Minderheitsrechte geschützt und grundlegende Freiheitsrechte gewährt.

Für Schubert/Tetzlaff/Vennewald[1] umfasst die universelle Dimension von Demokratie drei relativ unstrittige Aspekte, nämlich die regelmäßige Beteiligung der Bevölkerung an politischen Personal- und allgemein wichtigen Sachentscheidungen, die Rechtsbindung von Politik zwecks Kontrolle von Macht und die Anerkennung der Menschenwürde und Menschenrechte. Trotz einiger Abweichungen widersprechen sich diese Kriterien nicht, sondern sie ergänzen sich. In einigen Analysen über die Demokratisierungsprozesse in Afrika südlich der Sahara - wie z.B. bei Tetzlaff[2] - wird auf die Gefahr einer Staatsimplosion bzw. eines Bürgerkrieges hingewiesen, da die Prozesse der Staatswerdung und Nationenbildung aufgrund der sozialen, kulturellen und ethnischen Heterogenität noch nicht abgeschlossen oder nicht hinreichend konsolidiert sind. Auch wenn in solcher Argumentation ein gewisser Wahrheitsgehalt enthalten ist, muss man hervorheben, dass gerade die „Väter der Nationen" mit ihren unter Missbrauch der afrikanischen Traditionen gegründeten Einheitsparteien die in den jeweiligen Ländern lebenden Volksgruppen kaum zusammengeführt hatten. Ethno-nationalistische Tendenzen sind wohl erst dann eine Gefahr für den Demokratisierungsprozess, wenn von Seiten der herrschenden Eliten versucht wird, sie mit allen Mitteln zu unterdrücken. Die Vermeidung extremer gewalttätiger Tendenzen hängt von der Bereitschaft der am Demokratisierungsprozess

---

[1] Vgl. Schubert/Gunter/Tetzlaff, Rainer/Vennewald, Werner: idem, S. 32.
[2] Vgl. Tetzlaff, Rainer: Demokratie in der Dritten Welt: Zwischen normativer Zustimmung und praktischen Realisierungsproblemen; in: Jahrbuch Dritte Welt 1992, München 1991, S. 33-48.

beteiligten kollektiven Akteure ab, alle im Staat lebenden ethnischen und sozialen Gruppen zu beteiligen und gegenseitig zu tolerieren. Die Beispiele von Benin, Mosambik und Südafrika - auch wenn die jeweiligen Konsolidierungsphasen noch nicht abgeschlossen sind - belegen, dass Demokratisierung in ethnisch heterogenen Staaten nicht von vorneherein zum Scheitern verurteilt ist. Tetzlaff[1] nennt drei zu beachtende Regeln, damit sich Demokratie in multi-ethnischen und religiös heterogenen Staaten entfalten kann und Toleranz zum Grundelement der politischen Kultur wird. Tetzlaffs erste Regel besagt, es müsse ausgeschlossen sein, dass die aus den allgemeinen Wahlen hervorgegangen Mehrheiten nach Erlangung der Macht auf legalem Wege die Regeln so verändern, damit die eigene Vorherrschaft unkontrollierbar gemacht wird.[2] Hierzu können theoretisch die von Rüb[3] in Ergänzung zu den Dahl-Polyarchien genannten verfassungsrecht-lichen Vorkehrungen (z.B. qualifizierte Mehrheiten bei Verfassungsänderungen, Verfassungs-gerichtsbarkeit usw.) als geeignetes Mittel betrachtet werden. Die zweite Regel besagt, dass die durch das Volk legitimierte Macht zeitlich begrenzt ist und die Regierung den Regierten Rechenschaft schuldig ist. Schließlich besitzt weder die Regierungsmehrheit noch die Opposition das Wahrheitsmonopol.[4] Eine Demokratie gilt dann als konsolidiert, und dies kann Jahrzehnte dauern, wenn kein relevanter politischer, militärischer oder wirtschaftlicher Akteur noch Ressourcen gegen sie mobilisieren kann.[5]

---

[1] Vgl. Tetzlaff, Rainer: Demokratie in der Dritten Welt: Zwischen normativer Zustimmung und praktischen Realisierungsproblemen; in: Jahrbuch Dritte Welt 1992, München 1991, S. 33-48.
[2] Vgl. Tetzlaff, Rainer: Demokratie in der Dritten Welt, S. 46.
[3] Vgl. Rüb, Friedbert W.: idem, S. 113.
[4] Vgl. Tetzlaff, Rainer: Demokratie in der Dritten Welt, S. 46.
[5] Vgl. In der Transitionsforschung werden vier Konsolidierungsphasen differenziert: die „structural consolidation", die „representational consolidation", die „behavioural consolidation" und die „attitudinal consolidation". Hierzu vgl. Merkel,

Wie Schubert/Tetzlaff/Vennewald[1] formulieren, zeichnet sich eine konsolidierte Demokratie durch ein Gleichgewicht der Kräfte aus. In diesem Sinne definieren sie Demokratie in Anlehnung an Sartoni als:

> „ein System, in dem niemand sich selbst auswählen kann, niemand sich die Macht zum Regieren selbst verleihen kann und deshalb niemand sich unbedingte und unbeschränkte Macht anmaßen kann".[2]

7.2 Die doppelte Transition

7.2.1 Die Friedensursachenforschung

Die doppelte Transition, also vom Bürgerkrieg zum Frieden und von der Diktatur der Einheitspartei zum Mehrparteiensystem, berührt zwei weitgehend voneinander getrennte Forschungszweige der Politik-wissenschaft (Friedensforschung und Transitionsforschung), die auf unterschiedlichen Untersuchungsfeldern im Endergebnis auf eine friedliche und demokratische Gesellschaft zielen. Während in der Transitionsforschung der Übergang von autoritären zu demokratischen Herrschaftssystemen im Mittelpunkt der Analyse steht[3], beschäftigt sich die Friedensforschung nicht mehr allein mit der Frage der Kriegsentstehung, sondern auch mit der der Kriegsbeendigung.[4]

Wolfgang/Sandschneider, Eberhard/Segert, Dieter: Systemwechsel 2, Opladen 1996, S. 11-12.
[1] Vgl. Schubert, Gunter/Tetzlaff, Rainer/Vennewald, Werner: idem, S. 98.
[2] Zitiert nach Schubert/Tetzlaff/Vennewald: idem, S. 98.
[3] Vgl. Schmidt, Siegmar: Demokratisierung in Afrika; Fragestellungen, Ansätze und Analyse; in: Merkel, Wolfgang: Systemwechsel 1, Opladen 1994, S. 229-270, hier S. 230.
[4] Vgl. Matthies, Volker: Immer wieder Krieg?, Opladen 1994, S. 67.

Nach der Theorie der Friedensursachenforschung wird Kriegsbeendigung nicht als bloße Einstellung von Kampfhandlungen
gesehen, sondern als ein komplexer und langwieriger Prozess der
Transformation vom Krieg zum Frieden verstanden, wobei als
optimaler Typ der Kriegsbeendigung der verhandelte Frieden gilt.[1]
Das Problem der Kriegsbeendigung wird von Matthies auf die
folgende Frage zugespitzt: „Welche Faktoren auf welche Weise und
zu welchem Zeitpunkt bewirken, dass die Kriegsparteien eine
signifikante Veränderung ihrer Kosten-Nutzen-Kalkulation sowie
ihres Verhaltens vornehmen, und von unmittelbaren, konfrontativen
Strategien zu bi- und multilateralen, kooperativen übergehen".[2]
Hierbei müssen bei der Analyse der Kriegsbeendigung die
Kriegsursachen und Kriegsziele, das Kräfteverhältnis, die Struktur
des Konflikts, die Kriegskosten und die Einflussnahme externer
Akteure berücksichtigt werden.[3] Vor dem Friedensschluss müssen
die Konfliktparteien sich im Klaren sein, wann und zu welchen
militärischen und politischen Bedingungen der Krieg beendet
werden soll. Die Frage nach dem Zeitpunkt der Beendigung des
Krieges stellt sich im Laufe der Verhandlungen und wird dann von
den beiden Kontrahenten festgelegt. Randle[4] zufolge müssen die
Kriegsparteien drei Schwellen auf dem Weg zu einer Friedensregelung überschreiten, nämlich die Bereitschaft und Vorbereitung
von Verhandlungen, die Regelung militärischer sowie politischer
Probleme, die u.a. die Fragen von Feuereinstellung, Waffenstillstand, Demobilisierung von Soldaten und Kämpfern, die Bildung
gemeinsamer Streitkräfte und die Klärung der Machtfrage umfassen.

---

[1] Vgl. Matthies, Volker: idem, S. 68.
[2] Matthies, Volker: idem, S. 68.
[3] Vgl. Matthies, Volker: idem, S. 68.
[4] Vgl. Randle, Robert F.: The Origins of Peace, a Study of Peace-making and the Structure of Peace Settlements, London 1973, p. 14.

Welche politische Regelung zur Beilegung des Konfliktes getroffen wird, hängt von der Struktur des Konflikts und von den Konfliktträgern ab. In seiner Studie über die Krise der Staaten in der Dritten Welt und der früheren UdSSR unterscheidet Scherer[1] neun idealtypische Konfliktinhalte, die sich in der Realität überlagern. Dies sind.

- ethnische/ethno-nationalistische Konflikte
- politisch-nationalistische Konflikte
- Herrschafts- und Autoritätsfragen
- politisch-ideologische Gegensätze
- Destabilisierungsinteressen
- ökonomische Unterentwicklung und ungleiche Ressourcenverteilung
- religiös-ideologische Motive
- Rassenkonflikte in Siedlerkolonien oder im Zusammenhang mit Migration
- ökologische Konflikte aufgrund von Ressourcendegradation

Im angolanischen Konflikt sind die ersten vier von Scherer genannten Motive verschmolzen, wobei hinzugefügt werden muss, dass die ökonomischen Motive in der letzten Zeit eine nicht zu unterschätzenden Rolle (Kampf um die Kontrolle der Diamantengebiete) spielen. Die politischen Regelungen solcher Konflikte umfassen u.a. Mechanismen wie Wahlen und die Gewährung von Autonomierechten bis hin zur Einführung föderaler Strukturen. Entscheidend für das Gelingen einer Friedensregelung sind die Verständigungsbereitschaft und der Kompromisswillen der

---

[1] Vgl. Scherer, Christian P.: Ethno-Nationalismus als globales Phänomen - Zur Krise der Staaten in der Dritten Welt und der früheren UdSSR, Duisburg INEF-Report 6/1994, S. 41.

Konfliktparteien und ihrer jeweiligen Führungseliten[1], wie es in Mosambik[2] und in Südafrika[3] gelungen ist. Die in der Friedensforschung herausgestellten Bedingungen und Strukturen eines dauerhaften Friedens weisen eine gewisse Ähnlichkeit und Parallelen zur Demokratisierungsforschung auf.

So nennt Senghaas[4] in seinem „zivilisatorischen Hexagon" sechs Kriterien zur Zivilisierung des Zusammenlebens der Menschen innerhalb einer Gesellschaft: Entprivatisierung von Gewalt (Gewaltmonopol), Kontrolle des Gewaltmonopols und Herausbildung von Rechtsstaatlichkeit, Interdependenz und Affektkontrolle, demokratische Beteiligung, soziale Gerechtigkeit und konstruktive politische Konfliktkultur. Die Entprivatisierung von Gewalt in einem von interner Feindseligkeit und Gewaltpotential geprägten Staat, wie z.B. in Angola, bedeutet, dass die zivile Bevölkerung entwaffnet werden muss, um dann das Gewaltmonopol des Staates wiederherzustellen, wobei der Staat nach den rechtsstaatlichen Prinzipien kontrolliert wird.[5] Rechtsstaatlichkeit im Sinne des „zivilisatorischen Hexagons" garantiert u.a. die Grundfreiheiten, die Gewährleistung von Menschenrechten durch Gesetze, die Gewaltenteilung, das verfassungsgemäße Handeln von Regierungen und die Rechtsgebundenheit von Regierung und Verwaltung.[6]

---

[1] Vgl. Matthies, Volker: idem, S. 74.
[2] Zum Friedensprozess in Mosambik vgl. Fandrych, Sabine: Mosambik: Transformation vom Krieg zum Frieden durch „sensibles""Peace-Keeping; in: Matthies, Volker: Der gelungene Frieden, Bonn 1997, S. 220-249.
[3] Zum südafrikanischen Friedens- und Demokratisierungsprozess vgl. Hanf, Theodor: Konflikttransformation in Südafrika: Friedlicher Wandel durch Verhandlungen?; in: Aus Politik und Zeitgeschichte, B 50/90, S. 3-11/ von der Ropp, Klaus Frhr: Südafrika aud dem Weg zur Demokratie? Internationale und innenpolitische Aspekte; in: Aus Politik und Zeitgeschichte, B 50/90, S. 12-20.
[4] Vgl. Senghaas, Dieter: Wohin driftet die Welt, Frankfurt a. M. 1994, S. 20-25.
[5] Vgl. Senghaas, Dieter: idem, S. 21.
[6] Vgl. Senghaas, Dieter: idem, S. 21.

Senghaas weist auf die Interdependenz der sechs Bausteine des Zivilisierungsprojektes Frieden hin:

> „Ohne gesichertes Gewaltmonopol keine Rechtsstaatlichkeit, auch keine gewaltfreie demokratische Partizipation; ohne Verteilungsgerechtigkeit keine Bestandsgarantie für eine als legitim empfundene Rechtsstaatlichkeit und demzufolge kein verlässlich eingehegtes Gewaltmonopol, auch keine Konfliktkultur; ohne demokratische Partizipation und Verteilungsgerechtigkeit keine Bürgergesinnung."[1]

7.2.2 Die akteurorientierte Transitionsforschung

Der Demokratisierungsprozess in Afrika südlich der Sahara, der Anfang der 80er Jahre begann, verläuft sehr unterschiedlich. Während z.B. in Benin der Demokratisierungsprozess in eine Konsolidierungsphase eingetreten ist, ist in Kongo-Brazzaville von einer Rückkehr autoritärer Militärherrschaft die Rede. Der eingeleitete politische Übergangsprozess in Afrika wird in den wissenschaftlichen Analysen in die „dritte Demokratisierungswelle" eingeschlossen, deren Beginn Mitte der 70er Jahre mit der Abschaffung der diktatorischen Herrschaft in Portugal, Spanien und Griechenland festgelegt wurde. Diese Demokratisierungs-welle wurde von einer „Flut sozialwissenschaftlicher Analysen und sich ausdifferenzierender Begriffapparate" begleitet.[2]

Merkel unterscheidet zwischen systemtheoretischen, strukturalistischen und akteurstheoretischen Ansätzen in der Transformations-

---

[1] Senghaas, Dieter: idem, S. 27.
[2] Hierzu vgl. Merkel, Wolfgang: Systemwechsel 1, Opladen 1994, S. 9.

forschung, die nicht in Konkurrenz zueinander stehen, sondern sich auf unterschiedliche Erkenntnisobjekte beziehen. Während die makrosoziologischen Ansätze (systemtheoretisch und struktura- listisch) dazu tendieren, zuviel erklären zu wollen, erklären die mikrosoziologischen Ansätze (akteurstheoretisch) zu wenig.[1] In der akteursorientierten Transitions-forschung wird die Auffassung vertreten, dass die Interaktion von herrschenden und oppositionellen Eliten prägend für den Transitionsprozess ist.[2] Im Gegensatz zur Modernisierungstheorie, wonach die erfolgreiche wirtschaftliche Entwicklung als Voraussetzung für Demokratisierung gesehen wird[3], also die Demokratie als Folge von ökonomischer und sozialer Entwicklung, wird in der akteurstheoretischen Transitionsforschung angenommen, dass „Demokratie nicht zwangsläufig aus bestimmten ökonomischen und sozialen Bedingungen entstehen, sondern von politischen Akteuren im wahrsten Sinne des Wortes hergestellt oder gemacht werden kann".[4] Auch wenn ein positiver Zusammenhang zwischen Demokratisierung und wirtschaftlicher Entwicklung nicht nachzuweisen ist, muss dennoch betont werden, dass eine Demokratisierung unter schlechten wirtschaftlichen und sozialen Bedingungen langfristig kaum zu konsolidieren und zu stabilisieren ist. Die vorliegende Arbeit orientiert sich auf der Grundlage der von Bos vorgenommene Definition des Begriffs Transition.

---

[1] Vgl. Merkel, Wolfgang: Struktur oder Akteur: Gibt es einen Königsweg in der sozialwissenschaftlichen Transformationsforschung?; in: ders.: Systemwechsel 1, S. 321.
[2] Vgl. Bos, Ellen: Die Rolle von Eliten und kollektiven Akteuren in Transitions- prozessen; in: Merkel, Wolfgang: Systemwechsel 1, Opladen 1996, S. 81-110, hier S. 82.
[3] Vgl. Kühne, Winrich: Demokratisierung in Vielvölkerstaaten unter schlechten wirtschaftlichen Bedingungen, Das Beispiel Afrika; in: Afrika Jahrbuch 1991, Opladen 1992, S. 26-36, hier S. 27.
[4] Bos, Ellen: idem, S.81.

Hierbei ist gemeint, daß es in Angola um einen Übergang von einer Diktatur zum Mehrparteiensystem handelt. Ergänzend werden einerseits die von Dahl formulierten Minima von Demokratie und anderseits die in der Friedensursachenforschung herausgestellten Kriterien einbezogen, um die parallel verlaufene „doppelte Transition" in Angola zu untersuchen.

8 Die Supermächte als externe Akteure der Transition

8.1 Die US-Politik unter Reagan

Jede Analyse der Demokratisierungsprozesse in Afrika und in Angola im Besonderen muss sowohl interne als auch externe Faktoren als Ursachen berücksichtigen. Der Transitionsprozess in Angola zu Beginn der 90er Jahre ist nicht zu trennen von den Veränderungen in den internationalen Beziehungen, da die Voraussetzungen zu einer neuen Entwicklung teilweise durch das Ende des Ost-West-Konflikts geschaffen wurden. Um den ab 1990 eingeleiteten Transitionsprozess im größten portugiesisch-sprachigen Land Afrikas zu verstehen, ist es hier sinnvoll, kurz an die US-Politik unter Ronald Reagan[1] zu erinnern.

---

[1] Zu diesem Kapitel wurde u.a. auf folgende Beiträge zurückgegriffen: Chas, W. Freemann Jr.: The Angola/Namibia Accords; in: Foreign Affairs, Vol. 68, 3/1989, pp. 126-141/ Crocker, Chester A.: Southern Africa: Eight Years later; in: Foreign Affairs, Vol. 68, 4/1989, pp. 144-164/ Klare, Michael T.: Subterranean alliances, America's global proxy Network; in: Journal of International Affairs, 1/1989, pp. 97-118/ Marcum, John A.: Africa - A Continent adrift; in: Foreign Affairs, Vol. 68, 1/1989, pp. 159-179/ ders.: A Quarter Century of War; in: Kitchen, Helen: Angola, Mozambique and the West; The Washington Papers 130, New York 1987, pp. 17-35/ ders.: United States Options in Angola; in: Kitchen, Helen: idem, pp. 36-53/ Nuscheler, Franz: Reaganism und Dritte Welt: Neue Rhetorik oder entwicklungspolitische Wende?; in: Jahrbuch Dritte Welt, München 1983, S. 73-86/ Schümer, Martin: Die Linkage-Politik der USA und die Rolle Angolas, Bonn 1983/ Tvedten, Inge: US Policy towards Angola since 1975; in: Journal of Modern African Studies, Vol. 30, London, 1/1992, pp. 31-52/

Im Gegensatz zur Carter-Regierung, die vergeblich versuchte, den politischen Wandel im südlichen Afrika friedlich zu lösen, war die Reagan-Administration unter einem antisowjetischen Kreuzzug angetreten. Ziele der Reagan-Politik waren u.a. die Wiederherstellung der durch die militärische Stärkung der Sowjetunion und durch Emanzipationsprozesse in der Dritten Welt geschwächten Hegemoniestellung der USA und die offensive und weltweite Konfrontation durch eine Militarisierung der Außenbeziehungen.[1] Die Reagan-Doktrin behauptete, dass „die Unterstützung von antikommunistischen Aufständen eine moralische Verantwortung der USA darstellte und dass sie nicht mehr als Selbstverteidigung zu sehen war".[2] Bei dieser antikommunistischen Perspektive wurde zwischen rechten autoritären Regierungen und linken totalitären Regimen zugunsten der ersteren unterschieden, obwohl die von Reagan gepriesenen „Freedom and Democracy" in beiden Fällen nicht respektiert wurden. Aus dieser Perspektive heraus startete die Reagan-Administration eine durch militärische Drohung geprägte diplomatische Offensive, um - wie seinerzeit Defence Secretary Caspar Weinberger es ausdrückte - die geographische Expansion und die militärische Präsenz der Sowjetunion in der Dritten Welt (Angola, Afghanistan, Äthiopien; Nicaragua u.a) anzuhalten und zu versuchen, sie mit allen Mitteln zum Rückzug zu zwingen.[3] Bezüglich des südlichen Afrikas änderte sich die US-Politik gegenüber Südafrika und den Frontlinienstaaten insofern, als die von der Carter-Regierung verhängten Sanktionen gegen das

---

Tucker, Robert W.: Reagan's Foreign Policy; in: Foreign Affairs, Vol. 68, 1/1989, pp. 1-27.
[1] Vgl. Nuscheler, Franz: Reaganism und Dritte Welt, S. 74.
[2] Vgl. Tucker, Robert W.: Reagan's Foreign Policy, p. 13.
[3] Vgl. Klare, Michale T.: Subterranean alliances: America's global proxy Network, p. 101.

206

Apartheid-Regime nunmehr als unrealistisch betrachtet wurden und als die südafrikanische Regierung in die neue amerikanische Strategie zur Destabilisierung der Region einbezogen wurde („Constructive engagement"). Oberstes Ziel des *„Constructive engagements"* war es, den Einfluss der USA im südlichen Afrika auszubauen. Um dieses Ziel erreichen zu können, mussten die aus der Sicht der Amerikaner seinerzeit bestehenden Hindernisse, nämlich die kubanische Präsenz in Angola, der Einfluss Moskaus auf die marxistisch-leninistische orientierte FRELIMO in Mosambik und auf die SWAPO (Namibia) und das Apartheidsystem, beseitigt werden.[1] Mit dem „Constructive engagement" wurden die bilateralen Beziehungen zwischen den Vereinigten Staaten von Amerika und dem Apartheidstaat verstärkt. Dadurch erlangte Südafrika trotz des UN-Embargos hochwertige Güter wie z.B. moderne Flugzeuge und Hochleistungscomputer im Wert von mehreren hundert Millionen Dollar.[2] Die neue Strategie basierte auf der 1981 im Wesentlichen von Chester Crocker, dem Assistant Secretary of State for African Affairs, propagierten *„Linkage-Politik"*, welche entgegen der UN-Resolution 435/78 die Unabhängigkeit Namibias mit dem Abzug der kubanischen Truppen aus Angola verknüpfte. Darüber hinaus wurde von der MPLA-Regierung in Angola verlangt, eine Machtteilung mit der UNITA zu akzeptieren. Die diplomatische Anerkennung der angolanischen Regierung durch die USA wurde mit der Macht-beteiligung der UNITA verknüpft.[3]

---

[1] Vgl. Hellmann, Gunther: Die Außenpolitik der USA im südlichen Afrika zwischen Anti-Apartheid und Anti-Kommunismus; in.: Haftendorn, Helga/ Schissler, Jakob: Rekonstruktion amerikanischer Stärke, Berlin 1988, S. 299-320, hier S. 302.
[2] Vgl. Hellmann, Gunther: idem, S. 312-314.
[3] Vgl. Schümer, Martin: Die Linkage-Politik der USA und die Rolle Angolas, S.4/ Tvedten, Inge: US Policy towards Angola since 1975, p. 37.

Im Rahmen dieser von den USA unter dem Vorwand einer kommunistischen Bedrohung entwickelten Strategie reagierte Südafrika mit einer militärischen Destabilisierungspolitik gegen die Frontlinienstaaten, um einerseits die sozio-ökonomische Entwicklung der Nachbarstaaten durch Zerstörung von Infrastruktureinrichtungen zu verhindern und andererseits, um die SWAPO und den ANC militärisch zu bekämpfen. Bei der Verwirklichung seiner *„Total National Strategy"*, welche die militärische Ausbildung der UNITA (Angola) und der RENAMO (Mosambik) und Waffenlieferungen an die beiden Rebellenorganisationen einschloss, wurde Südafrika durch die Reagan-Regierung massiv unterstützt.

In der ersten Amtszeit Reagan (1980-1984) konnten die USA ihre militärische Hilfe an die UNITA nur in Form von „covert aid" leisten, da die US-Regierung in ihrer Bemühung gescheitert war, das „Clark-Amendment" aufzuheben. Das seit 1976 bestehende Gesetz verbot jegliche Hilfe an angolanische Bewegungen. Die USA umgingen das Gesetz, indem sie über befreundete Staaten wie Saudi-Arabien, Marokko und Zaire unter Mobutu der UNITA militärische Hilfe zukommen ließen.[1] Die Regierung Saudi-Arabiens stellte 50 Mio US$ zur Verfügung, mit denen die Ausbildung der UNITA-Kämpfer durch Marokko finanziert wurde.[2] Nach der Aufhebung des „Clark-Amendment" Mitte 1985 durch den amerikanischen Kongress erhielt die UNITA offiziell zwischen 15 und 25 Mio US$[3] an Finanz- und Militärhilfe jährlich durch die USA. Die Militärhilfe umfasste die Ausbildung in Marokko und Waffenlieferungen (moderne Panzer-kanonen und Stinger-Raketen zur Luftabwehr)[4], welche ab Ende der

---

[1] Vgl. Klare, Michael T.: Subterranean alliances, p. 112/ Marcum, John A.: Africa - A Continent adrift; in: Foreign Affairs, Vol. 68, 1/1989, p. 161.
[2] Vgl. Klare, Michael T.: idem, p. 112.
[3] Vgl. Tvedten, Inge: idem, p. 38/ Klare, Michael T.: idem, p. 113.
[4] Vgl. Marcum, John A.: Africa - A Continent adrift, p. 162

80er Jahre über Zaire abgewickelt wurden. Auf politisch-diplomatischer Ebene wurde der angolanische Rebellenchef, Jonas Savimbi, 1986 im Weißen Haus von Ronald Reagan empfangen, und er wurde trotz der von ihm begangenen Menschenrechtsverletzungen als *„Freiheitskämpfer"* bezeichnet. Mit dieser umfangreichen militärischen Ausrüstung und politischen Rückendeckung in allen westlichen Ländern konnte die UNITA ihre Kampfkraft erhöhen und ihre Destabilisierungsaktivitäten im ganzen Territorium ausdehnen. Die kubanisch-sowjetische Seite begegnete dem amerikanischen Konfrontationskurs mit zusätzlichen Waffenlieferungen an die MPLA-Regierung, und Kuba erhöhte seine Truppen bis auf 50.000 Soldaten in Angola.

Als Ausdruck dieser Eskalation sei hier die Schlacht von Cuito Cuanavale 1987/88 erwähnt, bei der 10.000 UNITA-Rebellen mit Unterstützung der SADF (South African Defence Force) gegenüber einer Regierungstruppe von 20.000 Soldaten und 5.000 Kubaner standen. Die beiden Kriegsparteien mussten aufgrund ihrer hohen Verluste und Kosten und der Kräfteverhältnisse feststellen, dass eine militärische Lösung in Angola unmöglich war. Die nach der Schlacht von Cuito Cuanavale entstandene Pattsituation hat zusammen mit anderen sozio-ökonomischen sowie innen- und außenpolitischen Faktoren dazu geführt, dass die Kriegsparteien von konfrontativen Strategien zu multilateralen kooperativen übergingen. Begünstigt durch die Annäherung zwischen den beiden Supermächten, fanden ab dem Frühjahr 1988 unter der Schirmherrschaft der US-Regierung Gespräche zwischen Angola, Kuba und Südafrika statt, die Ende 1988 mit den Abkommen über den Rückzug aller fremden Truppen (Kuba und Südafrika) aus Angola und über die Unabhängigkeit Namibias auf der Grundlage der UN-Resolution 435/78 abgeschlossen wurden.[1] Auch wenn die Abkommen von 1988 unmittelbar keinen Frieden in Angola brachten, schufen sie doch die Voraussetzungen dafür, dass die Suche nach friedlichen Lösungen zur Beilegung von innenpolitischen Konflikten in vielen Ländern des südlichen Afrika (Angola, Mosambik und Südafrika) einen neuen Aufschwung erhalten hat. Bevor von den angolanischen Akteuren und ihren Strategien in der Transitionsphase gesprochen werden kann, wird die Rolle der Sowjetunion unter Gorbatschow zusammenfassend dargestellt.

8.2 Die neue sowjetische Politik unter Gorbatschow

Wie vorher erwähnt (Kap. 5.1.1), war die vierte Periode der angolanisch-sowjetischen Beziehungen ab Ende der 80er Jahre gekennzeichnet durch das militärische Disengagement der Sowjetunion, durch den Rückzug der kubanischen Interventionstruppen aus Angola und schließlich durch die Verhandlungen zwischen den angolanischen Konfliktparteien. All diese Veränderungen wurden einerseits durch die von Gorbatschow eingeleitete Reformpolitik, welche die Annäherung zwischen den beiden Supermächten zur Beilegung regionaler Konflikte beeinflusste, und andererseits durch die innenpolitische schwierige Lage der MPLA-Regierung bestimmt.

---

[1] Zu Angola/Namibia Abkommen vgl. Crocker, Chester A.: Southern Africa - Eight Years later; in: Foreign Affairs, Vol. 68, 4/1989, pp. 144-164/ Chas, W. Freemann Jr.: The Angola/Namibia Accords; in: Foreign Affairs, Vol. 68, 3/1989, pp. 126-141.

Wie hat die Reformpolitik von Gorbatschow auf den seinerzeit stattfindenden Konflikt im südlichen Afrika und insbesondere in Angola gewirkt? Als Gorbatschow im März 1985 zum Generalsekretär der KPdSU gewählt wurde, befanden sich das südliche Afrika und vor allem Angola und Mosambik in einem von Südafrika durchgeführten und von der US-Politik unter Reagan unterstützten Destabilisierungskrieg, welcher unter antikommunistischem Vorwand als *„Feldzug für die Freiheit"* gerechtfertigt wurde. Aus der Sicht der US-Administration ging es um einen Kampf des Guten gegen das Böse, wobei die Sowjetunion nicht nur alle Konflikte in der Welt schürte, sondern das *„Reich des Bösen"* verkörperte[1], und deswegen mit allen Mitteln bekämpft werden musste. Aufgrund dieser Tatsache stand die neue sowjetische Führung unter Gorbatschow vor dem Dilemma, ihre Verpflichtungen gegenüber Angola gemäß Freundschaftsvertrags von 1976 zwischen beiden Staaten zu erfüllen, aber auch mit ihrer neuen durch Perestroika geprägten Außenpolitik auszubalancieren.

Wohlwissend, dass eine militärische Niederlage der MPLA-Regierung in gravierender Weise einen Prestigeverlust der Sowjetunion als Supermacht bedeuten würde, entschied die sowjetische Führung, dem amerikanischen Versuch, der UNITA militärisch an die Macht zu verhelfen, durch ein verstärktes militärisches Engagement (Waffenlieferung und Entsendung von zusätzlicher Militärberatern) für die MPLA in Luanda, entgegenzutreten. So fanden zwischen 1985 und 1988 mehrere Offensiven[2]

---

[1] Vgl. Haftendorn, Helga: Die Rekonstruktion amerikanischer Stärke: Eine neue Phase der Entfaltung weltweiter Führungsmacht?, Berlin 1988, S. 16.

[2] Vgl. Campbell, Kurt M.: Soviet Policy in Southern Africa - Angola and Mozambique; in: Bloomfield, Richard J.: Regional Conflict and U.S. Policy; Michigan 1988, pp. 89-119, hier p. 97/ Kühne, Winrich: „Neuer Realismus" in Moskaus Afrika-Politik?, in: Aus Politik und Zeitgeschichte, 12. Februar 1988, S. 31-41, hier S. 40/ ders.: Sowjetische Afrikapolitik in der „Ära Gorbatschow", Ebenhausen 1986, S. 95-96/

der angolanischen Regierungsarmee gegen die Hochburgen der
UNITA im Südosten des Landes (Cazombo, Mavinga, Jamba) statt,
an denen sich die sowjetischen Militärberater und die kubanischen
Truppen aktiv beteiligten. Die südafrikanischen Militärkräfte kamen
daraufhin immer wieder der UNITA zur Hilfe. Der Sturmangriff der
angolanischen Armee von 1986 z.b. erfolgte erst einige Wochen
später nach dem Besuch einer hochrangigen angolanischen
Delegation unter Außenminister A. van Duném Mbinda in Moskau.
In einer offiziellen Erklärung bekräftigte der sowjetische Außenminister Eduard Schewarnadse im Beisein seiner angolanischen
Gäste, dass „die Sowjetunion den im Freundschaftsvertrag von
1976 fest geschriebenen Pflichten, Angola in Krisenzeiten
beizustehen, nachkommen wird".[1]

Wenn es wahr ist, dass die Sowjetunion durch ihre Waffenlieferung
im Wert von mehreren Milliarden Dollars die Niederlage der MPLA-
Regierung verhinderte, so machte sie gleichzeitig der Regierung
Dos Santos in Luanda aber auch deutlich, dass der im südlichen
Afrika stattfindende Konflikt nur friedlich beigelegt werden könne.
Diese neue Afrikapolitik[2] von Gorbatschow stand im Widerspruch zu
der Politik aller seiner Amtsvorgänger, die die Konflikte in der Dritten
Welt nur ideologisch zu analysieren vermochten und infolgedessen

Meyns, Peter: Demokratie und Strukturreformen im portugiesischsprachigen Afrika,
Freiburg (Breisgau) 1992, S. 7-8.
[1] Vgl. Campbell, Kurt M.: Soviet Policy in Southern Africa, p. 97. Die Einzelheiten über
die verstärkten angolanisch-sowjetischen Beziehungen in der „Ära Gorbatschow" sind
u.a. bei Robert Zischg (Die Politik der Sowjetunion gegenüber Angola und
Mozambique, Baden-Baden 1990, S. 182-195) nachzulesen.
[2] Hierzu wird auf folgende Beiträge hingewiesen: Beaudet, Pierre/ Dos Santos, Daniel:
Genèse et dénouement d'un conflit; in: Beaudet, Pierre: Angola - Bilan d'un socialisme
de guerre, Paris 1992, pp. 23-47/ Fritsche, Klaus: Sowjetische Dritte-Welt-Politik unter
Gorbatschow; in: Jahrbuch Dritte Welt 1989, München 1988, S. 33-52/ Mc Faul,
Michael: The Demise of the World revolutionary process: Soviet-Angolan relations
under Gorbatschow; in: Journal of Southern African Studies, Vol. 16, 1/1990, pp. 165-
189/Legvold, Robert: The Revolution in Soviet Foreign Policy; in: Foreign Affairs, Vol.
68, 1/1989, pp. 82-98/Olayiwola, Abegunrin: Angola and the Soviet Union since 1975;
in: Journal of African Studies, Vol. 14, 1/1987, pp. 25-50

nur mit dem Sieg des Sozialismus als beendet ansehen konnten. Zur Beilegung der regionalen Konflikte ging Gorbatschow unter Einbeziehung der Kosten-Nutzen-Kalkulation von einer konfrontativen zu einer kooperativen Politik über.

> „Wir wollen zur Lösung der verschiedenen regionalen Probleme keine ultra-radikalen Methoden vorschlagen, obwohl auch solche Methoden in einigen Fällen notwendig sind. Wir wollen internationale Angelegenheiten nicht in einer Weise behandeln, durch die die Konfrontation verschärft wird."[1]

Die neue sowjetische Führung hatte erkannt, dass die nach dem XXVII. Parteitag der KPdSU im März 1986 eingeleitete Reformpolitik nur bei einem entspannten internationalen Umfeld umgesetzt werden konnte. In den vom XXVII. Parteitag gebilligten Beschlüssen zur Außenpolitik wurden ausdrücklich die westlichen Interessen im Nahen Osten, in Asien, Lateinamerika und Afrika anerkannt, und gleichzeitig wurde von der westlichen Seite auch die Akzeptierung der sowjetischen Interessen gefordert.[2] Die Konflikte in der Dritten Welt wurden entideologisiert, da sie nicht mehr als Folge des Klassenkampfes betrachtet, sondern auf interne, soziale, regionale und wirtschaftliche Gründe zurückgeführt wurden.[3] Die Sowjetunion forderte die Vereinigten Staaten auf, sich der Suche nach Lösungen für die Probleme der Dritten Welt auf der Grundlage des Interessenausgleichs anzuschließen. Durch diese diplomatische Offensive machte Gorbatschow das Feindbild der US-Administration hinfällig und zwang somit den amerikanischen Präsident Ronald

---

[1] Gorbatschow, Michail: Perestroika - Die zweite russische Revolution, München 1987, S. 177.
[2] Vgl. Gorbatschow, Michail: idem, S. 230.
[3] Vgl. Mc Faul, Michael: The Demise of the World revolutionary process, p. 180.

Reagan zur Kooperation. Letzterer musste nun diese Herausforderung annehmen, um nicht in die Defensive zu geraten.

Er legitimierte dabei vor der Weltöffentlichkeit seine nun eingeschlagene kooperative Politik mit den Erfolgen seiner *Politik der Stärke"*.

Die Sowjetunion, die noch bis Mitte der 80er Jahre den unter Vermittlung der USA durchgeführten Verhandlungen zwischen Angola und Südafrika (Vereinbarung von 1984 in Lusaka) ablehnend und kritisch gegenüber-stand[1], konkretisierte ab dem Frühjahr 1988 ihre Absicht, den Konflikt in dieser Region friedlich beizulegen. Bei einer Unterredung mit Chester Crocker, dem amerikanischen Assistant Secretary of State for African Affairs, signalisierte der sowjetische Vize-Außenminister Anatoly Adamishin die Bereitschaft seines Landes für eine friedliche Lösung im südlichen Afrika.[2] Die Sowjetunion gab ihre Unnachgiebigkeit gegenüber Südafrika auf und betonte nun die Notwendigkeit, die Interessen aller im Konflikt beteiligten Parteien zu berücksichtigen. Mit der Verbesserung der sowjetisch-amerikanischen Beziehungen wurden die Voraussetzungen zu einer friedlichen Regelung geschaffen. Dies zeigte sich während der unter Schirmherrschaft der USA durchgeführten Verhandlungen zwischen Angola, Kuba und Südafrika, welche vom Mai bis Dezember 1988 stattfanden.

Die sowjetischen Diplomaten spielten als Beobachter eine nicht unbedeutende Rolle, indem sie Druck auf Angola und Kuba ausübten.[3] Sie drängten mit aller Deutlichkeit auf ein Einlenken im Sinne des Abzugs der kubanischen Interventionstruppe aus Angola, und ihrerseits gaben die USA den Südafrikanern zu verstehen, dass sie nun die Durchführung der UN-Resolution 435/78 zur

[1] Vgl. Zischg, Robert: Die Politik der Sowjetunion gegenüber Angola und Mozambique, S. 182-183.
[2] Vgl. Beaudet, Pierre/Dos Santos, Daniel: idem, p. 29.
[3] Vgl. Mc Faul, Michael: The Demise of the World revolutionary process, pp. 183-184.

Unabhängigkeit Namibias zustimmen müssten. Die Rolle Moskaus in den erfolgreichen Verhandlungen zur friedlichen Lösung dieses Konflikts wurde sogar von der amerikanischen Seite positiv erwähnt, wie aus einer Interview von Chester Crocker zu entnehmen ist.

> „En mai 1988, lors de la première rencontre à Londres, l'URSS fait grande impression sur l'Afrique du Sud. De plus tout au long des pourparlers entre l'Angola et l'Afrique du Sud, les émissaires de Moscou s'empressent d'encourager leurs alliés à la modération tout en nous tenant informés à chaque étape".[1]

Die in New York im Dezember 1988 besiegelten Abkommen regelten den Abzug aller fremden Truppen aus Angola und die Unabhängigkeit Namibias gemäß der UN-Resolution 435/78. Obwohl die internen Konflikte sowohl in Angola, Mosambik als auch in Südafrika bei den Verhandlungen noch unberührt blieben, wurde allen interessierten Akteuren in der Region klar, dass sie in den jeweiligen Staaten nun zu bilateralen Gesprächen gezwungen waren.

8.3 Die angolanischen Akteure und ihre Strategien

In den vorigen Abschnitten wurden die Auswirkungen der Einmischung externer Akteure im angolanischen Konflikt herausgearbeitet. Diese Einmischung hat zur Radikalisierung der beiden angolanischen Konfliktparteien beigetragen. Mit dem Wegfall der internationalen geopolitischen Dimension des Konflikts, welcher sich

---

[1] Zitiert nach Beaudet, Pierre/Dos Santos, Daniel: idem, p. 30

durch die Annäherung und Verständigung zwischen den beiden Supermächten zur Lösung regionaler Konflikte ausdrückte, wurde eines der wesentlichen Hindernisse zur friedlichen Beilegung des angolanischen Bürgerkrieges überwunden. Gegenstand des vorliegenden Kapitels ist die Analyse der angolanischen Akteure und ihrer Strategien in der Transitionsphase, wobei die in der Friedensursachenforschung herausgestellten Kriterien einbezogen werden. Es wird gezeigt, wie sich die angolanischen Konfliktparteien gegenseitig durch ihre Aktionsformen (appelative bzw. koerzive) beeinflussten und wie sie auf Druck der jeweiligen Alliierten von ihren radikalen Positionen zu einer kooperativen Strategien übergingen. Um den zu Beginn der 90er Jahre eingeleiteten Reformprozess in Angola verständlich zu machen, scheint es sinnvoll zu sein, an die Positionen der angolanischen Konflikt- parteien seit dem Aufbruch des Bürgerkrieges zu erinnern. Die politisch-ideologische Öffnung des Landes wurde mit dem außen- und wirtschaftlichen Kurswechsel ab Mitte der 80er Jahre eingeläutet. Vom Beginn des Bürgerkrieges im Jahr 1975 bis zur Umsetzung des in Bicesse im Mai 1991 unterzeichneten Friedens- abkommens, dessen Höhepunkt die Abhaltung der ersten freien demokratischen Wahlen im September 1992 war, haben die beiden Konfliktparteien, die MPLA und die UNITA, unterschiedliche Machtziele verfolgt. MPLA sowie UNITA haben, historisch und sozialpolitisch betrachtet, keine demokratische Neigung und Tradition, und ihr jeweiliger Sektarismus ermöglicht überhaupt keine positive Entwicklung in Richtung Demokratie. Beide haben niemals in ihrer politischen Entwicklung - also beginnend mit ihrer Entstehung - das Teilen gelernt. Innerhalb ihrer Strukturen wurden Abweichler strengstens bestraft und Meinungsverschiedenheiten und Diskussion so vermieden, dass sie gestern wie heute die Kunst des Dialogs, des Redens und des Hörens noch lernen müssen. Und dieser Lernprozess ist selbstverständlich ein langwieriger Weg. Die MPLA und die UNITA, die im Verlauf der Transitionsphase ihre Machtziele und Strategien an das Verhalten des jeweiligen politischen Gegners angepasst bzw. geändert haben, sind seit ihrer Entstehung autoritär gerichtet und aufgebaut. Nach wie vor dulden sie intern keine kritische Meinung , und sie verherrlichen die Kultur der Gewalt.[1] Bis 1988 setzten beide Konfliktparteien auf kriegerische Mittel, um ihre politischen Ziele durchzusetzen. Nachdem sowohl von den angolanischen Akteuren als auch von ihren jeweiligen internationalen Verbündeten festgestellt wurde, dass der Krieg militärisch nicht zu gewinnen war, fanden - trotz der Fortsetzung der Kämpfe - ab Mitte 1989 bis Mai 1991 Gespräche zur Beendigung des Konflikts statt. Diese erste Transitionsphase von 1989 bis 1991 lässt sich als die Etappe der Friedensverhandlung und Liberalisierung umschreiben. Die Etappe der Demokratisierung und der Kriegsbeendigung begann mit der Unterzeichnung des Friedensvertrages von Bicesse im Mai 1991 und endete am 29. September 1992. Es fanden weitere Gespräche zur Umsetzung der Vereinbarungen statt. Beide Kontrahenten waren paritätisch in der zur Überwachung und Umsetzung des Friedensvertrages gebildeten gemeinsamen politisch-militärischen Kommission (CCPM) vertreten, an der die Troika (Portugal, USA und Sowjetunion bzw. Russland) als ständige Beobachter teilnahm. Die letzte Etappe ist mit der Abhaltung der ersten Wahlen einzusetzen und lässt sich als die des Scheitern der Transition umschreiben, da Angola, anstatt in eine Konsolidierungsphase

---

[1] Vgl. Lukonde Luansi: Angola: Die Suche nach einer Lösung; in: Liberal, Vierteljahreshefte für Politik und Kultur, 1/1999, S. 50-53.

einzutreten, zu einem erneuten Aufbruch der Feindseligkeiten zurückgekehrt ist, denn die UNITA setzte ihre Wahlniederlage in einen der grausamsten Kriege in Angola um.

8.3.1 Die Haltung der MPLA gegenüber der UNITA

Die Haltung der MPLA gegenüber der UNITA wurde seit der Unabhängigkeit im Jahr 1975 wesentlich durch die Veränderungen im internationalen Umfeld beeinflusst und bestimmt. Dank der Militärhilfe der Sowjetunion, Kubas und anderer ehemaliger Ostblockstaaten und mit den Erdöleinnahmen setzte das autoritäre Regime in Luanda bis 1988 auf einen totalen Krieg, um die *„internen Feinde der Revolution"* zu vernichten und somit seine Machtkontrolle im gesamten Territorium auszudehnen. Diese Haltung stützte sich auf die ab 1977 eingeführte marxistisch-leninistische Staatsideologie, welche als Mittel zur Durchsetzung der politischen Ziele und zur Einschränkung der politischen Grundrechte und Freiheiten propagiert wurde. Die Ideologie war nicht nur gegen Andersdenkende, sondern auch gegen die kulturelle und soziale Vielfalt des Landes gerichtet.[1] Unter Mißachtung der internen Konfliktinhalte betrachtete die MPLA-Regierung den seit 1975 stattfindenden Bürgerkrieg als externe Aggression und schloss jede Beteiligung der UNITA an der Macht weiterhin kategorisch aus. Während die von den kubanischen Truppen unterstützten und von der Sowjetunion ausgerüsteten angolanischen Streitkräfte, die FAPLA, massiv gegen die *„Lakaien des Imperialismus"* eingesetzt

---

[1] Das Motto lautete: „Um só povo - uma só naçâo" (Ein Volk - eine Nation).

wurden, gingen die Sicherheitskräfte brutal und repressiv gegen die *„internen Reaktionäre"* vor. Allein schon der Verdacht, die UNITA oder eine andere politische Organisation zu unterstützen, war ausreichend dafür, dass Verhaftungen vorgenommen wurden. So wurden mehrere Hunderte von Personen wegen angeblicher oppositioneller Aktivitäten inhaftiert, vor Militärgerichte gestellt und später zu mehreren Jahren Freiheitsstrafe in den Umerziehungs-lagern verurteilt bzw. hingerichtet.[1] Bis Juni 1989 verweigerte die MPLA-Regierung jeglichen Dialog mit der, wie sie sie sahen, Terroristengruppe von Savimbi. Sie setzte vielmehr auf Dialog mit Südafrika und den Vereinigten Staaten[2], um die UNITA ausschalten zu können. Gleichzeitig verlängerte die Regierung Dos Santos ihre seit 1978 auf Begnadigungen und nationale Verständigung ausge-richtete Politik, mit dem Ziel, diejenigen Staatsbürger, die „in Angola oder im Ausland subversive Tätigkeiten gefördert oder unterstützt haben, in die Gesellschaft wiedereinzugliedern"[3], wobei die zu begnadigenden Personen den Führungsanspruch der MPLA und die Verfassung des Landes anerkennen mussten. Am 31.01.1990 verabschiedete die ständige Kommission der angolanischen Volks-versammlung erneut drei Amnestiegesetze für Staatssicherheits-delikte und für Militärstraftaten.[4]

---

[1] Die Einzelheiten über die Menschenrechtsverletzungen in Angola sind den Berichten von Amnesty International aus der 80er Jahren zu entnehmen.
[2] Vgl. Kap. 5.1.3.2 und 8.1 dieser Abhandlung. Diesbezüglich sagte 1986 der damalige Sekretär des Politbüros der MPLA-PT für Ideologie und Propaganda, Roberto de Almeida, Folgendes: „Es ist uns lieber, Gespräche mit ihrem Boss zu führen, als mit der UNITA zu verhandeln. Denn wir haben die Gewissheit, dass die UNITA nicht mehr existieren wird, wenn ihr eines Tages diese Unterstützung entzogen wird. Mit der UNITA zu verhandeln bedeutet für uns einen Verrat an all unseren Märtyrern und an den Gedanken der Freiheit Afrikas". Interview in: Mensagem, Luanda 1986. Aus dem Portugiesischen von mir übersetzt.
[3] Vgl. ANGOP (Angolanische Nachrichten Agentur), Meldung vom 4. Februar 1989.
[4] Vgl. Jornal de Angola vom 4. Februar 1990.

219

Diese Gesetze richteten sich in erster Linie an UNITA-Mitglieder und versuchten, sie zum Überlaufen auf die Regierungsseite zu bewegen. Während die Nomenklatura der MPLA-PT selbstgefällig, selbstherrlich, dem Volk gegenüber gleichgültig wurde und sich aus den Erdöleinnahmen und dem Diamantengeschäft bereicherte, wurde die für den Krieg immer noch mobilisierte Bevölkerung nicht beachtet. Die MPLA-PT hat sich somit von dem eigenen Ziel, die soziale Gerechtigkeit zu fördern[1], distanziert. Infolge der Ost-West-Entspannung, die die geopolitische Dimension der Konflikte im südlichen Afrika hinfällig machte, verlor die MPLA-Regierung allmählich ihre Bewegungsmacht. Mit dem sowjetischen Disengagement im südlichen Afrika und dem sich auf der Grundlage des Abkommens von New York von 1988 vollziehen-den Rückzug der kubanischen Truppen aus Angola stand die MPLA-Regierung ab 1989 vor einem Dilemma: entweder den Krieg bei weiterhin anhaltendem wirtschaftlichen Niedergang und anhaltender Kriegs-müdigkeit[2] der Bevölkerung fortzusetzen oder Gespräche und Verhandlungen mit der dank der amerikanischen Militärhilfe immer stärker werdenden Rebellenorganisation aufzunehmen.

Die von der MPLA nun verfolgte Doppelstrategie (Militäroffensive und indirekte Verhandlung) weist auf einer Kompromisslinie innerhalb der Regierungspartei hin.[3] Das auf Initiative des früheren

[1] Seit der Unabhängigkeit lautete das Motto des politischen Handeln wie folgt: „O mais importante é resolver os problemas do povo" (Am wichtigsten ist, die Probleme des Volkes zu lösen).
[2] Ab 1987 nahm die Zahl der Deserteure in der angolanischen Armee ständig zu. Außerdem entzogen sich viele Angolaner im Alter zwischen 16 bis 30 Jahren der Zwangsrekrutierung, indem sie das Land verließen oder sich versteckten. Vgl. África Confidencial (portugiesische Ausgabe) vom 27. Juli 1987.
[3] Seit der Unterzeichnung im Februar 1984 in Lusaka der gescheiterten Rückzugs-vereinbarung zwischen Angola und Südafrika wurde der Machtkampf zwischen den MPLA-Flügeln deutlich. Während die Hardliner um Lúcio Lara und Roberto de Almeida jegliche Verhandlungen mit UNITA und Südafrika ablehnten, sprachen sich die Gemäßigten um Lopo do Nascimento und Alexandre Rodriguès Kito dafür aus. Alexandre Rodriguès Kito war Innenminister und bis Mitte 1987 angolanischer

zairischen Staatspräsidenten Mobutu Sese Seko organisierte
Gipfeltreffen von Gbadolite im Juni 1989, an dem achtzehn Staats-
und Regierungschefs, u.a. Eduardo Dos Santos, teilnahmen, kann
in diesem Sinne interpretiert werden. Auch wenn die in der
„Erklärung von Gbadolite" vereinbarten Punkte (Waffenstillstand,
Bildung einer gemischten Kommission, nationale Versöhnung u.a.)
aufgrund der unterschiedlichen Interpre-tationen nicht umgesetzt
werden konnten, hat doch dieses Treffen einen historischen
Charakter deshalb erhalten, weil der angolanische Staatspräsident
Dos Santos und sein Widersacher Jonas Savimbi zum ersten Mal
zusammentrafen. Durch den historischen Handschlag zwischen den
beiden angolanischen *„Kriegsherren"* in Gbadolite vollzog sich de
facto die Anerkennung der UNITA durch die MPLA-Regierung.[1]
Nach dem Scheitern der Militäroffensive der Regierungsarmee,
welche im Dezember 1989 unter dem Namen „Operation
Schlusssturm" gestartet worden war, mit dem Ziel, die UNITA-
Hochburgen im Südosten des Landes zu erobern, erklärten erneut
beide Kriegsparteien ihre Bereitschaft zu einer friedlichen Lösung.
Innenpolitisch begann sich die Zivilgesellschaft zu organisieren.
Während die christlichen Kirchen[2] , vor allem die katholische, nun
öffentlich Kritik an dem System übten, indem sie das Ende des
Bürgerkrieges und die Einführung des Mehrparteiensystems

Chefunterhändler bei den Verhandlungen mit den USA zur Lösung der Namibia-Frage.
Er wurde aus dieser letzten Funktion wegen seiner angeblichen schwachen Haltung
gegenüber den Amerikanern entlassen.
[1] Messiant, Christine: Angola : Le retour à la guerre ou l'inavouable faillite d'une
intervention internationale; in: L'Afrique politique 1994, Paris 1995, pp. 199-229,
hier p. 206.
[2] Die Beziehungen zwischen der katholischen Kirche und der MPLA-Regierung waren
seit der Unabhängigkeit immer gespannt. In einem Hirtenbrief von 1987 rief die Kirche
zum Dialog zwischen den Angolanern auf und forderte die ausländischen Truppen auf,
das Land zu verlassen. Im Dezember 1989 wurde in allen   Kirchengemeinden des
Landes ein weiterer Hirtenbrief verbreitet, in dem demokratische Wahlen verlangt
wurden. Ähnliche Aktionen fanden auch in den evangelischen Kirchengemeinden statt.
Vgl. África Confidencial vom 27. Juli 1987/Lettre d'Angola, 3/1990.

forderten, wurde in Luanda im Januar 1990 von früheren Dissidenten der MPLA aus den 70er Jahren die erste Bürger- bewegung (die ACA - Associaçâo cívica angolana) gegründet.[1] Militärisch durch die Ausdehnung der militärischen Aktivitäten der UNITA geschwächt, politisch unter immer sich stärker abzeich- nendem Legitimitätsverlust als Einheitspartei und intern zerstritten, stimmte die MPLA der portugiesischen Friedensinitiative ab April 1990 zu. Der im Dezember 1990 einberufene III. Parteikongress beschloss - wie es Messiant ausdrückte - mit dem Messer an der Kehle die Einführung des Mehrparteiensystems, und daraufhin stimmte die Volksversammlung die Verfassungsänderung zu.[2]

8.3.2 Die UNITA und ihre Forderungen

In einem der zurückliegenden Kapitel (Kap. 4.1.1.3) über dir Entstehung der angolanischen Befreiungsbewegungen wurde die UNITA als jene Bewegung dargestellt, welche mit eigenen sozialen, ökonomischen und kulturellen Wesenszügen gegründet wurde, um im Konkurrenz zu FNLA und MPLA den Kolonialkrieg zu führen. Sie war bis zur Unabhängigkeit 1975 militärisch die am schwächsten ausgerüstete Widerstands-bewegung. Nachdem die UNITA aus der Hauptstadt Luanda infolge der kurz vor der Unabhängigkeit ausgebrochenen Feindseligkeiten vertrieben wurde, zog sie in

---

[1] Die ACA, gegründet Ende Januar 1990 in Luanda, wählte Joaquim Pinto de Andrade zu ihrem Präsidenten. Pinto de Andrade, dessen ältester Bruder Mário Pinto de Andrade erster Vorsitzender der MPLA war, war an der Dissidentenbewegung „Revolta activa" 1974 beteiligt. Es wurde seinerzeit vermutet, dass der Erzbischof von Luanda, Alexandre do Nascimento, bei der Gründung der ACA eine gewichtigere Rolle gespielt hat. Vgl. Lettre d'Angola 2/1990.
[2] Vgl. Messiant, Christine: Angola - Le retour à la guerre..., p. 206.

einem sogenannten „*langen Marsch*"[1] von Mai bis August 1976 in den Südosten des Landes, um sich gegen die durch die sowjetisch-kubanische Intervention an die Macht gebrachte MPLA zu reorganisieren. Bis zum Friedensvertrag von Bicesse im Mai 1991 blieb das langfristige politische Ziel der UNITA, die Macht-übernahme und die Demokratisierung des Landes, unverändert. Die Strategie, um dieses Ziel zu erreichen, wurde aber dem sich verändernden internationalen Umfeld angepasst, da die UNITA sich durch einen militärischen einen durch Wahlen legimierten politischen Sieg erhoffte. Sie wurde von externen Akteuren (USA, Südafrika u.a.) durch die Ausstattung mit Geldern, Waffen, Infrastruktur und diplomatischer Unterstützung verstärkt und beeinflusst. Wenn die UNITA seit dem Aufbruch des Konflikts mit der MPLA zur Bildung einer Regierung der nationalen Einheit und Versöhnung aufforderte und für das Mehrparteiensystem eintrat[2], so scheint die politische Phraseologie Savimbis, dessen Schicksal dem seiner Organisation gleichgesetzt wird, widersprüchlich zu sein. Für den UNITA-Chef können nur diejenigen Parteien an dem Demokratisierungsprozess teilnehmen, die im Befreiungskampf gegen den „*Sozialimperialismus*" beteiligt gewesen sind. Dabei unterscheidet er zwischen den „*partidos genuínos*" und den „*partidos oportunistas*". Den Letzteren spricht er jegliches Recht zu demokratischer Beteiligung ab, weil sie den „*Zug erst fast am Endziel zu erreichen versuchten*".[3] Diese anti-demokratische Haltung konkretisierte die UNITA 1992 im Laufe des inzwischen gescheiterten Demokratisierungsprozesses, indem sie alle übrigen

---

[1] Vgl. Loiseau, Yves/ de Roux, Pierre-Guillaume: Jonas Savimbi - Revolutionär und General, Köln 1989, S. 238.
[2] Vgl. Savimbi, Jonas: A Resistência em busca de uma nova nação, Lisboa 1979, p. 79/ ders.: UNITA - Identidade duma Angola livre, Jamba 1985, p. 26.
[3] Vgl. Savimbi, Jonas: A Resistência em busca de uma nova nação, p. 127.

politischen Formationen hinderte, Wahlkampfveranstaltungen in ihren vermeintlichen Gebieten durchzuführen. Von 1975 bis 1980 führte die UNITA nur noch einzelne Guerillaaktionen und Bombenanschläge schwacher Intensität durch, die international kaum große Beachtung fanden. Im Rahmen der von Südafrika Ende der 70er Jahre unter Vorwand einer kommunistischen Bedrohung entwickelten Destabilisierungsstrategie gegen die Frontlinienstaaten wurde die UNITA - wie auch die RENAMO in Mosambik - militärisch reorganisiert, ausgebildet und ausgerüstet. Die UNITA diente von nun an dem südafrikanischen Destabilisierungskrieg[1] und beanspruchte für sich einige tatsächlich von der SADF mit Erfolg durchgeführte Aktionen zur Zerstörung der Infrastruktur, wie z.B. die Sabotage und Zerstörung der Ölraffinerie in Luanda im November 1981. Bei den in den ländlichen Regionen im zentralen Hochland ausgeübten Terrorangriffen verschleppte die UNITA die zivile Bevölkerung, vor allem junge Männer und Frauen, um ihre Truppen zu vergrößern. Dank der ab 1981 von der Reagan-Administration zur Verfügung gestellten finanziellen und militärischen Hilfe entwickelte sich die FALA - der bewaffnete Arm der UNITA - zu einer schlagkräftigen Truppe, die 1985 in eine fast reguläre Armee umstrukturiert und aufgebaut wurde.[2] Wenn die UNITA sich aufgrund ihrer materiellen Notlage und der internationalen Isolation

---

[1] Zu der Beziehung zu Südafrika sagte Savimbi Folgendes: „ Ich bin bereit, mit dem Teufel zu essen, auch wenn ich dafür einen Löffel mit langen Stiel brauche. Die Waffen, die wir für die Befreiung unseres Landes benötigen, stinken nicht nach dem Herkunftsland, sondern nach dem Schießpulver. Die UNITA nimmt jede Hilfe an, egal von welcher Seite auch immer, solange unsere Würde und unser Hauptinteresse nicht in Frage gestellt werden". In: Savimbi, Jonas: Identidade duma Angola livre, pp. 30-31. Aus dem Portugiesischen von mir übersetzt.
[2] Die militärische Hierarchie ähnelt der einer konventionellen Armee mit einem Oberkommandierenden, in der Person von Jonas Savimbi mit dem Rang eines 4 Sternegenerals, der in Personalunion auch Parteivorsitzender ist, und mit einem Generalstabschef, dem die Militärregionen und ihre Einheiten (Brigaden, Bataillone und Spezialeinheiten) unterstellt waren. Hierzu vgl. Conchiglia, Augusta: Résistances anti-apartheid, Jonas Savimbi et l'UNITA, Nr. 8-9, Paris 1989, p. 63.

bis Ende der 70er Jahre mehr mit dem eigenen Überlebenskampf beschäftigte, so hat sie sich später im Laufe des langandauernden Krieges und dank der von den westlichen Regierungen erhaltenen Militärhilfe zu einem politisch-militärischen Apparat gewandelt, welcher die in die sogenannten *„befreiten Zonen"* verschleppte bzw. freiwillig dorthin gezogene Bevölkerung durch ihre Massenorganisationen (LIMA und JURA) und durch die Kooperation mit den traditionellen Obrigkeiten streng kontrollierte.

> „Très différemment de la RENAMO au Mozambique, c'est l'UNITA elle-même comme organisation qui administra la population et la contrôla à travers ses organisations de masse, qui prit à elle tous les moyens d'exercice et tous les modes de légitimation du pouvoir: 'centralisme démocratique' stalinien, discipline militaire, obéissance religieuse et pouvoirs spirituels 'africains' furent tous centralisés et manipulés par l'appareil politico-militaire, lui-même structuré autour de la soumission 'démocratiquement centralisée' à la direction et à son chef, objet d'un culte de la personnalité de plus en plus hypertrophié".[1]

In den *„befreiten Zonen"* nahm die UNITA durch ihr Schattenkabinett die Staatsgewalt wahr und füllte die dazugehörigen Aufgaben aus, wie z.B. im Erziehungs- und Gesundheitswesen, so dass ein Abhängigkeitsverhältnis der Bevölkerung gegenüber der Organisation entstand. Die Bevölkerung fühlte sich für ihr Überleben der UNITA gegenüber verpflichtet, und diese garantierte nicht nur Sicherheit, sondern sie stellte auch die notwendigsten Mittel des täglichen Lebens zur Verfügung. Den Krieg als organisierte Gewalt dehnte die UNITA mit großer Intensität im gesamten Territorium aus, um die

---

[1] Messiant, Christine: Angola, les voies de l'ethnisation et de la décomposition; in: Lusotopie Nr. 1-2, Paris 1994, pp. 155-210 hier p. 170. Der Personenkult ist bei der UNITA viel ausgeprägter als bei vielen Ex-Einheitsparteien in Afrika südlich der Sahara. Die Bezeichnungen zur Ehre Savimbis sind beispielweise vergleichbar mit Kim Il Sung (Nordkorea). Die verschiedenen Ausgaben der Parteizeitung *„Terra Angolana"* sind als Belege hierfür heranzuziehen.

Regierung zu zwingen, ihren Willen auszuführen. Durch Sabotageoperationen von Infrastrukturen, durch Geiselnahmen und gut vorbereitete Lobbyarbeit im Ausland verschaffte die UNITA sich große Aufmerksamkeit in der Weltöffentlichkeit. Ein diplomatischer Schachzug gelang ihr Mitte 1983, als Savimbi vorschlug, die im März 1983 gefangen genommenen 66 tschechoslowakischen und 20 portugiesischen Staatsbürger gegen sieben britische Söldner auszutauschen, die in Luanda seit 1976 inhaftiert waren sowie gegen den in Afghanistan festgehaltenen französischen Arzt Philippe Anjoyard. Ein Jahr später griff die FALA in verschiedenen Landesteilen an, nahmen erneut insgesamt 19 Briten, 2 Amerikaner und 17 Filipinos als Geiseln[1], und anschließend unterbrach sie durch die Zerstörung von Strommasten die Energieversorgung für Luanda und andere wichtige Städte (Benguela, Lobito, Huambo) für mehrere Monate. Um die MPLA-Regierung diplomatisch in Bedrängnis zu bringen, verbreitete die UNITA 1987 einen Vorschlag, wonach sie zu einem Kompromiss mit der Regierung zur Wiedereröffnung der Benguela-Eisenbahnlinie (CFB) bereit sei.[2] Diese Eisenbahnlinie benötigen die benachbarten Staaten Sambia und Zaire dringend für ihren Export von Kupfer. Die Regierung lehnte den Vorschlag ab und betrachtete die Rebellen weiterhin als „Verbündete des Imperialismus und Knechte im Dienste des

---

[1] Die westlichen Regierungen, die die stärksten Worte fanden, um libanesiche oder palästinensische Geiselnehmer als „islamische Terroristen" bzw. „Fundamentalisten" zu verurteilen, weigerten sich, im Falle der UNITA von Geiseln zu sprechen, weil sie für die angolanischen Rebellen mehr Sympathien hatten als für die „Eiferer Gottes" im Nahen Osten. Die Unglaubwürdigkeit der westlichen Staaten im Kampf gegen den „internationalen Terrorismus" stellte der offizielle Besuch Savimbis in Washington 1986 und in den Jahren danach in den EU-Staaten dar. In Washington wurde Jonas Savimbi als „Freiheitskämpfer" gepriesen.
[2] Vgl. África Confidencial vom April 1987, p. 16. Die Kosten eines Wiederaufbaus der Benguela-Eisenbahnlinie wurden 1987 auf 400 Mio. US$ geschätzt. Die EU-Staaten, vor allem Belgien, Frankreich, Großbritanien und Italien, signalisierten ihre Bereitschaft, die zweijährigen Rehabilitierungsarbeiten unter Sicherheitsgarantien zu finanzieren.

Apartheidstaats". Verbunden mit dem anhaltenden wirtschaftlichen Niedergang hatten die spektakulären militärischen Erfolge der UNITA die Notlage in Angola vergrößert, und infolgedessen nahm die Unzufriedenheit der Bevölkerung gegenüber dem Regime ständig zu. Die UNITA, die der MPLA jegliche Legitimität als Regierung absprach, forderte diese auf, den Dialog aufzunehmen, um den „zerstörerischen Krieg im Lande zu beenden".[1]

Bis zur Unterzeichnung des Abkommens über den Rückzug ausländischer Truppen aus Angola und über die Unabhängigkeit Namibias im Dezember 1988 in New York setzten die beiden Konfliktparteien auf eine militärische Lösung, wobei hervorzuheben ist, dass alle von der Regierungsarmee bis Ende 1988 durchgeführten Offensiven gegen die UNITA an der südafrikanischen Intervention scheiterten. Geprägt durch eine maoistisch stalinistische Tendenz, ging die UNITA intern mit Gewaltanwendung gegen alle Kritiker vor, und gleichzeitig zeichnete sich eine Monopolisierung der Macht durch die engsten Familienangehörigen Savimbis ab, um die Partei besser kontrollieren zu können.[2]

Savimbi, der sich seit der Gründung seiner wie eine Pyramide aufgebauten Organisation an die Spitze gesetzt hat, symbolisiert aus der Sicht seiner Anhänger den *„Messias"*, dessen historische Mission es ist, *„sein Volk und sein Land zu befreien und die 'Ovimbundu-Hegemonie' wiederherzustellen".*[3] Die Menschenrechtsverletzungen in den „befreiten Zonen" wurden ab 1988 durch die

---

[1] Vgl. Savimbi, Jonas: Angola - A Resistência em busca de uma nova naçâo, p. 127.
[2] Zum Strukturwandel in der UNITA und dem darauf folgenden Machtmonopol des Savimbi-Klans wird auf Guilherme de Loanda (La longue marche de l'UNITA jusqu'à Luanda; in: Politique Africaine Nr. 57, Mars 1995, pp. 63-70) hingewiesen.
[3] Vgl. De Loanda, Guilherme: idem, p. 66. Der Ovimbundu-Gruppe, die zahlenmäßig die größte Ethnie Angolas darstellt (Teil I der vorliegenden Abhandlung), gehört auch Savimbi an.

Kommuniques einer Dissidentengruppe[1] in Lissabon bekannt gegeben. Das von der MPLA-Regierung nach dem Gipfeltreffen von Gbadolite unterbreitete Amnestieangebot lehnte die UNITA kategorisch ab. Sie führte daraufhin ihre Erzwingungsstrategie fort. Ende September 1989 legte die UNITA einen Friedensplan in fünf Punkten vor, welcher von den Delegierten des Anfang desselben Monats zu Ende gegangenen außerordentlichen Kongresses in Jamba (Hauptquartier der UNITA) nach formeller Abstimmung verabschiedet worden war.[2] In diesem Plan wurden direkte Verhandlungen mit der MPLA, eine Verfassungsänderung sowie die Durchführung von freien Wahlen gefordert. Der Plan sah auch die Freilassung von Kriegsgefangenen unter Kontrolle des Internationalen Komitees des Roten Kreuzes und die Bildung einer gemeinsamen Übergangsregierung vor. Den Durchbruch brachte eine portugiesische Initiative, an der wiederum die Supermächte mitwirkten. Die Friedensverhandlungen, von denen im nächsten Abschnitt die Rede ist, begannen im April 1990 und dauerten bis Mai 1991 an.

---

[1] Hierbei handelt es sich um die Gruppe von Jorge Chikoti und Paulo Tjipilika, jeweils Vize-Außenminister und Justizminister (beide von dem 1991 gegründeten FDA - Forum Democrático Angolano) in der ersten gewählten Regierung Angolas. Die Gruppe warf Savimbi vor, die Ermordung der in Ungnade gefallenen Parteifunktionäre, u.a. Wilson Dos Santos und Tito Chingunji, befohlen zu haben. Aufgrund dieser Vorwürfe, die 1992 von Miguel Nzau Puna und Tony Fernandès da Costa (beide aus der UNITA-Führung vor den Wahlen 1992 ausgeschieden) wiederholt und konkretisiert wurden, forderte die US-Regierung die UNITA auf, eine Untersuchung zuzulassen. Einzelheiten hierüber sind u.a. bei Fred Brigland (Savimbi et l'exercice du pouvoir: un témoignage; in: Politique Africaine, Nr. 57, Mars 1995, pp. 94 -102) und im Jornal de Angola mit Beiträgen von Angehörigen der Opfer; in: Actualidade angolana, Nr.2/92 Botschaft der VR Angola Bonn, nachzulesen.

[2] Vgl. Jeune Afrique Économie: Savimbi, l'Angola et l'UNITA, Avril 1996, p. 164.

8.4   Demokratisierungs- und Friedensprozess

Der angolanische Konflikt wurde, wie aus den vorigen Kapiteln hervorgeht, durch eine Überinvestition der beiden Supermächte gekennzeichnet. So wie sie sich an der angolanischen Leidensgeschichte beteiligten, so setzten sich die Supermächte für den Frieden in diesem Land ein. Von New York im Jahr 1988 über Gbadolite im Jahr 1989 bis Bicesse drei Jahre später waren die USA und die Sowjetunion im Rahmen der Entspannungspolitik unmittelbar bzw. mittelbar an der friedlichen Beilegung des angolanischen Krieges beteiligt.

Nach dem Scheitern der „Operation Schlusssturm", welche von der Regierungsarmee gestartet worden war, erklärten sich die MPLA und die UNITA auf internationalen Druck hin bereit, den Konflikt durch Verhandlungen beizulegen. Sie stimmten der Vermittlerrolle Portugals zu, nachdem die MPLA-Regierung dem zairischen Staatspräsidenten Mobutu vorgeworfen hatte, sein Land weiterhin für amerikanische Waffenlieferung zugunsten der Rebellenorganisation offenzuhalten.[1] So wie es deutlich war, dass die Position Portugals gegenüber den angolanischen Kontrahenten zu Beginn der Gespräche als ausgeglichen bezeichnet werden konnte, war ebenso klar, dass eine Einigung nur möglich sein würde, wenn die aufgrund der   Desintegration der Sowjetunion alleinige Weltmacht USA dem Kompromiss zustimmte. Die US-Regierung setzte sich für die Verhandlungen ein, um die UNITA-Positionen zu stärken und durchzusetzen, ohne die Sowjetunion öffentlich zu demütigen.

---

[1] Vgl. Internationales Afrikaforum, Nr. 2/1990, S. 137.

8.4.1 Die Friedensverhandlungen und die Liberalisierung

Vor den ersten Sondierungsgesprächen zwischen der MPLA und der UNITA Ende April 1990 in Evora (Portugal) fanden intensive diplomatische Aktivitäten um Angola sowohl auf afrikanischer als auch auf internationaler Ebene statt.[1] Während Eduardo Dos Santos bei seinem Staatsbesuch in Sâo Tomé Anfang April 1990 den Willen seiner Regierung zur Beendigung der Feindseligkeiten und zur Reintegration der UNITA auf der Grundlage einer Amnestie bekräftigte und gleichzeitig dem Rebellenchef, Savimbi, eine *„humane Behandlung"* zusagte, erklärte sich die UNITA ohne Vorbedingungen zu einem Waffenstillstand und zur Anerkennung der MPLA auf der Basis des „Alvor-Abkommens" von 1975 bereit. Die Tatsache, dass sich die UNITA auf dieses Abkommen von 1975 bezog, ist dahingehend zu interpretieren, dass sie auf Gleich-berechtigung zur Lösung des Konflikts bestand. Unter dem portugiesischen Staatssekretär im Außenministerium als Vermittler, Durâo Baroso, fanden die ersten beiden Sondierungsgespräche im April (24. - 25.4.1990) in Evora und in Sâo Joâo da Barra Mitte Juni (16. - 18.6.1990) statt, an denen mit Zustimmung der MPLA und der UNITA die USA und die Sowjetunion als Beobachter teilnahmen. Wenn auch die Atmosphäre aus Delegationskreisen als freundlich bezeichnet worden ist, so gingen die Gesprächsrunden ohne

---

[1] Ende Oktober 1989, auf Initiative des Staatspräsidenten von Côte d'Ivoire, Félix Houphouet Boigny, kamen die Staatschefs Omar Bongo (Gabun), Kenneth Kaunda (Sambia) und Manuel Pinto da Costa (Sâo Tomé und Príncipe) in Yamoussoukro zusammen und berieten gemeinsam über die angolanische Frage. Einen Monat später empfing Houphouet Boigny den portugiesischen Staatspräsidenten, Mário Soarès. Gleichzeitig wurde der Rebellenchef Savimbi in Zaire von Mobutu empfangen, nachdem letzterer Tage zuvor mit seinem angolanischen Amtskollegen Eduardo Dos Santos konferiert hatte.

konkretes Ergebnis zu Ende. Beide Seiten hielten an ihren
militärischen Optionen fest und sprachen sich gegenseitig jede
Legitimität ab. Die dritte Gesprächrunde (27. - 30. 8. 1990) endete
ebenso ohne Ergebnis. Sie scheiterte an den Bedingungen eines
Waffenstillstandes und an der Normalisierung des politischen
Lebens in Angola. Inzwischen wurden auf Zustimmung der
Konfliktparteien „Friedenskorridore" eingerichtet, um die an
Hungersnot leidende Zivilbevölkerung durch internationale Hilfs-
organisationen zu versorgen. Mitte September sprach der
amerikanische Secretary of State, James Baker, mit seinem
sowjetischen Amtskollegen, Eduard Schewardnadse, über die
Notwendigkeit, einen Waffenstillstand in Angola zu erzwingen.[1]
Dem Treffen beider Außenminister folgte eine vierte Verhandlungsrunde Ende desselben Monats in Sintra (Portugal). Während die
UNITA-Delegation unter Jorge Valentim (Informationsminister im
Schattenkabinett) für eine gegenseitige Anerkennung und die
Rechtmäßigkeit der MPLA-Regierung bis zu den Wahlen sowie für
die Einführung des Mehrparteiensystems plädierte, entgegnete die
von Oberst José Maria, Berater des Staatspräsidenten für Militär-
und Sicherheitsfragen, geführte MPLA-Delegation, dass zunächst
die Fragen des Waffenstillstandes und die Reintegration der über
70.000 Soldaten der UNITA in die FAPLA vorrangig seien. Der
Wiederaufnahme der Verhandlungen Ende November (fünfte Runde
vom 24. bis 27.11.1990) in Estoril waren intensive diplomatische
Bemühungen in Afrika und in der Welt vorangegangen. Das direkte
Engagement der Supermächte durch Beteiligung ihrer Diplomaten
an den Gesprächen trug zum Fortschritt über die Grundprinzipien

---

[1] Vgl. Atsutsé, Kokouvi Agbobli: Jonas Savimbi - Combats pour l'Afrique et la démocratie, p. 120.

einer friedlichen Lösung bei. Die Anerkennung der Regierung durch die UNITA im Oktober 1990 und die folgende Zustimmung des III. MPLA-Kongresses im Dezember zur Einführung des Mehrparteiensystems können im Sinne der diplomatischen Bemühungen interpretiert werden. Nach intensiven Gesprächen (12. - 13.12.1990) in Washington zwischen den Konfliktparteien, jeweils unter Leitung von Lopo do Nascimento (MPLA) und Jeremias Chitunda (UNITA), wurde ein Dokument unterzeichnet, in dem u.a. Vorschläge über die Bedingungen der Feuereinstellung und über die politischen Fragen festgeschrieben wurden. Den Gesprächen wohnten als Beobachter bzw. als Vermittler Hermann Cohen (USA), Juri Yukalov (Sowjetunion) und António Monteiro (Portugal) bei. Ein wichtiger Schritt zur Beilegung des angolanischen Krieges stellt auch das Treffen Savimbis mit dem sowjetischen Außenminister, Schewardnadse, in Washington dar, bei dem ersterer Meldungen zufolge zugesichert haben soll, im Falle eines Sieges die von der MPLA gegenüber der Sowjetunion gemachten Schulden zu honorieren.[1] Während auf politischer Ebene die sechste Verhandlungsrunde (6. - 7. 2. 1991) über die Bedingungen der Feuereinstellung stattfand, wurden im gesamten Territorium Kämpfe gemeldet. Wichtig zu bemerken ist, dass Lopo do Nascimento, Delegationsleiter der MPLA, die Verfassungsänderung für Ende März 1991 ankündigte. Um den Druck zu erhöhen, forderten die Troika-Regierungen (USA, Sowjetunion und Portugal) in einer gemeinsamen Erklärung die MPLA und die UNITA auf, die noch strittigen Fragen schnellstens zu lösen. Der UNITA-Chef, Jonas Savimbi, ließ sich im März 1991 durch den siebten Kongress seiner Organisation vor über 200 ausländischen Gästen als Kandidat für

---

[1] Vgl. Jeune Afrique Économie, Avril 1996, p. 168.

die Präsidentschaftswahlen bestätigen, obwohl ein Friedensab-schluss bis dahin noch ausgeblieben war. Strukturell erfolgte eine strategische Änderung in der UNITA in Form eines Generations-wechsels.[1] Vom März bis April 1991 wurde über die noch ausge-klammerten Fragen, wie die Wahltermine und ihre Kontrolle durch die internationale Staatengemeinschaft, die Kontrolle des Waffen-stillstandes und die neuen Institutionen, verhandelt.

Die Frage, wie lange die Transitionsphase andauern sollte, war einer der strittigen Punkte. Die UNITA bestand darauf, die Wahlen spätestens ein Jahr nach dem Inkrafttreten des Waffenstillstandes zu organisieren; die Regierung hielt dagegen, dass aus organisa-torischen Gründen eine Periode von drei Jahren für die Durch-führung einer solchen Operation als angemessen anzusehen sei.[2] Hinter diesen Überlegungen steckten sicherlich die parteipolitischen Interessen der beiden Akteure. Während die UNITA auf ihren vorausgesagten Sieg nicht länger warten wollte, bestand das Interesse der Regierung darin, die Transitionsphase so weit wie möglich hinauszuziehen, um ihr Image aufzubessern und somit ihre Chancen bei den schon als verloren geglaubten Wahlen zu erhöhen. Ab April wurden die Gespräche ununterbrochen in ständigen Kommissionen fortgesetzt, um die Einzelheiten zu regeln. So einigten sich z.B. beide Konfliktparteien auf eine Transitions-phase von 18 Monaten, bei der die Regierung bis zum Wahltermin im Amt bleiben sollte.

---

[1] Der seit der Gründung amtierende Generalsekretär, Miguel Nzau Puna aus Cabinda, wurde durch Alicerces Mango, den früheren Vertreter der UNITA in Bonn und Lissabon, ersetzt. Junge Akademiker und Diplomaten rückten in die Parteiorgane vor, um den „vorausgesagten Sieg" vorzubereiten.
[2] Vgl. Monnier, Laurent: L'échec de la démocratisation en Angola; in.: Manassé, Esoavelomandro/ Feltz, Gaetan: Démocratie et développement: Actes du colloque international, Antananarivo, 6. - 12.05.1993, pp. 217-235, hier p. 228.

In mühevollen Verhandlungen, deren Erfolge auf Druck der Troika erzielt wurde[1], gelang es schließlich, den Friedensvertrag von Bicesse zu vereinbaren. Am 31. Mai 1991, im Beisein von UN-Generalsekretär Perez de Cuellar, des amtierenden OAU-Präsident Yowereni Museveni, des US-Außenministers James Baker, des sowjetischen Außenministers Besmertnych und Portugals Premierministers Cavaco Silva, ratifizierten Staatspräsident Dos Santos und UNITA-Chef Jonas Savimbi das Friedensabkommen zur Beendigung des 16-jährigen Bürgerkrieges in Angola.

8.4.2 Der Friedensvertrag von Bicesse

Bevor den Einzelheiten des Friedensvertrages von Bicesse nachgegangen wird, sind hier einige Anmerkungen zu machen. Wie im vorigen Abschnitt betont, ist das Zustandekommen des Friedensabkommens in Bicesse auf die Überinvestition der Supermächte während der Verhandlungen zurückzuführen. Die Wichtigkeit dieses Engagements lässt sich daran ablesen, dass die angolanischen Friedensgespräche innerhalb eines Jahres abgeschlossen wurden, während die Gespräche mit Mosambik unter Vermittlung Italiens und der katholischen Kirche Italiens und Mosambiks ohne direkte Beteiligung der Supermächte mehr als drei Jahre (1989-1992) dauerten.[2]

---

[1] Vgl. Messiant, Christine: Angola - Le retour à la guerre ou l'inavouable faillite d'une intervention internationale, pp. 207-208/ Meyns, Peter: Angola; in: Handbuch der Dritten Welt, Bonn 1993, S. 334.
[2] Zu den mosambikanischen Friedensgesprächen wird auf Harald Küppers (Struktur- und Strategiewandel der Resitência Nacional Moçambicana (RENAMO), Diplomarbeit Institut für Politische Wissenschaft, Universität Hamburg 1996) hingewiesen.

Ein anderes Merkmal ist, dass die UNO, welcher die Überwachung des Friedens- und Demokratisierungsprozesses in den beiden Ländern zugewiesen wurde, nur eine untergeordnete Rolle in Angola spielte. Die Friedensverhandlungen verliefen weder mit ihrer Beteiligung und noch weniger mit der der „nicht bewaffneten Opposition" bzw. der Zivilgesellschaft. Wenn über den repräsentativen Charakter der seinerzeit noch tätigen „nicht bewaffneten Opposition", wie der FNLA oder kleiner politischen Exilorganisationen, gestritten werden kann, so stellen die christlichen Konfessionen in Angola eine wichtige Gruppe dar, dessen mäßigende Rolle im Transitionsprozess nicht ignoriert werden sollte. Wie in Alvor 1975 bekamen die bewaffneten Parteien einen rechtlich vorgegebenen Spielraum, dessen negative Auswirkungen während der Umsetzung des Friedensvertrages ans Tageslicht getreten waren. Waren die beiden Kriegsparteien in der Tat von der Möglichkeit einer Versöhnung überzeugt, als sie den Friedensvertrag unterzeichneten? Zieht man die Geschichte der beiden angolanischen Kontrahenten seit ihrer Entstehung in Betracht, ihre Radikalisierung während des Bürgerkrieges und vor allem ihre durch Intoleranz gekennzeichneten Führungseliten, so kann diese Frage nicht bejaht werden. Die MPLA-Regierung, die den Marxismus-Leninismus im Dezember 1990 über Bord warf, stimmte dem Kompromiss zu, um die Privilegien ihrer Führung noch retten zu können. Die UNITA willigte in den Friedensvertrag ein mit der festen Überzeugung, dass sie die Wahlen gewinnen würde, nachdem sie ihrer Gegnerin militärisch Verhandlungen aufgezwungen hatte.[1]

---

[1] Vgl. Messiant, Christine: Angola, les voies de l'ethnisation et de la décomposition, p. 158.

Aus diesen unterschiedlichen Betrachtungen und Erwartungen schlossen die angolanischen „Kriegskasten" den Friedensvertrag von Bicesse ab. Er umfasste die in einer 18-monatigen Transitionsphase umzusetzenden militärischen (Waffenstillstand, Demobilisierung, Bildung einer gemeinsamen Armee), politischen (Parteien- und Wahlgesetze, Überwachungskommission, Kontrolle der Medien zur Bändigung feindlicher Propaganda und Wiederherstellung der staatlichen Autorität im gesamten Territorium) und sozialen Vereinbarungen (Freilassung von Gefangenen, Rückkehr von Flüchtlingen und Vertriebenen). Es wurde ferner festgelegt, dass der Waffenstillstand unmittelbar nach der Ratifizierung durch den Staatspräsidenten Dos Santos und den Oppositionschef Savimbi in Kraft treten sollte und zwischen September und November 1992 Parlaments- und Präsidenschaftswahlen abzuhalten seien.[1] Aus den beiden verfeindeten Streitkräften (FAPLA und FALA) mit insgesamt über 200.000 Soldaten sollte zu gleichen Teilen eine neue nationale Armee (FAA - Forças Armadas Angolanas) geschaffen werden, wobei zusätzlich die Marine und die Luftwaffe der Regierungsarmee übernommen werden sollten. Rechtlich gesichert und verfasst, wurden die friedliche Umwandlung der Gesellschaft und die Transition ausschließlich in die Hände der „Kriegsherren" gelegt. Anstatt eine Regierung der nationalen Versöhnung zu bilden, blieb die MPLA mit ihren Institutionen (Regierung, Volksversammlung) bis zu den Wahlen im Amt. Verfassungsrechtlich bedeutet dies, dass ihre Autorität im gesamten Territorium anerkannt wurde, dass sie die dazugehörigen Aufgaben, wie z.B. die Gesetzgebung durch die Volksversammlung, die Gewährleistung der inneren Sicherheit und

---

[1] Vgl. Meyns, Peter. Angola - Handbuch der Dritten Welt 1993, S. 334-335. Die Einstellung der Kampfhandlungen war schon ab dem 15. Mai 1991 effektiv.

die Kontrolle der Polizei, wahrzunehmen hatte. Im Rahmen dieser Befugnisse löste die Regierung das berüchtigte Ministerium für Staatssicherheit (MINSE) auf und gliederte die gesamte Belegschaft und vor allem die Spezialeinheiten in das Innenministerium ein. Andererseits wurde eine gemeinsame politisch-militärische Kommission (CCPM) institutionalisiert, in der wiederum die Regierung und die UNITA paritätisch zusammen mit der Troika den Übergangsprozess und die Umsetzung der Vereinbarungen durchführen und kontrollieren sollte. Der UNO wurde eine untergeordnete Rolle, die Überwachung, zugewiesen, und sie konnte auch - jedoch ohne Stimmrecht - an den Diskussionen der CCPM teilnehmen. Somit wurden für die Transitionsphase zwei rechtlich gesicherte, aber politisch mit unterschiedlichen Interessen und mit konkurrierenden Prärogativen agierende Institutionen geschaffen.

8.4.3 Die Umsetzung des Friedensvertrages

Als der Friedensvertrag von Bicesse Ende Mai 1991 ratifiziert wurde, gab es einige kritischen Stimmen sowohl in Angola als auch im Ausland, die die Transitionsphase als unzureichend und zu kurz betrachteten, um alle in der Friedensvereinbarung vorgesehenen Etappen - Entwaffnung, Demobilisierung, Bildung einer gemeinsamen Armee, Wahlen und anderes - durchzuführen. Die Kritiker plädierten zurecht für eine der Realität angepasste und behutsame Transitionsphase, um die aufgrund der Konfliktdauer und Konfliktinhalte entstandenen geistigen, moralischen und materiellen Wunden unter den Beteiligten zu heilen.

237

Diese warnende Kritik wurde seinerzeit durch die nach der Unabhängigkeit Namibias 1990 und die nach dem Sieg der Alliierten im Golfkrieg gegen den Irak 1991 hervorgerufene Euphorie einer vermeintlich „neuen Weltordnung" der Ära Bush zurückgedrängt und überhört. Die Antworten auf die Frage, warum der Transitionsprozess in Angola auf der Grundlage des Friedensabkommens von Bicesse scheiterte, ergeben sich aus den unten ausgeführten Erläuterungen. Wie im vorigen Kapitel betont, wurde dieser Transitionsprozess ausschließlich in die Hände der Kriegsparteien gelegt. Durch die geschaffene Institution, die CCPM, welche ab Mitte Juni tätig wurde, sollten die Konfliktparteien die detaillierten Vereinbarungen schrittweise durchführen und gleichzeitig selbst kontrollieren. Die internationale Staatengemeinschaft, vertreten durch die Troika und die UNO, begnügte sich mit Versprechungen und mit dem angeblich „guten politischen Willen" der angolanischen Kriegsparteien. Während für den politischen Teil des Abkommens (Organisation und Vorbereitung der Wahlen) die MPLA-Regierung und der nationale Wahlrat (CNE - Conselho Nacional Eleitoral) verantwortlich waren, wurde die Umsetzung der sozialen und militärischen Vereinbarungen einer strukturell in drei Subkommissionen gegliederten „Joint Political-Military Commission" (CCPM - Comissâo conjunta político-militar) übertragen, in der neben der Troika (Portugal, Russland und USA) die beiden internen Akteure paritätisch vertreten waren.[1] Die CP (Comissâo política - politische Kommission) hatte u.a. die Aufgabe, die Durchführung des Vertrages zu überwachen und dafür zu sorgen, dass die Repatriierung der über 700.000 Flüchtlinge aus dem benachbarten

---

[1] Vgl. Staal, Paul/ van der Winden, Bob: Havemos de voltar: Angola 1992, AFRIPROJEKT, Amsterdam, September 1992, S. 7.

Ausland und die inneren Vertriebenen sowie die Wieder-
eingliederung in das Zivilleben der ca. 150.000 zu demobilisierenden Soldaten ohne nennenswerte Zwischenfälle verliefen.
Die Kommission war auch mit der Frage des Austausches der
Kriegsgefangenen, der im gesamten Territorium wiederherzu-
stellenden staatlichen Autorität und der Neutralität der Sicherheitskräfte und der Polizei betraut[1], wobei die neue aufzubauende Polizei
aus gemeinsamen Kräften (UNITA 30% und MPLA 70%) gebildet
werden sollte. Betrachtet man die katastrophale Wirtschaftslage des
Landes, die mangelnde Organisation und Erfahrung, fügt man hinzu,
dass es sich bei den zu demobilisierenden Soldaten um eine
Generation handelte, die außer Krieg nichts gelernt hatte, so war
diese Aufgabe trotz des Einsatzes von Hilfsorganisationen ein kaum
in 18 Monaten zu bewältigendes Unterfangen. Außerdem wurden
die sozialen und psychologischen Komponenten des Friedensprozesses aus finanziellen und materiellen Überlegungen
vernachlässigt.[2] Die CCFA (Comissâo conjunta para a formaçâo das
forças armadas - Kommission für die Bildung der Streitkräfte) war
mit der Demobilisierung der beiden Bürgerkriegsarmeen, der FAPLA
und der FALA, und mit der Bildung der neuen zu gleichen Teilen
(jeweils 20.000 Soldaten) neutralen Armee betraut. Zählt man die
Luftwaffe und die Marine hinzu, die mit 10.000 Mann von der
Regierungsarmee gestellt werden sollten, sollte die FAA
(Angolanische Streitkräfte) eine Gesamtstärke von 50.000 Mann

---

[1] Vgl. Diederichsen, Telse: Angola 1991; in: Afrika Jahrbuch 1991, Opladen 1992,
S. 304-311, hier S. 305.
[2] Vgl. Diederichsen, Telse: Angola oder wie man mit Wahlen einen Krieg verlieren
kann, Institut für Afrika-Kunde, Hamburg, März 1993. In dieser Abhandlung werden
detailliert die strukturellen und politischen Probleme des Friedensabkommens,
insbesondere die Schwierigkeit bei der Umsetzung des militärischens Teils, behandelt.

erreichen.[1] Zunächst sollten die ca. 200.000 Soldaten beider Seiten durch die CMVF (Comissâo mista de Verificaçâo e Fiscalizaçâo - Subkommission für Verifikation und Kontrolle) gesammelt und entwaffnet werden, um dann eine Reintegration der demobilisierten Soldaten in das Zivilleben vorzunehmen. Da es keine neutrale Instanz mit erforderlichen Mitteln und rechtlich bindendem Mandat gab, die diese Aufgabe ernsthaft in die Tat umsetzen konnte, hing die Demobilisierung von dem politischen Willen der Konfliktparteien ab. Die Demobilisierung gestaltete sich sehr schwierig und langsam. Ende Juli 1992, also einen Monat vor der im Friedensvertrag von Bicesse vereinbarten Frist, waren erst 13.000 Soldaten beider Seiten aus den Bürgerkriegsarmeen entlassen.[2] Bis zu den Wahlen Ende September waren von 150.000 Soldaten gerade einmal gut die Hälfte demobilisiert und unter schlechten Bedingungen in den 50 im ganzen Staatsgebiet verteilten Sammellagern untergebracht. Die totale Umsetzung des militärischen Teils des Friedensabkommens wurde von beiden Seiten aus taktisch-politischen Überlegungen verhindert und schließlich bis zu den Wahlen verzögert. Die Vereinbarungen wurden einfach nicht respektiert.

Hinsichtlich der Entwaffnung z.B. mussten die UN-Beobachter feststellen, dass sowohl die MPLA als auch die UNITA ihre jeweilige moderne Ausrüstung geheim hielten, um in allen Fällen gewappnet zu sein.[3] Die der Zivilbevölkerung im Rahmen der Volksverteidigungsaktion der MPLA zur Verfügung gestellten Waffen konnten gleichfalls nicht eingesammelt werden, so dass der

---

[1] Vgl. Atsutsé, Kokouvi Agblobli: Jonas Savimbi - Combats pour l'Afrique et la démocratie, p. 128/ Paffenholz, Thania: Waffenstillstand in Angola; in: Friedensforschung Aktuell, Hessische Stiftung für Friedens- und Konfliktforschung, Nr.1 Januar 1995, S. 11.
[2] Vgl. Staal, Paul/ van der Winden, Bob: idem, S. 8.
[3] Vgl. Monnier, Laurent: L'échec de la démocratisation en Angola, p. 229.

Unsicherheitsfaktor, der den Transitionsprozess begleitete, immer größer blieb. Die nationalen Streitkräfte (FAA) konnten wegen der taktischen Verzögerung der beiden „Kriegskasten" nicht, wie im Friedensvertrag vorgesehen, vor den Wahlen gebildet werden. Das folgenschwerste Problem - wie in fast allen Analysen überein-stimmend hervorgehoben wird - stellte die Demobilisierung der Armeen dar, da sie schlecht geplant und ungenügend kontrolliert wurde.[1] Nach Paffenholz wurden z.B. Soldaten der UNITA in unmittelbarer Nähe der Sammelpunkte demobilisiert, an denen das militärische Gerät noch gelagert war. Diese Tatsache hat dazu geführt, dass die UNITA nach den verlorenen Wahlen ihre zuvor demobilisierte Truppe wieder leicht mobilisieren und bewaffnen konnte.[2] Obwohl die internationale Staatengemeinschaft und die Troika sich bewusst waren, dass Kriege mit einem Friedensvertrag nicht ohne weiteres zu Ende sind und dass die Umsetzung des im Friedensabkommen vereinbarten militärischen Teils für die Fortsetzung des gesamten Transitionsprozesses unumgänglich war und noch ist[3], also eine *„conditio sine qua non"* für eine stabile Nachkriegsordnung, wurden keine Vorkehrungen getroffen, um zu verhindern, dass der Wahlverlierer sich dem Volkswillen militärisch widersetzte. Anstatt die Wahlen zu verschieben und die Konfliktparteien zur Erfüllung ihrer in Bicesse eingegangenen Verpflichtungen zu drängen, setzte sich die internationale

---

[1] Vgl. Messiant, Christine: Le retour à la guerre ou l'inavouable faillite d'une intervention internationale, pp. 209-211/ Monnier, Laurent: idem, p. 230/ Paffenholz, Thania: idem, S. 7.
[2] Vgl. Paffenholz, Thania: idem, S.7.
[3] In einem in „Jornal de Angola" im August 1992 veröffentlichten Interview sagte die UN-Sonderbeauftragte für Angola, Margaret Anstee, hierzu Folgendes: „Falls die Demobilisierung, die Bildung einer gemeinsamen Armee und die Neutralität der Polizei nicht rechtzeitig umgesetzt werden, wird es kein geeignetes Klima geben, weder für die Abhaltung der Wahlen noch für die Fortsetzung des Versöhnungsprozesses, welcher ja weiterhin nach den Wahlen fortgesetzt werden muss." In: Jornal de Angola, 9.8.1992. Aus dem Portugiesischem von mir sinngemäß übersetzt.

Staatengemeinschaft für die schnelle Durchführung von freien Wahlen ein, denen nach den Worten der UN-Sonderbeauftragten Margaret Anstee die „höchste Priorität" eingeräumt wurde.[1] In der für die Verifikation und Kontrolle des Friedensprozesses zuständigen CMVF konnten aufgrund der paritätischen Vertretung der Konfliktparteien und vor allem aufgrund der Regelung, wonach Beschlüsse im Konsens zu fassen seien, keine objektiven Empfehlungen ausgearbeitet werden. Die gegenseitigen Vorwürfe der Verletzung des Friedensvertrages[2] konnten oft nicht überprüft werden, da die MPLA und die UNITA sich gegenseitig blockierten. Als z.B. die MPLA der UNITA vorwarf, durch ihren Rundfunk, die VORGAN (Voz da Resistência do Galo Negro - Widerstandstimme des schwarzen Hahnes), die Feindlichkeiten fortgesetzt zu haben, erwiderte die UNITA ihrerseits, dass sie auf die Provokation der MPLA-Sendung „Angola Combatente" reagierte.

Den Vorwürfen, wonach die UNITA ca. 5.000 gut ausgebildete und bewaffnete Soldaten in Trainingslagern in Ex-Zaire versteckte, wurde nicht nachgegangen. Dass bis zu den Wahlen im September 1992 der Waffenstillstand relativ eingehalten wurde, ist auf die Tatsache zurückzuführen, dass die beiden „Elefanten" der angolanischen Politik zuversichtlich waren, die Wahlen für sich entscheiden zu können.

---

[1] Vgl. Jornal de Angola, 9.8.1992 Interview mit Margaret Anstee.
[2] Vgl. Britain, Victoria: Angola - The final act? In: South Africa Report, May 1992, pp. 18-22/ Africa Confidencial: Angola - Two elephants fight, Vol. 33, Nr. 13, 3. Juli 1992/ Mabeko-Tali, Jean-Michel: Angola - Septembre, le mois de tous les dangers; in: Le Nouvel Afrique-Asie, Nr. 37, Octobre 1992, pp. 8-10.

8.4.3.1 Die verfassungsrechtlichen Rahmenbedigungen der Demokratisierung

Wie im Friedensvertrag von Bicesse vereinbart, blieben die MPLA-Regierung und ihre Institutionen bis zu den Wahlen im Amt, um den politischen Teil des Friedensabkommens zu verwirklichen. Schon vor dem Abschluß der Verhandlungen mit der UNITA hatte die MPLA-Regierung einen Reformprozess eingeleitet, mit dem Ziel, das politische System schrittweise zu liberalisieren. Erste Anzeichen einer politischen Liberalisierung stellten Anfang 1990 die Gründung einer Bürgerbewegung, der ACA, dar und die in erster Linie an UNITA-Mitglieder gerichteten Amnestiegesetze, welche im Januar 1990 verabschiedet wurden. Wenn die MPLA bis Ende der 80er Jahre die Gesellschaft noch unter Kontrolle hielt[1] und somit öffentliche Massendemonstrationen zur Förderung demokratischer Verhältnisse vermieden worden waren, so musste sie doch erkennen, dass die wachsende Unzufriedenheit der Bevölkerung eine zusätzliche Gefahr für das System darstellte. Mit dem Zerfall des Ostblocks verlor die MPLA ihre ideologische Rückendeckung, so dass sie sich zum Wandel entschloss und somit den Wünschen der Bevölkerung zuvorkam. Im Dezember 1990 beschloß der III. Parteikongress die Fortführung der Liberalisierungschritte, indem die Gründung von unabhängigen Berufsverbänden, Kulturvereinen und Nicht-Regierungsorganisationen nicht mehr verboten war, um „den Staatsbürgern eine demokratische Partizipation" zu ermöglichen.[2]

---

[1] Vgl. Cahen, Michel: Une Afrique lusophone libérale? in: Transitions libérales en Afrique lusophone, Lusotopie, Paris 1995, pp. 85-104/ Meyns, Peter: Demokratie und Strukturreformen im portugiesischsprachigen Afrika, Freiburg 1992, S. 7.
[2] Vgl. Eduardo Mondlane Foundation: Reader Seminar Democratisation in Angola, Leiden, 18. September 1992, S. 34.

Innenpolitisch durch die militärische Offensive der UNITA und durch die zunehmende Kriegsmüdigkeit der Bevölkerung geschwächt, und außenpolitisch unter dem Druck weltpolitischer Veränderungen, vollzog sich in der MPLA im April 1991 eine deutliche Wendung. Die marxistisch-leninistische Staatsideologie wurde über Bord geworfen, und die MPLA bekannte sich zum demokratischen Sozialismus und zur Marktwirtschaft. Während die Verhandlungen zur friedlichen Beilegung des Konfliktes in Portugal noch andauerten, verkündete Lopo do Nascimento, Chef-Unterhändler der MPLA-Delegation, im März 1991 die Einführung des Mehrparteiensystems. Die seit der Unabhängigkeit geltenden nächtlichen Ausgangsperren wurden vor allem in den Großstädten aufgehoben. Die Verfassungsänderung wurde durch das Gesetz Nr. 12/91 vom März 1991 beschlossen, indem die Einführung des Mehrparteiensystems in Angola und die Gewährleistung und Anerkennung der Grundrechte und Freiheiten bekräftigt wurden. Die im Mai 1991 in Kraft getretene neue Verfassung schuf die Grundlage für einen demokratischen Rechtsstaat mit einer breiten Palette von Grundrechten.[1] Somit wurde das Machtmonopol der MPLA aufgehoben und ein Mehrparteiensystem verfassungsrechtlich verankert.

Wenn es in Art. 2 der im August 1980 überarbeiteten Verfassung von 1975 hieß, dass „die MPLA-Partei der Arbeit der organisierte Avant-garde der Arbeiterklasse ist, und dass ihr als marxistisch-leninistischer Partei die politische, ökonomische und gesell-schaftliche Leitung des Staates obliegt"[2], so wurde nunmehr in der neuen Verfassung eine deutliche Trennung von Partei und Staat gemacht. Im Art. 1 der neuen Verfassung heißt es:

---

[1] Vgl. Diederichsen, Telse: Angola 1991; in: Afrika Jahrbuch 1991, S. 307.
[2] Vgl. Kress, Albin/ Petzold, Siegfried: Volksrepublik Angola, Berlin 1985, S. 208-223.

„The Republic of Angola shall be a sovereign and independent nation whose primary objective shall be to build a free and democratic society of peace, justice and social progress."[1]

Im Abschnitt II werden die Grundrechte und Grundpflichten auf der Basis der „Allgemeinen Erklärung der Menschenrechte" von 1948 und der „Charta für Menschenrechte" der OAU festgelegt. Der Abschnitt III regelt ganz deutlich die Gewaltenteilung und die Gewaltenverschränkungsmechanismen zwischen den Staatsorganen, wobei dem Staatspräsidenten trotz einiger Einschränkungen weiterhin eine entscheidende Rolle zugeteilt wird. Zwischen 1991 und 1992 wurden neue Gesetze erlassen, um den demokratischen Kurs voranzutreiben. Wichtig bei der neuen Verfassung ist, dass die politischen Freiheiten und Rechte der Bürger verfassungsrechtlich verbessert und verankert wurden. Diese Verbesserung wurde während der im Januar 1992 durchgeführten Mehrparteienkonferenz erzielt, bei der die MPLA mit Staatspräsident José Eduardo Dos Santos an der Spitze den Forderungen der im Zuge der Demokratisierung neu gegründeten, aber marginalisierten politischen Formationen („Partidos emergentes") nachkam.

Die UNITA verzichtete auf die Teilnahme an dieser Konferenz und lehnte es weiterhin kategorisch ab, mit den kleinen Parteien („partidecos") zu sprechen. Sie warnte vor einer Aushöhlung der Kompetenz der CCPM. Die Empfehlungen der Mehrparteienkonferenz wurden später in bilateralen Gesprächen in der CCPM zwischen der MPLA und der UNITA erneut verhandelt und fast übernommen.

---

[1] Embassy of the Republic of Angola, Washington: Constitution of the Republic of Angola (Angola Homepage http://www.angola.org/government.html), vom 2. Juli 1999.

Vergleicht man die beiden Verfassungstexte von 1975 und 1991 bezüglich der politischen Bürgerrechte, stellt man die verbesserte Garantie dieser Rechte fest. Wenn im Art. 22 der Verfassung von 1975 das Recht auf freie Meinung, Versammlung und Vereinigung verankert wurde, so wurde dies in der Praxis durch die im Art. 2 fest gelegte Verwirklichung der grundlegenden Zielstellungen der MPLA-PT als „Vortrupp der Arbeiterklasse" deutlich eingeschränkt und verboten. Der Verfassungstext von 1991 hingegen garantiert u.a. die Vereinigungs- und Meinungsfreiheit (Art. 32), die Pressefreiheit (Art. 35), die Gewissensfreiheit (Art. 45), wobei Einschränkungen nur unter den im Gesetz fest geschriebenen Bedingungen (Art. 52) zulässig sind. Es muss aber zugefügt werden, dass die Verfassungswirklichkeit anders aussieht. Auf der Grundlage der vorgenommenen Verfassungsänderung trat auch das Parteiengesetz am 11.5.1991 in Kraft.

8.4.3.2 Das Parteiengesetz

Der Übergang von autoritären zu demokratischen Herrschaftsformen zeichnet sich u.a. durch die Gewährung politischer Rechte und Freiheiten aus, um die demokratische Partizipation der Staatsbürger zu ermöglichen. Die Vereinigungs- und Versammlungsfreiheiten, aus denen sich das Parteiengesetz ableitet, gehören u.a. zu den wichtigsten Mindestanforderungen der Demokratie, da sie Grundvoraussetzungen für eine organisierte, öffentliche Opposition sind. Im Rahmen der eingeleiteten Verfassungsänderung wurde die Gründung politischer Parteien durch das Gesetz Nr. 15/91 vom 11. Mai 1991 zugelassen, wobei ausdrücklich unterstrichen wird, dass „die Parteien einen nationalen Charakter haben müssen und auf jegliche Gewalt und subversive Mittel zur Verwirklichung ihrer Ziele verzichten müssen".[1] Das von der Volksversammlung verabschiedete Gesetz machte zur Auflage, dass politische Parteien mindestens in 14 der 18 Provinzen des Landes Unterstützung durch nachgewiesene Unterschriften finden müssten. Diese Maßnahme sollte im Bezug auf sozio-kulturelle und politisch-historische Realitäten das Erstarken überwiegend ethnisch geprägter politischer Formationen verhindern. Ob diese Regelung das Ziel erreicht hat, ist zu bezweifeln. Wenn diese Regelung sich aus bitterer Erfahrungen Angolas und vieler afrikanischer Staaten südlich der Sahara in den 60er Jahren begründen ließ, so muss dennoch hervorgehoben werden, dass die Unterschriften allein keinesweg bedeuten, dass die Parteien dadurch einen „nationalen Charakter" erlangt haben. Zumal die Unterschriften nicht immer auf legalem Weg bzw. von den Staatsbürgern aus politischer Überzeugung geleistet worden sind.[2] Dass der ethnische Faktor im politischen Leben in Angola und anderswo in Afrika südlich der Sahara von Bedeutung ist, zeigt sich bei der Zusammenstellung der Führung der neu gegründeten politischen Kräfte. So werden z.B. der PRS („Partido de Renovaçâo Social") mit der Volkgruppe Lunda-Tchokwe aus dem Osten des Landes und die einstige Befreiungsbewegung FNLA u.a. mit den Bakongo aus dem Nordwesten identifiziert. Solange die sozio-ökonomische Disparität zwischen den Regionen besteht und die kulturelle Identität der Völker nicht anerkannt wird, solange die beiden Faktoren als Nährboden für die politische

---

[1] Vgl. Lei Nr. 15/91 Dos Partidos políticos; in: Diário da República - Orgâo oficial da República Popular de Angola, 1. Serie, Nr. 20, 11 de Maio de 1991, pp. 264-271 hier p. 264.
[2] In Gesprächen mit führenden Mitgliedern der neu zugelassenen politischen Kräfte wurde mir bestätigt, dass die Unterschriften gegen Bezahlung geleistet worden sind.

Instrumentalisierung der Ethnien genutzt werden, solange ist eine ethnische Verankerung einer bestimmten politischen Kraft nicht zu vermeiden. Den Empfehlungen der Mehrparteienkonferenz vom Januar 1992 folgend, wurden die im Gesetz fest gelegten Zulassungskriterien für politische Parteien dahingehend geändert und durch die Volksversammlung im April bestätigt, dass die Zahl der vorzulegenden Unterschriften von 3000 auf 1500 herabgesetzt wurde[1], hiervon waren 100 statt 150 in 14 der 18 Provinzen durch Kopien der Ausweispapiere nachzuweisen. Nach dem Gesetz muss die Vorlage der Unterschriften innerhalb eines halben Jahres nach der vorläufigen Registrierung durch den Obersten Gerichtshof (TPS - Tribunal Popular Supremo) erfolgen. Im Parteiengesetz wird die Stellung eines Parteivorsitzenden nur den nach Art. 9 des Staatsangehörigkeitgesetzes[2] vom 11. Mai 1991 (Lei Nr. 13/91) definierten angolanischen Staatsbürgern vorbehalten.

Das Gesetz, welches die Parteienfinanzierung durch Mitglieder-beiträge und vor allem durch staatliche Zuwendung fest schreibt, untersagt ausdrücklich im Art. 35 die Finanzierung sowohl durch ausländische Regierungen bzw. Organisationen als auch durch angolanische Staats- bzw. Privatunternehmen. Geringfügige Finanz-hilfe von ausländische Schwesterparteien ist ausnahmsweise erlaubt. Während die Regierungspartei MPLA sich durch skrupel-losen und unbegrenzten Zugriff auf Medien und Finanzmitteln aus dem Erdölgeschäft eine ungleich bessere Wettbewerbsposition

---

[1] Vgl. Staal, Paul/ van der Winden, Bob: idem, S. 13 Zur Diskussion über das Parteigesetz wird auch auf die portugiesische Tageszeitung „Diário de Notícias" vom 1.3.1991 hingewiesen.
[2] Die angolanische Staatsbürgerschaft wird im Art. 9 des oben genannten Gesetzes sowohl nach dem Blutprinzip (ius sanguinis) als auch nach dem Territorialprinzip (ius solis) verliehen, wobei die Einbürgerung besonders in den Art. 10-14, Kap. III geregelt ist. Eingebürgerte Angolaner dürfen erst 10 Jahre nach der Verleihung der angolanischen Nationalität hohe Parteiämter bekleiden.

248

verschaffte und die UNITA ihren Wahlkampf aus dem illegalen Diamantengeschäft und aus Zuwendungen aus dem Ausland finanzieren konnte, waren die kleineren Parteien wegen des im Art. 35 verankerten Verbots nur auf die spärlich fließenden staatlichen Zuwendungen angewiesen. Die staatlichen Subventionen für die 1992 organisierten Wahlen, an denen neben der beiden Konfliktparteien, MPLA und UNITA, 16 neu gegründete politische Formationen teilnahmen (darunter die FNLA von Holden Roberto), wurden auf 1,5 Billionen Nkz. (über 3 Mio. US$ bei einem Wechselkurs 1992 von 1 US$ für 480 Nkz) kalkuliert, wobei wiederum die beiden Kriegsparteien den Löwenanteil bekamen.

8.4.4 Die ersten freien Wahlen

In der Friedensforschung werden Mechanismen wie Wahlen und die Gewährung von Autonomierechten bis hin zur Einführung föderaler Strukturen als Konflikregelungsansätze zur Herstellung legitimer politischer Verhältnisse genannt. Entscheidend für das Gelingen einer Friedensregelung sind die Verständigungsbereitschaft und der Kompromisswillen der Konfliktparteien und ihrer jeweiligen Führungseliten. Gemäß dem Friedensvertrag von Bicesse war die MPLA-Regierung für die Organisation und Vorbereitung der Wahlen verantwortlich. Unter Mitwirkung der im Zuge der politischen Reformen zugelassenen Parteien wurde das Wahlgesetz im April durch die Volksversammlung (Gesetz Nr. 5/92 vom 16. April 1992) verabschiedet und somit der nationale Wahlrat (CNE - Conselho Nacional Eleitoral)[1] institutionalisiert.

---

[1] Nach dem Wahlgesetz ist die Zusammensetzung des CNE wie folgt geregelt: Der Vorsitzende des CNE wird vom Obersten Gerichtshof unter dessen Angehörigen

Zu den Aufgaben des u.a. aus den Vertretern der Parteien gebildeten CNE gehörten die Registrierung der Wähler, die Organisation, Vorbereitung und Durchführung der mit technischer und geringer finanzieller Unterstützung des PNUD (Unterorganisation der UNO) für Ende September anberaumten Parlaments- und Präsidentschaftswahlen. Bezüglich der Registrierung der Wähler sind wie bei der Umsetzung der militärischen Aspekte gezielte Verzögerungstaktiken seitens der Regierung festzustellen, die vorwiegend jene Regionen betrafen, aus denen die UNITA ihre Anhänger rekrutierte.[1] Von den 5,3 Millionen geschätzten Wählern konnten dank der Verlängerungsfrist bis zum 10. August 4,8 Millionen Angolaner registriert werden[2], wobei hervorzuheben ist, dass die vorgesehene Registrierung der im Ausland lebenden Angolaner und somit ihre Beteiligung am Wahlprozess nicht durchgeführt werden konnte, weil die materiellen Bedingungen dafür und die Kontrollmechanismen durch den CNE nicht gewährleistet werden konnten.[3] Betrachtet man die Tatsache, dass die Infrastruktur des Landes in katastrophalem Zustand ist, fügt man noch die fehlende Erfahrung und den Mangel an qualifiziertem Personal hinzu, so ist die Registrierung von 91% der Wähler als eine gewaltige Leistung anzuerkennen, auch wenn in einigen Provinzen - worauf Diederichsen hinweist - erhebliche Unterschiede zwischen den erwarteten und den tatsächlichen Zahlen der

---

gewählt. Der Staatspräsident benennt nach Absprache mit allen Parteien den Landeswahlleiter (Director geral) und weitere fünf Persönlichkeiten seiner Wahl. Der Minister für Territorialverwaltung und ein Vertreter des Außenministeriums gehören neben den von den Parteien entsandten Mitgliedern und einem Vertreter des Medienrates (Conselho Nacional de Comunicação Social) dem CNE an. Auf Provinz- und Gemeindeebenen werden die Wahlämter nach ähnlicher Regelung gebildet. Hierzu vgl. Fátima, Roque: Angola - Em Nome da Esperança, Lisboa 1993, pp. 23-25.
[1] Vgl. Paffenholz, Thania: idem, S. 13.
[2] Vgl. Paffenholz, Thania: idem, S. 13.
[3] Vgl. Roque, Fátima: Angola - Em Nome da Esperança, p. 25.

Wählerschaft auftraten.[1] Während z.B. in der Provinz Benguela ca. 330.000 Wähler zur Registrierung erwartet wurden, wurde diese Zahl aufgrund der Migration und Flucht-bewegungen tatsächlich um 220.000 überschritten. In der Provinz Cabinda hingegen nahmen nur 16.000 von den über 80.000 erwarteten Wählern die Registrierung wahr.[2] Der von der separatistischen Bewegung FLEC aufgerufene Wahlboykott wurde massiv gefolgt. Im Wahlgesetz wurde auch bestimmt, dass die Parlamentswahlen nach dem Verhältniswahlrecht und die Präsidentschaftswahlen nach dem Mehrheitswahlrecht abzuhalten seien, wobei bei Verfehlen der absoluten Mehrheit bei den Präsidenschaftswahlen ein zweiter Wahlgang erforderlich ist. Des Weiteren wurde die Direktwahl von 90 der 223 Abgeordneten des neu zu wählenden Parlaments („Assembleia Nacional") festgeschrieben; die übrigen 133 Mandate sind über nationale Listen zu besetzen.

8.4.4.1 Die Parteienlandschaft

Mit der Liberalisierung und der daraus resultierenden Herausbildung eines „politischen Pluralismus" wurden für die 1992 abgehaltenen ersten freien demokratischen Wahlen 18 Parteien zugelassen. Eine Analyse aller in Angola zugelassenen Parteien ist aufgrund der schwierigen Verhältnisse im Lande fast unmöglich. Eine solche Analyse der gesamten Parteienlandschaft ist auch deswegen mit Schwierigkeiten verbunden, weil sich aus den Programmen und

---

[1] Vgl. Diederichsen, Telse: Angola oder wie man mit Wahlen einen Krieg verlieren kann, S. 22.
[2] Vgl. Diederichsen, Telse: idem, S. 22.

Aktionen der vielen neugegründeten Parteien („*partidos emergentes*") kaum Handlungsmaximen für die Zukunft ableiten lassen. Infolgedessen stellt sich die Haltung der neuen politischen Gruppierungen gegenüber der MPLA und der UNITA als ein wesentliches Kriterium zur Typisierung der politischen Formationen dar. Diese Haltung verfolgt auch nicht die partei-programmatische Richtung, sondern wird auf Sympathie bzw. Antipathie dem Staatspräsidenten Dos Santos und dem UNITA-Chef Savimbi gegenüber und aus persönlichen Erfahrungen mit den Konfliktparteien, MPLA und UNITA, abgeleitet.

Zu den zur MPLA bzw. zu ihrem Kandidaten Eduardo Dos Santos neigenden Parteien gehören neun kleine, neugegründete oder aus dem Exil zurückgekehrte, Formationen.[1] In dem „Forum Democrático Angolano" (FDA) unter Jorge Chicoti fanden sich junge Dissidenten der UNITA zusammen, die schon Ende der 80er Jahre in Lissabon und London die von Savimbi befohlenen bzw. geduldeten Menschenrechtsverletzungen in Jamba anprangerten. Dem FDA schlossen sich im Februar 1992 Miguel N'Zau Puna und Tony da Costa Fernandès an. Die beiden führenden Politiker traten überraschend vor den Wahlen aus der UNITA aus. Die Sympathie des „Partido Democrático Liberal de Angola" (PDLA)[2] gegenüber der MPLA lässt sich aus der bitteren Erfahrung der Parteiführung mit der UNITA im Exil zurückführen. Der PDLA unter Honorato N'Landu,

---

[1] Es sind: FDA: Forum Democrático Angolano/ PAJOCA: Partido da Aliança Juventude Operária e Camponesa de Angola/ PAI: Partido Angolano Independente/ PDLA: Partido Democrático Liberal de Angola/ PNDA: Partido Nacional Democrático de Angola/ PRA: Partido Reformador Angolano/ PRD: Partido Renovador Democrático/ PRS: Partido da Renovaçáo Social/ PSD: Partido Social Democrático.
[2] Der PDLA wurde in der internationalen Presse zum ersten Mal im Zusammenhang mit der Ermordung der ANC-Vertreterin, Dulcie September, in Paris im April 1988, erwähnt. Die im Laufe der Ermittlungen vermeintliche Komplizenschaft der PDLA mit Südafrika stellte sich als erfunden heraus und wurde von der PDLA-Führung über AFP (Agence France Presse) vehement dementiert. Hierzu vgl. Le Monde und Le Figaro vom 09.4.1988.

dessen politische Aktivitäten unter den Exilangolanern in der Bundesrepublik Deutschland, in den Benelux-Staaten und Frankreich seit Mitte der 80er Jahre bekannt waren, hat vergeblich versucht, Beziehungen mit der UNITA aufzubauen.[1]

Die übrigen Formationen[2] sind zu den Parteien zu zählen, welche der UNITA sehr nah stehen bzw. Jonas Savimbi die Unterstützung bei einem zweiten Wahlgang zugesichert hatten. Ein anderer relevanter Faktor in der Parteienlandschaft vor den Wahlen 1992 ist, dass fast die Hälfte der neu zugelassenen Parteien von den Bakongo gebildet bzw. geführt wird. Diese Tatsache, welche auf einer gewissen Dynamik dieser ethnischen Volksgruppe erklärt werden kann, muss auch als eine Zersplitterung der Bakongo-Wählerschaft eingestuft werden, wie übrigens aus den Wahlergebnissen deutlich wurde.

8.4.4.2 Der Wahlkampf und die Wahlergebnisse

Wie aus zahlreichen Wahlanalysen[3] übereinstimmend hervorgeht, wurde der Wahlkampf in Angola von den beiden Konfliktparteien,

---

[1] Bei einem Besuch Savimbis in Bonn Ende der 80er Jahre ließ die UNITA-Führung Honorato N'Landu, der seinerzeit in Nordrhein-Westfalen (Moers) lebte, aus dem Konferenzsaal „manu militari" entfernen. Vor seiner Rückkehr nach Angola Ende 1991 lebte Honorato N'Landu in Südfrankreich (Toulouse).

[2] Es sind: AD-Coligaçâo/ FNLA:Frente Nacional de Libertaçâo de Angola/ PSDA: Partido Social Democrático Angolano/PLD: Partido Liberal Democrático/ PDP-ANA: Partido Democrático para o Progresso - Aliança Nacional Angolana.

[3] Zur Wahlanalyse sind u.a. folgende Veröffentlichungen zu nennen: Diederichsen, Telse: Angola oder wie man mit Wahlen einen Krieg verlieren kann, Institut für Afrika-Kunde, Hamburg, März 1993/ Golaszinski, Ulrich: Die ersten freien Wahlen in Angola, Friedrich-Ebert-Stiftung, Bonn 1992/ Messiant, Christine: Le Retour à la guerre ou l'inavouable faillite d'une intervention internationale; in: L'Afrique politique 1994, Paris 1995/ Monnier, Laurent: L'échec de la démocratisation en Angola; in: Manassé, Essoalomandro/ Feltz, Gaetan: Démocratie et développement, Antananarivo, Mai

der MPLA und der UNITA, aufgrund ihrer finanziellen Austattung, ihrer im ganzen Territorium aufgebauten Parteistrukturen und ihrer Organisation polarisiert. Der im Zuge der Mehrparteienkonferenz von Januar 1992 gebildete „Conselho Nacional da Oposiçâo", u.a. mit FNLA und PRD, war nur kurzlebig. Die erhoffte Herausbildung einer dritten Kraft schlug somit fehl. Ohne auf die Einzelheiten des Wahlkampfes eingehen zu wollen, sollen doch einige Fakten in Erinnerung gerufen werden. Während die MPLA in einem aus der Staatskasse perfekt inszenierten Wahlkampf unter dem Motto *„Angola no coraçâo"* (*Angola im Herzen*) den Angolanern mit Werbeplakaten und endlosen Werbesendungen in den staatlichen Medien (Fernsehen, Radio) Ruhe, Sicherheit, Frieden und eine bessere Zukunft versprach und somit die grassierende Korruption und Misswirtschaft ihrer über 15-jährigen alleinigen Herrschaft vergessen machen wollte, wurde die UNITA mit den Berichten über die Menschenrechtsverletzungen konfrontiert. Die Instrumentalisierung dieser Berichte im Wahlkampf hat dazu geführt, dass der von der UNITA propagierte Machtwechsel unter dem Slogan *„Sapatos novos"* (*Neue Schuhe*) von der Wahlbevölkerung und Beobachtern kaum wahrgenommen wurde. Die Tatsache, dass die beiden führenden Politiker der UNITA, Miguel N'Zau Puna und Tony da Costa, erst im Februar 1992 die Partei verließen und sich sehr stark der Kampagne gegen Savimbi und UNITA anschlossen, lässt annehmen, dass diese Austritte von der MPLA vorbereitet und finanziell belohnt wurden. Diese Vermutung lässt sich auch damit begründen, dass solche Praktiken, die Oppositionellen zu eliminieren bzw. zu kooptieren, zum Regierungsstil in vielen

---

1993/ Paffenholz, Thania: Waffenstillstand in Angola; in: Friedensforschung Aktuell, Nr. 1, Januar 1995.

Ländern Afrikas südlich der Sahara gehören und sich die MPLA Anfang der 80er Jahre die Loyalität vieler führender FNLA-Mitglieder und Offiziere erkauft hatte. Somit wurde die militärische und politische Tätigkeit sowohl im Angola als auch im Ausland behindert oder lahmgelegt. Savimbi, der 1991 laufend in Gesprächen mit den ausländischen Medien siegessicher eine Regierungskoalition ausschloss und versprach[1], das demokratische Verdikt des souveränen Volkes in jedem Fall zu respektieren, drohte aber kurz vor den Wahlen bei einer Kundgebung in Kuito in der Provinz Bié am 20. September, zum Guerrilakrieg zurückzukehren für den Fall einer „Wahlfälschung".

> „ Si l'UNITA ne gagne pas les élections, c'est qu'elles doivent être truquées. Si elles sont truquées, je ne pense pas que nous les accepterons."[2]

Die Ergebnisse der ersten freien demokratischen Parlaments- und Präsidentschaftswahlen, die von der UNO und der internationalen Gemeinschaft überwacht wurden, waren trotz einiger Unregelmäßigkeiten deutlich. Am 17. Oktober wurden die amtlichen Endergebnisse der Parlaments- und Präsidentschaftswahlen bekannt gegeben: Die MPLA erhielt in den Parlamentswahlen 53,74% der Stimmen (132 Sitze), die unterlegene UNITA nur 34,10% (70 Sitze), und die restlichen 12,16% fielen auf zehn kleine Parteien: die PRS mit 2,27% (6 Sitze, davon 3 direkte Mandate), die FNLA mit 2,40% (5 Sitze, davon 2 direkte Mandate), die PLD mit 3,39% (3 Sitze); die übrigen Formationen (PSD, AD-Coligaçâo, PDP-ANA, PAJOCA, FDA, PDNA und PRD) mit Ergebnissen

---

[1] Vgl. Monnier, Laurent: L'échec de la démocratisation en Angola, p. 224.
[2] Zitiert nach Monnier, Laurent: idem, p. 232.

zwischen 0,89% und 0,26% zogen jeweils mit einem Sitz in das Parlament ein. Vier Parteien (PAI, PDLA, PDA, PRA) verfehlten mit einem Ergebnis zwischen 0,23% und 0,17% knapp den Einzug ins Parlament. In den Präsidentschaftswahlen mit 11 Kandidaten verfehlte der Staatspräsident Eduardo Dos Santos (MPLA) mit 49,57% die absolute Mehrheit, gefolgt von Jonas Savimbi (UNITA) mit 40,07%. Der Wahlprozess (zweiter Wahlgang der Präsidentschaftswahlen) wurde aufgrund der kriegerischen Auseinandersetzungen abgebrochen. Die UN-Sonderbeauftragte für Angola, Margaret Anstee, gab nach dem Abschluss der Untersuchungen über die von der UNITA erhobenen Vorwürfe[1] eines Wahlbetruges am 16. Oktober bekannt, dass „there was no evidence of major, systematic, or widerspread fraud, or that the irregularities were of a magnitude to have significant effect on the result".[2] Die Tatsache, dass die UNO - wie aus den Aussagen ihrer Sonderbeauftragten Anstee hervorgeht - die Unregelmäßigkeiten zugegeben aber relativiert hat, zeigt, dass die von der UNITA und weiteren kleinen politischen Formationen, u.a. der FNLA, der PDP-ANA, der AD-Coligação, erhobenen Vorwürfe nicht grundlos oder aus der Luft gegriffen waren. Wäre das nicht Grund genug gewesen, den Wahlprozess teilweise in den Gebieten zu annulieren, wo die Unregelmäßigkeiten festgestellt, untersucht und belegt wurden? Hätte man die Wahlen teilweise annuliert, wäre der UNITA jene Rechtfertigung zum erneuten Krieg entzogen. Somit hätte man vielleicht nicht nur den ganzen Transitionsprozess, sondern auch viele Menschenleben gerettet. Der Sieg der einst marxistisch-leninistisch orientierten MPLA forderte dann die Wiederaufnahme

---

[1] Die von der UNITA erhobenen Vorwürfe und aufgelisteten Unregelmäßigkeiten bei den Parlaments- und Präsidentschaftswahlen sind bei Roque, Fàtima (Angola - Em Nome da Esperança) detailliert dokumentiert.
[2] Zitiert nach Golaszinski, Ulrich: Die ersten freien Wahlen in Angola, S. 10.

kriegerischer Handlungen durch die UNITA von Jonas Savimbi heraus, der seine Niederlage nicht hinnehmen wollte. Seine Enttäuschung - der Abschied vom Traum, erster gewählter Staatspräsident Angolas nach 16 Jahren Bürgerkrieg zu werden - setzte der Rebellenführer in einen der grausamsten Kriege in Angola um. Bevor von der Wiederaufnahme kriegerischer Handlungen nach den Wahlen die Rede ist, soll kurz an die UN-Missionen (UNAVEM I und II) erinnert werden, um die Verantwortung der internationalen Staatengemeinschaft in der angolanischen Tragödie deutlich zu machen.

8.5 Die UN-Missionen (UNAVEM I und II)

Die Debatten über die Angola-Frage in den UN-Instanzen lassen sich bis in die 60er Jahre zurückverfolgen. Wenn sich die Bemühungen der Vereinten Nationen bis Mitte der 70er Jahre auf die Einhaltung der UN-Charta im Bezug auf die Gewährung der Unabhängigkeit an koloniale Länder und Völker konzentrierten, ging es nach der Erlangung der völkerrechtlichen Souveränität 1975 darum, eine friedliche Lösung für den Bürgerkrieg zwischen den rivalisierenden Befreiungsbewegungen zu erreichen. Die Tatsache, dass Angola seit 1975 in das Spannungsfeld des Ost-West-Konfliktes geriet, führte dazu, dass alle Vermittlungsbemühungen sowohl der UNO als auch der OAU zur friedlichen Beilegung des angolanischen Konfiktes bis Ende des Kalten Krieges scheiterten. In den 80er Jahren versuchte die UNO vergeblich, das

Apartheidsregime dazu zu bringen, den gegen die Frontlinienstaaten geführten unerklärten Krieg zu unterlassen, seine Truppen aus Angola zurückzuziehen und die Besetzung Namibias auf der Grundlage der Resolution 435/78 des UN-Sicherheitsrates zu beenden.[1] Im Zuge der Implementierung der UN-Resolution 435/78, welche durch die Annäherung zwischen den Supermächten begünstigt wurde, konnte der im südlichen Afrika stattfindende Stellvertreterkrieg beigelegt werden. Angola, Kuba und Südafrika verständigten sich im Dezember 1988 unter Schirmherrschaft der USA und unter Mitwirkung der Sowjetunion in zwei Abkommen über den Rückzug aller fremden Truppen aus Angola und über die Unabhängigkeit Namibias. In diesem Zusammenhang wurde die erste UN-Operation (UNAVEM I - United Nations Angolan Verification Mission) auf Wunsch der Regierungen Angolas und Kubas vom UN-Sicherheitsrat mit der Resolution Nr. 626/88 vom 20. Dezember 1988 gebilligt, um den Abzug der 50.000 kubanischen Soldaten zu überwachen.[2] Mit 70 Militärbeobachtern aus zehn Ländern und 35 zivilen Beobachtern und Personal (15 aus Angola und 20 aus dem Ausland) beendete die UNAVEM I rechtzeitig ihr auf 31 Monate fest gelegtes Mandat. Der im New Yorker Abkommen von 1988 vereinbarte Abzug kubanischer Truppen wurde am 25. Mai 1991, also einen Monat vor der Frist (1. Juli), abgeschlossen. Inzwischen wurde in Bicesse der Abschluss eines Friedensvertrages zwischen den Bürgerkriegsparteien in Angola vereinbart, wonach ab Mitte Mai 1991 ein Waffenstillstand in Kraft treten sollte. Bei den Friedensverhandlungen wurde über die Rolle der Vereinten Nationen heftig gestritten. Während die UNITA für eine robuste

---

[1] Vgl. Yearbook of the United Nations 1987, Vol. 41, S. 167-174.
[2] Vgl. Melber, Henning: Die Dekolonisation Namibias; in: Jahrbuch Dritte Welt 1990, München 1989, S. 203-223, hier S. 219/ Morel, Eléonore/El Hocine, Charles/ Medrinal, Eléonore: Angola - L'ONU et les opérations de maintien de la paix, Paris 1997, p. 24.

„Peacekeeping Mission" mit ausgedehnten Befugnissen plädierte, argumentierte die MPLA-Regierung, dass eine solche UN-Mission gegen die Souveränität des Landes verstoßen würde.[1] Die Position der MPLA-Regierung wurde insoweit von den ständigen Mitgliedern des UN-Sicherheitsrates gestärkt, als sie gegen einen „kostspieligen Einsatz"[2] in Angola waren und nur zu einem „billigen Frieden" neigten. Mit der Resolution Nr. 696/91 vom 30. Mai 1991 stimmte der UN-Sicherheitsrat der Fortsetzung der UN-Mision in Angola mit einem sehr eingeengten Mandat zu. Die so gebilligte UNAVEM II[3] nahm ihre auf eine Beobachterrolle beschränkte Tätigkeit mit zunächst 350 unbewaffneten Militärs und 90 ebenfalls unbewaffneten Polizisten auf. Im Laufe des Friedensprozesses wurde das Mandat mit der Resolution Nr. 747/92 vom 24. März 1992 des UN-Sicherheitsrates auf die Überwachung des Wahlprozesses erweitert, wobei der UNO nur eine passive Rolle zugewiesen wurde. Die passive und marginale Rolle bestand darin, die vom angolanischen Wahlrat (CNE) durchgeführte Registrierung der Wähler zu überwachen, sowie den Wahlkampf und die Stimmabgabe zu beobachten. Es wurde ein *„billiger Frieden"* und ein *„sparsameres Modell"* für Angola beschlossen, weil die westlichen Staaten, die für die internationale Staatengemeinschaft verhandelnde Troika (Portugal, Russland und USA) und vor allem

---

[1] Vgl. Anstee, Margaret: L'ONU et le maintien de la paix; in: Politique Africaine Nr. 57, Paris 1995, pp. 103-111, hier p. 105

[2] Vgl. Kühne, Winrich: Die Friedenssicherung der Vereinten Nationen in der Krise? in: Aus Politik und Zeitgeschichte, B 2/94, 14. Januar 1994, S. 18-27, hier S. 19.

[3] Zur UNAVEM II vgl. Anstee, Margaret: L'ONU et le maintien de la paix; in: Politique Africaine, Nr. 57, Paris 1995, pp. 103-111/ Debiel, Tobias: Kriegerische Konflikte, friedliche Streitbeilegung und die Vereinten Nationen; in: Aus Politik und Zeitgeschichte, B 2/94, 14. Januar 1994, S. 3-16/ Matthies, Volker: Die Friedensmissionen der Vereinten Nationen in Afrika; in: Vereinte Nationen 3/1995, S. 105-112/ Morel, Eléonore/ El Hocine, Charles/ Medrinal, Eléonore: Angola et les opérations de maintien de la paix, Paris 1997/ Kühne, Winrich: Die Friedenssicherung der Vereinten Nationen in der Krise?; Aus Politik und Zeitgeschichte, B 2/94, 14. Januar 1994, S. 18-27.

die US-Regierung, mit dem Sieg Savimbis und der UNITA rechneten. Trotz aller Warnungen wurde keine Notwendigkeit gesehen, die Konfliktparteien zu entwaffnen und zu kontrollieren, obwohl bekannt war, dass Savimbi seine besten Einheiten versteckt hielt und dass die MPLA weiterhin große Menge Waffen besaß und von Spanien kontinuierlich erhielt. Bei der Unterzeichung des Friedensvertrages Ende Mai 1991 ging es aus der Sicht der beiden „Kriegskasten" nicht darum, einen neuen Anfang in einem zu demokratisierenden Land zu versuchen, sondern vielmehr um die Fortsetzung ihrer Rivalitäten mit politischen Mitteln unter dem Segen der internationalen Staatengemeinschaft. Dass es bei demokratischen Wahlen einen respektvollen Sieger und einen Verlierer mit Würde geben muss, war den Kriegsparteien nicht bewusst genug, da sie weiterhin der Logik der kriegerischen Konfrontation verhaftet waren und bis heute noch sind. Ein von Kühne[1] und Anstee[2] herausgestellter Vergleich zwischen der UNAVEM II und den UN-Operationen in Namibia (UNTAG - United Nations Transition Assistance) und in Kambodscha (UNTAC - United Nations Transitional Authority for Cambodia) weist auf die schwerwiegenden Mängel der UN-Mission in Angola hin. Während in Namibia (823.000 km²) mit ca. 1,2 Millionen Einwohnern im Jahr 1989/1990 über 7.500 Militärs, Polizisten und zivile Beobachter zur Überwachung und Umsetzung des gesamten Transitionsprozesses und ein Budget von 480 Mio. US$ zur Verfügung gestellt wurden, waren in Angola (1.247.000 km²) mit ca. 12 Millionen Einwohnern gerade noch 350 UN-Militärs und 400 zivile Wahlbeobachter. Das Budget bezifferte

---

[1] Vgl. Kühne, Winrich: Die Vereinten Nationen in einer neuen Ära der Friedenssicherung; in: Koch, Jutta: Politik der Einmischung zwischen Konfliktprävention und Kriseninterventionen, Baden-Baden 1994, S. 48-66, hier S. 55.
[2] Vgl. Anstee, Margaret: L'ONU et le maintien de la paix, p. 106.

sich auf 118 Mio. US$, also genau 362 Mio. US$ weniger als in Namibia. Im Vergleich zu UNAVEM II war die UNTAC in Kambodscha mit 20.000 Blauhelmen mit weitgehenden Befugnissen ausgestattet. Die UNTAC hatte nicht nur die Aufgabe, die Entwaffnung, die Demobilisierung und Kasernierung der verschiedenen Streitkräfte sowie die Wahlen zu organisieren. Darüber hinaus wurden ihr zentrale Bereiche der Politik in Kambodscha (Außenbeziehung, nationale Verteidigung, Finanzen, öffentliche Sicherheit) unterstellt. Auch wenn, wie in Angola, die Demobilisierung und Entwaffnung der Roten Khmer in Kambodscha gescheitert waren, stellte dennoch die massive UN-Präsenz eine wichtige militärische und moralische Garantie für den Verlauf des Prozesses dar. Wenn das Scheitern des Transitionsprozesses in Angola unmittelbar nach den Wahlen vom September 1992 auf die mangelnde Kooperation der angolanischen Kriegsparteien zurück zu führen ist, da die Umsetzung der Vereinbarungen in ihren Händen lag, muss doch hinzugefügt werden, dass die internationale Staatengemeinschaft und die UNO hierfür teilweise die Verantwortung zu tragen haben. Die große Verantwortung der UNO und der Troika besteht darin, dass sie auf die Abhaltung der Wahlen gedrängt hatten, obwohl die im Friedensvertrag von Bicesse fest gelegten Voraussetzungen nicht erfüllt waren, nämlich die Entwaffnung und Demobilisierung, die Bildung gemeinsamer Streitkräfte und die Wiederherstellung der staatlichen Autorität im ganzen Territorium. Es ist unumstritten, dass Wahlen ein unersetzbares Instrument zur Herstellung legitimer politischer Verhältnisse sind. Aber wenn absehbar ist - wie Tetzlaff betont -, dass „demokratischer Wettbewerb zur Akzentuierung und gewaltsamen Entladung bestehender Differenzen führt, dann sollten für eine Übergangszeit Wahlen eher ausgesetzt werden".[1] In Angola war die Katastrophe, wie von der UN-Sonderbeauftragten für Angola, Margaret Anstee, später eingeräumt wurde, absehbar und befürchtet. Aber man hatte auf das Prinzip Hoffnung gesetzt.

> „Le plus que l'UNAVEM II pouvait faire, c'était d'admonester sans cesse les deux partis en privé et dans la CCPM, d'exprimer son inquiétude face au retard dans les rapports du Secrétaire général au Conseil de sécurité et d'outrepasser souvent son mandat afin d'accélérer le processus. Tout le monde avait très peur, tout le monde croisait les doigts. Et puis lorsque, contre toute attente, les élections eurent lieu si pacifiquement et sans accrocs, nous avons tous poussé un soupir de soulagement, mais en même temps nous espérions que cette démonstration de la capacité des Angolais à improviser et à réussir quand il le fallait allait durer. Malheureusement, il n'en a rien été."[2]

Mit den blutigen Folgen des gescheiterten Transitionsprozesses und den Vermittlungsbemühungen der Vereinten Nationen bis zum Abschluss des Lusaka-Protokolls im Jahr 1994 befasst sich der nächste Abschnitt dieser Abhandlung.

---

[1] Vgl. Tetzlaff, Rainer: Demokratisierungshilfe statt Wahlinszenierung – Gesellschaftliche und institutionelle Voraussetzungen für Demokratisierung in den Ländern des Südens; in: Jahrbuch Dritte Welt 1998, München 1997, S. 24-46, hier S. 44.
[2] Anstee, Margaret: idem, p. 108.

TEIL VI

DIE GESCHEITERTE TRANSITION

„ In einem Bürgerkrieg geschieht es immer, dass zwei Heere gegen die Menschen ihrer eigenen Nation kämpfen. Es ist ein nationaler Selbstmord. Solange es keine wirkliche Entwaffnung der beiden kriegsführenden Parteien gibt, traut kein Mensch dem Frieden. Und die ersten,die dem Frieden nicht trauen, werden diese selbst sein. Wer mit der Waffe in der Hand Frieden verspricht, der überzeugt niemanden."

Auszug aus einer Botschaft der katholischen Bischöfe
Angolas vom November 1992

9   Der zweite Bürgerkrieg (1992 - 1994)

In den zurückliegenden Abschnitten wurden die verschiedenen Phasen analysiert und aufgezeigt, welche Angola seit der Erlangung seiner völkerrechtlichen Souveränität durchlaufen hat. Diese Phasen haben jeweils einschneidende Veränderungen mit sich gebracht: Die Errichtung eines Einparteistaates mit marxistisch-leninistischem Anstrich durch die MPLA nach dem Sieg über die beiden einst konkurrierenden Befreiungsbewegungen, die FNLA und die UNITA, hat das Land in einen langwierigen Bürgerkrieg gestürzt, welcher durch die Einmischung der Supermächte eine internationale geopolitische Dimension erhielt.

Die Annäherung und die Verständigung zwischen den USA und der Sowjetunion trugen wesentlich zu einer vorübergehend friedlichen Beilegung des angolanischen Konfliktes bei. Im Mai 1991 kam es zu einem Friedensabkommen zwischen der MPLA-Regierung und der UNITA, das einen sofortigen Waffenstillstand sowie den Übergang zu einem demokratischen Mehrparteiensystem vorsah. Der Waffenstillstand wurde lediglich eingehalten bis zu den von der internationalen Staatengemeinschaft überwachten Wahlen vom September 1992, die die Regierungspartei MPLA mit absoluter Mehrheit gewann. Die UNITA weigerte sich im Oktober 1992, die Wahlergebnisse anzuerkennen[1] und setzte ihre Drohung einer „Somalisierung" Angolas im Falle einer Wahlniederlage um.

---

[1] Savimbi hat am 17. Oktober 1992 vor der Presse seine Bereitschaft zur Teilnahme an dem zweiten Wahlgang der Präsidentschaftswahlen erklärt, aber er hielt den Vorwürfen eines Wahlbetruges zurecht. Diese Erklärung, welche auf eine Anerkennung der Wahlergebnisse hindeutet, stand aber im Widerspruch zu militärischen Aktionen der UNITA Anfang Oktober 1992. Vgl. Jornal de Angola vom 17. Oktober 1992/ Lusa (Portugiesische Nachrichtenagentur), Meldung vom 16. Oktober 1992.

Es brach erneut einer der grausamsten Kriege[1] in Angola aus, welcher die sich in Form einer hohen Wahlbeteiligung von 91% manifestierte Hoffnung der Bevölkerung auf Frieden, auf die Errichtung demokratischer Institutionen und auf den wirtschaftlichen Wiederaufbau des Landes zerstörte. Aufgrund der unzureichenden Umsetzung des Friedensabkommens von Bicesse und der fehlenden Sicherheitsvorkehrungen konnte die UNITA erneut zu den Waffen greifen. Unter dem Vorwand eines „Wahlbetruges" setzte die UNITA ihre Drohung in die Tat um und stellte neue Bedingungen, um ihre zuvor zurückgezogenen Soldaten wieder in die nationalen Streitkräfte (FAA - Forças armadas angolanas) zu reintegrieren und somit die Fortsetzung des Wahlprozesses zu ermöglichen. Zu ihren Forderungen gehörten u.a. die Bildung einer Übergangsregierung, die Kontrolle der Medien und die Organisation und Durchführung des zweiten Wahlgangs der Präsidentschaftswahlen durch die UNO.[2] Während die UNITA ihre Forderungen ab Oktober 1992 mit einer erneuten Militäroffensive zur Konsolidierung der unter ihrer Kontrolle stehenden Gebiete bekräftigte und den Krieg in andere Landesteile auszudehnen begann, wies die durch die Wahlen legitimierte MPLA-Regierung diese Forderungen zurück. Die Regierung forderte die internationale Staatengemeinschaft auf, die „Entscheidung des Volkes und die Demokratie gegen den Faschismus" zu verteidigen.[3] Die von der UNO unternommenen Vermittlungsmissionen Mitte Oktober in Luanda und Ende

---

[1] Zum Kriegsverlauf und zu den Kriegsgeschehnissen vgl. u.a. Vines, Alex: Das Drama von Kuito; in: Afrika Süd 5/94, S. 23-25/ ders.: La troisième guerre angolaise; in: Politique africaine, Nr. 57, Paris, pp. 27-39/ Amnesty International (Bonn): Menschenrechtsverletzungen in Angola, Bericht vom 25. April1994/ Michler, Walter: Afrika - Wege in die Zukunft, Angola : Der Frieden war und ist ein Traum, Unkel/Rhein 1995, S. 172-192.
[2] Vgl. Messiant, Christine: MPLA et UNITA : Processus de paix et logique de guerre; in: Politique africaine, Nr. 57, Paris 1995, pp. 40-57, hier p. 55.
[3] Vgl. Messiant, Christine: idem, p. 56.

November in Namibe im Süden Angolas zur Verhinderung einer Eskalation scheiterten, weil die Regierung nicht bereit war, den UNITA-Forderungen nachzukommen. Den Konfliktparteien gegenüber verlor die Weltorganisation an Glaubwürdigkeit, und sie wurde alsbald von beiden Seiten beschuldigt. Die UNITA warf ihr vor, einen „Wahlbetrug" toleriert und akzeptiert zu haben, und die Regierung ihrerseits beschuldigte sie der Parteinahme zugunsten Savimbis, da sie den Versuch unternahm, die Regierung zum Kompromiss mit dem Wahlverlierer zu überzeugen, anstatt gegen die kriminellen Machenschaften Savimbis vorzugehen.

Ab Ende Oktober 1992 begannen in der Hauptstadt und anderen Provinzhauptstädten die „Säuberungsaktionen" der Spezialtruppen des Innenministeriums unter Beteiligung von bewaffneten Milizen, nachdem die Regierung Tage zuvor in allen Medien vorgegeben hatte, dass „die UNITA einen Staatsstreich und die Ermordung des Staatspräsidenten Eduardo Dos Santos geplant habe".[1] Bei den dreitägigen Straßenkämpfen im November 1992 in Luanda zum Beispiel wurden über 1.200 Personen getötet, darunter zahlreiche führende Politiker der UNITA, die dem Vernehmen nach vorsätzlich in Gefangenschaft ermordet wurden.[2] Im Dezember 1992 ernannte der Staatspräsident Eduardo Dos Santos Marcolino Moco zum Premierminister, der Tage später eine 53-köpfige Regierung mit Vertretern der kleinen Oppositionsparteien bildete. Der UNITA wurden fünf Ministerien vorbehalten. Die Tatsache, dass ein Angehöriger der angeblich der UNITA nahestehenden Volksgruppe der Ovimbundu zu diesem Amt berufen wurde, lässt sich dahingehend interpretieren, dass die MPLA das im Zuge ihrer

---

[1] Vgl. Vines, Alex: La troisième guerre angolaise, p. 29/ Roque, Fátima: Angola - Em Nome da Esperança, p. 87.
[2] Vgl. O Público (Lissabon) vom 3. November 1992/ Expresso (Lissabon) vom 29. November 1996.

266

„Säuberungsaktionen" entstandene Misstrauen der Ovimbundu und der Bakongo[1] einerseits abzubauen versuchte, und andererseits die von der UNITA während des Wahlkampfes unterstellte Marginalisierung dieser Volksgruppen zu mindern suchte. Auch wenn von der Marginalisierung der Ovimbundu geredet werden kann, da bis zu den ersten demokratischen Wahlen kein Angehöriger der Ovimbundu eine ähnliche Stellung sowohl in der Regierung als auch in den MPLA-Gremien innehatte, so sind diese Vorwürfe bezüglich der Bakongo keineswegs aufrecht zu halten. Denn seit Beginn des Befreiungskampfes sind die Angehörigen der Bakongo bis heute in der MPLA-Führung, in der Armee und in der Regierung vertreten. Von Januar bis Mitte August 1993 war die UNITA militärisch überlegen. Mit der durchaus mit Erfolg geführten Militäroffensive brachte sie bis 60 % des gesamten Territoriums unter ihrer Kontrolle. Diese Überlegenheit erklärt sich dadurch, dass die MPLA-Regierung die reguläre Armee nach dem Abkommen von Bicesse 1991 vernachlässigte und infolgedessen viele der Regierungssoldaten vor ihrer Demobilisierung desertierten.

Als Folge der Erzwingungsstrategie der UNITA stimmte die Regierung dem in Abidjan (Côte d'Ivoire) unter UN-Vermittlung verhandelten Kompromiss im Mai 1993 über die Bildung einer Regierung der nationalen Einheit zu.

---

[1] Die meisten Opfer der „Säuberungsaktionen" vom Oktober 1992 und Januar 1993 gehörten diesen Volksgruppen an, so dass sogar in Luanda von „ethnischer Säuberung" gesprochen wurde. Eine Untersuchungskommission des Parlaments kam zum Ergebnis, dass es sich um kriminelle Taten ohne politische Motive gehandelt habe. Nach dem Bericht des Parlaments handelte es sich bei den uniformierten Personen um „falsche Polizisten".

Der erzielte Kompromiss konnte aber nicht umgesetzt werden, weil der UN-Sicherheitsrat nicht in der Lage war, die von der UNITA geforderten Sicherheitsgarantien zu gewähren.[1] Der UN-Sonder-beauftragten für Angola, Margaret Anstee, zufolge, machte der UN-Sicherheitsrat die Unterzeichnung eines Friedensabkommens in Abidjan zur Bedingung für die Entsendung von Blaumhelmsoldaten in Angola, während die UNITA ihre Zustimmung an die Präsenz einer kleinen, wenn auch nur symbolischen UN-Truppe in Angola band. Inzwischen war es der Regierung jedoch gelungen, zunächst ein militärisches Gleichgewicht herzustellen und dann später der Rebellenorganisation Niederlagen zuzufügen. Der Not-Aktionsplan der Regierung umfasste diplomatische, politische und militärische Maßnahmen mit der Absicht, die Abhaltung der Präsidentenschaftswahlen zu verhindern, damit der militärische Flügel der UNITA unter Savimbi aus der politischen Szene entfernt werden und infolgedessen die MPLA weiterhin als einzige Macht der gesamten politischen Lage bleiben konnte. Während auf militärischer Ebene, wie aus einem Bericht der katholischen Bischöfe Angolas hervorgeht, eine massive Bombardierung der feindlichen Stellungen einschließlich der zivilen Bevölkerung befohlen wurde, führte man auf politischer Ebene psychologische Aktionen bei der Bevölkerung durch, um Savimbi und seine militärische Fraktion in Misskredit zu bringen.[2] Die Grausamkeit, mit der der Krieg in Angola von beiden Seiten geführt wurde, lässt sich an den Beispielen der Kampfhandlungen zur Eroberung der Städte

---

[1] Vgl. Anstee, Margaret: L'ONU et le maintien de la paix, pp. 110-111.
[2] Vgl. O Público vom 25. Oktober 1995. Dem Verfasser liegt eine Kopie des Dokumentes (Despacho do 15 de Maio de 1993) in portugiesischer Sprache mit dem Briefkopf des angolanischen Präsidialamtes vor. In diesem Dokument ist u.a. Folgendes zu lesen :"Während der Offensiven sollen die feindlichen Stellungen massiv bombardiert werden; militärische und zivile Ziele sollen angegriffen werden, darunter die Bevölkerung, weil sie auf der Seite der UNITA ist."

Huambo und Kuito durch die Regierungsarmee dokumentieren.[1] Mit der diplomatischen Anerkennung Angolas durch die US-Administration im Mai 1993 verbuchte die Regierung Dos Santos ihren wichtigsten Erfolg. Im September sprach sich die Troika für die Waffenlieferung an die Regierung aus und gab damit zu verstehen, dass die Offensive der Regierungsarmee als „Selbstverteidigung" zu sehen war. Unter Anheuerung von „Fachleuten und Militärberatern"[2] eroberte die wieder ausgerüstete Regierungsarmee die besetzten Gebiete zurück und konnte bis zur Unterzeichnung des Lusaka-Protokolls am 20. November 1994 alle wichtigen Städte und Provinzen in Angola unter Regierungskontrolle bringen. Die Wiederaufnahme des Bürgerkrieges (1992-1994) forderte unzählige Opfer und zerstörte das Land völlig. Die Tragödie von Angola durch den langandauernden Krieg lässt sich durch folgende Zahlen verdeutlichen: Legt man die von der UNO angegebene Zahl von 1000 Kriegstoten täglich zugrunde, so sind zwischen Oktober 1992 bis Ende 1994 über 600.000 Menschenleben zu beklagen, Millionen von Flüchtlingen und Vertriebenen und unzählige Beinamputierte (als Folge von Landminen).[3] Zählt man die Kriegstoten von 1961 bis 1991 hinzu, so erhöht sich die Zahl auf über eine Million Opfer bis 1994.

---

[1] Vgl. Vines, Alex: Das Drama von Kuito; in: Afrika Süd 5/94, S. 23-25.
[2] Die Regierung hatte in den Jahren 1993/1994 einen Vertrag mit einem südafrikanischen Sicherheitsunternehmen, dem „Executive Outcomes" unterzeichnet, welches gleichzeitig für die UNITA bis Mai 1993 Söldner verschiedener Nationalitäten anheuerte und zur Verfügung stellte. Die Waffenkäufe der Regierung beliefen sich für 1993/1994 auf 3,5 Mrd. US$. Die Finanzierung wurde durch den Vorverkauf der Erdölproduktion von 7 Jahren betätigt. Die UNITA ihrerseits finanzierte ihr Kriegsmaterial durch das über Zaire abgewickelte Diamantengeschäft. Für 1993 hat sie ca. 250 Mio. US$ ausgegeben.
[3] Vgl. Posthumus, Bram: Les problèmes de l'Angola et les responsabilités de l'Europe; in: Le Courrier ACP Nr. 175, Mai-Juin 1999, pp. 7-8/ Vines, Alex: Das Drama von Kuito; in: Afrika Süd 5/94, S. 23-25.

Diese Zahl deckt sich mit der Bilanz des Krieges, welche vom ehemaligen Generalsekretär der UNITA, Eugénio Ngolo Manuvakola, bei der Unterzeichnung des Lusaka-Protokolls im November 1994[1] vorgestellt wurde. Der Konflikt konnte, nur durch schwierige Vermittlung der internationalen Staatengemeinschaft - UNO und OAU -, erst im November 1994 offiziell beigelegt werden. Die UNITA hatte nach einer Serie militärischer Niederlagen die Hoffnung aufgeben müssen, durch militärischen Druck die Verhandlungsergebnisse zu verbessern. Die Regierung hatte ihre militärischen und politischen Ziele durchgesetzt, zu denen insbesondere die Vermeidung einer faktischen Teilung des Landes und einer Teilung der Macht gehörten.

9.1   Das Protokoll von Lusaka

Seit Ende 1998 ist der auf der Grundlage des Abkommens von Lusaka angestrebte Friedensprozess in Angola offiziell gescheitert.[2] Mit dem Scheitern dieses Friedensabkommens von Lusaka wird die Zerstörung der noch vorhandenen Infrastrukturen und Wirtschafts- zweige, des sozialen und kulturellen Lebens der ganzen Gesellschaft fortgesetzt. Bevor der Frage nachgegangen wird, warum das Protokoll von Lusaka gescheitert ist, ist es sinnvoll, kurz an die wesentlichen Regelungen dieses Abkommens zu erinnern.

---

[1] In seiner Ansprache bei der Unterzeichnung des Lusaka-Protokolls gab Eugénio Manuvakola folgende Bilanz bekannt: über eine Million Kriegstote, 100.000 Amputierte, fünf Millionen Vertriebene (deslocados), zwei Millionen Flüchtlinge in den benachbarten Staaten und 20 Mrd. US$ Auslandschulden. Vgl. Protocolo de Lusaka, Luanda 1995, p. 9.
[2] Hierzu vgl.: Lukonde Luansi: Angola - Vor offenem Krieg; in: Afrika Süd 6/1998, S. 19- 22

Auf Druck der internationalen Staatengemeinschaft haben sich die Konfliktparteien auf einen Kompromiss geeinigt, um der Versöhnung und dem Frieden in Angola eine Chance zu geben. Unterzeichnet wurde das Protokoll am 20. November 1994 in Lusaka von Außenminister Venâncio de Moura für die Regierung und Eugénio Manuvakola für die UNITA in Anwesenheit von Staatspräsident Dos Santos und zahlreicher politischer Persönlichkeiten.

Das Dokument wurde von untergeordneten Politikern paraphiert, weil sich der Rebellenchef Jonas Savimbi aus Sicherheitsgründen weigerte, der Zeremonie beizuwohnen. Das Protokoll von Lusaka regelt im Wesentlichen:

- das Wiederinkrafttreten des Waffenstillstandes einschließlich einer wechselseitigen Truppenentflechtung und des Rückzugs, der Kasernierung und Entwaffnung sowohl der UNITA-Einheiten wie auch aller Zivilisten;
- die Vollendung der Neuformierung der angolanischen Streitkräfte (FAA), an denen die UNITA proportional beteiligt wird; ähnliche Regelungen gelten für die Polizei;
- den gesamten Komplex der *„nationalen Versöhnung"*, insbesondere die Mitwirkung der UNITA bei der Ausübung der staatlichen Macht auf nationaler, regionaler und lokaler Ebene, den Aufbau einer neuen staatlichen Ordnung, eine Amnestie und die Modalitäten zur Fortsetzung des 1992 unterbrochenen Wahlprozesses;
- die Aufgaben der Vereinten Nationen und der neuen „Gemeinsamen Kommission" im Friedensprozess; diese Kommission setzt sich zusammen aus der Regierung und der UNITA als Mitgliedern, dem UN-Sonderbeauftragten in Angola

als Vorsitzenden mit der Aufgabe, gute Dienste zu leisten und zu vermitteln, sowie den Beobachtern der sich in Angola handelnden Troika (USA, Russland und Portugal).

Aus den Fehlern des zwei Jahre zuvor gescheiterten Friedens-vertrages von Bicesse lernend, wurde in Lusaka vereinbart, dass die rund 60.000 Soldaten der UNITA zunächst in die angolanischen Streitkräfte integriert werden müssen und später stufenweise nach den von beiden Seiten erarbeiteten Kriterien demobilisiert und sozial reintegriert werden. Der UNO, welche im Friedensvertrag von Bicesse kaum eine Rolle zugewiesen worden war, kam eine wichtige Rolle zur militärischen Absicherung der Vereinbarungen zu. Mit der Unterzeichnung des unter großen Mühen ausgehandelten Protokolls begann die ebenso schwierige Phase der Durchsetzung.

9.1.1 Die schwierige Implementierung des Lusaka-Protokolls

Das in Lusaka im November 1994 in Abwesenheit des UNITA-Chefs Jonas Savimbi unterzeichnete Friedensabkommen für Angola wurde aufgrund der Erfahrungen des zwei Jahre zuvor gescheiterten Friedensvertrages von Bicesse sowohl bei den Angolanern als auch bei den ausländischen Beobachtern mit Skepsis und Vorbehalt begrüßt. Im Laufe der Zeit sind die Skeptiker in ihrer Einstellung bestärkt worden, da sich die im Lusaka-Protokoll vorgesehene Frist zur Implementierung sowohl der militärischen als auch der politischen Aspekte als illusorisch erwies.

Dass beide Konfliktparteien zur Implementierung[1] des Lusaka-Protokolls widerwillig waren und schließlich für deren Scheitern verantwortlich sind, wird anhand einiger Beispiele gezeigt. Wie bei dem letzten Friedensvertrag von Bicesse festzustellen war, stellten die Kasernierung und Entwaffnung der UNITA-Einheiten unter UN-Aufsicht einen der Verhandlungsschwerpunkte in der gemeinsamen Kommission (*„Comissâo conjunta"*) dar. Bezüglich des militärischen Aspektes des Friedensabkommens lag die Umsetzung schon 1995 hinter der Planung, da die beiden Kriegsparteien im tiefem Misstrauen gegeneinander auf ihren Positionen beharrten. Die UNITA verlangte, dass neben den eigenen, auf rund 60.000 bezifferten Verbänden auch die Sondereinheiten der Regierung (PIR – Polícia de Intervençâo Rápida) mit ca. 20.000 Mann kaserniert werden sollten. Außerdem forderte sie die Regierung auf, alle Söldner aus dem Lande zu weisen. Obwohl seit Februar 1995 eine Einigung zur Zusammensetzung der beiden Streitkräfte erzielt war[2], konnte man feststellen, dass sich die Eingliederung der UNITA-Soldaten in die angolanischen Streitkräfte (*„FAA - Forças armadas angolanas"*) als sehr kompliziert und schwierig erwies. Die Kasernierung der UNITA-Soldaten begann symbolisch erst am 20. November 1995[3], also am Jahrestag des Lusaka-Protokolls, nachdem der Staatspräsident Eduardo dos Santos und sein Widersacher Jonas Savimbi mehrmals auf Druck der internationalen

---

[1] Zur schwierigen Implementierung des Lusaka-Protokolls wird u.a. auf folgende Beiträge hingewiesen: Diederichsen, Telse: Angola; in: Afrika Jahrbuch 1995, Opladen 1996, S. 336-340/ Küppers, Harald: Angola; in: Afrika Jahrbuch 1996, Opladen 1997, S. 339-343/ Internationales Afrika Forum (Diverse Ausgaben 1995-1997).
[2] Nach dem von beiden Konfliktparteien ausgehandelten Kompromiss sollten der Integrationsprozess der Streitkräfte zunächst durch Zusammenführung der beiden Armeen erfolgen (ca. 200.000 Mann). Danach sollte eine nationale Armee mit 90.000 Mann wie folgt gebildet werden: je 37.000 beider Seiten im Heer, sowie 5.000 und 11.000 Regierungssoldaten für die Marine und Luftwaffe. Vgl. hierzu Internationales Afrika Forum, 3/1995, S. 242-243.
[3] Vgl. Diário Económico (Lissabon) vom 20. November 1995.

Staatengemeinschaft in Lusaka (Mai 1995)[1], Libreville (August 1995) und in Brüssel (September 1995) zur Vertrauensbildung zusammen gekommen waren. Nach dem Gespräch mit Savimbi in Lusaka im Mai 1995 sagte der angolanische Staatchef Dos Santos, dass er die UNITA zur Bildung einer Regierung der nationalen Versöhnung eingeladen habe[2]. Das von Dos Santos verbreitete Angebot in Lusaka betreffend der UNITA-Beteiligung an der Regierung stellte an sich nichts Neues dar, zumal der Rebellen-organisation vier Ministerien in der seit Dezember 1992 vom Premierminister Marcolini Moco geleiteten Regierung vorbehalten waren. Neu dagegen war, dass Dos Santos seinen Widersacher Savimbi als Vize-Präsident an sich binden wollte.

Die UNITA reagierte zurückhaltend und forderte im Juli 1995 die Regierung auf, die Rolle Savimbis genau zu definieren.[3] In Brüssel, wo beide Politiker an der Geberkonferenz für Angola[4] (25. - 26.9.1995) teilnahmen, erklärten sie sich bereit, den Friedens-prozess fortzusetzen. Die Entwicklung in Angola zeigt, dass zwischen Zusage und Einhaltung ein großer Unterschied besteht. Während die UNITA-Einheiten den Rückzug zögerlich antraten, rückte die Regierungsarmee in die von den Rebellen verlassenen Zonen ein.

---

[1] Bei dem Treffen in Lusaka erkannte Savimbi die Autorität und Legitimität des Staatspräsidenten Dos Santos an: „Dos Santos ist der Präsident von Angola und also mein Präsident. Bei der Konsolidierung des Friedens werde ich die Rolle spielen, die mir der Präsident überträgt"; in: Frankfurter Allgemeine Zeitung vom 8. Mai 1995.
[2] Vgl. Frankfurter Rundschau vom 9. Mai 1995.
[3] Diesbezüglich sagte ein Vertrauter Savimbis Folgendes."Die Regierung muss uns mitteilen, was genau die Rolle von Herrn Savimbi sein soll. Nur Bänder durchschneiden und Botschafter empfangen wird er nicht"; in: Süddeutsche Zeitung vom 13. Juli 1995.
[4] Bei der Brüsseler Konferenz der Geberländer, welche unter der Schirmmherrschaft des UNDP (UN-Entwicklungsprogramms) stattfand, wurde Angola 1 Mrd. US$ für die Wiederaufbauhilfe zugesagt, die sicherlich an Bedingungen geknüpft wurde. Vgl. Neue Zürcher Zeitung vom 29. September 1995/ Frankfurter Allgemeine Zeitung vom 20. September 1995/ Frankfurter Rundschau vom 20. September 1995.

Die Sicherheitsbedenken Savimbis, in die Hauptstadt Luanda zurück zu kehren, bestätigten sich, als Mitte Oktober 1995 auf den UNITA-Oberbefehlshaber General Arlindo Chenda „Ben Ben" in Luanda ein Anschlag verübt wurde, bei dem einer seiner Leibwächter verletzt wurde.[1] Dieses Ereignis wurde von der UNITA hochstilisiert, so dass die über die Formierung einer gemeinsamen Armee stattfindenden Verhandlungen abgebrochen werden mussten. Von nun an kehrte die UNITA zu ihrer Verzögerungsstrategie zurück und zwang die Regierung zu neuen Zugeständnissen, etwa zur Zusage der Kasernierung der Polizeisondereinheiten und bezüglich der Frage der Diamantenschürfrechte. Auf der Regierungsseite nutzten die Hardliner in der Armee unter General João de Matos diese Hinhaltetaktik der UNITA aus, um in der Nordwest Provinz Zaire im Dezember 1995 eine militärische Offensive zu starten.[2] Die von der Regierungsarmee eingeleitete und vermutlich von Staatspräsident Dos Santos als Oberkommandierendem der Streitkräfte gebilligte Militäroffensive stellte einen offenen Bruch des Waffenstillstandes dar und wurde vom UN-Sonderbeauftragten für Angola, Alioune Blondin Beye, deutlich verurteilt.[3] Aufgrund der sich eskalierenden Lage erhöhten die USA ihren Druck auf beide Konfliktparteien und drängten sie zur Einhaltung des Friedensabkommens.

Die Regierung Angolas lenkte bei der Kasernierung ihrer Sonderpolizei ein und kündigte die Auflösung des seit langem von der UNITA kritisierten Vertrages mit dem südafrikanischen

---

[1] Vgl. O Público vom 17. Oktober 1995.
[2] Vgl. Frankfurter Allgemeine Zeitung vom 7. Dezember 1995/ The Guardian vom 6. Dezember 1995.
[3] Vgl. Frankfurter Allgemeine Zeitung vom 7. Dezember 1995/ O Público vom 7. Dezember 1995/ Jornal de Notícias (Lissabon) vom 6. Dezember 1995/ Die Tageszeitung vom 8. Dezember 1996.

Sicherheitsunternehmen „Executive Outcomes".[1] Ihrerseits sprach Madeleine Albright, damalige US-Botschafterin bei der UNO, im Januar 1996 bei Savimbi vor und erreichte, dass die aufgrund der Regierungsoffensive suspendierte Kasernierung der UNITA-Soldaten fortgesetzt werden konnte.[2] Wenn bis Mitte 1996 Fortschritte im Friedensprozess bei der Kantonierung erzielt wurden, da laut UN-Angaben bis auf 40.000 UNITA-Soldaten in den von der UN-Mission (UNAVEM III) überwachten Sammellagern untergebracht worden waren, so wurde der Rebellenorganisation andererseits vorgeworfen, weiterhin ihre Eliteneinheiten und schweren Waffen zurückzuhalten. Die UNITA kritisierte die UNAVEM III wegen der schlechten Bedingungen in den Kasernierungslagern, die für manche ihrer Soldaten Anlass zum Verlassen dieser Sammelplätze waren.[3] Obwohl die Entmilitarisierung der UNITA noch keineswegs abgeschlossen war, und ca. 22.000 der zuvor in 15 Sammellagern registrierten 60 bis 70.000 UNITA-Soldaten desertierten oder als vermisst galten, erklärte Mitte Dezember 1996 der UN-Sonderbeauftragte Blondin Beye schließlich die Kantonierung und Entwaffnung offiziell für abgeschlossen. Die Desertionswelle hing mit der politisch-militärischen Krise in Kongo (ex-Zaire) zusammen, da einige UNITA-Deserteure zur Unterstützung von Präsident Mobutu gegen die von Angola, Ruanda und

---

[1] Im Dezember 1995 besuchte Staatspräsident Dos Santos die USA, wo ihm klargemacht wurde, dass „die Geduld der Welt zu Ende sei". Die US-Regierung drängte ihn, seine Sonderpolizei zu kasernieren und die in Angola tätigen Söldner heimzuschicken. Hierzu vgl. O Dia (Lissabon) vom 7. Dezember 1995 und vom 11. Dezember 1995/ Expresso (Lissabon) vom 16. Dezember 1995/ Frankfurter Allgemeine Zeitung vom 11. Dezember 1995/ Jornal de Notícias vom 30. Dezember 1995/ O Público vom 12. Dezember 1995.
[2] Nach dem Gespräch zwischen Madeleine Albright und Savimbi wurde vereinbart, dass bis Februar 1996 ca. 16.000 UNITA-Kämpfer kantoniert werden müssten. Hierzu vgl. Expresso vom 9. März 1996.
[3] Vgl. Interview des UNITA-Generals Domingos Lutok Liahuka; in: Expresso vom 9. März 1996.

Uganda gestärkten Rebellen der AFDL unter Laurent Desiré Kabila in den Nachbarstaat geschickt wurden.[1] Die Integration der UNITA in dem Generalstab der gemeinsam zu bildenden nationalen Streitkräfte (FAA) gestaltete sich ebenso langsam und wie schwierig. Die im März 1996 vereinbarte Übernahme von 18 der 46 UNITA-Generäle wurde erst im Dezember vollzogen[2], nachdem sich die Hardliner unter General João de Matos, Generalstabschef der angolanischen Armee, sowohl dem nationalen als auch dem internationalen Druck gebeugt hatten.[3] Als der UN-Sicherheitsrat Ende 1996 tagte, um über die Verlängerung der UN-Mission für weitere drei Monate zu beraten, herrschte unter den Kennern der angolanischen Materie kein Zweifel mehr daran, dass der Friedensprozess aufgrund des fehlenden politischen Willens der beiden Konfliktparteien und vor allem der Verzögerungstaktik der UNITA ohne eine Übereinkunft zwischen Dos Santos und Savimbi scheitern würde. Dennoch wurden die Regierung und die UNITA aufgefordert, unverzüglich die noch unerledigten militärischen und politischen Aspekte des Lusaka-Protokolls abzuschließen. Hierbei handelt es sich u.a. um die Wiederherstellung der staatlichen Autorität im ganzen Territorium, um die Rückkehr der UNITA-Abgeordneten in die Nationale Versammlung und um die Bildung

---

[1] Parallel zu Offensive der AFDL in Kongo/Zaire gegen das kleptokratische Regime von Mobutu wurden ab Anfang 1997 in den nordöstlichen Diamantengebieten Lunda Norte und Malanje heftige Kämpfe zwischen UNITA und Regierungstruppen gemeldet.
[2] Die Nominierung der UNITA-Offiziere wurde am 11. Dezember 1996 durch den Staatschef Eduardo Dos Santos als Oberkommandierenden der Streitkräfte verfügt. Vgl. Terra Angolana vom November/Dezember 1996.
[3] In einem Interview in der portugiesischen Zeitung „Expresso" vom 20. Mai 1995 erklärte General de Matos in seiner Eigenschaft als Generalstabchef der Armee, dass „die Teilung der militärischen Macht gegen die militärische Doktrin sei", und er fügte hinzu, dass „er Widerstand leisten werde". Diesen Widerstand unterstrich er in einem weiteren Gespräch mit „Expresso" am 24. Februar 1996, indem er sagte: „Wir können jetzt diejenigen, die mit uns arbeiten und gearbeitet haben, nicht ohne weiteres nach Hause schicken, um denjenigen Platz zu machen, die gegen uns bis vor kurzem Krieg geführt haben". Aus dem Portugiesischen von mir sinngemäß übersetzt.

der März 1996 in Libreville (Gabun) zwischen Dos Santos und Savimbi ausgehandelten Regierung der Nationalen Einheit und Versöhnung, GURN („Governo de Unidade e de Reconciliaçâo Nacional").

9.1.2 Die Bildung der GURN

Angesichts der politisch-militärischen Krise in Kongo/Zaire, die zum Sturz des kleptokratischen Regimes von Mobutu im Mai 1997 führte, wurden ab Mitte 1996 die diplomatischen Bemühungen zur Implementierung des Lusaka-Protokolls noch verstärkt, um die angolanischen Konfliktparteien zum Einlenken zu bewegen. Nachdem sich der UN-Sonderbeauftragte für Angola, Blondin Beye, sowie Vertreter der in Angola vermittelnden Troika (USA, Russland, Portugal) die Zusicherung Savimbis zur Einhaltung der Vereinbarungen geholt hatten[1], stimmte der in Bailundo (Provinz Huambo) im August 1996 einberufene III. Außerordentliche Kongress der UNITA der Teilnahme an der Regierung der Nationalen Einheit und Versöhnung (GURN) zu. Trotz dieser Zustimmung stellte die UNITA immer wieder neue Punkte zur Diskussion, welche im Protokoll von Lusaka nicht oder nicht im Detail geregelt waren und machte dann die Regierung für die Verzögerungen verantwortlich. In der Tat verzögerte sich die Einsetzung der GURN, weil die UNITA die Einführung eines Sonderstatus für Savimbi als *„Oppositionschef"* zur Vorbedingung machte, nachdem Letzterer das Amt des Vizepräsidenten endgültig abgelehnt hatte. Inzwischen kursierten in

---

[1] Vgl. Küppers, Harald: Angola; in: Afrika Jahrbuch 1996, Opladen 1997, S. 340.

Luanda aufgrund der zunehmenden Unzufriedenheit über die sozialen Verhältnisse im Lande Putschgerüchte, die den Staatspräsidenten Dos Santos veranlassten, die Regierung des seit Dezember 1992 amtierenden Premierministers Marcolino Moco und den Gouverneur der Zentralbank António Gomès Furtado im Juni 1996 zu entlassen.[1] Die Entlassung des Premierministers Moco, welcher für das Scheitern aller Wiederaufbauversuche verantwortlich gemacht wurde[2], sollte von den Korruptionsvorwürfen in der MPLA-Führung und vor allem im engsten Kreise des Staatspräsidenten ablenken. Wenn in der Verfassung davon die Rede ist, dass die Regierungspolitik im Ministerrat entschieden und koordiniert wird, so stellte sich in der Praxis heraus, dass strategische Entscheidungen vom Staatspräsident allein getroffen wurden.[3] Dazu gehört, dass Teile der Öleinnahmen und Diamantenverkäufe, die im Prinzip über die Zentralbank laufen müssten, ganz einfach nicht verbucht werden, um nicht budgetierte Ausgaben, besonders solche militärischer und persönlicher Art, zu finanzieren. Die von Fernando França van Duném gebildete neue Regierungsmannschaft trat mit einem Wirtschaftsprogramm unter dem Slogan „Neues Leben" („Nova vida") an, mit dem Ziel, die einheimische Produktion zu unterstützen und den Aufbau der sozialen Infrastruktur zu beschleunigen.[4]

---

[1] Vgl. Frankfurter Allgemeine Zeitung vom 5. Juni 1996/ Frankfurter Rundschau vom 5. Juni 1996/ Die Tageszeitung vom 5. Juni 1996.
[2] In einem Interview mit Expresso vom 17. Februar 1996 sagte der angolanische Finanzminister Augusto Tomas, dass die Inflation im Jahr 1996 bei 3000% lag und dass im Staatshaushalt 700 bis 900 Mio. US$ fehlten, um die Ausgaben zu decken. Allein zwischen Februar und Mai 1996 fiel die Landeswährung Kwanza gegenüber dem US-Dollar von 40.000 auf 220.000. Hierzu vgl. auch Frankfurter Rundschau vom 4. Juni 1996/ Neue Zürcher Zeitung vom 11. Juni 1996.
[3] Vgl. The Mail & Guardian (Johannesburg) vom 26. Juni 1996.
[4] Vgl. Archiv der Gegenwart vom 8. Juni 1996.

Das Wirtschaftsprogramm erwies sich erneut als *„leere Versprechungen"*, da die Regierung nicht in der Lage war und noch ist, eine erfolgreiche makroökonomische Stabilisierung in die Wege zu leiten. Die von der internationalen Staatengemeinschaft durchgeführten diplomatischen Bemühungen brachten den ins Stocken geratenen Friedensprozess wieder in Bewegung.[1] Die Einsetzung der GURN war erfolgt, nachdem das Parlament im März 1997 ein Sondergesetz über den Status Savimbis verabschiedet hatte. Das Sondergesetz sah u.a. die gegenseitige Konsultationspflicht zwischen dem Staatsoberhaupt Dos Santos und dem Rebellenchef Savimbi und die Einflussnahme Savimbis im politischen Leben durch das Recht zur Abgabe von Erklärungen in den staatlichen Medien vor. Savimbi, dem der Status als *„Chef der größten Oppositionspartei"* - unter anderem mit eigener Residenz und Sicherheitsmannschaft (400 Mann) in Luanda - zugesprochen wurde, verpflichtete sich, die Verfassung und die Gesetze des Landes zu respektieren und für deren Einhaltung zu sorgen. Das Sondergesetz, welches gemäß Art. 88 der Verfassung verabschiedet wurde, kann nur nach Zustimmung des UNITA-Präsidenten vom Parlament geändert bzw. suspendiert werden.[2]

---

[1] Der UN-Generalsekretär Kofi Annan besuchte Angola im März 1997 und machte den Konfliktparteien klar, dass die UN-Truppen bis zum 15. April 1997 abgezogen sein müssten, falls bis dahin die Verzögerungstaktik nicht beendet sei. Der UNITA drohte er weitere UN-Sanktionen, falls sie der Regierung der nationalen Einheit nicht beitrete. Hierzu vgl. Frankfurter Allgemeine Zeitung vom 11. April 1997.

[2] Im Art. 10 des Sondergesetzes vom 8. April 1997 ist Folgendes fest geschrieben: „Das vorliegende Gesetz kann nur nach Einwilligung und Zustimmung des UNITA-Präsidenten geändert oder suspendiert werden. Für die hier erwähnten eventuellen Änderungen oder Suspendierung ist die Nationale Versammlung zuständig."; in: Terra Angolana vom März/April 1997. Aus dem Portugiesischen von mir sinngemäß übersetzt. Die englische Fassung des Sondergesetzes ist dieser Abhandlung als Anhang beigefügt.

Im Beisein des UN-Generalsekretärs Kofi Annan und zahlreicher Persönlichkeiten aus dem Ausland zogen die UNITA-Abgeordneten, welche im September 1992 gewählt worden waren, zum ersten Mal am 25. März 1997 in das Parlament ein. Die GURN wurde dann unter dem seit 1996 amtierenden Premierminister França van Duném am 11. April 1997 offiziell eingesetzt. Aus Sicherheitsgründen blieb Savimbi der Zeremonie fern. Gemäß dem Lusaka-Protokoll stellte die UNITA vier Minister (Bergbau, Handel, Gesundheit und Hotelwesen und Tourismus) und sieben Vize-Minister (Bauen und Stadtentwicklung, Finanzen, Inneres, Landwirtschaft, Soziales, Medien und Verteidigung) in der aus 29 Ministerien mit 86 Mitgliedern bestehenden Regierungsmannschaft.

Der Regierung gehörten neben MPLA und UNITA weitere sieben kleinere im Parlament vertretene politische Formationen an. Wenn theoretisch das „Power Sharing" somit verwirklicht wurde, so wurden in der Praxis die von der UNITA kontrollierten Ministerien durch Zuständigkeitsverteilung bzw. Verlagerung abgeschwächt.[1] Dem Bergbauministerium wurde z.B. die Kontrolle über die Diamantenschürfrechte entzogen, da diese Zuständigkeit der ENDIAMA (Diamantengesellschaft) zugeteilt wurde. Außerdem war die Effizienz dieser Regierung bezweifelt worden, weil Staatspräsident Dos Santos weiterhin die Entscheidungen über die wichtigsten Finanz- und Wirtschaftsfragen an sich gezogen hat.

Wenn einserseits die UNAVEM III in Angola die Einsetzung der GURN im April 1997 als wichtige Etappe zur erfolgreichen Implementierung des Lusaka-Protokolls feierte, so befürchtete sie andererseits, dass die beiden „Kriegskasten" ihr „Katz-und-Maus-Spiel" fortsetzen würden.

---

[1] Vgl. Frankfurter Allgemeine Zeitung vom 14. April 1997.

Dazu gehört, wie noch zu zeigen sein wird, dass beide Parteien einen Teil der Vorbedingungen für die Beilegung des Konfliktes erfüllen, und sich jedoch gleichzeitig die Kampfoptionen weiterhin offenhalten.

9.2 Die UN-Missionen (UNAVEM III und MONUA)

Die vier aufeinander folgenden UN-Missionen im letzten Jahrzehnt dieses Jahrhunderts in Angola sind eng mit der Hoffnung und vor allem mit der Leidensgeschichte dieses Landes verbunden.

Hoffnungen waren mit den ersten beiden UN-Missionen von 1989 bis September 1992 verknüpft. Die UNAVEM I ergab sich aus der internationalen Lösung des Namibia-Konflikts, die 1990 zur völkerrechtlichen Souveränität der letzten Kolonie in Afrika führte. Ziel der Mission war es, den Rückzug der kubanischen Truppen aus Angola gemäß der Ende 1988 in New York zwischen Luanda und Havanna abgeschlossen Vereinbarung zu überwachen.

Die UNAVEM II wurde Mitte 1991 eingerichtet, um die im Friedensvertrag von Bicesse zwischen den angolanischen Konfliktparteien fest geschriebene Entmilitarisierung der UNITA und Durchführung der ersten demokratischen Wahlen u.a. zu überwachen. Aufgrund des ihr eingeräumten beschränkten Mandats und des unzureichenden Personals konnten die Vereinten Nationen keine entscheidende Rolle spielen, so dass ein entscheidender Teil des Friedensabkommens, die Entwaffnung der Konfliktparteien, von der UNITA unterlaufen wurde. Das Scheitern des Friedensvertrages von Bicesse, das den Vereinten Nationen zur Last gelegt wird, führte nach den ersten demokratischen Wahlen im September 1992 zu den bis dahin blutigsten Kämpfen zwischen der Regierungsarmee FAA und der UNITA. Nachdem die bis Mai 1993 von der UN-Sonderbeauftragten für Angola, Margaret Anstee, geführten diplomatischen Gespräche zur friedlichen Beilegung des Konflikts wegen der Weigerung der UNITA, sich aus den von ihr besetzten Gebieten zurückzuziehen, gescheitert waren, verhängte der UN-Sicherheitsrat am 15. September 1993 ein Waffen- und Ölembargo gegen die Rebellenorganisation. Parallel zu den Kampfhandlungen in Angola wurden in Lusaka ab November 1993 die Verhandlungen wieder aufgenommen, welche ein Jahr später erfolgreich abgeschlossen wurden. Die UNITA, die diplomatisch isoliert und militärisch von der Regierungsarmee unter Druck gesetzt wurde, stimmte schließlich dem unter Schirmherrschaft des neuen UN-Sonder-beauftragten für Angola, Alioune Blondin Beye, verhandelten Kompromiss zu. Das Lusaka-Protokoll wurde am 20. November 1994 von Vertretern der beiden Konfliktparteien, der MPLA und der UNITA, unterzeichnet.

9.2.1 Die UNAVEM III

Zur Implementierung und Überwachung des Lusaka-Protokolls wurde die UNAVEM III durch den UN-Sicherheitsrat mit der Resolution 976 vom 8. Februar 1995 eingerichtet.[1]

---

[1] Einzelheiten hierzu geben u.a.: Britain, Victoria: Ob sie wissen, was Frieden ist; in: Afrika Süd 6/95, S. 8-10/ Morel, Eléonore/ El Hocine, Charles/ Medrinal, Eléonore: L'ONU et les opérations de maintien de la paix, Paris 1997/ Pierson-Mathy, Paulette: Lektion gelernt?; in: Afrika Süd 6/95, S. 10-12/ Krska, Vladimir: Peacekeeping in Angola; in: International Peacekeeping, Vol. 4, London 1997, pp.75-97/ Vines, Alex:

Die Besonderheit der mit über 7.500 Militärbeobachtern, Polizisten und Blauhelmsoldaten verstärkten UNAVEM III bestand darin, dass der UN-Sonderbeauftragte für Angola, Alioune Blondin Beye, den Vorsitz der Gemeinsamen Kommission innehatte. Diese Kommission, der außer den unterzeichneten Parteien die Vertreter der in Angola vermittelnden Troika (USA, Russland und Portugal) angehörten, sollte die noch nicht erfüllten politischen, verwaltungstechnischen und militärischen Aspekte des Friedensvertrages von Bicesse von 1991 sowie die Bestimmungen des Lusaka-Protokolls überwachen und umsetzen. Das Lusaka-Protokoll hätte trotz aller Schwierigkeiten bei der Umsetzung einen beständigen Frieden für Angola gebracht, wenn beide angolanischen Kriegsparteien eine gewisse Zurückhaltung, Vernunft und einen politischen Willen gezeigt oder gehabt hätten. Zur erfolgreichen Durchführung ihrer Mission waren die Vereinten Nationen auf die Kooperation der Konfliktparteien angewiesen. Die Ereignisse bestätigen, dass die MPLA und die UNITA seit der Unterzeichnung des Lusaka-Protokolls an dem Friedensprozess nicht interessiert waren und noch nicht sind. Trotz der UN-Präsenz eskalierten in den Jahren 1995 und 1996 örtliche Gefechte, die erst nach Vermittlung des UN-Personals vor Ort wieder eingestellt wurden. Unter gegenseitigem Misstrauen, fortbestehenden Spannungen und offenen Kämpfen wurde die GURN im April 1997 gebildet, nachdem der UN-Generalsekretär Kofi Annan während seines Besuchs im März 1997 angedroht hatte, die UN-Truppen abzuziehen.[1] Die internationale Frustration gegenüber dem angolanischen Konflikt ist daran zu sehen, dass das Mandat der UNAVEM III nur für kürzere Perioden

---

Angola and UNAVEM III; in: Brassey's Defence Yearbook 1977, Centre for Defence Studies, Vol. 107, London1997, pp. 257-270.
[1] Vgl. Frankfurter Allgemeine Zeitung vom 11. April 1997.

verlängert wurde und dass das UN-Personal aufgrund der enormen Kosten schrittweise abgezogen wurde.[1] Waren im Januar 1997 noch knapp 7.000 Militärbeobachter, Polizisten und Blauhelmsoldaten in 70 UN-Posten in Angola aufgestellt, so ging diese Zahl drei Monate später, also im April 1997, auf 5.400 zurück.[2] Die schrittweise Reduzierung des UN-Personals, die nach der formellen Billigung des Sondergesetzes über die Stellung des UNITA-Präsidenten durch die angolanische Nationalversammlung erfolgte, wurde als Druckmittel auf die unterzeichnenden Parteien des Lusaka-Proto-kolls eingesetzt, um sie zur Erfüllung ihrer Verpflichtungen zu bewegen. Mit der Resolution 1106 vom 16. April 1997 verlängerte der UN-Sicherheitsrat das Mandat der UNAVEM III zum letzten Mal bis zum 30. Juni. Ferner wurden die Konfliktparteien aufgefordert, die *„noch verbleibenden militärischen Aspekte des Friedenspro-zesses unverzüglich abzuslchließen"*. Das vom UN-Sicherheitsrat erwünschte Zusammentreffen zwischen dem Staatspräsidenten Eduardo Dos Santos und dem UNITA-Chef Jonas Savimbi im Hoheitsgebiet Angolas als Beitrag zum Versöhnungsprozess wurde ständig verschoben. Im Zuge des mit ihrem Beistand erfolgten Machtwechsels in Kongo/Zaire startete die angolanische Armee im Mai 1997 Angriffe in verschiedenen Landesteilen, um der UNITA die Kontrolle über die Diamantenminen abzuringen. Die Offensive der Regierungsarmee scheiterte. Ab diesem Zeitpunkt arbeiteten die beiden „Kriegskasten", die MPLA und UNITA, auf den Rückzug der

---

[1] Das Mandat der UNAVEM III wurde ab 1996 jeweils für zwei bis drei Monate verlängert. Die Kosten wurden auf eine Million US$ pro Tag kalkuliert. Vgl. Vines, Alex: Angola and UNAVEM III, p. 266.
[2] Vgl. Progress Report of the Secretary-General on the United Nations Angola Verification Mission (UNAVEM III) UN-Dok. S/1997/304 vom 14. April 1997. Die Zusammenstellung der UNAVEM III im April 1997 ist im Anhang der vorliegenden Arbeit nachzusehen.

UN-Truppen hin. Die Zermürbungstaktik wurde noch durch die Tatsache begünstigt, dass der UN-Sicherheitsrat aufgrund der internationalen Frustration und der angeblich enormen Kosten mit der Resolution 1118 vom 30. Juni eine kleine Beobachtermission (MONUA) einrichtete.

9.2.2 Die MONUA

Aufgrund der zugespitzten Situation beschränkte sich die Aufgabe der MONUA (Missâo de Observaçâo das Naçôes Unidas em Angola) mit einer anfänglichen Stärke von über 2.100 Militär-beobachtern, Polizisten und Blauhelmsoldaten aus 30 Ländern darauf, die Verletzung des Waffenstillstandes und der Menschen-rechte zu dokumentieren. So wurden im letzten Quartal 1997 von der MONUA 100 Fälle von Verletzungen des Waffenstillstandes sowohl durch die UNITA als auch durch die Regierungsarmee fest gehalten. Wenn in der Resolution 1118 zur Einrichtung der Beobachtermission die beiden Parteien verantwortlich für die Eskalation in Angola gemacht wurden, indem sie gleichermaßen aufgefordert wurden, die noch unerledigten politischen Aspekte des Friedensprozesses zu erfüllen[1], so änderte der UN-Sicherheitsrat mit der Resolution 1127 vom 28. August 1997 seine Strategie gegenüber der UNITA. In dieser Resolution verlangt der UN-Sicherheitsrat unter Androhung der Verhängung von Reise-beschränkungen und eines Luftverkehrsembargos, dass die UNITA

---

[1] Hierzu vgl. auch die Erklärung des Präsidenten des UN-Sicherheitsrats vom 23. Juli 1997 (UN-Dok. S/PRST/1997/39).

unverzüglich ihren Verpflichtungen aus dem Lusaka-Protokoll nachkomme. Dazu gehören die Entmilitarisierung aller ihrer bewaffneten Kräfte, die Umwandlung ihres Radiosenders „*VORGAN*" in eine unparteiische Rundfunkstation und die volle Kooperation bei dem Prozess der Normalisierung der staatlichen Verwaltung in ganz Angola. Da die UNITA ihre Verpflichtungen nicht erfüllte, verhängte der UN-Sicherheitsrat am 29. Oktober 1997 (Resolution 1135) Sanktionen[1] gegen die Rebellenorganisation. Somit sollten ihre Handlungsmöglichkeiten durch Verbot jeglicher Lieferung von Treibstoffen, Schließung ihrer Auslandbüros und Reisebeschränkung ihrer Vertreter eingeschränkt werden, um sie zur vollen Kooperation zu zwingen. Auf Druck der internationalen Staatengemeinschaft erfüllte die UNITA einen Teil ihrer Verpflichtungen, indem sie einige von ihr besetzte Gebiete der staatlichen Verwaltung unterstellte. Im April 1998 wurde offiziell die UNITA-Vertretung in Luanda im Beisein ihres Vize-Präsidenten General António Dembo nach fast sechs Jahren wieder eröffnet. Strittig blieb dennoch die Wiederherstellung der staatlichen Autorität in den im Zentralhochland gelegenen Städten Andulo und Bailundo, denen von der UNITA eine strategisch politische Bedeutung als Hauptquartier beigemessen wurde. Eine Sonderregelung für diese Städte lehnte die Regierung ab, weil sie darin ein zusätzliches dilatorisches Manöver der UNITA sah. Infolgedessen weigerte sich die UNITA, sie der Regierungsverwaltung zu übergeben. Enttäuscht von der Weigerung der UNITA, verschärfte der UN-Sicherheitsrat

---

[1] Die UNITA-Büros wurden vor dem Inkrafttreten der Sanktionen umbenannt. Zum Beispiel wurde die UNITA-Vertretung in Bonn zum Institut für Demokratisierung und Dezentralisierung in Angola (IDDA) umgewandelt. Bis zum Regierungswechsel im September 1998 konnten die UNITA-Vertreter ungehindert in der Bundesrepublik Deutschland agieren. In anderen EU-Staaten wurden ebenso die UN-Sanktionen nicht geachtet.

am 12. Juni 1998 (Resolution 1173) die Wirtschaftssanktionen, mit denen nun die finanziellen Handlungsmöglichkeiten der Rebellenorganisation eingeschränkt werden sollten. Der UN-Sicherheitsrat forderte alle UN-Mitglieder auf, „die nötigen Maßnahmen zu ergreifen, um den direkten oder indirekten Import von allen Diamanten aus Angola in ihre Gebiete zu unterbinden, für die kein Ursprungszertifikat von der Regierung der Nationalen Einheit und Versöhnung ausgestellt worden ist".[1]

Die Verhängung der Wirtschaftssanktionen hat dazu geführt, dass die UNITA jeglichen Kontakt mit der UNO abbrach. Unter Umgehung dieser Sanktionen[2] über befreundete Staaten warf die UNITA der Weltorganisation Parteilichkeit zugunsten der Regierung vor. Ab Mitte 1998 stellte sie sich auf einen Konfrontationskurs ein und ließ die ihr von der Regierung gestellte Frist, bis zum 31. August alle Verpflichtungen nachzukommen, verstreichen. Die darauf folgende einseitige Entscheidung der Regierung, ohne Konsultation mit der MONUA, die UNITA-Vertreter aus dem Parlament und aus der Regierung zu suspendieren, trug wesentlich zur Eskalation bei. Ein letzter diplomatischer Versuch des UN-Sonderbeauftragten für Angola, Issa Diallo, die sich zuspitzende Krise doch noch friedlich zu lösen, scheiterte, weil die Regierung sich weigerte, ihm Sicherheitsgarantien und eine Fluggenehmigung nach Andulo/Bailundo zu erteilen.[3] Die Vereinten Nationen wurden von diesem Zeitpunkt ab von beiden Konfliktparteien angegriffen.

---

[1] Zitiert nach Patrick Alley: Angolas Reichtum ist sein Verhängnis; in: Überblick 1/1999, S. 36-40, hier S. 40.
[2] Zur schwierigen Durchsetzung der UN-Sanktionen gegen die UNITA wird u.a. auf den oben genannten Beitrag von Patrick Alley hingewiesen.
[3] Vgl. Folha Oito vom 25. September 198/ Reuters, Meldung vom 9. Oktober 1998. Issa Diallo wurde am 28. August 1998 zum UN-Sonderbeauftragten für Angola ernannt, nachdem sein Vorgänger Alioune Blondin Beye Wochen zuvor bei einem bis heute unerklärten Flugzeugabsturz in Côte d'Ivoire ums Leben gekommen war.

288

Während die UNITA ihre Zusammenarbeit mit der MONUA mit der Aufhebung aller gegen sie verhängten UN-Sanktionen verknüpfte, drängte die Regierung die UNO, die ihr untergebene neu gegründete Dissidentengruppe *„UNITA Renovada"* unter Jorge Valentim und Eugénio Manuvakola anzu-erkennen und Savimbi als *„Kriegsverbrecher"* zu verurteilen. Aus der Sicht der Regierung ist die Eskalation der MONUA zuzuschreiben, weil sie versäumt habe, allen ihr vorgetragenen Informationen nachzugehen - so der angolanische Minister für Territorialverwaltung Faustino Muteka.

> „ MONUA is no longer doing anything here. It only complicates things. I am saying that as an Angolan Official. Twice MONUA failed to check things, and later on admitted that UNITA was still armed. I signed thousands of protest notes to MONUA informing it that UNITA was not demobilising soldiers; that weapons being handed over were obsolete; that UNITA was training forces in specific areas; and that UNITA was receiving weapons in various areas. We mentioned this in those notes. Yet, MONUA never investigated the situation. We must ask MONUA why has it never gone to those areas and checked what the government was reporting?"[1]

Aufgrund der militärisch eskalierenden Situation blieb den Vereinten Nationen in ihrer Resolution 1213 vom 3. Dezember 1998 nichts anderes als festzustellen, dass *„the primary cause of the crisis in Angola and of the current impasse in the peace process is the failure by the leadership of UNITA in Bailundo to comply with its obligations"*. In derselben Resolution empfahl der UN-Generalsekretär Kofi Annan, die Beobachtermission MONUA bis zum 26. Februar 1999 zum letzten Mal zu verlängern und danach die restlichen UN-Truppen abzuziehen[2], da ihre Sicherheit - wie auch der Staatspräsident Eduardo Dos Santos vor Diplomaten bestätigte

---

[1] Zitiert nach Angola Peace Monitor, Nr. 4, Vol. 5 vom 18. Dezember 1998.
[2] Vgl. The Associated Press, Meldung vom 24. Februar 1999.

- nicht mehr gewährleistet sei.[1] Um ihre Abneigung gegenüber der UNO zu verdeutlichen, lehnte die Regierung Angolas die Stationierung von UN-Menschenrechtsbeobachtern strikt ab. Geschützt vor neugierigen Augen führen nun beide Seiten ihren schmutzigen Krieg, bei dem unvorstellbare Menschenrechtsverletzungen begangen werden. Der US Department of State hält u.a. in seinem *„Angola Country Report on Human Rights Practices for 1997"* fest, dass *„members of the Security forces committed extrajudicial killings, arbitrarily and secretly arrested and detained persons, and often tortured and beat detainees. The government did not take effective action to punish abusers"*, und dass *„ the human rights situation in territories controlled by UNITA was poor, with numerous extrajudicial killings, disappearances, incidents of torture, arbitrary arrests and detentions, denial of fair public trial, forced conscription, and attacks on civilian populations"*.[2] Mit dem Abzug ihrer letzten Truppen aus Angola im März 1999 beendeten die Vereinten Nationen ihre ruhmlose und bis jetzt kostspieligste Mission in Afrika. Ihre seit 1989 aufeinander folgenden Missionen sind gescheitert, weil sie sich auf das Versprechen zweier angeblicher „Pfadfinder ohne Pfadfindergeist" gestützt hatten.

Ob eine robuste *„Peacemakingsmission"* Frieden in Angola gebracht hätte, wie nun behauptet wird, ist ebenso offen. Man kann aber sagen, dass die Präsenz einer starken, gut ausgerüsteten und mit einem klaren Mandat ausgestatteten UN-Truppen den Friedensprozess in Angola langfristig besser kontrolliert hätte.

---

[1] Vgl. ANGOP, Meldung vom 15. Januar 1999 über die Rede des Staatspräsidenten Eduardo Dos Santos vor dem diplomatischen Korps in Luanda. Ende Januar 1999 verabschiedete die angolanische Nationalversammlung eine Resolution, in der die Beendigung der UN-Mission offiziell verlangt wurde.

[2] US Department of State - Angola Country Report on Human Rights Practices for 1997, vom 30. Januar 1998.

9.3 Das endgültige Scheitern des Lusaka-Protokolls

Mit der Bildung der GURN konnte das „Power-Sharing" umgesetzt werden, aber der Friedensprozess blieb brüchig. Die im Lusaka-Protokoll festgelegte Wiederherstellung der staatlichen Autorität im ganzem Territorium und die soziale Reintegration der demobilisierten Soldaten der UNITA gingen nur schleppend voran. Die Entwaffnung der Zivilisten durch die Regierung wurde aus taktisch-politischen Überlegungen weiterhin verzögert. Trotz erneut erzwungenen Kompromisses kam darum kein dauerhafter Frieden in Angola zustande. Der Sturz im Mai 1997 von Präsident Mobutu in Zaire/Kongo, bei dem die Regierung Angolas eine nicht unbedeutende Rolle gespielt hatte, untergrub den labilen Frieden in Angola selbst, weil dadurch die Machtbalance in der Region nachhaltig zugunsten der Regierung Dos Santos verschoben wurde. Der Sturz hat offenbar den „Falken" in den angolanischen Streitkräfte neuen Auftrieb verliehen. Unter Vorwand der Grenzsicherung gegen die aus Kongo/Zaire einströmenden Flüchtlinge in die von der UNITA kontrollierten Gebiete starteten die angolanischen Streitkräfte (FAA) in den Lunda-Provinzen eine Militäroffensive, um „die Rebellenorganisation Savimbis zu vernichten und die Diamantengebiete zurück zu erobern".[1]

---

[1] Zur Kriegseskalation ab Mai 1997 wird auf die internationale Presse hingewiesen u.a.: Bayernkurier vom 26. Juli 1997/ Frankfurter Allgemeine Zeitung vom 3. Juli 1997 und vom 30. August 1997/ Frankfurter Rundschau vom 13. August 1997 und vom 31. Oktober 1997/ Financial Times vom 25. Juli 1997/ General-Anzeiger (Bonn) vom 2. Juni 1997, 11. Juni 1997 und vom 21. Oktober 1997/ International Herald Tribune vom 14. Mai 1997/ O Independente vom 9. Mai 1997/ O Jornal de Notícias vom 14. Mai 1997 und 30. Mai 1997/ Handelsblatt vom 16. August 1997/ Le Monde vom 30. August 1997 und 29. Oktober 1997/ The Times vom 9. Mai 1997/ Der Tagesspiegel

Wenn die UNITA auf Druck der internationalen Staatengemeinschaft bis Mitte 1998 fast alle von ihr kontrollierten Gebiete der Zentralregierung übergab, so weigerte sie sich doch, ihre politischen Hochburgen Andulo und Bailundo im Zentralhochland unter staatliche Autorität zu stellen. Wegen dieser Verzögerungstaktik wurde die UNITA verantwortlich für die Kriegseskalation gemacht. Unter Sanktionsandrohung wurde sie vergeblich aufgefordert, ihren Pflichten aus dem Lusaka-Protokoll nachzukommen. Um den Druck auf die Rebellenorganisation zu erhöhen, dehnte die Clinton-Administration ihre Zusammenarbeit mit der angolanischen Regierung auf den militärischen Bereich aus, indem sie den Verkauf von einem halben Dutzend Transportflugzeugen vom Typ C-130 genehmigte. Die von der UNO verhängten Sanktionen und der deutliche Sinneswandel der US-Politik zugunsten der MPLA-Regierung wurden aus der Sicht der Hardliner in der Regierung in Luanda als „grünes Licht" zum Kampf gegen die UNITA verstanden, da sie sich in ihrer Haltung von der internationalen Staatengemeinschaft gestärkt fühlten. In den UN-Gremien blieb unberücksichtigt, dass die Regierung ihre Verpflichtungen aus dem Lusaka-Protokoll, wie z.B. bei der Frage der Entwaffnung der Zivilbevölkerung und der Einstellung der gegen die UNITA in den staatlichen Medien gerichteten Kampagne, nicht erfüllt hatte. Nachdem der UN-Generalsekretär Kofi Annan in seinen Bemühungen gescheitert war, ein Treffen zwischen dem angolanischen Staatschef Dos Santos und seinem Widersacher Jonas Savimbi zu organisieren, nahmen die kriegerischen Handlungen ständig zu.

---

vom 18. August 1997/ Die Tageszeitung vom 24. September 1997/ Neue Zürcher Zeitung vom 16. Juni 1997 und 22. Oktober 1997.

Beide Seiten warfen sich gegenseitig Verletzungen des Lusaka-Protokolls und Kriegsvorbereitungen vor, und sie betonten gleichzeitig, dass sie sich dem Geist des Protokolls verpflichtet fühlten und an einer friedlichen Beilegung des Konfliktes weiterhin interessiert seien. Der Vize-Präsident der UNITA, António Dembo, warf im April 1998 der Regierung in Luanda vor, *„seine Partei zu verteufeln, um die Bevölkerung psychologisch für eine Militärintervention gegen die UNITA vorzubereiten"*, und er unterstrich, dass seine Partei bereit sei, die Bedingungen des Friedensvertrages von Lusaka zu erfüllen.[1] Andererseits fügte ein weiteres führendes Mitglied der UNITA, Isaías Samakuva, hinzu, dass seine Organisation zum Kampf bereit sei, falls sie von der Regierung dazu gezwungen werde.[2] Die UNITA verlangte von der Regierung mit der Entwaffnung der Zivilisten, wie im Lusaka-Protokoll vereinbart, zu beginnen.[3] Die Regierung ihrerseits erwiderte, dass die von der UNITA gestellten Provinzgouverneure und Diplomaten nicht berufen werden könnten, solange die beiden Städte Andulo und Bailundo nicht übergeben worden seien. Im Mai 1998 wiederholte der Vizeminister für Territorialverwaltung, General Higino Carneiro, seine Drohungen, einen neuen Krieg zur Eroberung der beiden Städte zu starten. Er sagte, dass der Krieg der einzige Weg sei, um alles wieder in Ordnung zu bringen. Zwei Monate später erklärte der angolanische Verteidigungsminister, General Pedro Sebastiâo, die Zeit sei gekommen, dass *„die ihm unterstellten Streitkräfte (FAA) ihren verfassungsrechtlichen Pflichten nachkommen"*.[4]

---

[1] Vgl. Kwacha UNITA Press vom 9. April 1998 Pressekonferenz von António Dembo bei der Wiedereröffnung des UNITA-Büros in Luanda.
[2] Vgl. Neue Zürcher Zeitung vom 8. April 1998.
[3] Vgl. Pressemitteilung des IDDA (Institut für Demokratisierung und Dezentralisierung in Angola) in Bonn vom 26. Februar 1998.
[4] Vgl. ANGOP (angolanische Nachrichtenagentur), Meldung vom 27. Juli 1998 Pressekonferenz des Verteidigungsministers in Luanda.

Angesichts der Eskalation, die im Zusammenhang mit der politisch-militärischen Lage in Zentralafrika zu sehen ist, suspendierte die Regierung einseitig alle UNITA-Mitglieder in der Regierung der Nationalen Einheit und Versöhnung (vier Minister und sieben stellvertretende Minsister) und im Parlament (70 UNITA Abgeordnete).[1] Wenn die Suspendierung bzw. die Entlassung der UNITA-Mitglieder aus der Regierung zu den verfassungsrechtlich eingeräumten Befugnissen des Staatspräsidenten gehören, so stellt die Entfernung der UNITA-Abgeordneten aus dem Parlament, welche vom Volk gewählt und legitimiert worden sind, eine deutliche verfassungswidrige Handlung der MPLA-Regierung und eine Missachtung der demokratischen Prinzipien dar. Wie die in Luanda herausgegebene unabhängige Wochenzeitung *„Folha Oito"* kommentiert, hat die Regierung Dos Santos selbst einen Rechtsbruch begangen, als sie versuchte, die Illegalität zu bekämpfen. Die Handlung der Regierung, die vom souveränen Volk gewählten Vertreter willkürlich zu suspendieren, erinnert an die Zeit der Einheitspartei.[2] Mit der Entfernung der UNITA aus der GURN wurden einerseits die Differenzen zwischen den beiden Konflikt-parteien vertieft, und andererseits trat der seit langem vermutete interne Konflikt in der UNITA hervor. Der Bruch zwischen der kompromissbereiteren Gruppe um Jorge Valentim und Eugénio Manuvakola in Luanda und der militärischen Savimbi-Fraktion in Andulo/Bailundo wurde offiziell vollzogen.

---

[1] Vgl. Angola Peace Monitor Nr. 2, Vol. 5 vom 28. Oktober 1998[57] Vgl. Angola Peace Monitor Nr. 2, Vol. 5 vom 28. Oktober 1998.

[2] Vgl. Folha 8 vom 25. September 1998. Von den 70 UNITA-Abgeordneten, die am 31. August suspendiert worden waren, durften 50 Ende September 1998 ins Parlament zurückkehren, nachdem sie sich von der UNITA-Fraktion unter Savimbi distanziert und der Dissidentengruppe „UNITA-Renovada" angeschlossen hatten.

9.3.1 Die Spaltung der UNITA

Nachdem die UNITA das Ultimatum der Regierung, bis zum 31. August 1998 alle ihre im Lusaka-Protokoll festgeschriebenen Verpflichtungen zu erfüllen, verstreichen ließ, wurden ihre Vertreter (vier Minister und sieben Vize-Minister) aus der Regierung der Nationalen Einheit und Versöhnung ausgeschlossen. Tage später kündigte eine Dissidentengruppe unter Jorge Valentim, - dem suspendierten und wieder eingesetzten Minister für Tourismus und Hotelwesen -, die Absetzung von Jonas Savimbi als UNITA-Präsident an und gab gleichzeitig die Gründung eines unter seinem Vorsitz tätigen Komitees für die Erneuerung und Demokratisierung („UNITA Renovada") bekannt.[1] Mit materieller und politischer Unterstützung der Regierung führt nun die *„UNITA Renovada"* Öffentlichkeitsarbeit in allen Provinzen durch, indem sie die UNITA-Soldaten aufruft, Savimbi zu isolieren und die Waffen niederzulegen. Ihrerseits startet die Regierung von Präsident Eduardo Dos Santos eine diplomatische Kampagne mit dem Ziel, die Anerkennung ihrer Schützlinge der „UNITA Renovada" zu erreichen. Sie verkündet bei all ihren Gesprächen und Instanzen, dass sie nun die noch verbliebenen Fragen des Friedensprozesses nur mit den Dissidenten verhandeln wird. Erste Erfolge erzielte die Regierung Angolas bei der SADC-Gipfeltreffen vom September 1998 in

---

[1] Die Spannungen in der UNITA lassen sich bis in die 80er Jahre zurückverfolgen. Die bekanntesten Austritte sind die von Ex-Generalsekretär Miguel Nzau Puna und von Ex-Außenminister Tony da Costa Fernandès, beide aus Cabinda stammend und Mitbegründer der UNITA im Jahr 1966. Beide Politiker verließen die UNITA einige Monate vor den ersten demokratischen Wahlen von 1992 und warfen Savimbi Menschenrechtsverletzungen, Tribalismus und Machtbesessenheit vor. Diese Austritte und ihre Instrumentalisierung im Wahlkampf hatten zur Wahlniederlage der UNITA und von Savimbi beigetragen.

295

Mauritius und später in Libreville (Gabun) bei dem Treffen der Staats- und Regierungschefs der Länder Zentralafrikas.[1] Auf internationaler Ebene hat die Volksrepublik China die Dissidentengruppe im Sinne der angolanischen Regierung anerkannt.[2] Die Anerkennung erfolgte während des Besuchs des Staatspräsidenten Dos Santos im Oktober 1998 in China. Somit ist China das einzige ständige Mitglied des UN-Sicherheitsrates, welches diesen Schritt vollzogen hat. Wenn die diplomatische Anerkennung der „UNITA Renovada" durch die Mehrheit der afrikanischen Staaten südlich der Sahara und China zwar eine deutliche politische Niederlage für die UNITA darstellt, so hat doch diese Tatsache auch die Hardliner in der MPLA zu einer militärischen Lösung ermutigt. Ebenso fühlt sich die UNITA-Führung um Savimbi nun gezwungen, ihre Aktionen auszuweiten, um die politische Niederlage militärisch auszugleichen. Die Regierung Angolas drängt auch bei dem UN-Sicherheitsrat auf die Anerkennung der Dissidenten, aber Letzterer hat in seiner Resolution 1202 vom 15. Oktober 1998 wohl betont, dass *„the primary cause of the crisis in Angola and of the current impasse in the peace process is the failure by the leadership of UNITA to comply with its obligations under the 'Acordos de Paz'"*. Gleichzeitig machte der Sicherheitsrat aber deutlich, dass das Lusaka-Protokoll die Basis für den Friedensprozess ist. Auch wenn der Friedensvertrag nun überholt zu sein scheint, lässt sich dennoch diese Erklärung dahingehend interpretieren, dass die UNITA von Savimbi weiterhin als einzige Mitunterzeichnerin des genannten Friedensvertrages gilt. Ende Januar 1999 fand dann in Luanda der Kongress

---

[1] Vgl. Jeune Afrique Nr. 1967 vom 22.-28. September 1998, S. 27. Weitere Einzelheiten sind auch im Bericht des UN-Generalsekretärs zur Lage in Angola vom 8. Oktober 1998 nachzulesen.
[2] Vgl. Angola Peace Monitor Nr. 2, Vol. 5 vom 28. Oktober 1998.

der „UNITA Renovada" statt, bei dem eine neue Parteiführung gewählt wurde. Eugénio Ngolo Manuvakola, einst Generalsekretär der UNITA und Mitunterzeichner des Lusaka-Protokolls, wurde zum Vorsitzenden gewählt, nachdem er zuvor im Oktober 1998 auf Druck des Präsidenten der Nationalversammlung, Roberto de Almeida (MPLA) als Oppositionsführer bestellt worden ist. Der Vorsitzende der „UNITA Renovada" wurde dann schließlich vom Staatspräsident Eduardo Dos Santos empfangen, um über die Bildung einer Notstandsregierung zu beraten. Die „UNITA Renovada" hat seit ihrer Gründung und auf ihrem Kongress nichts anderes getan, als sich mit sich selbst zu beschäftigen. Ob sie eine gewichtigere Rolle im politischen Prozess Angolas spielen wird, ist noch offen. Sie kann nur eine Rolle spielen, wenn sie sich sowohl von der UNITA Savimbis distanziert sowie auch von der *„Marionettenetiquette"* der MPLA-Regierung befreit. Das heißt, dass sie Oppositionsarbeit leisten muss, um dem Volk eine neue Vision Angolas anzubieten und somit die Perspektive eines Politikwechsels mit anderen gemäßigten Kräften des Landes vorzubereiten. Aber angesichts ihrer finanziellen Abhängigkeit und der sich zuspitzenden militärischen Auseinandersetzung ist es fraglich, ob es ihr gelingen wird. Die für September 2002 geplanten allgemeinen Wahlen stellen für die Führung der „UNITA Renovada" eine wichtige politische Herausforderung dar. Denn sie muss sich nicht nur verbal von der Savimbi-Fraktion und der MPLA-Regierung distanzieren aber vor allem den Angolanern beweisen, dass sie eine Alternative sein könnte.

9.3.2 Die Notstandsregierung

Seit den ersten demokratischen Wahlen im September 1992 wurde die Regierung Angolas Ende Januar 1999 zum vierten Mal umgebildet, um die schwerwiegenden sozialen, politischen und wirtschaftlichen Probleme des Landes zu lösen. Das Wirtschafts- und Sozialprogramm der drei vorherigen Regierungen[1] erwies sich immer wieder als gegenstandslos, da diese Regierungen nicht in der Lage waren, eine Lösung für die im Lande herrschende globale Krise (Inflation, Korruption, Kriminalität, Niedergang im Bereich der Erziehung und Gesundheit) anzubieten. Diese globale Lösung setzt den Frieden voraus, da ohne Frieden kein wirtschaftlicher Wieder- aufbau des Landes zu erwarten ist. Um den Frieden herzustellen und die mit dem Verfall der Werte, der Misere und Armut eng verbundene katastrophale soziale Situation durch wirtschaftliche Ankurbelung zu bekämpfen, wurde im Januar 1999 eine von Staatspräsident Dos Santos selbst geleitete neue „Notstands- regierung" gebildet. Somit zog er die Funktion des Regierungschefs sowie die des Oberkommandierenden der Streitkräfte und des Vorsitzenden des Nationalen Sicherheitsrates an sich.

---

[1] Der Regierung des Premierministers Marcolino Moco (Ende 1992 bis Mitte 1996), welche wegen des Scheiterns des Wiederaufbauprogramms entlassen wurde, folgten zwei von França van Duném geleitete Regierungen. Die erste von França van Duném gebildete Regierung (Mitte 1996 bis April 1997) trat mit einem Wirtschaftsprogramm unter dem Motto „Nova Vida" (Neues Leben) an. Im April 1997 formierte van Duném die Regierung der Nationalen Einheit und Versöhnung, an der die UNITA im Rahmen des gescheiterten Lusaka-Protokolls bis August 1998 mit sieben Ministern und Vizeministern beteiligt war.

Die Entlassung der Regierung von França van Duném wurde indirekt von den Delegierten des IV. Kongresses der MPLA im Dezember 1998 gefordert, die dem Regierungschef als Sündenbock vorwarfen, „eine Gruppe von ausländischen Geschäftsleuten begünstigt, die Löhne und Gehälter der Staatsbediensteten und Soldaten einbehalten zu haben".[1] So wie der entlassene Premierminister França van Duném verantwortlich für die soziale und wirtschaftliche Krise gemacht wurde[2], so wurde ebenso Staatspräsident Dos Santos kritisiert, die Finanzkrise des Landes verursacht zu haben, indem er fünf Finanzminister in sechs Jahren zwischen 1992 und 1998 ernannt hatte.[3] Bei der Ernennung der neuen Regierung[4] mit über fünfzig Mitgliedern (Minister und Vizeminister) sagte der Staats- und Regierungschef Dos Santos, dass der Krieg der Wiederherstellung des Friedens diene und zu den wichtigsten Aufgaben seiner Regierung zähle.

---

[1] Vgl. Angolense, 48. Woche 1998.

[2] Vgl. Angolense, 48. Woche 1998. In einem Interview im Vorfeld des IV. Kongresses kritisierte Kundy Payama, der zu den „Hardliner" gegenüber der UNITA und zu der „afro-nationalistischen Gruppe" im Bezug auf den internem Machtkampf innerhalb der MPLA gerechnet wird, dass „die Regierung França van Duném für die Angolaner nichts getan hat. Sie hat vielmehr einige Reiche geschaffen sowie ein extrem armes Land".

[3] Ohne den Staatspräsident zu nennen, kritisierte die der Regierung nahestehende Wochenzeitung, Angolense, dass „nirgendwo in der Welt als in Angola die Finanzminister mit solcher Leichtigkeit und Geschwindigkeit gewechselt werden, wie man ein Hemd wechselt". Vgl. Angolense, 48. Woche 1998. Zur Korruption in Angola wird auch auf den Bericht in „Global Witness" vom 5. Dezember 1999 hingewiesen.

[4] In dieser neuen Regierung ist u.a. Folgendes hervorzuheben: João Miranda, welcher in der alten Regierung das Amt des stellvertretenden Außenministers innehatte, wurde zum Außenminister berufen. Kundy Payama, Ex-Minister für Staatssicherheit in den 80er Jahren, langjähriger Parteifunktionär (Mitglied des Politbüros des ZK der MPLA) und kurz zuvor Provinzgouverneur von Huíla, wurde als Verteidigungsminister ernannt. Im Innen-ministerium übernahm ein weiterer Hardliner, Fernandès da Piedade Dias Dos Santos „Nando" die Führung. Fernandès Dos Santos „Nando" wurde durch die Säuberungsaktionen 1992/1993 in Luanda bekannt. Eine Liste mit den Namen der Ressortchefs ist im Anhang dieser Arbeit beigefügt.

„Es ist unbedingt notwendig, die Kriegsmaschinerie von Jonas Savimbi für immer zu zerstören. (...) Wir müssen den Krieg führen, um den Frieden zu schaffen."[1]

In diesem Zusammenhang betonte er, dass die Regierung die Kriegsanstrengungen mit der wirtschaftlichen Konjunktur in Einklang bringen muss, um einerseits die Sicherheit im ganzen Territorium zu schaffen und zu gewährleisten, und andererseits die Wiederherstellung der Produktion zu garantieren. Dos Santos wiederholte seine Anschuldigungen an einige afrikanische Staaten, darunter Sambia, Südafrika, Uganda, Ruanda und Togo, die entgegen den UN-Sanktionen der UNITA von Jonas Savimbi weiterhin logistische und militärische Erleichterungen gewährten[2]. Mit diesen Anschuldingungen versuchte die MPLA-Regierung in Luanda, den Krieg als Verschwörung ausländischer Mächte darzulegen, um die Ineffizienz und die Unfähigkeit des Regimes zu vertuschen. Um die Macht um jeden Preis zu erhalten, instrumentalisiert die Regierung den Krieg, indem sie auf ihr in den 80er Jahren gescheitertes Ziel *„Krieg und Produktion"* (*„Binómio Defesa-Produção"*) zurückgegriffen hat. Die Sinnlosigkeit dieser kriegstreibenden Politik ergibt sich aus der jüngsten Entwicklungen.

---

[1] Zitiert nach ANGOP vom 30. Januar 1999. Ansprache des Staatspräsidenten Dos Santos bei der Amtführung der neuen Regierung am 30. Januar 1999 in Luanda. Aus dem Portugiesischen von mir sinngemäß übersetzt.
[2] Vgl. PANA (Panafrican News Agency) vom 13. Januar 1999 und vom 22. Februar 1999. Bezüglich der Anschuldigungen gegenüber Sambia wurde nach Informationen des angolanischen Außenministeriums bekannt, dass führende Mitglieder der sambischen Regierung, u.a. der Vize-Präsident Christon Tembo, der Sohn des Staatspräsidenten Tito Chiluba und der Energieminister Ben Mwila, in den Waffenschmuggel für die UNITA verwickelt seien.

9.3.3 Die jüngsten Entwicklungen

Aufgrund der sich ständig verändernden Lage in Angola ist es unmöglich, im Rahmen dieser Arbeit alle Ereignisse seit dem Scheitern des Lusaka-Protokolls detailliert darzustellen. In diesem Kapitel werden die wichtigsten Ereignisse bis Ende 1999 zusammen gefasst dargestellt. Seit dem Machtwechsel in Kinshasa und Brazzaville[1], bei dem die angolanischen Streitkräfte eine nicht unbedeutende Rolle gespielt haben, wird Angola in der internationalen Presse als *„Regionalmacht"* bezeichnet. Dieser Begriff stimmt nur, wenn man ihn über den Besitz von Militärarsenal und die Fähigkeit zur Zerstörung der eigenen innenstaatlichen und der sozioökonomischen Strukturen einerseits und andererseits über die Fähigkeit zur Destabilisierung der Nachbarstaaten definiert. Wer aber mit dem Begriff *„Regionalmacht"* auch die Möglichkeiten konstruktiver Politik verbindet, der muss bei Angola damit etwas vorsichtiger umgehen. Angola bietet den anderen Staaten in der Region weder Finanzhilfe, militärische Sicherheit, noch weniger ein überzeu-gendes Gesellschaftsmodell an. Bei den militärischen Interventionen in den beiden Kongo (Brazzaville und Kinshasa), mit denen Angola eine gemeinsame Grenze von über 3.000 km teilt,

---

[1] Die FAA (Forças armadas angolanas - Angolanische Streitkräfte) haben Mitte 1998 den gewählten Staatspräsidenten des Kongo (Brazzaville) Pascal Lissouba gestürzt und dem früheren Diktator Denis Sassou Nguesso an die Macht verholfen. In Kinshasa, wo seit 1965 einer der korruptesten Diktatoren Afrikas, Mobutu Sese Seko, regierte, brachten die FAA in Zusammenarbeit mit Rwanda und Uganda die Rebellen der AFDL (Alliance des Forces Démocratiques de Libération - Bündnis demokratischer Kräfte für die Befreiung) unter Laurent-Désiré Kabila im Mai 1997 an die Macht. Hierzu vgl. N'gbanda Nzambo Ko Atumba, Honoré: Les derniers jours du Maréchal Mobutu, Paris 1998.

verfolgt die Regierung Dos Santos aus innen- und sicherheitspolitischen Überlegungen eine doppelte Strategie, mit welcher
freundlich gesinnte Regierungen in Brazzaville und Kinshasa an der
Macht gehalten werden, die sich ihrerseits verpflichteten, die
Rückzugsbasis und Nachschubwege für die in der Enklave Cabinda
operierende FLEC/FAC[1] und für die im kontinentalen Angola noch
immer aktive UNITA langfristig zu kontrollieren. Dadurch erhofft sich
die Regierung Angolas langfristig eine Lähmung der beiden
Organisationen. Wenn im Falle der FLEC/FAC das Ziel der
Regierung durch die Zersplitterung der sezessionistischen Kräfte in
Cabinda mittelfristig erreichbar sein kann, ist dies im Falle der
UNITA zu bezweifeln, zumal die UNITA allen UN-Resolutionen[2] zum
Trotz in den letzten Jahren nicht nur die von ihr vorher unter
staatliche Kontrolle gestellten Gebiete, Gemeinden und Städte
zurückzuerobern versucht bzw. wieder besetzt, sondern ihr
militärisches Potential wiederhergestellt hat. Der angolanischen
Nachrichtenagentur (ANGOP) zufolge haben die Rebellen im
Zeichen des *„Schwarzen Hahnes"* („Galo Negro") seit September
1998 ihre Aktionen im Nordwesten, Osten und Süden des Landes
intensiviert[3], bei denen zahlreiche Zivilisten und Polizisten getötet
und die Infrastruktur und sozialen Einrichtungen zerstört worden

---

[1] Die FLEC (Frente de Libertaçâo do Enclave de Cabinda - Befreiungsfront für die
Enklave Cabinda) wurde in den 60er Jahren gegründet; sie kämpft für die
Unabhängigkeit der von Angola geographisch getrennten reichen Ölprovinz im
Nordwesten des Landes.
[2] In der Resolution 1118 vom 30. Juni 1997, mit der die UN-Beobachtermission
(MONUA) aus 34 Ländern beschlossen und eingerichtet wurde, wurden die Regierung
Angolas und die UNITA aufgefordert, unverzüglich „die noch unerledigten militärischen
Aspekte des Friedensprozesses abzuschließen". Der UN-Sicherheitsrat drohte der
UNITA in der Resolution 1127 vom 28. August 1997 Sanktionen an, welche tatsächlich
mit der Resolution 1135 vom 29. Oktober 1997 verhängt und später in einem weiteren
Beschluss aus 1998 verschärft worden sind. Vgl. Vereinte Nationen, Nr. 2 vom April
1998, S. 63-65.
[3] Hierzu vgl. auch Report of the Secretary General on the United Nations Observer
Mission in Angola (Military   and Security Aspects) vom 8. Oktober 1998.

302

sind. Ob die UNITA-Rebellen - wie bei ANGOP behauptet - von den aus Kongo fliehenden Banyamulenge und von ugandesischen Einheiten unterstützt werden, ist unklar. Die UNITA-Aktionen begannen vor der zweiten Militärintervention Angolas zur Unterstützung der Regierung von Präsident Kabila in Kinshasa, nachdem Savimbi im August 1998 die Zusammenarbeit mit der Troika USA, Russland und Portugal wegen deren „Parteilichkeit zugunsten der MPLA" eingestellt hatte. Anfang Oktober 1998 starteten die angolanischen Streitkräfte ihre größte militärische Operation zur Niederschlagung der Banditen[1] - wie es hieß -, die durch die Erfolge in den Nachbarstaaten und durch die diplomatische Unterstützung der SADC-Staaten (Southern African Development Community) begünstigt wird. Die SADC-Staaten hatten nach ihrem Gipfeltreffen Mitte September 1998 in Mauritius die Anerkennung der UNITA-Dissidenten („UNITA-Renovada") offiziell beschlossen und Savimbi zum ersten Mal als „Kriegsverbrecher" bezeichnet.[2]

Die große Fehleinschätzung der Regierung Angolas liegt nun wohl darin, dass sie aufgrund der erfolgreichen Militärinterventionen in den beiden Kongo glaubt, in der Lage zu sein, die UNITA bald militärisch ausschalten zu können.

---

[1] Vgl. Reuters vom 9. Oktober 1998.
[2] In einer Resolution der angolanischen Nationalversammlung vom 27. Januar 1999 wird Jonas Savimbi als „Kriegsverbrecher und internationaler Terrorist" bezeichnet, nach dem auf nationaler und internationaler Ebene gefahndet werden muss. Am 20. Februar 1999 gab der angolanische Generalstaatsanwalt Domingos Culolo in Luanda bekannt, dass strafrechtliche Schritte gegen „den Terroristen Jonas Malheiro Savimbi" eingeleitet worden seien. Der Generalsekretär der Vereinten Nationen Kofi Annan hat diesen Schritt der angolanischen Regierung als „großen Fehler" bezeichnet, da die Situation dadurch noch erschwert und verhärtet worden sei. Hierzu vgl. ANGOP vom 27. Januar 1999/ PANA vom 20. Februar 1999.

Auch wenn die Rebellenorganisation von Savimbi mit dem Sturz von Mobutu ihr strategisches Hinterland eingebüßt hat, so bleibt doch festzuhalten, dass sie noch über einen intakten Militärapparat verfügt und dass sie über dreißig Jahre Guerillaerfahrung hat. Die vom UN-Generalsekretär Kofi Annan in seinem Bericht vom Oktober 1998 befürchtete neue Eskalation in Angola zeigt, dass trotz wiederholter Verschiebungen, kombiniert mit UN-Sanktionen gegen die UNITA, keine Seite für Druck der UN oder von anderswo empfänglich ist. So wird der Krieg alle bis heute geleisteten Friedensbemühungen zunichte machen, die noch vorhandenen Infrastrukturen zerstören und die Zahl der Opfer noch vergrößern. Nach Bericht einer in der Provinz Moxico (Ostangolas) tätigen Hilfsorganisation - Medico International - sind seit dem Wiederaufbruch des Krieges über 100.000 Menschen auf der Flucht, und 3.000 bis 5.000 Flüchtlinge versuchen wöchentlich, die von der Regierungsarmee kontrollierte Provinzhauptstadt Luena zu erreichen. Um den Druck auf die internationale Gemeinschaft zu erhöhen, versucht die UNITA wieder, ausländische Geiseln festzunehmen, während die MPLA-Regierung jede Zusammenarbeit mit der UNO verweigert. Auf politischer Ebene wird der Krieg demagogisch zum Vorwand der MPLA, um zu einem autoritären System mit Korruption und Vetternwirtschaft zurückzukehren. So werden die noch bestehenden Chancen einer pluralistisch-demokratischen Gesellschaft in Angola bedroht. Die ohnehin vorhandene autoritäre Mentalität wird aufgrund der militärisch-politischen Polarisierung zwischen der MPLA und der UNITA noch verstärkt. Die Gefahr, wegen oppositioneller Tätigkeit mit dem eigenem Leben zu zahlen, ist groß, da das Volk von beiden Konfliktparteien terrorisiert wird.

Laut Pressemeldungen konnte die UNITA bis September 1999 alle Militäroffensive der Regierungstruppen zurück schlagen. Dem Generalstabchef der FAA, General Joâo de Matos, zufolge, wurden die Regierungssoldaten von der UNITA überrascht[1], da diese vollkommen neue Militärstrategien mit Einsatz von Panzern und schwerer Artillerie mit Erfolg ausprobierte. Dass die Regierungstruppen mit ihrem Ziel - die UNITA-Hochburgen Andulo und Bailundo zu erobern - gescheitert sind, wird nicht nur in der internationalen Berichterstattung[2], sondern auch in der „Kwacha UNITA Press" dokumentiert. Nach Angaben der „Kwacha UNITA Press" hat die Regierungsarmee bei der gescheiterten Operation in Andulo und Bailundo über 250 Soldaten und wertvolles Kriegsmaterial verloren.[3] Glaubt man den letzten Meldungen vom Juli 1999, gehen die kriegerischen Auseinandersetzungen zwischen den verfeindeten „Kriegskasten", der MPLA und der UNITA, mit aller Härte und Grausamkeit weiter, wobei der UNITA Massaker an Zivilisten in den umkämpften Gebieten in Bengo, Huambo, Malanje und Kuito angelastet wird.[4] Die Rebellenarmee, die laut „Neue Zürcher Zeitung"[5] über MI-24 Kampfhelikopter, Boden-Luft-Raketen ukrainischer Herkunft, südafrikanische G-5 Artilleriegeschütze, russische BMP-2-Schützen-panzer sowie Mehrfachraketenwerfer verfügt, kontrollierte bis Ende September rund 70 Prozent des angolanischen Territoriums.

---

[1] Vgl. Angola Peace Monitor, Nr. 4, Vol. 5 vom 18 Dezember 1998.
[2] Vgl. Süddeutsche Zeitung vom 28. April 1999.
[3] Vgl. Kwacha UNITA Press, Meldung vom 3. März 1999. Im privaten Gespräch wurden mir diese Angaben von angolanischen Diplomaten in Bonn indirekt bestätigt.
[4] Die Informationen hierüber beruhen auf den Nachrichtensendungen des portugiesischen Fernsehens „RTP- África" vom Juli und August 1999.
[5] Vgl. Neue Zürcher Zeitung vom 13. Juli 1999. Die Süddeutsche Zeitung hat in der Ausgabe vom 28. April 1999 gemeldet, dass die UNITA sechs MIG-23 Kampfflugzeuge und weitere sechs Kampfhubschrauber des Typs MI-25 erworben hat. Diese Informationen sind mit Vorsicht zu genießen, da diese Flugzeuge noch nicht in den Kampfaktionen gesehen wurden.

Ab Oktober 1999 hat sich die militärische Lage – wie oft in der Kriegsgeschichte des Landes – nun zu Gunsten der Regierungstruppen verbessert. Die angolanischen Streitkräfte gewinnen wieder die Oberhand. Sie fügten den Rebellen bei der Eroberung ihrer beiden wichtigsten Hochburgen, Andulo und Bailundo, im zentralen Hochland die schwersten Verlusten zu und versuchen jetzt alle noch von der UNITA kontrollierten Gebiete militärisch zu befreien. Wenn aufgrund der Kraftverhältnisse eine militärische Lösung - trotz der derzeitigen Erfolge der Regierungsarmee auf dem Schlachtfeld - auszuschließen ist, so ist festzuhalten, dass die Regierung weiterhin unter militärischem, politischen und sozialem Druck steht. Der Krieg in den ländlichen Regionen verursacht u.a. einen Flüchtlingsdruck auf die schon überfüllten Städte. Dadurch erhöht sich der soziale Druck auf die Regierung, welche wegen der weiter steigenden Militärausgaben nicht in der Lage ist, die Erwartungen der Bevölkerung zu befriedigen. Laut der portugiesischen Tageszeitung „Público" sind Ende Juli 1999 über 500.000 Menschen, darunter Frauen, Kinder und ältere Leute, vom Hungertod bedroht, von denen nach Informationen der Caritas zehn bis fünfzehn täglich an Hunger sterben.[1] Die Zahl der Vertriebenen hat sich seit dem Wiederaufflammen des Bürgerkrieges auf fast vier Millionen erhöht. Für die Regierung weiter erschwerend ist der instabile Rohölpreis, was wiederum bedeutet, dass sie den ausländischen Gläubigern gegenüber zahlungsunfähig werden kann.

Eine Wiederbelebung einer erneuten Friedensbemühung scheint zur Zeit fraglich zu sein, da die UNO und die OAU[2] wegen der

---

[1] Vgl. Público vom 6. August 1999.
[2] Die Organisation der Afrikanischen Einheit (OAU) hat bei dem letzten Gipfeltreffen der Staats- und Regierungschefs im Juli 1999 in Algier die Bildung einer „Ad-hoc Kommission" beschlossen, welche neue Friedensvorschläge für Angola erarbeiten soll. Sollte diese Kommission tätig werden, so können die Bemühungen der angolanischen

Zermürbungstaktik beider Konfliktparteien machtlos sind und die Troika (USA, Russland und Portugal) dem Konflikt gegenüber gleichgültig geworden ist. Sollte es trotzdem zu einem erneuten Anlauf des Friedensprozesses in Angola kommen, muss die Weltgemeinschaft ihre Strategie zur Friedenssicherung überdenken. Sie muss dann bereit sein, eine Friedenstruppe zusammenzustellen, die nicht nur in der Lage wäre, die Konfliktparteien zu entwaffnen, sondern langfristig den Prozess zu sichern.

9.4 Staatszerfallsprozess und ethnonationalistische Bestrebungen

Nach dem Wegfall der portugiesischen Kolonialadministration gelang es der MPLA, sich als Garant eines souveränen angolanischen Staates und nationaler Einheit zu etablieren. Aus dieser historischen Situation erwuchs ein Alleinvertretungsanspruch der MPLA für das Volk. Die Verfassung vom 11. November 1975 legte die uneingeschränkte Führerschaft der MPLA für Staat und Gesellschaft fest, und auf dem I. Parteikongress im Jahr 1977 wandelte sich die MPLA zu einer sozialistischen Avantgardepartei. Nationale Einheit und Politik der MPLA galten mit der Parteibildung als

Regierung, die UNITA unter Savimbi international zu isolieren, als gescheitert angesehen werden. Andererseits schlug Staatspräsident Robert Mugabe (Simbabwe) vor, Streitkräfte aus den SADC-Staaten zu bilden, um dem angolanischen Staatschef Dos Santos beizustehen. Der Vorschlag von Mugabe erinnert an den Einmarsch simbabwischer und tansanischer Truppen in Mosambik in den 80er Jahren, welche vergeblich versuchten, die RENAMO militärisch niederzuschlagen. Angesichts der unterschiedlichen Positionen innerhalb der SADC-Staaten ist es unwahrscheinlich, dass die SADC geschlossen handelt. Im Juni 1999 überbrachte der angolanische Außenminister João Miranda dem UN-Generalsekretär Kofi Annan eine Botschaft seiner Regierung, mit der Bitte, dass die UNO eine erneute Friedensmission in Angola versuchen solle.

identisch und verbanden sich während der alleinigen Herrschaft bis 1991 mit einem vermeintlichen Patriotismus, welcher sich gegen den Imperialismus und die internen Reaktionäre (Regionalismus, Rassismus, Tribalismus, Obskurantismus) wendete. Die von der Kolonialmacht eingeleitete Zerstörung des sozio-kulturellen Erbes der angolanischen Volksgruppen wurde von der MPLA-Regierung fortgesetzt, mit dem Ziel, die Gesellschaft nach marxistisch leninistischen Grundsätzen umzuformen. Der demokratische Zentralismus, welcher als Mittel zur Durchsetzung der politischen Ziele und zur Einschränkung von Grundrechten und Grundfreiheiten diente, wurde nicht nur gegen Andersdenkende, sondern auch gegen die kulturelle und soziale Vielfalt gerichtet. In diesem Zusammenhang wurden die durch Gewohnheitsrecht beruhenden und legitimierten Dorfchefs zunächst als *„Lakaien des Kolonialsystems"* gebrandmarkt und später in das System eingebunden. Da aber die Ausübung der sogenannten obskurantischen Praktiken aus ideologischen Gründen untersagt wurden, trübte sich das Verhältnis der Regierungspartei und der traditionellen Obrigkeit. Soziale Bräuche wie Initiationsriten und soziale Institutionen wie Heiler („Quimbanda/ Curandeiro") oder Zauberer („feiticeiro") entsprachen nicht dem gesellschaftlichen Ideal eines „Neuen Menschen" („Homen Novo") und wurden infolgedessen als feudalistische Auswüchse abqualifiziert bzw. unter Strafverfolgung gestellt. All diese Faktoren haben zusammen mit den sozialen und wirtschaftlichen Folgen des Bürgerkrieges die Voraussetzungen für die Entstehung bzw. Wiederbelebung ethnonationalistischer Bestrebungen in Angola geschaffen. Der wichtigste Grund für regionalistische Tendenzen liegt indes nicht allein im ethnisch-kulturellen, sondern im ökonomischen Bereich.

Durch zentralistische Leitungs- und Lenkungsmaßnahmen wurde das Staatsversagen in der Wirtschafts- und Sozialpolitik noch deutlicher, da dadurch die ökonomische Unterentwicklung und die ungleiche Ressourcenverteilung vertieft wurden. Es ist daher nicht verwunderlich, dass sich zentrifugale Kräfte erst in den ressourcenreichen Regionen im Nordwesten und Osten des Landes bildeten, wie am Beispiel der FLEC in Cabinda und der MAKO („Movimento para a autodeterminaçâo do Kongo – Bewegung für die Selbstbestimmung des Kongo) gezeigt wird.

9.4.1 Die Cabinda-Frage und die FLEC

Die Cabinda-Frage wurde während der alleinigen Herrschaft der MPLA bis Anfang der 90er Jahre sowohl auf nationaler als auch auf internationaler Ebene ausgeklammert. Die seit den 60er Jahren für die staatliche Eigenständigkeit der geographisch von Angola getrennten Enklave Cabinda kämpfende FLEC trat wieder in Erscheinung, als sich im Mai 1991 die angolanischen Hauptkonfliktparteien MPLA und UNITA auf den später gescheiterten Friedensprozess verständigt hatten. Die Tatsache, dass die Cabinda-Frage im Friedensvertrag von Bicesse nicht berücksichtigt wurde, und dass die Zulassung jeglicher regionalistischer politischer Formationen durch das Parteiengesetz von 1991 verboten wurde, führte zu einer militärischen Wiederbelebung der FLEC. Im Zuge der Liberalisierung stellte Staatspräsident Eduardo Dos Santos im Oktober 1991 in Aussicht, dass der Provinz Cabinda aufgrund ihrer spezifischen Lage einige politische und wirtschaftliche

Erleichterungen gewährt würden, die in einem Autonomiestatus einmünden sollten.[1] Den Annäherungsversuch der angolanischen Regierung lehnte die FLEC kategorisch ab, und sie forderte die Regierung auf, Verhandlungen zur Verwirklichung des Selbstbestimmungsrechts für Cabinda unter der Vermittlung Portugals aufzunehmen.[2] Diese Blockade-Strategie der FLEC hat zu neuen Fraktionierungen und Abspaltungen der separatistischen Organisation geführt, welche teils aus ethnisch regionalen oder persönlichen Gegensätzen innerhalb Cabindas, teils aber auch aus den Interessen externer Akteure begründet werden können. Das in der Enklave Cabinda in so reichlichem Maße vorhandene Erdöl (zwei Drittel der insgesamt über 800.000 Barrels/Tag Erdölforderung Angolas und 90% aller Deviseneinnahmen des Staats)[3] ist nicht nur das Hauptargument für die sezessionistischen Bestrebungen, sondern auch als Objekt der Begierde für die Nachbarstaaten und die zahlreichen konkurrierenden multinationalen Erdölgesellschaften zu sehen. Da die Erdöleinnahmen für die Zentralregierung in Luanda das politische Überleben und die wirtschaftliche Existenzfähigkeit des Landes darstellen, wird die Unabhängigkeit Cabindas unter keinen Umständen akzeptiert. Vielmehr ist die Regierung bestrebt, einige FLEC-Fraktionen für eine beschränkte Autonomie zu gewinnen. Während die FLEC-FAC unter Henriques Nzita Tiago ab Ende 1991 Kontakte mit der MPLA-Regierung aufnahm[4], um

---

[1] Vgl. Jornal de Angola vom 5. Oktober 1991. Rede des Staatspräsidenten José Eduardo Dos Santos bei der Eröffnung der 10. Ordentlichen Sitzung der Volksversammlung am 4. Oktober 1991 in Luanda.
[2] Vgl. Fraternité Matin (Abidjan) vom 14. November 1991.
[3] In der Presse wird die Enklave Cabinda aufgrund der vorhandenen Erdölreserven als „afrikanisches Kuwait" bezeichnet. Vgl. hierzu u.a. The Business Herald (Harare) vom 11. Juni 1992/ Jeune Afrique Economie vom 4. – 17. Mai 1998.
[4] Die ersten offiziellen Kontakte zwischen der MPLA-Regierung und der FLEC-FAC wurden in Kinshasa 1991 aufgenommen. Im Juni 1992 bezeichnete der aus Cabinda stammende Verteidigungsminister Pedro Maria Tonha Pedalé die Autonomie als ideale Lösung für die Provinz. Er gab ferner bekannt, dass die Regierung

eine einvernehm-liche praktikable Lösung für Cabinda zu erörtern, lehnte die mit der UNITA alliierte radikale Fraktion FLEC-Renovada von Tibúrcio Nzinga Luemba alle Gesprächsangebote ab. Aber trotz ihrer unterschiedlichen Strategien riefen alle Gruppierungen Cabindas gemeinsam die Bevölkerung mit Erfolg auf, die Wahlen vom September 1992 zu boykottieren. Der Erfolg dieses von der katholischen Kirche in Cabinda unterstützten Appells lässt sich daran ablesen, dass nur 16.000 Wähler von der auf 100 bis 200.000 geschätzten Bevölkerung registriert wurden. Aus der Tatsache, dass die Zahl der in Cabinda stationierten Truppen der angolanischen Armee auch mit 16.000 angegeben worden war, wurde abgeleitet, dass die Wählerschaft in Cabinda ausschließlich aus Angehörigen der Streitkräfte und der Verwaltung bestand. Andererseits verstärkten die FLEC-Fraktionen in ihren jeweiligen Einflussgebieten die Guerillaaktionen[1], um den Druck auf die Regierung zu erhöhen. So werden seit 1992 regelmäßig Ausländer diverser Nationalität in Cabinda von den FLEC-Fraktionen entführt und später nach Vermittlung der katholischen Kirche wahrscheinlich gegen Lösegeld freigelassen. Eine Vereinbarung zwischen der Zentralregierung in Luanda und den für die Eigenständigkeit Cabindas kämpfenden Gruppierungen (FLEC-FAC, FLEC-R, FDC u.a.) konnte bis dato nicht geschlossen werden, weil diese einen Frieden für Gesamtangola voraussetzt. Die zwischen den Cabinda-Gruppierungen

---

Verhandlungen mit der FLEC-FAC begonnen hatte, bei denen zunächst wirtschaftliche Fragen erörtert wurden. Die Regierung beabsichtigte – so Pedalé – der Provinz über 10% der Erdöleinnahmen zu gewähren. Hierzu vgl. Jornal der Angola vom 3. Juni 1992/ InformÁfrica Confidencial (Lissabon) Nr. 48 vom März 1993. [86] Vgl. Daily News (Gaborone) vom 24. Januar 1992/ Jornal de Angola vom 10. Juli 1992/ Le Monde vom 4. Januar 1994/ New Africa vom 3. März 1998.
[1] Vgl. Daily News (Gaborone) vom 24. Januar 1992/ Jornal de Angola vom 10. Juli 1992/ Le Monde vom 4. Januar 1994/ New Africa vom 3. März 1998.

herrschende Uneinigkeit und Interessenunterschiede erschweren auch eine Friedenslösung in der Enklave. Ein weiteres Hindernis für den Abschluss einer Friedensregelung für Cabinda ist darin zu sehen, dass innerhalb der MPLA noch erhebliche Differenzen hierüber bestehen. Auch wenn die Zentralregierung seit 1992 getrennte Gespräche mit den einzelnen Organisationen führt, so zeigt sie sich wenig kompromissbereit, mit den Separatisten ernsthaft zu verhandeln.[1] Aus Regierungskreisen wird argumentiert, dass Zugeständnisse an die Separatisten in Cabinda einen Präzedenzfall schaffen würden, deren Konsequenzen fatal für die Einheit und die territoriale Integrität Angolas sein könnten, weil sich der Unabhängigkeitswille über weitere Regionen verbreiten würde.[2] Die von Staatspräsident Eduardo Dos Santos 1991 in Aussicht gestellte Autonomie für Cabinda am Beispiel der portugiesischen autonomen Regionen Azoren und Madeira scheint angesichts der militärischen Eskalation nach dem endgültigen Scheitern des Lusaka-Protokolls untergraben zu sein. Wenn die Regierung einerseits durch die Entsendung zusätzlicher Armeeverbände die Lage in der Enklave unter Kontrolle hält, so wird andererseits der Unabhängigkeitswille Cabindas durch die Präsenz der angolani-schen Armee verstärkt, weil diese sich wie in einem besetzten Land verhält. Aus den Aussagen eines katholischen Priesters aus Cabinda lässt sich entnehmen, dass die militärische Übermacht der

---

[1] Der Staatspräsident Eduardo Dos Santos traf am 25. Februar 1995 in Paris einige führende Mitglieder der FLEC-FAC. Am 28. September 1995 vereinbarten die FAA (Angolanische Streitkräfte) eine viermonatige Feuerpause mit der FLEC-Renovada, welche aber nicht respektiert wurde. Im Mai 1996 stellte die FLEC-FAC den Rückzug aller FAA-Verbände aus Cabinda als „conditio sine qua non" für einen dauerhaften Waffenstillstand in der Provinz und für die Aufnahme politischer Verhandlungen mit der Zentralregierung in Luanda dar.
[2] Vgl. Expresso (Lissabon) vom 23. Dezember 1995.

FAA ein Solidaritätsgefühl der Bevölkerung gegenüber den Guerilleros erzeugt.

> „Wir leiden, weil wir Cabindas sind. Diejenigen, die hier kämpfen,
> sind auch die Unsrigen. Wir sind stimmlos. Wir sind unterdrückt
> wie in Ost-Timor".[1]

Aus der Sicht der Separatisten kann die Cabinda-Frage durch ein von der internationalen Staatsgemeinschaft zu organisierendes und durchzuführendes Referendum gelöst werden, bei dem die Bevölkerung frei und demokratisch über die Zukunft der Enklave entscheiden muss. Auch wenn die Unabhängigkeitsbewegungen Cabindas einen Vergleich zu Ost-Timor darzustellen versuchen, muss dennoch hervorgehoben werden, dass es sich hierbei völkerrechtlich um zwei unterschiedliche Fragen handelt. Während die Annektierung Ost-Timors durch Indonesien völkerrechtlich nicht anerkannt wurde, wurde Angola in seinen derzeitigen geographischen Grenzen als souveräner Staat durch die Organisation der Afrikanischen Einheit und der Vereinten Nationen anerkannt. Die Cabinda-Frage ist nicht von der globalen Krise in Angola zu trennen, das heißt, dass eine Friedenslösung nicht nur den spezifischen Charakter der Enklave berücksichtigen sollte, sondern auch die wirtschaftliche Existenzfähigkeit Angolas und eine gerechte Ressourcenverteilung unter den Regionen garantieren sollte.

---

[1] Zitat nach der Tageszeitung „Público" vom 7. Mai 1997. Aus dem Portugiesischen von mir sinngemäß übersetzt.

313

9.4.2 Die Wiederbelebung alter Träume

Die Entstehung ethnonationalistischer Bestrebungen in Afrika südlich der Sahara wird noch auf willkürlich gezogenen Grenzen bei der Berliner Konferenz zurückgeführt. Wenn auch nicht geleugnet werden kann, dass diese Willkür zu Identitäts- und Legitimitätskrisen in vielen afrikanischen Staaten nach der Unabhängigkeit in den 60er Jahren beigetragen hat, so lassen sich heute regionalistische Tendenzen allein nicht aus der Kolonialgeschichte erklären. Vielmehr sind die Ursachen zur Wiederbelebung des Regionalismus auch in den Staaten selbst zu suchen. Die Verkennung der sozio-politischen und kulturellen Realitäten im Namen der sogenannten *„Politik der nationalen Einheit"* und vor allem die ungleiche Ressourcenverteilung zwischen der Machtelite und dem Volk einer-seits und andererseits zwischen den Regionen, sind als Haupt-ursachen des Regionalismus anzusehen. Die nur verbal gepriesene *„nationale Einheit"* (*„Um só povo – Uma só naçâo" „Ein Volk – Eine Nation")*, in der sich politische, kulturelle, soziale und wirtschaftliche Überlegungen der Machtelite vermehrten, wurde zum Instrument der politischen Mobilisierung der Massen sowie der Legitimierung des Regimes. Nach innen gerichtet fungierte sie als Slogan zur Bekämpfung der noch existierenden traditionellen Strukturen und zur Bekämpfung der regionalistischen Strömung.

Am Beispiel der MAKO[1] wird aufgezeigt, wie der angolanische Staat zur Wiederbelebung der alten Träume der Bakongo beigetragen hat. Während die sezessionistischen Kräfte in der Enklave Cabinda in den 60er Jahren im Rahmen des anti-kolonialen Kampfes

---

[1] MAKO: Movimento para a Autodeterminaçâo do Kongo – Bewegung zur Selbstbestimmung des Kongo.

entstanden sind, so ist die MAKO als Folge des Staatsversagens und des durch den Bürgerkrieg stattfindenden Desintegrationsprozesses in Angola zu sehen. Um diese These verdeutlichen zu können, sollen zunächst einige Fakten in Erinnerung gerufen werden. Aufgrund der repressiven Kolonialpolitik Portugals flohen Angehörige der im Nordwesten Angolas angesiedelten Volksgruppe der Bakongo massenweise in die benachbarte Demokratische Republik Kongo, wo sie sich Ende der 50er Jahre politisch unter der UPA/FNLA zum Unabhängigkeitskampf organisierten.[1] Wegen der Uneinigkeit der angolanischen Befreiungsbewegungen wurde diese Kampf gespalten und fraktioniert durchgeführt. Nach dem Wegfall der Kolonialadministration im November 1975 beanspruchte die einst marxistisch-leninistische orientierte MPLA die Macht für sich alleine, so dass das Land in einen durch den seinerzeit existierenden Ost-West-Konflikt zugespitzten Bürgerkrieg stürzte. Im Rahmen ihrer zur Herrschaftssicherung eingeleiteten Annäherungspolitik nahm die MPLA-Regierung diplomatische Beziehungen mit den Nachbarstaaten auf. Sie normalisierte 1978 die Beziehungen mit dem Regime Mobutu in Zaire. Der FNLA wurde infolgedessen jegliche militärische und politische Unterstützung entzogen, und sie verlor im Endeffekt an Bedeutung. Um die Rückkehr der in Zaire lebenden Angolaner - mehrheitlich der Volksgruppe Bakongo - zu erleichtern, verabschiedete die angolanische Regierung im selben Jahr ein Amnestiegesetz. Während die älteren Rückkehrer in die ländlichen Regionen im Nordwesten reibunglos reintegrierbar waren, ließen sich die jüngeren, gut ausgebildeten Rückkehrer (*„Regressados", „Retornados"*) in Luanda und anderen Städten Angolas nieder, wo sie aufgrund des langjährigen Auslands-

---

[1] Vgl. hierzu Teil II der vorliegenden Arbeit über die portugiesische Kolonialherrschaft in Angola und die Flucht der schwarzen Bevölkerung ins benachbarte Ausland.

aufenthalts einen *„kulturellen Fremdkörper"* bildeten.[1] Im Laufe der Jahre etablierten sich die Rückkehrer im informellen Sektor, welchen sie bis Anfang der 90er Jahre fast allein kontrollierten. Aufgrund der Nachfrage florierte der schwarze Markt („Candonga") insbesonders in Angola. Denn durch die fehlgeschlagene Wirtschaftspolitik der MPLA-Regierung entstanden große Versorgungsengpässe, aus denen ein harter Überlebenskampf in den größten Städten resultierte.[2] Bei diesem Überlebenskampf erwiesen sich die „Regressados" als eine nach außen hin sehr solidarisch und geschlossene Gruppe, die im Zuge des Anfang der 90er Jahre eingeleiteten Mehrparteiensystems die UNITA unterstützte, indem sie der Regierung vorwarf, die Bakongo seit der Unabhängigkeit unterdrückt zu haben. In einem im Juni 1992 veröffentlichten Memorandum der Bakongo, welches dem Papst Johannes Paul II. während seines Besuchs in Angola übergeben worden ist, ist u.a. Folgendes zu lesen:

> „Wir Bakongo wurden in eigenem Land als Ausländer betrachtet. Wir wurden feindselig als Eindringlinge behandelt. Diese Etikette haftet noch bis heute."[3]

---

[1] Das Bild eines Fremdkörpers lässt sich in Luanda am besten dokumentieren, wo die „Regressados" eigene Wohnviertel (z.B. Mabor, Palanga u.a.) errichtet haben. Mehrheitlich französischsprachig und durch die „Négritude" und die „Authenticité" „beeinflusst, unterscheiden sie sich von den übrigen Angolanern, da sie der luso-brasilianischen Kultur ablehnend gegenüber stehen. Diese Tatsache ist u.a. auf die fehlende Integrationspolitik der Regierung zurückzuführen, weil sie Intergrationsmaßnahmen wie Sprachkurse völlig ignoriert hatte.

[2] Aus der Sicht der Regierung stellte der informelle Sektor bis 1990 eine mit dem Imperialismus verbundene Wirtschaftssabotage dar. Da dieser Sektor von den aus Zaire zurückgekehrten Bakongo Angolas kontrolliert wurde, so wurden den letzteren indirekt konterrevolutionäre Absichten unterstellt. Die von der Polizei regelmäßig organisierten Razzien konnten das Phänomen nicht beenden.

[3] Auszug aus dem Memorandum der Bakongo vom 6. Juni 1992. Aus dem Portugiesischen vom Verfasser sinngemäß übersetzt.

Der angolanischen Regierung wird „kultureller Genozid" unterstellt, da sie die Tradition und die Kultur der Bakongo ignoriert und mit Füßen getreten habe.

> „Unsere Kultur wurde völlig ignoriert. Unsere Namen wurden und werden noch als ausländisch abqualifiziert. Sie werden absichtlich geändert. Bei den Standesämtern werden die nach unserer Tradition abgeschlossenen Ehen nicht anerkannt. Wir werden gezwungen, unseren Kindern wie früher während des portugiesischen Kolonialismus europäische Namen zu geben. Alles deutet darauf hin, dass die Anderen in sechzehn Jahren etwas erreichen wollen, was die Abkömmlingen von Paulo Dias de Novais in 500 Jahren in Bakongo-Gebiet nicht geschafft haben - den kulturellen Genozid -"[1]

Aus den oben zitierten Auszügen, aus denen sich ein Keim eines gewissen *„kulturellen Nationalismus"* entnehmen lässt, wird die Regierung Angolas dem portugiesischen Kolonialregime gleichgesetzt. Wie bei der Entstehung ethnonationalistischer Kräfte in den 50er Jahren wird in diesem Memorandum auf das in dem kollektiven Bewusstsein des Volkes wach gebliebene alte Königreich „Kongo dia Ntotela" erinnert. In diesem Zusammenhang werden die heutigen territorialen Grenzen Angolas als ungültig bezeichnet.

---

[1] Auszug aus dem Memorandum der Bakongo vom 6. Juni 1992. Aus dem Portugiesischen vom Verfasser sinngemäß übersetzt. Vgl. auch Lusa, Meldung vom 8. Juni 1992.

9.4.2.1 Die MAKO: Entstehung und Grundsätze

Obwohl die Gründung der MAKO[1] (Bewegung für die Selbst-
bestimmung des Kongo) in ihren offiziellen Dokumenten auf dem 4.
April 1990 in Luvo in der Provinz Zaire angegeben wird, war die
Organisation bis Ende 1992 öffentlich nicht aufgetreten. Dennoch
stimmen die Ziele der MAKO mit dem Bakongo-Memoradum von
Juni 1992 überein, so dass angenommen werden kann, dass die
Verfasser des Memorandums zu ihren Gründern gezählt werden
können. Bekannt wurde die MAKO nach den Ausschreitungen vom
22. Januar 1993, dem sogenannten *„blutigen Freitag"*, gegen die
Bakongo auf den Märkten und in den Wohnvierteln Luandas und in
andere Städten im Süden Angolas, bei denen zwischen sechzig bis
zweihundert Menschen getötet wurden.[2] Laut amtlichen Angaben
wurden die blutigen Ereignisse durch eine falsche Meldung des
staatlichen Rundfunks ausgelöst, wonach zairische Agenten in
Luanda infiltriert worden seien, um den Staatschef Eduardo Dos
Santos zu ermorden.[3]

---

[1] Das Kapitel über die MAKO wurde auf der Grundlage von mir seit einigen Jahren
gesammelten Primärquellen und Pressematerial und vor allem auf der Basis
zahlreicher Gespräche mit führenden Mitgliedern der Organisation ausgearbeitet.
[2] Da die meisten Opfer des „blutigen Freitags" vom 22. Januar 1993 der Volksgruppe
der Bakongo angehörten, wurde die Aktion als Anfang einer ethnischen Säuberung
betrachtet. Eine am 4. Mai 1993 eingesetzte Untersuchungskommission des
angolanischen Parlaments kam nach einem Jahr zum Ergebnis, dass es sich um
kriminelle Taten ohne politische Motive gehandelt habe. Hierzu vgl. Correio da Semana
vom 6. Februar 1994/ Jornal de Angola vom 26. Januar 1994.
[3] Bezugnehmend auf mein am 2. März 1993 dem Staatspräsidenten Dos Santos
zugesandtes Protestschreiben antwortete mir der Vize-Außenminister und Präsident
des FDA Jorge Chikoti in seinem Schreiben vom 12. April 1993, dass diese Aktion von
Banditen in Verbindung mit der UNITA durchgeführt wurde. Seinerseits bedauerte das
Präsidialamt (Schreiben vom 11. Mai 1993 an den Verfasser) die tragischen Ereignisse
und fügte hinzu, dass diese auf den „tribalistischen, rassistischen, separatistischen und
kriegerischen politischen Diskurs der UNITA zurückzuführen seien, mit dem Ziel
Angola zu somalisieren".

Es ist zu bezweifeln, dass der angolanische Rundfunk, der durch die Regierung streng kontrolliert wird, eine solche Meldung ohne Kenntnis der zuständigen Behörde verbreiten konnte. Die Tatsache, dass die angolanischen Medien darüber schwiegen und die Regierung erst zwei Wochen später die Ausschreitungen verurteilte, nachdem die internationale Presse ausführlich darüber berichtet hatte, konnte nur die Vermutungen verhärten, dass das Massaker durch eine „unsichtbare Hand geplant, durchgeführt und gedeckt" worden sei.[1] Die MAKO nutzte diese tragischen Ereignisse aus, um für ihre Ziele zu werben. Nach Vorstellung der MAKO, die sich in historischer Kontinuität der UPNA – einer Vorläuferin der UPA/FNLA in den 50er Jahren – sieht, sollen die zwei nordwestlichen Provinzen Uíge, Zaire sowie Teile von Bengo bzw. Kwanza-Norte herausgeschält werden, um einen *„Kongo-Staat"* zu errichten, welcher *„allen Bakongo erlauben würde, in Frieden, Freiheit und Demokratie"* zu leben.[2] Getreu dem Beispiel der FLEC in der Enklave Cabinda, berief sich die MAKO auf den Schutzvertrag von Paza (Mbanza Kongo) von 1859 und auf die portugiesische Verfassung von 1956, wonach das *„Portugiesische Kongo"* als ein von Angola getrenntes Gebiet anzusehen ist. Die Tatsache, dass die MAKO mit einer stark emotionalisierenden Rekonstruktion der Geschichte arbeitet, soll nicht darüber hinwegtäuschen, dass die Gründe ihrer sezessionistischen Strömung sozio-ökonomischer Natur sind.

„Es ist uns unerklärlich, dass wir weiterhin in Elend leben müssen, obwohl wir über beträchtliche Ressourcen verfügen.

---

[1] Vgl. Lusa (Portugiesische Presseagentur), Meldung vom 18. Februar 1993 über die von den Bakongo in einem Flugblatt vom 17. Februar 1993 („Os Bakongo nâo precisam de bâlsamo" – Die Bakongo benötigen keine Beruhigungsmitteln) erhobenen Vorwürfe gegen die Regierung Luandas.
[2] Vgl. MAKO-Dokument, undatiert

319

Der Kaffee und das Erdöl, mit denen die Regierung Angolas
prahlt, sind beide Produkte aus dem Kongo-Gebiet.
Welchem Gewinn erzielen die Bakongo von diesem
Reichtum außer Hass, Verachtung, Erniedrigung und Elend?"[1]

Die von der MAKO angeprangerte Vernachlässigung beschränkt
sich nicht allein auf die Bakongo-Regionen, da die durch den Krieg
und das Missmanagement der Regierung verursachte katastrophale
wirtschaftliche und soziale Lage mit einem schwer vorstellbaren
Grad an Korruption[2] im ganzem Land gegenwärtig ist. Bis 1997
beschränkten sich die politischen Aktivitäten der MAKO auf einige
durch die Presse veröffentlichten Kommuniques.[3] Sie konnte ihren
im April 1994 über die Presse angekündigten Beginn eines
bewaffneten Widerstandes[4] im Nordwesten Angolas nicht in die Tat
umsetzen, weil ihr aufgrund der allgemeinen Kriegsmüdigkeit in
Angola die erhoffte politische Unterstützung der Bakongo dafür
versagt geblieben ist. Außerdem konnte sie die für einen Krieg
benötigten Finanzmitteln und die militärische Ausrüstung nicht
mobilisieren, da sie sowohl in Angola selbst als auch im Ausland
über keine glaubwürdige Führung verfügt.[5]

---

[1] Zitiert nach einem undatierten MAKO-Dokument. Aus dem Portugiesischen vom
Verfasser sinngemäß übersetzt.
[2] Zur Korruption in Angola wird auf dem Bericht von „Global Witness": a crude
awakening – The Role of the Oil and Banking Industries in Angola's Civil War and the
Plunder of State Assets, vom Dezember 1999 hingewiesen.
[3] Vgl. Jeune Afrique vom 22.- 28. April 1993/ Imparcial Fax (Luanda) vom 7. März
1994/ InformÁfrica Nr. 59 vom 20. März 1994/ Público vom 23. Januar 1994.
[4] Vgl. AFP (Agence France Presse), Meldung vom 1. April 1994.
[5] Die Aktivitäten der MAKO in Europa wurden bis 1996 von einem Dissidenten der
MPLA namens Alberto Videira Bokula koordiniert, der im angolanischen
Außenministerium hohe Funktionen bekleidet hatte und später bis Ende der 80er Jahre
Diplomat in Kuba war. In Angola wird im Kreise des Sicherheitsdients dem Präsidenten
des PDP-ANA Prof. M'Fulumpinga Landu Victor tribalistische Anstiftung für die MAKO
unterstellt. Der PDP-ANA (Partido Democrático para o Progresso de Aliança Nacional
Angolana), welcher über einen Sitz im Parlament verfügt, hat das Ergebnis der
Untersuchungskommission des „blutigen Freitags" öffentlich in Frage gestellt. Hierzu
vgl. Jornal de Angola vom 26. Januar 1994.

Aus der Tatsache, dass die Errichtung eines „Kongo-Staats" realitätsfern ist, vollzog sich seit Mitte 1998 eine Wandlung in der MAKO, welche nun von sezessionistischen zu Autonomiebestrebungen überging. In einem über die in Luanda erscheinende Wochenzeitung „Comércio Actualidade" veröffentlichten Dokument erklärt die MAKO, dass ihre Umwandlung einen „Beitrag zum Frieden und zu einer neuen institutionellen Ordnung" sei, welche das neokolonialistische Gewaltmonopol der MPLA in Angola beenden soll.[1] Ziel ist es, nicht mehr die Desintegration Angolas herbeizuführen, sondern vielmehr einen Ausgleich zwischen den Regionen zu suchen. Diese neue Strategie zielt auf eine föderale Staatsform in Angola hin. Die MAKO ließ ihre separatistischen Absichten fallen, um die in Angola stattfindenden Diskussionen über die zukunftige Staatsform in ihrem Sinne zu beeinflussen. Im Vorfeld des letzten im Dezember 1998 organisierten IV. Parteitages der MPLA lehnte der angolanische Staatspräsident den Föderalismus ab, räumte indessen ein, dass *Angola ein aus unterschiedlichen Regionen bestehendes Land sei, und deswegen in Zukunft die jeweiligen spezifischen Eigenschaften dieser Regionen bezüglich der politisch administrativen Dezentralisierung berücksichtigt werden sollen.*[2] Nach der Vorstellung der MAKO, die in ihrem Verfassungskonzept eine deutliche Machtverteilung unter Verstärkung regionaler Kompetenzen im Bereich der Wirtschaft und Finanzen vornimmt, soll in Angola ein Zwei-Kammer-Parlament errichtet werden, wobei die zweite Kammer aus Vertretern der „ethnischen Nationen Angolas" („Naçôes étnicas africanas de Angola) bestehen soll.

---

[1] Vgl. Comérco Actualidade vom 25. Juli 1998.
[2] Vgl. ANGOP, Meldung vom 1. Juli 1998.

TEIL VII

ZUSAMMENFASSUNG UND AUSBLICK

322

10. Zukunftsperspektiven

Im Laufe der vorliegenden Arbeit wurde ersichtlich, dass die Ursachen des angolanischen Konflikts sowohl endogener als auch exogener Natur sind. Als externe Ursachen des Konflikts wurde ausführlich belegt, wie sich die Supermächte, die USA und die Sowjetunion, aufgrund ihrer wirtschaftlichen und vor allem politischen Interessen an der Leidengeschichte Angolas beteiligten und wie sie sich nach dem Ende der Ost-West-Gegensätze für den Frieden in dieses Land einsetzten. Wenn die Supermächte bzw. die internationale Staatengemeinschaft durch ihren gemeinsamen Druck auf die angolanischen Kriegskasten zum Abschluss des Friedensvertrages von Bicesse 1991 beigetragen haben, so haben sie sich aus ihrer Verantwortung zurückgezogen, indem sie die Umsetzung dieses Friedensvertrages in die Hände der Kriegs-parteien legten. Die Tatsache, dass die beiden angolanischen Kontrahenten seit ihrer Entstehung durch eine Intoleranz gekenn-zeichnet sind, und dass sie sich aufgrund der Konfliktdauer und Konfliktinhalte ihre jeweiligen Positionen radikalisiert hatten, wurde nicht in Betracht gezogen. Die internationale Staatengemeinschaft, vertreten durch die Troika und die UNO, begnügte sich sowohl in Bicesse 1991 als auch in Lusaka 1994 mit Versprechungen und mit dem angeblich „guten politischen Willen" der Kriegsparteien. Die doppelte Transition ist nun gescheitert, weil die „Kriegskasten" MPLA und UNITA daran nicht interessiert waren und sind. Die Transition ist gescheitert, weil sie sich auf das Wort „zweier Pfadfinder ohne Pfadfindergeist" stützte. Seit November/Dezember 1998 sind die Auseinandersetzungen zwischen den verfeindeten angolanischen Kriegsparteien mit aller Härte und Grausamkeit voll im Gange. Wenn die UNITA bis Mitte 1999 alle Offensive der Regierungsarmee zurückzudrängen wusste und daraufhin über 60% des gesamten Territoriums unter ihrer Kontrolle brachte, so hat sich die Lage ab September desselben Jahres – wie oft in der Kriegsgeschichte des Landes – nun zu Gunsten der Regierungstruppen verbessert. Die angolanischen Streitkräfte gewinnen wieder die Oberhand und fügen den Rebellen bei der Eroberung der beiden Hochburgen, Andulo in der Provinz Bié und Bailundo in der Provinz Huambo, die schwersten Verlusten zu. Angesichts der letzten Entwicklung in Angola und der explosiven Lage in der Region muß man sich folgende Fragen stellen: Wie sieht nun die Zukunft Angolas aus? Ist eine friedliche Lösung in Angola noch möglich? Wie kann das Land den Demokratisierungsprozess vorantreiben, ohne dadurch das aus der Kolonialherrschaft geerbte heterogene Staatsgebilde zu gefährden?

Die Antworten ergeben sich aus drei möglichen Szenarien.

Das erste Szenario geht von einem militärischen Sieg der angolanischen Streitkräfte aus. Aufgrund ihrer nun erfolgreichen militärischen Offensive gegen die UNITA herrscht im angolanischen Regierungskreis die Zuversicht, dass der Frieden im Lande nun möglich ist, da Savimbi und seine Kriegsmaschinerie bald vernichtet werden. Laut angolanischen Medien muss Savimbi als Symbol des *„angolanischen Übel"* aus dem Verkehr gezogen werden. Die UNITA, politisch wie militärisch geschwächt, steht mit dem Rücken an der Wand. Sollten die Regierungstruppen ihr Ziel[1] bis Ende 2000

---

[1] Vgl. ANGOP: Meldung vom 16. November 1999. Interview mit dem Generalstabschef der angolanischen Streitkräfte, General Joâo de Matos. Seinerseits sagte der angolanische Verteidigungsminister Kundy Paihama, dass „the war will stop when everything is stopped. We are going to resolve this problem ourselves within Angola". Zitiert nach Reuters, Meldung vom 12. November 1999.

erreichen – Frieden und Wiederherstellung der staatlichen Autorität im ganzen Territorium –, so wird die Regierung versuchen, den militärischen Sieg in ein Plebiszit umzuwandeln. Es ist mit großer Wahrscheinlichkeit anzunehmen, dass sie neue Wahlen organisiert, um Savimbi und die UNITA politisch weiterhin zu isolieren. Die Wahlen zielen nur darauf, die durch Arroganz, Korruption und Selbstherrlichkeit gekennzeichnete MPLA neue Legitimität zu verschaffen. Am Regierungsstil und der Reformunwilligkeit der MPLA-Nomenklatura wird sich kaum etwas ändern, so dass die sozio-politische Lage weiterhin explosiv bleibt. Der interne Machtkampf wird zunehmend öffentlich ausgetragen und die Folgen sind schwer einzuschätzen. Das zweite Szenario geht von einem Scheitern der Regierungsoffenvive aus. Es folgt die Reorganisierung der UNITA-Verbände, die aufgrund ihrer langjährigen Erfahrung zum Guerilla zurückkehren wird. In diesem Falle wird das Ausmaß der Menschenverluste, der Zerstörung von Infrastrukturen sowie der Entwurzelung der ländlichen Bevölkerung zunehmen. Wie lange der Krieg noch andauern wird, hängt vor allem von den Macht-ressourcen der UNITA und von der logistischen Unterstützung des Auslands ab. In diesem Zusammenhang ist der Krieg in Angola mit der Krise in der Region der Großen Seen verbunden. Das dritte Szenario geht von einer erneuten „Pattsituation" aus. Beide Konfliktparteien geben auf Druck der internationalen Staaten-gemeinschaft nach und nehmen wieder Verhandlungen auf. In diesem Falle müssen die Vertreter der nicht bewaffneten Opposition und der Zivilgesellschaft (Kirche, Gewerkschaft usw.) in die Verhandlungen einbezogen werden, damit sie moralisch und mäßigend auf die beiden „Kriegskasten" wirken. Nach Abschluss einer Friedensvereinbarung sollte zunächst eine von einer neutralen

Persönlichkeit geleitete Regierung der Nationalen Einheit und Versöhnung unter Beteiligung aller relevanten politischen und sozialen Kräfte des Landes gebildet werden. Auf regionaler und lokaler Ebenen sollten ebenso ähnliche Strukturen aufgebaut werden, wobei auf lokalem Niveau die traditionellen Basisgemeinschaften politisch reaktiviert werden müssen. Somit sollte die Unterstützung des Versöhnungsprozesses von unten gestärkt werden. Um die politische Zukunft des Landes auf neue Grundlagen vorzubereiten, sollte auf nationaler Ebene eine verfassungsgebende Versammlung einberufen werden, bei der u.a. die Fragen der Vergangenheitsbewältigung, der Menschenrechtsverletzungen, der Staatsform und der Ressourcenverteilung zwischen den Regionen geklärt werden können. Um den Friedensprozess nicht zu gefährden, können die Wahlen für zehn Jahre ausgesetzt werden. Während dieser Periode müssen alle Anstrengungen unternommen werden, damit die militärischen Aspekte unter Mitwirkung und Überwachung einer starken, gut ausgerüsteten und mit einem klaren Mandat ausgetatteten UN-Friedenstruppe umgesetzt werden. Zur Finanzierung dieser Truppen sollte die angolanische Regierung zum größten Teil dazu verpflichtet werden, wobei zur Minimierung der finanziellen Belastung des Landes die internationale Staatengemeinschaft und vor allem die Geberländer und die internationalen Finanzinstitutionen für den Schuldenerlass gewonnen werden müssen. Nach prüfbarer Umsetzung des militärischen Teils sollten dann kommunale und regionale Wahlen stattfinden. Wenn sie friedlich verlaufen und die Ergebnisse respektiert und umgesetzt werden, dann können Präsidentschafts- und Parlamentswahlen festgelegt werden. Die große Mehrheit der Bevölkerung in Angola wünscht sich seit Jahren ein Leben in Frieden, um ihre Zunkunft

alleine in die Hand zu nehmen. Anstelle einseitiger Lebensmittel-
nothilfe sollte sich die internationale Staatengemeinschaft ebenso
für den Frieden in Angola stark machen, damit in Zukunft die
Menschen von Angola nicht weiter von den „*beiden Elefanten*"
zertrampelt werden. Es bleibt nur zu hoffen, dass bis zu Ende des
Krieges noch ein paar von der restlichen Halme übrig sein wird.
Sollte dies nicht der Fall sein, so zeigt die Natur, dass sogar nach
Vulkanausbrüchen auf verbrannter Erde einige Zeit später wieder
erste Blätter erblühen.

Aachen, im Dezember 2000

11. Abkürzungsverzeichnis

A.E.F: Afrique équatoriale française – Französisches Äquatorial-Afrika

A.I.A: Association internationale Africaine – Internationale Afrika-Vereinigung

A.I.C: Association internationale du Congo – Internationale Kongo-Vereinigung

AAPSO: Afro-Asian People's Solidary Organisation

AASA: Associaçâo Africana do Sul de Angola

ABAKO: Alliance des Bakongo

ACA: Associaçâo Cívica Angolana

AD-Coligaçâo: Angola Democrática – Coligaçâo

AFDL: Alliance des Forces Démocratiques de Libération

AFP: Agence France Presse

ALLIAMA: Alliance du Mayombe

ALLIAZO: Alliance de Bazombo

ANANGOLA: Associaçâo Africana dos Naturais de Angola

ANC: African National Congress

ANGOP: Agência Angola Presse

CADA: Companhia agrícola de Angola

CAUNC: Comité d'Action de l'Union nationale du Cabinda

CCFA: Comissâo Conjunta para a Formaçâo das Forças Armadas

CCPM: Comissâo Conjunta Político-Militar

CMVF: Comissâo Mista de Verificaçâo e de Fiscalizaçâo

CNE: Conselho Nacional Eleitoral

CP: Comissâo Política

DIAMANG: Empresa de Diamantes de Angola

DISA: Direcçâo de Inteligência e de Segurança de Angola

E.I.C: Etat indépendant du Congo

ENDIAMA: Empresa de Diamantes de Angola

FAA: Forças Armadas Angolanas

FALA: Forças Armadas de Libertaçâo de Angola

FAPLA: Forças Armadas Populares de Libertaçâo de Angola

FDA: Forum Democrático Angolano

FDC: Forças Democráticas de Cabinda

FLEC: Frente de Libertaçâo do Enclave de Cabinda

FLEC-FAC: Frente de Libertaçâo do Enclave de Cabinda – Forças Armadas de Cabinda

FLNC: Front National de Libération du Congo

FNLA: Frente Nacional de Libertaçâo de Angola

FRELIMO: Frente de Libertaçâo de Mosambik

GRAE: Governo Revolucionário de Angola no Exílio

GURN: Governo da Unidade e de Reconciliaçâo Nacional

JURA: Juventude Revolucionária de Angola

LIMA: Liga da Mulher Angolana

LNA: Liga Nacional Africana

LUSA: Agência Lusitánia

MAKO: Movimento para a Autodeterminaçâo do Kongo

MINSE: Ministério da Segurança de Estado

MLEC: Mouvement de Libération de l'Enclave de Cabinda

MONUA:United Nations Observer Mission in Angola

MPLA: Movimento Popular de Libertaçâo de Angola

OAU: Organisation der Afrikanischen Einheit

PAI: Partido Angolano Independente

PAIGC.: Partido Africano para a Independência da Guinée e do Cabo Verde

PAJOCA: Partido da Aliança Juventude Operária e Camponesa de Angola

PANA: Panafrican News Agency

PDA: Partido Democrático de Angola

PDLA: Partido Democrático Liberal de Angola

PDP-ANA: Partido Democrático para o Progresso – Aliança Nacional Angolana

PIDE: Polícia de Intelligência de Estado

PIR: Polícia de Intervençâo Rápida

PLA: Partido Liberal Angolano

PLD: Partido Liberal Democrático

PLAN: People Liberation Army Namibia

PNDA: Partido Nacional Democrático de Angola

PRA: Partido Reformador Angolano

PRD: Partido Renovador Democrático

PRS: Partido da Renovaçâo Social

PSD: Partido Social Democrata

PSDA: Partido Social Democrático Angolano

RENAMO: Resistência Nacional Moçambicana

SADF: South African Defence Force

SEF: Programa de Saneamento Económico e Financeiro

SONANGOL: Sociedade Angolana de Combustíveis

SWAPO: South West African People Organisation

UEM: Unidade Económica Mista

UNAVEM: United Nations Angola Verification Mission

UNITA: Uniâo Nacional para a Independência Total de Angola

UNO: United Nations Organisation

UNTAC: United Nations Transitional Authority for Cambodia

UNTAG: United Nations Transition Assistance

UPA: União dos Povos de Angola

UPNA: União das Populações do Norte de Angola

VORGAN: Voz da Resistência do Galo Negro

331

12. LITERATURHINWEIS

Adiwas, Kouerey W.: Unité et diversité du monde bantu, in: Obenga, Théophile: Les peuples Bantu, Paris 1989

Akala, Ekondy: Le Congo-Brazzaville, Frankfurt a.m. 1983

Albertini, Rudolf von: Moderne Kolonialgeschichte, Köln 1970

Anderson, Perry: Le Portugal et la fin de l'ultracolonialisme, Paris 1963

Andrade, Mário de / Ollivier, Marc: La guerre en Angola, Paris 1971

Ansprenger, Franz: Die kommunistische Bedrohung Südafrikas; in: Sozialismus in Theorie und Praxis, Berlin 1978, S. 373-413

Anstee, Margaret: L'ONU et le maintien de la paix; in.: Politique Africaine Nr. 7, Paris 1995, pp. 103-111

Antunes, Ernesto Melo: Angola im Spannungsfeld regionaler und globaler Konflikte; in: Vierteljahresbericht des Forschungsinstituts der Friedrich-Ebert-Stiftung, Bonn 1984, S. 43-47

Arnold, Anne-Sophie: Herausbildung, Strategie und Taktik der nationalen Befreiungsbewegungen in Angola, Mosambik und Guinea-Bissau unter den Bedingungen des portugiesischen Kolonialismus, Dissertation, Leipzig 1972

Arntz, Reiner: Das Recht der portugiesischen Überseegebiete, Dissertation, Saarbrücken 1971

Ashoff, Guido/ Pössinger, Hermann: Überlegungen zur entwicklungspolitischen Zusammenarbeit mit Angola, Deutsches Institut für Entwicklungspolitik, Berlin 1989

Atsutsé, Kakouvi Agbobli: Jonas Savimbi - Combats pour l'Afrique et la démocratie, Paris 1997

Bakajika: Les migrations des Bantu de l'Afrique centrale et la problématique de leur aire culturelle: Cas de Lunda et Luba; in: Obenga, Théophile: Les peuples Bantu, Paris 1989

Balandier, Georges: La vie quotidienne au royaume du Kongo, Paris 1965

Banning, Emile: Le partage politique de l'Afrique, Bruxelles 1888

Basil, Davidson: L'Angola au coeur des tempêtes, Paris 1972

Baumann, Hermann: Die Völker Afrikas und ihre traditionellen Kulturen, Wiesbaden 1975

Beaudet, Pierre/ Dos Santos, Daniel: Genèse et dénouement d'un conflit; in: Beaudet, Pierre: Angola - Bilan d'un socialisme de guerre, Paris 1992, pp. 23-47

Bender, Gerald J.: La diplomatie de Kissinger et l'Angola; in: Revue française d'études politiques africaines, Nr. 126, Paris 1976

Beyme, Klaus von: Die Sowjetunion in der Weltpolitik, München 1983

Boavida, Américo: Angola - zur Geschichte des Kolonialismus, Frankfurt a.M. 1970

Böge, Wolfgang: Dekolonisation und amerikanische Außenpolitik; in: Afrika-Spectrum, 3/1975, S. 219-231

Borchert, Günther: Südost- Angola, Hamburg 1963

Bos, Ellen: Die Rolle von Eliten und kollektiven Akteuren in Transitionsprozessen; in: Merkel, Wolfgang: Systemwechsel 1, Opladen 1996, S. 81-110

Bossen, Gerd D.: Angola und Mozambique gegenüber Südafrika; in: Außenpolitik, Vol. 35, 3/1984, S. 285-298

Botha, Pieter Willem: Südafrika - Perspektive für die Zukunft; in: Außenpolitik, Vol. 35, 3/1984, S. 275-284

Braun, Gerald: Internationale Interesse und regionale Konflikte im südlichen Afrika: Die Dekolonisation Zimbabwes; in: Verfassung und Recht in Übersee, Baden-Baden 1984, H.4, S. 365-392

Brigland, Fred: Savimbi et l'exercice du pouvoir: un témoignage; in: Politique Africaine, Nr. 57, Paris 1995, pp. 94-102

Britain, Victoria: Angola - The final act? In.: South Africa Report, Mai 1992, S. 18-22

Britain, Victoria: Ob sie wissen, was Frieden ist; in: Afrika Süd 6/95, S. 8-10

Bruce, Neil F.: Die Entkolonisierung der portugiesischen Übersee-gebiete und die Probleme ihrer Unabhängigkeit; in.: Europa-Archiv, 24/1976, S. 779-788

Bruneau, Thomas C.: Der Umsturz in Portugal; in.: Europa-Archiv, 14/1974, S. 487-498

Bénézet: Afrikanische Theologie in ihrem gesellschaftlichen Kontext, Düsseldorf 1986

Buttner, Thea: Afrika, Geschichte von den Anfängen bis zur Gegenwart, Köln 1979

Cahen, Michel: Syndicalisme urbain, luttes ouvrières et questions ethniques à Luanda, 1974-1981; in: „Vilas" et „cidades", Borgs et villes en Afrique lusophone, Paris 1989, pp. 200-270

Cahen, Michel: Une Afrique lusophone libérale? In.: Lusotopie, Paris 1995, pp. 85-104

Campbell, Kurt M.: Soviet Policy in Southern Africa - Angola and Mozambique; in: Bloomfield, Richard J.: Regional Conflict and U.S. Policy; Michigan 1988, pp. 89-119

Cardonega, António de Oliveira: História geral das guerras angolanas (1680-1681), Lisboa 1942

Carreira, Iko: O pensamento estratégico de Agostinho Neto; Lisboa 1996

CEDETIM: Angola, la lutte continue, Paris 1977

Chabal, Patrick: Some reflections on the post-colonial State in Portuguese speaking Afrika; in: Africa Insight, Vol. 23, Nr. 3, Pretoria 1993, pp. 129-135

Chas, W. Freemann Jr.: The Angola/Namibia Accords; in: Foreign Affairs, Vol. 68, 3/1989, S. 126-141

Claude, Gabriel: Angola - le tournant africain? Paris 1978

Clerc, Jean-Pierre: Les quatre saisons de Fidel Castro, Paris 1996

Clington, Mário de Souza: Angola libre?, Paris 1975

Collie, David/Norden, Deborah L.: Strategic Choice Models of Political Change in Latin America; in: Comparative Politics, Bd. 24, Januar 1992, S. 229-243

Conchiglia, Augusta: Resistances anti-apartheid, Jonas Savimbi et l'UNITA, Nr. 8-9, Paris 1989

Cornevin, Robert: Histoire du Zaire, Bruxelles 1989

Cornevin, Robert: L'Afrique noire de 1919 à nos jours, Paris 1973

Cosse, J.P./ Sanchez, J.: Angola - le prix de la liberté, Paris 1976

Crocker, Chester A.: Southern Africa - Eight Years later; in: Foreign Affairs, Vol. 68, 4/1989, S. 144-164

Cuvelier, J./ Jadin, L.: L'Ancien Congo, Gembloux 1954

Dahl. Robert A.: Democracy and its Critics, New Haven/London 1989

De Figueiredo Lima, Maria Helena: a Naçâo Ovambo, Lisboa 1977

De Miranda, António Bernadès: L'Angola et la presse internationale - Le miroir équivoque, Amsterdam 1989

De Sousa, Eduardo Ferreira: Le colonialisme portugais en Afrique - La fin d'une ère, Paris 1974

Debiel, Tobias: Kriegerische Konflikte, friedliche Streitbeilegung und die Vereinten Nationen; in: Aus Politik und Zeitgeschichte, B 2/94 vom 14. Januar 1994, S. 3-16

Decke, Bettina: A terra é nossa, Bonn 1981

Decker, Hartmann C.: Die Jagazüge und das Königstum im mittleren Bantugebiet; in: Zeitschrift für Ethnologie, Berlin 1939, S. 229-290

Diederichsen, Telse: Angola 1991; in: Afrika Jahrbuch 1991, Opladen 1992, S. 304-311

Diederichsen, Telse: Angola oder wie man mit Wahlen einen Krieg verlieren kann, Institut für Afrika-Kunde, Hamburg 1993

Diederichsen, Telse: Angola; in: Afrika Jahrbuch 1995, Opladen 1996, S. 336-340

Dilolwa, Carlos Rocha: Contribuição à história económica de Angola, Luanda 1978

Diogo, A: Rumo à industrialização de Angola, Lisboa 1963

Disila, Ghyos José: La colonisation de l'Angola et le rôle joué par l'Eglise catholique portugaise; in: Missionação portuguesa e encontro de culturas, Vol. 3, Braga 1993, pp. 579-595

Dominguez, Jorge I.: Cuban Foreign Policy; in: Foreign Affairs, Vol. 57, Nr. 1, New York 1978, S. 83-108

Duarte, Mário: Die Rolle und Stellung der Arbeiterklasse in der Sozialstruktur der VR Angola, Dissertation, Berlin 1989

Eduardo Mondlane Foundation: Reader Seminar Democratisation in Angola, Leiden, 18. September 1992

Ekwe-Ekwe, Heribert: Conflict and Intervention in Africa, London 1990

336

Enès, António: Mosambik, Lisboa 1946

Estermann, Carlos: Etnografia do sudoeste de Angola, Vol. 1, Lisboa 1956

Estermann, Carlos: Etnografia do sudoeste de Angola, Vol. 2, Lisboa 1960

Estermann, Carlos: Etnografia do Sudoeste de Angola, Vol. 3, Lisboa 1961

Estermann, Carlos: Les tribus bantoues du sud de L'Angola sont-elles fortement metissées avec la race bushmann?; in: Anthropos, Freiburg 1936, pp. 572-576

Etudes congolaises: Dossier -le problème angolais, Juin-Juillet, Vol. 3, Léopoldville 1962

Fandrych, Sabine: Mosambik: Transformation vom Krieg zum Frieden durch „'sensibles'" Peace-Keeping; in: Matthies, Volker: Der gelungene Frieden, Bonn 1997, S. 220-249

Ferreira, Manuel A.: Despesas militares e ambiente condicionador na política económica angolana; in: Estudos de Economia, Lisboa 1992, Nr. 12, pp. 419-438

Ferreira, Manuel A.: A política de recuperaçâo económica na R.P. de Angola; in: Política Internacional, Nr. 1, Vol.1, 1990, pp. 107-132

Ferreira, Manuel A.: Angola-Portugal: Do espaço económico português às relações pós-coloniais, Lisboa 1990

Ferreira, Manuel A.: La reconversion économique de la nomenclatura petrolière; in: Politique africaine, Nr. 57, Paris 1995, pp. 11-26

Freyre, Gilberto: Herrenhaus und Sklavenhütte, Köln 1965

Freyre, Gilberto: The racial factor in contemporary politics, Sussex 1966

Fritsche, Klaus: Sowjetische Dritte-Welt-Politik unter Gorbatschow; in: Jahrbuch Dritte Welt 1989, München 1988, S. 33-52

Gabriel, E.F./ Florin, M./Conze, P.: Afrika Transparent, Baden-Baden 1990

Galvâo, H. / Selvagem, C.: Império ultramarino português, Lisboa 1952

Gersdorff, Ralf von: Angola, Bonn 1960

Godfrain, Jacques/ Sampaio, Mário: Angola - l'indépendance après vingt ans; in: Marchés tropicaux, Paris 1995, Nr. 2610, pp. 2512-2515

Golaszinski, Ulrich: Die ersten freien Wahlen in Angola, Friedrich-Ebert-Stiftung, Bonn 1992

Goncalvès, J.: Le développement du capitalisme colonial en Angola, Dakar 1973

Goossens, Jacques/ Gouverneur, Jacques: Beschreibung und Aussichten der Wirtschaft in portugiesisch Angola und Mosambik, o.O, o.J.

Gorbatschow, Michail: Perestroika - Die zweite russische Revolution, München 1987

Grabendorff, Wolf: Kubas Politik in Afrika; in: Europa-Archiv, 13/1979, S. 18-28

Guerra, Henrique: Angola, estrutura económica e classes sociais, Lisboa 1988

Guerra, Joâo Paulo: Descolonização portuguesa - o regresso das caravelas, Lisboa 1996

Haefs, Hanswilhelm: Portugal setzt seine Kolonie frei; in: Weltgeschehen, Sankt Augustin 1976, H. 2, S. 5-43

338

Haftendorn, Helga: Die Rekonstruktion amerikanischer Stärke: Eine neue Phase der Entfaltung weltweiter Führungsmacht?, Berlin 1988

Hanf, Theodor: Konflikttransformation in Südafrika: Friedlicher Wandel durch Verhandlungen?; in: Aus Politik und Zeitgeschichte, B 50/90, S. 3-11

Hangula, Lazarus: Die Grenzziehungen in den afrikanischen Kolonien Englands, Deutschlands und Portugals im Zeitalter des Imperialismus, Frankfurt a.M. 1991

Hauenstein, Alfred: L'Ombala de Caluquembe; in: Anthropos, Freiburg 1963

Hauenstein, Alfred: Les Hanya, Wiesbaden 1967

Heimer, Franz-Wilhelm: Der Entkolonisierungskonflikt in Angola, Machtkampf und ideologische Konfrontation; in: Afrika-Spektrum, 1975, H. 3, S. 209-219

Heintze, Beatrix: Beiträge zur Geschichte und Kultur der Kisama (Angola); in:Paideuma, Wiesbaden 1970, S. 159-186

Heintze, Beatrix: Das Ende des unabhängigen Staates Ndongo (Angola); in: Paideuma 27, Wiesbaden 1981, S. 197-273

Hellmann, Gunther: Die Außenpolitik der USA im südlichen Afrika zwischen Anti-Apartheid und Anti-Kommunismus; in: Haftendorn, Helga/ Schissler, Jakob: Rekonstruktion amerikanischer Stärke, Berlin 1988, S. 299-320

Henderson, Lawrence W.: A Igreja em Angola, Lisboa 1990

Hillebrand, Ernst: Die Landwirtschaftspolitik der VR Angola; in: Afrika-Spektrum 1/89, Hamburg 1989, S. 71-90

Hirschberg, W.: Khoisan sprechende Völker Südafrikas; in: Baumann, Hermann: Die Völker Afrikas und ihre traditionellen Kulturen, Wiesbaden 1975, S. 383-408

Hodges, Tony: Angola to the 1990s, London 1987

Holness, Marga: Angola - CIA gegen die nationale Unabhängigkeit; in: Roshan, Dhunjibhoy: Unterwanderung - Die Destabilisierungs- strategie der USA von Nicaragua bis Angola, Wuppertal 1983, S. 139-168

Holtmann, Everhard: Politik Lexikon, München 1994

Huntington, Samuel : How Countries Democratize; in: Political Science Quarterly, 1991, Bd. 106, S. 579-616

Huth, Karin: Untersuchungen zum Nominalklassensystem des Kimbundu (VR Angola) unter Berücksichtigung der Entwicklungs- tendenezen seiner urbanen Varianten, Dissertation, Leipzig 1984

Hutschenreuter, Klaus: Die politische und staatliche Organisation der Gesellschaft im subsaharischen Afrika; in: Staat und Recht, H. 12, Berlin 1973

Isaacson, Walter: Kissinger - eine Biographie, Berlin 1993

Italiaander, Rolf: Der ruhelose Kontinent, Düsseldorf 1961

Jacinto, António: Poemas „Muanangambe", Luanda 1980

Jung, Helmut: Aktuelle sozialökonomische Programme und staatsrechtliche Konzeptionen in der VR Angola und der VR Mosambik, Beiträge der Staats- und Rechtswissenschaft, Heft 384, Postdam 1989

Kahn, Joaquim: Pro und Kontra Portugal, Stuttgart 1972

Karl, Terry Lynn/ Schmitter, Philippe C.: Modes of Transition in Latin America, Southern and Eastern Europe; in: International Social Science Journal, Nr. 128 vom Mai 1991, S. 269-284

Kasack, Sebastian: Perspektiven für partizipatives Squatter- Upgrading in Luanda (Angola), Diplomarbeit im Fach Geographie an der Universität Bonn, 1992

Kassembe, Dia: Angola - vingt ans de guerre civile, Paris 1995

Kathryn, O'Neil u. Bary, Munslow: Angola - Ending the Cold war in Southern Africa; in: Furley, Oliver: Conflict in Africa, London 1995, pp. 183-198

Kivouvou, Prosper: Angola - vom Königreich Kongo zur Volksrepublik, Köln 1980

Ki-zerbo, Joseph: Die Geschichte Schwarzafrikas, Wuppertal 1979

Klare, Michael T.: Subterranean alliances, America's global proxy Network; in: Journal of International Affairs, 1/1989, S. 97-118

Köhler, Oswin: Geschichte und Probleme der Gliederung der Sprachen Afrikas; in: Baumann, Hermann: Die Völker Afrikas und ihre traditionellen Kulturen, Wiesbaden 1975, S. 141-374

Krska, Vladimir: Peacekeeping in Angola; in: International Peacekeeping, Vol. 4, London 1997, S. 75-97

Kress, Albin/ Petzold, Siegfried: Volksrepublik Angola - Aufbruch in eine neue Zeit, Berlin 1985

Kreye, Otto: Neue internationale Wirtschaftsordnung oder Rekolonialisierung der Entwicklungsländer?; in.: Kolonialismus und Kolonialreiche; Bd. 24, Stuttgart 1985, S. 325-334

Kuder, Manfred/ W. J. G. Möhlig: Angola - Naturraum, Wirtschaft, Bevölkerung, Köln 1994

Kuder, Manfred: Angola - eine geographische, soziale und wirtschaftliche Landeskunde, Darmstadt 1971

Kuder, Manfred: Die Portugiesen in Angola; in.: Portugals Wirken in Übersee, Heidelberg 1985

Kuder, Manfred: Kurzer Abriss der angolanischen Geschichte, Bonn 1990

Kühne, Winrich/ Braun, Gerald: Südafrikas unerklärter Krieg; in.: Jahrbuch Dritte Welt 1984, München 1983, S. 116-129

Kühne, Winrich: Sowjetische Afrikapolitik in der „Ära Gorbatschow",
Ebenhausen 1986

Kühne, Winrich: Südafrika und seine Nachbarn - Stabilität durch
Hegemonie? in: Südafrika, München 1984, Bd. 1, S. 237-258

Kühne, Winrich: „Neuer Realismus" in Moskaus Afrika-Politik? in:
Aus Politik und Zeitgeschichte vom 12. Februar 1988, S. 31-41

Kühne, Winrich: Demokratisierung in Vielvölkerstaaten unter
schlechten wirtschaftlichen Bedingungen, das Beispiel Afrika; in:
Afrika Jahrbuch 1991, Opladen 1992, S. 26-36

Kühne, Winrich: Die Friedenssicherung der Vereinten Nationen in
der Krise? in: Aus Politik und Zeitgeschichte, B 2/94 vom 14.
Januar 1994, S. 18-27

Kühne, Winrich: Die Politik der Sowjetunion in Afrika, Baden-Baden
1983

Kühne, Winrich: Die Vereinten Nationen in einer neuen Ära der
Friedenssicherung; in: Koch, Jutta: Politik der Einmischung
zwischen Konfliktprävention und Krisenintervention, Baden-Baden
1994, S. 48-66

Kühne, Winrich: Südafrika und seine Nachbarn - Durchbruch zum
Frieden? Baden-Baden 1985

Küppers, Harald: Struktur- und Strategiewandel der Resistência
Nacional Moçambicana (RENAMO), Diplomarbeit Institut für
Politische Wissenschaft, Universität Hamburg 1996

Küppers, Harald: Angola; in: Afrika Jahrbuch 1996, Opladen 1997,
S. 339-343

Lass, Hans Detlef: Die Vereinten Nationen und die Dekolonisation
der portugiesischen Überseegebiete; in: Aus Politik und
Zeitgeschichte vom 04.10.1975, S. 3-27

Latour da Veiga, F.: Le Portugal et le Congo au XIX. siècle,

Paris 1972

Lazitch, Branko: Angola 1974-1988 - Un échec du communisme en Afrique, Paris 1988

Leeuwen, Michel van : Angola, tragédie africaine, Paris 1976

Legun, Colin: Krieg um Angola, Köln 1978

Legvold, Robert: The Revolution in Soviet Foreign Policy; in: Foreign Affairs, Vol. 68, 1/1989, pp. 82-98

Leimgruber, Walter: Kalter Krieg um Afrika, Stuttgart 1990

Lenin, W. I.: Lenin Werke, Berlin (Ost) 1959, Bd. 31

Liebscher, Gertraud/ Wünsche, Renate: Der Zusammenbruch des portugiesischen Kolonialismus; in: Jahrbuch der internationalen Politik und Wirtschaft, Berlin 1975, S. 383-389

Loanda, Guilherme de: La longue marche de l'UNITA jusqu'à Luanda; in: Politique Africaine, Nr. 57, Paris 1995, pp. 63-70

Loiseau, Yves/ de Roux, Pierre-Guillaume: Jonas Savimbi - Revolutionär und General, Köln 1989

Lory, George: Afrique australe - L'Afrique du Sud, ses voisins, leur mutation, Paris 1990

Loth, Heinrich: Vom Schlangenkult zur Christuskirche, Fischer, 1988

Lukonde Luansi: Angola: Die Suche nach einer Lösung; in: Liberal, Vierteljahreshefte für Politik und Kultur, 1/1999, S. 50-53

Lukonde Luansi: Die ethnonationalistischen bzw. regionalistischen Bestrebungen in Schwarzafrika am Beispiel der Bakongo in Zaire, Magisterarbeit im Fach Politische Wissenschaft der RWTH Aachen, 1995

Lukonde Luansi: Angola - Vor offenem Krieg; in: Afrika Süd 6/1998, S. 19-22

Mabeko Tali, Jean-Michel: La „chasse aux zairois" à Luanda; in: Politique africaine, Nr.57, Paris 1995

Mabeko Tali, Jean-Michel: Angola - Septembre, le mois de tous les dangers; in: Le Nouvel Afrique-Asie, Nr. 37, Octobre 1992, pp. 8-10

Mainwairing, Scott: Transitions to Democracy and Democratic Consolidation: Theoretical and comparative Issues; Indiana University of Notre Dame Press 1992

Marcum, John : A Quarter Century of War; in: Kitchen, Helen: Angola, Mozambique and the West; The Washington Papers 130, New York 1987, pp. 17-35

Marcum, John : Africa - A Continent adrift; in: Foreign Affairs, Vol. 68, 1/1989, pp. 159-179

Marcum, John : United States Options in Angola; in: Kitchen, Helen: Angola, Mozambique and the West, New York 1987, pp. 36-53

Marcum, John: Government in Exile versus Government in Insurgency: the case of Angola; in: Governments in Exile in contemporary World politics, Routledge 1991, S. 42-52

Marcum, John: The Angolan Revolution, 1950-1962, London 1969

Maslowski, Rudi: Der Skandal Portugal, München 1971

Matthies, Volker: Die Friedensmissionen der Vereinten Nationen in Afrika; in: Vereinte Nationen, 3/1995, S. 105-112

Matthies, Volker: Immer wieder Krieg?, Opladen 1994

Maurício, José Barros: Die Entwicklung der nationalen Befreiungs-bewegungen in Angola, Dissertation, Berlin 1977

Mbaya, Etienne-R. : Faktoren des Kampfes um die Unabhängigkeit - das Beispiel Afrika; in: Kolonialismus und Kolonialreiche, Bd. 24, Stuttgart 1985, S. 427-436

Mc Faul, Michael: The Demise of the World revolucionary process: Soviet-Angolan relations under Gorbatschow; in: Journal of Southern African Studies, Vol. 16, 1/1990, S. 165-189

Melber, Henning: Die Dekolonisation Namibias; in: Jahrbuch Dritte Welt 1990, München 1989, S. 203-223

Merkel, Wolfgang/Sandschneider, Eberhard/Segert, Dieter: Institutionalisierung der Demokratie; in: Systemwechsel 2, Opladen 1996, S. 9-36

Merkel, Wolfgang: Struktur oder Akteur: Gibt es einen Königsweg in der sozialwissenschaftlichen Transformationsforschung?, in: Systemwechsel 1, Opladen 1996

Messiant, Christine: Angola - Les voies de l'ethnisation et de la décomposition; in: Lusotopie Nr. 1-2, Paris 1994, pp. 155-210

Messiant, Christine: Angola : Le retour à la guerre ou l'inavouable faillite d'une intervention internationale; in: L'Afrique politique 1994, Paris 1995, pp. 199-229

Messiant, Christine: Luanda (1945-1961) - Colonisés, société coloniale et engagement nationaliste; in: Cahen, Michel: „Vilas et cidades" - Bourgs et villes en Afrique lusophone, Paris 1989, pp. 125-199

Messiant, Christine: MPLA et UNITA : Processus de paix et logique de guerre; in: Politique africaine, Nr. 57, Paris 1995, pp. 40-57

Mestiri, Ezzechine: Les Cubains et l'Afrique, Paris 1980

Meyns, Peter: Angola - Der dritte Anlauf zum Frieden; in: Jahrbuch Dritte Welt 1998, München 1997

Meyns, Peter: Angola - Vom antikolonialen Befreiungskampf zu externer Destabilisierung und internen Bürgerkrieg; in: Hoffmeier,

Rolf/ Matthies, Volker: Vergessene Kriege in Afrika, Göttingen 1992, S. 61-96

Meyns, Peter: Angola; in: Handbuch der Dritten Welt, Bonn 1993, S. 320-338

Meyns, Peter: Das südliche Afrika und die Rivalität der Supermächte; in: Deutsche Gesellschaft für Friedens- und Konfliktsforschung (DGFK-Jahrbuch), Baden-Baden 1983, S. 329-354

Meyns, Peter: Demokratie und Strukturreformen im portugiesisch-sprachigen Afrika, Freiburg (Breisgau) 1992

Meyns, Peter: Sozialismus und Entwicklung in Angola; in: Fritsche, Klaus: Verlorene Träume, Stuttgart 1989, S. 27-53

Michler, Walter: Afrika - Wege in die Zukunft, Angola : Der Frieden war und ist ein Traum, Unkel/Rhein 1995, S. 172-192

Mildner-Spindler, Roma: Grundzüge der ethnischen Entwicklung im Territorium Angolas, Dissertation, Leipzig 1987

Ministère des Finances: Aperçu de l'économie angolaise, Luanda 1989

Mommsen, Wolfgang J.: Der europäische Imperialismus, Göttingen 1979

Monnier, Laurent: L'échec de la démocratisation en Angola; in: Manassé, Esoavelomandro/ Felt, Gaetan: Démocratie et développement: Actes du colloque international, Antananarivo, 6. - 12.05.1993, pp. 217-235

Morel, Eléonore/El Hocine, Charles/ Medrinal, Eléonore: Angola - L'ONU et les opérations de maintien de la paix, Paris 1997

Mulago, Gwa Cikala: La réligion, élément fondamental de l'identité bantu; in: Obenga, Théophile: Les peuples Bantu, Paris 1989, pp. 523-550

Neto, Agostinho: Discurso da proclamaçâo da independência, Ministério da Informaçâo: Documentos, Texto da proclamaçâo da independência, Luanda 1975

Neto, Agostinho: Relatório do Comité Central do MPLA ao 1. Congresso, Luanda 1977

Nohlen, Dieter: Mehr Demokratie in der Dritten Welt? in: Aus Politik und Zeitgeschichte 26/88 vom 17. Juni 1988, S. 3-18

N'gbanda Nzambo Ko Atumba, Honoré: Les derniers jours du Maréchal Mobutu, Paris 1998

Nuscheler, Franz/ Ziemer, Klaus : Politische Organisation und Repräsentation in Afrika, Berlin 1978

Nuscheler, Franz: Reaganism und Dritte Welt: Neue Rhetorik oder entwicklungspolitische Wende?; in: Jahrbuch Dritte Welt, München 1983, S. 73-86

O' Connor, J.: Die Bedeutung des ökonomischen Imperialismus; in: Senghaas, Dieter: Imperialismus und strukturelle Gewalt - Analyse über abhängige Reproduktion, Frankfurt a.M. 1976

Offermann, Michael: Angola zwischen den Fronten, Pfaffenweiler 1988

Ogunbadejo, Oye: Angola - Ideology and Pragmatism in Foreign Policy; in: International Affairs, Vol. 57, Nr. 2, Cambridge 1981, pp. 254-269

Olayiwola, Abegunrin: Angola and the Soviet Union since 1975; in: Journal of African Studies, Vol. 14, 1/1987, pp. 25-50

Osterhammel, Jürgen: Kolonialismus - Geschichte, Formen, Folgen, München,1995

Oyono, Dieudonné: Du parti unique au multipartisme - Environnement international et processus de démocratisation en Afrique; in: Afrique 2000, Nr. 6, Juillet-September 1991, pp. 45-53

Pacheco, Carlos: MPLA - um nascimento polémico, Lisboa 1997

Paffenholz, Thania: Waffenstillstand in Angola; in: Friedens-forschung Aktuell, Hessische Stiftung für Friedens- und Konflikt-forschung, Nr. 1, Januar 1995

Patrick, Alley: Angolas Reichtum ist sein Verhängnis; in: Überblick 1/1999, S. 36-40

Paulo, Manuel António: Die Gestaltung des Produktions- und Verbindungshandels unter den Bedingungen der Marktwirtschaft in Angola, Dissertation, Berlin 1991

Pelissier, René: Evolution des mouvements ethno-nationalistes Bakongo d'Angola avant la révolte du Nord-Ouest 1961; in: Revue Française d'Etudes Politiques Africaines, Paris 1975, pp. 81-103

Pelissier, René: Le FLEC et le problème du Cabinda, in: RFEPA, Nr. 42, Paris 1977, pp. 84-110

Pélissier, René: Les guerres grises, Orgeval 1977

Pelissier, René: Nationalismes en Angola; in: Revue française de science politique, Paris 1969, pp. 1187-1215

Pelissier, René: Notes sur le Cabinda, partie intégrante de l'Angola, in: RFEPA, Nr. 121, Paris 1976, pp. 58-69

Pelissier, René: Origines du mouvement nationaliste en Angola; in: RFEPA, Paris 1976, pp. 14-47

Pelissier: René: La vie politique en Angola; in: RFEPA, Paris 1971, pp.50-65

Pierson-Mathy, Paulette: Lektion gelernt?; in: Afrika Süd 6/95, S. 10-12

Pierre, Alexandre: Les Africains, Paris 1981

Pigafetta, F./ Lopez, Duarte: Description du royaume de Congo et des contrées environnantes, Louvain 1963

Pössinger, Hermann: Angola als Wirtschaftspartner, Köln 1969

Pössinger, Hermann: Perspektiven der angolanischen Landwirtschaft; in: DASP-Jahrbuch 1993, Bonn 1993, S. 91-101

Posthumus, Bram: Les problèmes de l'Angola et les responsabilités de l'Europe; in: Le Courrier ACP Nr. 175, Mai-Juin 1999, pp. 7-8

Présence Africaine: Dossier - La révolution angolaise, Nr. 45, Paris 1963

Przeworski, Adam: Some Problems in the Study of Transition to Democracy; in: O 'Donnell, Guillermo/ Schmitter, Philippe C.: Transition from Authoritarian Rule - Prospects for Democracy, London 1986, S. 47-63

Ptak, Heinz Peter : Angola: Vom Bürgerkrieg zur neuen Ordnung, Heidelberg 1991

Randle, Robert F.: The Origins of Peace, a Study of Peace-making and the Structure of Peace Settlements, London 1973

Randles, W. G. L.: L'Ancien royaume du Congo, Paris 1968

Redinha; José: Distribuiçâo étnica de Angola, Luanda 1962

Reinhard, Wolfgang: Entstehung der Kolonialreiche; in: Kolonialismus und Kolonialreiche, Bd. 24, Stuttgart 1985, S. 241-246

Reinhard, Wolfgang: Kleine Geschichte des Kolonialismus, Stuttgart 1996

Rey, Pierre Philippe: Néo-colonialisme et transition au capitalisme - Exemple de la Comilog au Congo-Brazzaville, Paris 1972

Roon, G. von : Europa und die Dritte Welt - Die Geschichte ihrer Beziehungen von Beginn der Kolonialzeit bis zur Gegenwart, München 1978

Ropp, Klaus Frhr von der : Südafrika aud dem Weg zur Demokratie? Internationale und innenpolitische Aspekte; in: Aus Politik und Zeitgeschichte, B 50/90, S. 12-20

Ropp, Klaus Frhr von der: Das südliche Afrika nach Portugals Rückzug; in: Außenpolitik, Vol. 27, Nr. 1, 1976, S. 80-97

Roque, Fátima: Angola - Em Nome da Esperança, Lisboa 1993

Roque, Fátima: Economia de Angola, Lisboa 1991

Roque, Fátima: Regime comercial angolano e a sua reforma; in: Estudos de Economia, 12, Lisboa 1992, pp. 283-302

Rüb, Friedbert W.: Die Herausbildung politischer Institutionen in Demokratisierungsprozessen; in: Merkel, Wolfgang: Systemwechsel 1, Opladen 1996, S. 111-140

Salazar, de Oliveira António: Discursos e notas políticas 1938-1943, Bd. 3, Coimbra 1951

Salazar, de Oliveira António: Portugal, Das Werden eines neuen Staates, Essen 1938

Santamaria, Yves: Afrocommunismes: Ethiopie, Angola, Mozambique; in: Le livre noir du communisme, Paris 1997, pp. 743-767

Savimbi, Jonas: A Resistência em busca de uma nova naçâo, Lisboa 1979

Savimbi, Jonas: UNITA - Identidade duma Angola livre, Jamba 1985

Scherb, Margit: Das südliche Afrika - eine Region zwischen Unterdrückung und Befreiung; in: Österreichische Zeitschrift für Politikwissenschaft, Wien 1985, H. 1, S. 57-75

Scherer, Christian P.: Ethno-Nationalismus als globales Phänomen - Zur Krise der Staaten in der Dritten Welt und der früheren UdSSR, Duisburg INEF-Report 6/1994

Schiller, Theo: Demokratietheorien im Globalisierungsprozess; in: Bredow, Wilfried von/ Jäger, Thomas(Hrsg): Demokratie und Entwicklung, Opladen 1997, S. 29-50

Schmidt, Rudolph: Angola - ein internationaler Konflikt; in:Außenpolitik, 4/1976, S. 460-471

Schmidt, Manfred G.: Demokratietheorien - Eine Einführung, Opladen 1995

Schmidt, Siegmar: Demokratisierung in Afrika; Fragestellungen, Ansätze und Analyse; in: Merkel, Wolfgang: Systemwechsel 1, Opladen 1994, S. 229-270

Schubert, Gunter/Tetzlaff, Rainer/Vennewald, Werner: Demokratisierung und politischer Wandel, Münster 1994

Schümer, Martin: Die Linkage-Politik der USA und die Rolle Angolas, Bonn 1983

Schümer, Martin: Die Wirtschaft Angolas 1973-1976; Hamburg 1977

Scott, Catherine V.: Socialism and the Soft State in Africa: an analysis of Angola and Mozambique; in: The Journal of Modern African Studies, 26, 1/1988

Seelow, Frank: Politische Gegnerschaft und wirtschaftliche Abhängigkeit im südlichen Afrika, SADCC versus RSA; in: Afrika-Spectrum, 1/1984, S. 25-44

Senghaas, Dieter: Wohin driftet die Welt, Frankfurt a. M. 1994

Simma, Bruno: Charta der Vereinten Nationen, München 1991

Somerville, Keith: Angola - Politics, Economics and Society; London 1986

Staal, Paul/ Winden, Bob van der: Havemos de voltar: Angola 1992, AFRIPROJEKT, Amsterdam, September 1992

Statistisches Bundesamt: Länderbericht Angola, Wiesbaden 1991 und 1993

Strauss, Franz Josef: Südafrika - seine Bedeutung für den Westen; in: Südafrika, München 1987, Bd. 1, S. 191-200

Stut, Dirk: Angola - Grenzen und Möglichkeiten der Befreiung, Amsterdam 1977

Tetzlaff, Rainer: Demokratie in der Dritten Welt: zwischen normativer Zustimmung und praktischer Realisierungsproblemen; in: Jahrbuch Dritte Welt 1992, München 1991, S. 33-48

Tetzlaff, Rainer: Demokratisierungshilfe statt Wahlinszenierung - Gesellschaftliche und institutionelle Voraussetzungen für Demokratisierung in den Ländern des Südens; in: Jahrbuch Dritte Welt 1998, München 1997, S. 24-46

Tönjes, Hermann: Ovamboland, Berlin 1911

Treverton, Gregory F.: Kuba nach der Intervention in Angola; in: Europa-Archiv, 1/1977, S. 18-28

Tucker, Robert W.: Reagan's Foreign Policy; in: Foreign Affairs, Vol. 68, 1/1989, pp. 1-27

Tvedten, Inge: US Policy towards Angola since 1975; in: Journal of Modern African Studies, Vol. 30, London, 1/1992, pp. 31-52

van Wing, R. P.: Etudes bakongo, Histoire et Sociologie, 1921

Vansina, Jan: Les anciens royaumes de la savane, Léopoldville 1965

Vansina, Jan: Südkongo, in: Baumann, Hermann: Die Völker Afrikas und ihre traditionellen Kulturen, Wiesbaden 1975, Bd. 1

Vines, Alex: Das Drama von Kuito; in: Afrika Süd 5/94, S. 23-25

Vines, Alex: La troisième guerre angolaise; in: Politique africaine, Nr. 57, Paris, pp.27-39

Vines, Alex: Angola and UNAVEM III; in: Brassey's Defence Yearbook 1997, Centre for Defence Studies, Vol. 107, London 1997, S. 257-270

Wagret, Jean-Michel: Histoire et sociologie politiques de la République du Congo (Brazzaville), Paris 1963

Warren, Jenny: Strukturanpassung in Angola - Friedensdividende; in: Informationsdienst südliches Afrika, Bonn, 5/1991

Wehler, Hans-Ulrich: Imperialismus, Düsseldorf 1979

Weiland, Heribert: Der schwierige Weg zur Demokratie in Afrika: Voraussetzungen, Chancen und Rückschläge; in: Koch, Walter A. S.: Ökonomische Aspekte der Demokratisierung in Afrika, München 1995, S. 15-40

Westphal, E.O.J.: The click languages of southern and eastern Africa, in: Current trends in linguistics, Vol. 7, Paris 1971

Whitaker, Jennifer Seymour: Die Afrika-Politik der Vereinigten Staaten; in: Europa-Archiv, 6/1979, S. 173-188

Wiesendhal, Elmar: Moderne Demokratietheorien - Eine Einführung in ihre Grundlagen, Spielarten und Kontroversen, Frankfurt a.M. 1981

William, E. Griffith: Die sowjetisch-amerikanische Konfrontation im südlichen Afrika; in: Europa-Archiv, 2/1977, S. 31-40

William, J. Durch: The cuban military in Africa and the Middle East: from Algeria to Angola; in: Studies of comparative Communism, Vol. 11, Nr. 1-2, Guilford 1978, S. 34-74

Wolfgang, Berner: Afrikapolitik; in: Geyer, Dietrich: Osteuropa Handbuch, Köln 1976, Bd. 2, S. 713-843

Wright, George: US Policy towards Angola: The Kissinger Years, 1974-1976, Leeds Southern African Studies, 2/1990, S. 1-23

Yearbook of the United Nations 1987, Vol. 41, S. 167-174

Zaiki, Laidi: Les contraintes d'une rivalité - les superpuissances et l'Afrique, Paris 1986

Zischg, Robert: Die Politik der Sowjetunion gegenüber Angola und Mozambique, Baden-Baden 1990

Angolanische und internationale Zeitungen und Zeitschriften

Für einzelne Ausgabe mit Datum wird auf die Fussnoten hingewiesen.

* Angolanische Presse

Actualidade angolana (Botschaft Angolas in Bonn)

Angolense (Luanda)

ANGOP (Agência Angola Press – Luanda)

Comércio e Actualidade (Luanda)

Folha Oito (Luanda)

Jornal de Angola (Luanda)

Kwacha UNITA Press (Jamba)

Lettre d'Angola

Revista Angola Minas (Luanda)

Terra Angolana (Lisboa/Luanda)

* Internationale Presse

África confidencial

Angola Peace Monitor (London)

Archiv der Gegenwart

Bayernkurier

Daily News (Gaborone)

Der Tagesspiegel

Diário de Notícias (Lissabon)

Diário económico (Lissabon)

Diário Económico (Lissabon)

Die Tageszeitung

Expresso (Lissabon)

Financial Times

Frankfurter Allgemeinen Zeitung

Frankfurter Rundschau

Fraternité Matin (Abidjan)

General-Anzeiger (Bonn)

Global Witness

Handelsblatt

InformÁfrica Confidencial (Lissabon)

International Herald Tribune

Internationales Afrika Forum

Jeune Afrique

Jeune Afrique Economie

Jornal de Notícias (Lissabon)

Le Figaro

Le Monde

Lusa (Portugiesische Presseagentur)

Neue Zürcher Zeitung

New Africa

O Dia (Lissabon)

O Independente (Lissabon)

O Jornal de Notícias (Lissabon)

O Público (Lissabon)

PANA (Panafrican News Agency)

Reuters

Süddeutsche Zeitung

The Associated Press

The Business Herald (Harare)

The Guardian

The Mail & Guardian (Johannesburg)

The Times

Vereinte Nationen

Dokumente

* Amnesty International (Bonn): Menschenrechtsverletzungen in Angola, Bericht vom 25. April 1994

* Banco de Portugal: Estudo sobre a evoluçâo da economia de Angola 1994, Lisboa, Setembro 1995

* Department of State - Angola Country Report on Human Rights Practices for 1997, vom 30. Januar 1998

* Diário da República - Orgâo oficial da República Popular de Angola, 1. Serie, Nr. 20, Luanda 1991

* Embassy of the Republic of Angola, Washington: Constitution of the Republic of Angola
* Erklärung des Präsidenten des UN-Sicherheitsrats vom 23. Juli 1997 (UN-Dok. S/PRST/1997/39).
* Europa-Archiv: Dokument: Der Vertrag von Alvor, 11/1975, S. 293-300
* Instituto Nacional de Estatística: Angola - Perfil estatístico económico e social, Luanda 1993
* Progress Report of the Secretary-General on the United Nations Angola Verification Mission (UNAVEM III) UN-Dok. S/1997/304 vom 14. April 1997
* Protocolo de Lusaka, Luanda 1995
* Report of the Secretary General on the United Nations Observer Mission in Angola (Military and Security Aspects) vom 8. Oktober 1998
* MAKO Flugblatt vom 17. Februar 1993
* MAKO Dokumente (undatiert)
* Memorandum der Bakongo vom 6. Juni 1992